शब्दों का मण्डल

अशोक वाजपेयी की कविताओं की सांस्कृतिक वास्तविकताएँ

शब्दों का मण्डल

अशोक वाजपेयी की कविताओं की सांस्कृतिक वास्तविकताएँ

रेनाता चेकाल्स्का
अँग्रेज़ी से अनुवाद : मदन सोनी

राजकमल प्रकाशन

ISBN : 978-93-87462-63-2

मूल्य : ₹595

पहला संस्करण : 2018

प्रकाशक : राजकमल प्रकाशन प्रा. लि.
1-बी, नेताजी सुभाष मार्ग, दरियागंज
नई दिल्ली-110 002

शाखाएँ : अशोक राजपथ, साइंस कॉलेज के सामने, पटना-800 006
पहली मंजिल, दरबारी बिल्डिंग, महात्मा गांधी मार्ग, इलाहाबाद-211 001
36 ए, शेक्सपियर सरणी, कोलकाता-700 017

वेबसाइट : www.rajkamalprakashan.com
ई-मेल : info@rajkamalprakashan.com

मुद्रक : यश प्रिंटोग्राफिक्स
नोएडा-201 301 (उत्तर प्रदेश)

SHABDON KA MANDAL
(Criticism) by Renata Czekalska
Translated by Madan Soni

लेखक की ओर से

हर पुस्तक पढ़ी जाने या अनूदित होने पर अपने आन्तरिक स्पेस में कई दिशाओं में विकसित होती है और समय के साथ बदलती भी जाती है। इस पुस्तक का स्पेस शुरू में अपने वितान में बहुत विस्तृत था जब वह २००५ में, पोलिश में, अशोक वाजपेयी की कविता की थीमेटिक संरचना पर पुस्तक के रूप में प्रकाशित हुई थी। कुछ वर्षों बाद जब मुझे इस पुस्तक के अँग्रेज़ी संस्करण के लिए निमन्त्रण मिला तो इस पुस्तक का २०१७ में दूसरा जीवन शुरू हुआ। दूरी ने, समय की भी, मुझे मूल पुस्तक को पुनरीक्षित करने का अवसर दिया और अँग्रेज़ी संस्करण अधिक कसा हुआ था। इसी संस्करण का हिन्दी अनुवाद प्रख्यात आलोचक मदन सोनी ने किया है जिससे यह पुस्तक अब कवि की अपनी भाषा में प्रकाशित हो पा रही है।

कविता के स्पेस में, शब्दों के कलात्मक मण्डल में प्रवेश करने के लिए उपयुक्त उपकरण चाहिये। मुझे लगता है कि अनेक तहोंवाली अशोक वाजपेयी की कविता के लिए भाषामीमांसक विधि उपयुक्त है जिसमें पाठ को ऐसा संकेत माना जा सकता है जो काव्य-रचना को मानवीय अस्तित्व की समग्रता से अभिहित करता है। व्याख्या के भाषामीमांसक कर्म में, अन्ततः कविता को समझने में, सूक्ष्म अन्तःसम्बन्धों का वितान सामने आता है। आप बेहतर और स्पष्टतर देख सकते हैं कविता का समय से, अतीत और वर्तमान से सम्बन्ध; मानवीय अनुभव के खुले स्पेस में स्मृति से सम्बद्ध या विछिन्न शब्दों और उनमें अन्तर्भूत आख्यान को स्थान की विशिष्टता से जोड़ सकते हैं। अशोक वाजपेयी की कविता की भाषा में संसार का जो कुल मानवीय अनुभव है उस तक पाठक पहुँच सकता है।

व्याख्या और समझ के आख़िरी क़दम में काव्य-पाठ हमारा अपना हो पाता है, हम उसे स्वायत्त कर लेते हैं।

अशोक वाजपेयी की कविता के मुहावरे के अपने कई वर्षों के अध्ययन में मैंने उसे मानवीय अस्तित्व के सार्वभौम क्षेत्र में और फिर भी अपने सांस्कृतिक स्पेस में अवस्थित करने की कोशिश की है। इस मायने में, प्रस्तुत पुस्तक को इस कविता की थीमेटिक संरचना के कई सम्भव पाठों में से एक के रूप में देखा जा सकता है।

—रेनाता चेकाल्स्का

अनुवादक की ओर से

यूँ तो यह अपने आप में ही एक सुखद विस्मय की बात है कि दुनिया के एक सुदूर कोने में बैठी सर्वथा विजातीय भाषा की एक अध्येता हिन्दी के एक अत्यन्त महत्त्वपूर्ण कवि पर एक समूची पुस्तक का लेखन करे, लेकिन रेनाता चेकाल्स्का ने यह पुस्तक लिखते हुए जिस असाधारण अध्येता-वृत्ति, अध्यवसाय और अन्तर्दृष्टि का परिचय दिया है वह लोमहर्षक है। वे न सिर्फ़ हिन्दी भाषा, उसकी साहित्यिक संस्कृति और परम्परा (भक्तिकाल, रीतिकाल, छायावाद, नयी कविता आदि) से, गहरे परिचित हैं, बल्कि कविता जैसे जटिल माध्यम में इस भाषा के सृजनात्मक अनुप्रयोग को लेकर भी उनमें वह गहरी अन्तर्दृष्टि है जिसकी सहज अपेक्षा कविता के पाठक-आलोचक से की जानी चाहिए। उन्होंने पाश्चात्य भाष्य-विद्या (हर्मेन्युटिक्स) का दिलचस्प ढंग से अनुसरण करते हुए अशोक वाजपेयी के समूचे काव्य-वाङ्मय का गहरा और बहुदिशात्मक अवगाहन किया है, उसके अन्तर्निहित साहचर्यों और सन्दर्भों को एक दूसरे की रोशनी में पहचाना और विश्लेषित किया है, एकॉस्टिक्स और व्यंजना दोनों ही के अर्थों में उनकी कविता की ध्वन्यात्मकता का, उसकी आरेखीय (ग्राफ़िक) और बिम्बधर्मी चाक्षुषता का, उसकी सांकेतिकी और प्रतीक-व्यवस्था का सौन्दर्यशास्त्रीय, अर्थमीमांसात्मक और मूल्यमीमांसात्मक विश्लेषण किया है।

प्राचीनतम भारतीय पाठ परम्पराओं से लेकर पश्चिम की आधुनिक कविता, उसके साहित्य-चिन्तन और आलोचना, भाषाविज्ञान, सांकेतिकी, और दर्शन तक को अपनी व्याप्ति में समेटता इस पुस्तक का सन्दर्भ-लोक भी अत्यन्त विस्तीर्ण है : वेद, उपनिषद, *भगवद्गीता, महानिर्वाणतन्त्र, नाट्यशास्त्र, अष्टाध्यायी, कामसूत्र* आदि से लेकर माग़ीस मेग़्लोपोंती, हेनरी बर्गसाँ,

मार्टिन हाइडेग्गर, इमेन्युएल लेविनास, मिशेल फूको, लुड्‌विग विट्‌गिंस्टाइन, पॉल रिका, सिमोन वेल, एज़रा पाउण्ड, ईलियट, ऑक्तॉवियो पॉज़, नॉम चॉम्स्की आदि तक इस सन्दर्भ-लोक में शामिल हैं। और ये निरे हवाले नहीं हैं बल्कि रेनाता ने बहुत दिलचस्प ढंग से इनमें से ज़्यादातर सन्दर्भों के साथ अशोक वाजपेयी की कविता को जोड़ा है, इनके साथ इस कविता की संगति को रेखांकित करने का प्रयत्न किया है।

और इन सारी चीज़ों से अधिक अशोक वाजपेयी की कविता, और अन्ततः कविता-मात्र के प्रति रेनाता का वह पैशन रेखांकित करने योग्य है जिसके साथ वे इस कविता के मर्म और अन्तःकरण से, इसके नख-शिख और इसकी अन्तर्बाह्य अलंकृति से तदात्म हो सकी हैं।

पुस्तक का अनुवाद एक मुश्किल काम रहा है। यह अनुवाद मूलतः पोलिश भाषा में लिखी गयी पुस्तक के (स्वयं रेनाता द्वारा किये गये) अँग्रेज़ी अनुवाद पर आधारित है, जो मूल पाठ के अभिप्रायों को पकड़ने का अपने में अतिरिक्त रूप से टेढ़ा उद्यम रहा है। लेकिन इससे भी अधिक, यह पुस्तक पश्चिम के अत्यन्त विकसित काव्यशास्त्र, दर्शन और मानविकी की सुस्थापित तकनीकी पदावली और पाश्चात्य साहित्यालोचन के संहत अकादेमिक अनुशासन का परिपालन करते हुए लिखी गयी है। इसमें बहुतायत से ऐसे पदों का प्रयोग किया गया है जिनके शब्दकोशीय अर्थ तो जैसे-तैसे मिल जाते हैं लेकिन जिनकी हिन्दी की आलोचना, उसकी पदावली और हिन्दी के वाक्य-विन्यास (जिससे प्रस्तुत अनुवादक का मानस भी अनुकूलित है) से कोई संगति नहीं है। इस असंगति और पेचीदगी का प्रभाव (अनुवादक की सामर्थ्य की अन्यान्य सीमाओं के प्रभाव के अतिरिक्त) इस अनुवाद पर लक्ष्य किया जा सकता है। शायद यह मुमकिन हो कि अँग्रेज़ी में उपलब्ध इसके पदों और वाक्य-विन्यास (कभी-कभी समूचे लम्बे पैराग्राफ़ तक फैले तथा एकाधिक सन्दर्भों और कोष्ठकों से युक्त वाक्यों) को पूरी तरह विघटित कर उनको हिन्दी की उपलब्ध पदावली और वाक्य-विन्यास में नये सिरे से गढ़ा जाए, लेकिन मैं स्वीकार करूँ कि यह चुनौती मुझे असम्भव प्रतीत

हुई है। तब भी शायद यह उम्मीद की जा सकती है कि जिस सीमा तक यह अनुवाद बोधगम्य हो सकेगा उस सीमा तक पश्चिम की अकादेमिक आलोचना से अपरिचित पाठक के लिए इस आलोचना की एक झलक इससे मिल सकेगी। और, इससे अधिक, इसमें हिन्दी के हमारे इस अत्यन्त महत्त्वपूर्ण कवि, अशोक वाजपेयी, की कविता के पाठक को इस कविता को समझने का व्यापक परिप्रेक्ष्य तथा सर्वथा अभिनव दृष्टिकोण हासिल हो सकेगा।

—मदन सोनी

भूमिका

काव्यात्मक सम्प्रेषण की बुनावटें

...भाषा की मेरी सीमाओं अर्थ है दुनिया की मेरी सीमाएँ

लुड्विग विट्गिंस्टाइन

यह पुस्तक समकालीन हिन्दी लेखक अशोक वाजपेयी के काव्यात्मक योगदान पर केन्द्रित है। उनकी कविता को, ऐतिहासिक परिप्रेक्ष्य में, छायावाद तथा नई कविता के साथ शुरू हुए आधुनिक हिन्दी के कविता के कलात्मक विकास के रूप में देखा जा सकता है और इस पुस्तक का मुख्य उद्देश्य इसी परिप्रेक्ष्य को ध्यान में रखते हुए उनकी कविता में मौजूद सृजनात्मक दृष्टिकोण और कलात्मक प्रश्नों का विश्लेषण करना है। अगर अशोक वाजपेयी की कविता को उसके कलात्मक महत्त्व के परिप्रेक्ष्य में देखा जाए तो वह अपने में स्वतन्त्र है, लेकिन उसको उसकी विषय-वस्तु की दृष्टि से देखने पर वह आधुनिक मनुष्य के महत् और वैश्विक अस्तित्वपरक अभिप्रायों को, उनके साभ्यतिक और सामाजिक सन्दर्भों में, समेटती है। सावधानीपूर्वक विश्लेषित ये अभिप्राय स्वयं को काव्यात्मक सम्प्रेषण के मूलभूत और आकर्षक पैटर्नों में नियोजित करते हैं और इस तरह शब्दों के एक स्पष्ट मण्डल की रचना करते हैं।

इस अध्ययन में मुख्य रूप से वाजपेयी की कविता के केन्द्रीय प्रश्नों के साथ-साथ उसके विवक्षित अर्थों, अर्थछवियों, व्यंग्यार्थों आदि की अन्दरूनी पर्तों का विश्लेषण किया गया है। यह शोध उनके १९६६ से २०१६ के दौरान पचास वर्षों में प्रकाशित पन्द्रह कविता-संग्रहों में शामिल एक हज़ार से अधिक कविताओं

(जिनमें से लगभग तीन सौ कविताएँ इस पुस्तक में सीधे-सीधे उद्धृत हैं) पर आधारित है। शोध के परिणामों को चार अध्यायों में प्रस्तुत किया गया है जो इस तरह के थीमों में विभाजित हैं : कविताओं का आन्तरिक भूगोल, अनुभवात्मक विषयी की अस्मिता, प्रेम का वैश्विक स्वरूप, और शब्द का वास्तविक और मिथकीकृत कार्य-व्यापार। प्रत्येक अध्याय में उन कविताओं का विस्तृत विश्लेषण है जिनको चर्चित विषय के सन्दर्भ में उनकी निरूपणधर्मिता के आधार पर चुना गया है, और प्रत्येक भाग को उसकी सामान्य विषय-वस्तु को उदाहृत करते खण्डों में बाँटा गया है।

अशोक वाजपेयी के काव्य-देश के आन्तरिक भूगोल पर केन्द्रित पुस्तक का पहला अध्याय उस चिन्तन को समाहित करता है जो उन कविताओं की शक्ल लेता है जिनको बौद्धिक (या आन्तरिक) कलात्मक भूदृश्य के स्थलपरक पहचान-चिह्नों में रूपान्तरित और विन्यस्त बाहरी दुनिया के अनेक तत्त्वों से बुना गया है। इसमें भारतीय उपमहाद्वीपीय और योरोपीय सभ्यताओं को घेरते कवि के बौद्धिक सरोकारों के विशाल परिदृश्य के साथ-साथ इनको कविताओं में रूपायित करती शैली का विश्लेषण भी शामिल है। इस अध्याय में मैंने भारत की साहित्यिक परम्परा तथा बीसवीं सदी की, विशेष रूप से आंग्ल, योरोपीय कविता के प्रभावों के संकेतों की भी संक्षेप में चर्चा की है। दूसरे अध्याय में कवि की उस सांस्कृतिक या आध्यात्मिक अस्मिता का विश्लेषण है जिसे कविताओं से समझा जा सकता है। इस अस्मिता को उस पेचीदा विन्यास के रूप में देखा जा सकता है जो इन घटकों से निर्मित है : आनुवंशिक पूर्वज या पारम्परिक विस्तृत परिवार के अभिप्राय, सांस्कृतिक अतीत और विशिष्ट कलाकारों के वैयक्तिक युगों के सन्दर्भ में चिह्नित किये जा सकने योग्य आध्यात्मिक विरासत के अभिप्राय, भूदृश्य का सौन्दर्य, भारतीय प्रतीक-व्यवस्था, धार्मिक और दार्शनिक कृतित्व की अनुगूँजें, और मृत्यु तथा पुनर्जन्म के प्रश्न। प्रेम, जिसकी चर्चा तीसरे अध्याय में की गयी है, अशोक वाजपेयी की कविता में असामान्य रूप से पेचीदा और द्वैधपूर्ण प्रतीत होता है। यह जटिलता दिगम्बरता के सौन्दर्य और नैतिकी की कवि की समझ और प्रेम के सन्दर्भ में सत्य की धारणा के उसके बोध से ही नहीं उभरती बल्कि उस रीति से भी उभरती है जिसके सहारे प्रेम, ब्रह्माण्ड

और अनन्त के बीच के रिश्तों को कविता में चित्रित किया गया है। चौथा अध्याय केन्द्रित है शब्द के कार्य-व्यापार पर - जो वाजपेयी की कविता में ख़ासतौर से प्रमुख भूमिका निभाता है - जिसे कलात्मक अभिव्यक्ति के उपकरण तथा दार्शनिक चिन्तन की सामग्री के तौर पर देखा गया है। शब्द का सम्प्रेषणात्मक कार्य-व्यापार शिल्पी के उपकरण की भूमिका तो निभाता ही है लेकिन साथ ही साथ दरअसल वह एक स्वायत्त मनोगत उपस्थिति भी है जिसमें वे ख़ूबियाँ हैं जो उसे कवि की आन्तरिक दुनिया के परस्पर विरोधी तत्त्वों को अन्य लोगों की दुनिया से जुड़ने की गुंजाइश प्रदान करती हैं। कुल मिलाकर शब्द की थीम अपने में एक मैटा-थीम है, जो कविता के तमाम भाषिक और परा-भाषिक अर्थों को समाविष्ट करती है।

इस अध्ययन का बुनियादी शोधपरक दृष्टिकोण मेरी इस प्रबल मान्यता का नतीजा है कि समकालीन भारतीय कविता को पश्चिमी साहित्य-सिद्धान्त के मानदण्डों के मुताबिक़ व्याख्यायित किया जा सकता है (और कुछ मामलों में किया जाना चाहिए)। इस मान्यता की मुख्य वजह यह है कि २१वीं सदी के दूसरे दशक तक भारतीय साहित्यिक आलोचना साहित्यक अनुसन्धान की कोई ऐसी पद्धति विकसित नहीं कर सकी जो समकालीन कविता की, ख़ासतौर से उस कविता की जो योरोपीय तथा भारतीय दोनों तरह के प्रभावों को समेटे हुए है, सटीक और सम्यक् व्याख्या की गुंजाइश दे सकती। अशोक वाजपेयी की कविता के मामले में मुझे इसे तथ्य को लेखे में लेना ज़रूरी था कि उनका स्वभावगत काव्यशास्त्र भारतीय आध्यात्मिक परम्परा में और अखिल भारतीय तथा वैश्विक प्रश्नों में मूलबद्ध है। हालाँकि उनकी तकनीक, मुक्त छन्द का उनका इस्तेमाल, सीधे-सीधे आधुनिक योरोपीय कवियों द्वारा व्यवहृत लक्षणों से ताल्लुक रखता है। इसलिए, उनके कृतित्व के सन्दर्भ में भाष्यपरक (हर्मेन्युटिक) पद्धति - जिसमें आड़े-तिरछे विश्लेषणों, व्याख्याओं या विषयान्तरों जैसी पद्धतिगत सम्भावनाओं की व्यापक गुंजाइश शामिल है - काफ़ी प्रभावी साबित होती है।

यह पुस्तक मूलतः पोलिश भाषा में Traktat o sztuce celebracji czyli glowne struktury tematyczne w liryce Asoka Wadzpeji. Analizy (उत्सव की कला पर प्रबन्ध, या अशोक वाजपेयी की कविता की प्रमुख

विषयपरक संरचनाएँ। विश्लेषण) शीर्षक से लिखित/प्रकाशित मोनोग्राफ़ का अँग्रेज़ी संस्करण है। लेकिन सात साल बाद इस मज़मून को अँग्रेज़ी में अनूदित करते हुए, और पश्चदृष्टि का लाभ उठाते हुए, मैंने मूल सामग्री को सम्पादित किया है, इसमें किंचित् संशोधन किया है, और इसमें नवीनतम सन्दर्भों को शामिल किया है। मैं इस उद्यम का साहस कर सकी, इसके लिए मैं अपने दोस्तों की विशेष रूप से कृतज्ञ हूँ और उनका तहेदिल से शुक्रिया अदा करती हूँ कि उनने मेरी ज़िन्दगी की परीक्षा की सबसे कठिन घड़ियों में मुझे अपनी उम्मीद नहीं खोने दी। तथापि मैं उन अन्यों की भी ऋणी हूँ जिन्होंने पूरी कोशिश की कि मैं अपनी सारी उम्मीद खो दूँ, लेकिन इसीलिए जिनकी कृपा से मैं नयी दृढ़ता और निश्चय के साथ आगे बढ़ने को प्रोत्साहित भी हुई।

—रेनाता चेकाल्स्का

क्रम

लेखक की ओर से : रेनाता चेकाल्स्का

अनुवादक की ओर से : मदन सोनी

भूमिका : रेनाता चेकाल्स्का

अध्याय एक
कविताओं का आन्तरिक भूगोल १७

अध्याय दो
अनुभवकर्ता विषयी की पहचान ८४

अध्याय तीन
प्रेम का सृष्टिवैज्ञानिक रूप १५०

अध्याय चार
शब्द का यथार्थ और मिथकीय कार्य-व्यापार २०६

उपसंहार
शब्दों का मण्डल २६६

अध्याय एक

कविताओं का आन्तरिक भूगोल

अशोक वाजपेयी की कविता का भूगोल अर्थ-छवियों की ऐतिहासिक (डायक्रॉनिक) और समकालिक (सिंक्रॉनिक) दो संघटक परतों से निर्मित है। ये दोनों की कविताओं में, उनकी विषय-वस्तु और संरचना में परस्पर व्याप्त हैं और इस तरह अर्थ के एक उभयनिष्ठ स्थल की रचना करती हैं जिसमें कलात्मक और बौद्धिक दोनों ही तरह के मूल्य समाहित हैं।

किसी भी अर्थपूर्ण संरचना का वाचिक तन्तु स्वाभाविक और अपरिहार्य रूप से कालानुक्रमिक होता है। लेकिन भाषा के नियन्ता के रूप में एक कवि पदों के क्रम को भंग किये बिना, बिम्बों को विरूपित किये बिना, शब्दों के संयोजन के माध्यम से कालानुक्रम की एकरैखिकता को लाँघ सकता है। इस तरह, अशोक वाजपेयी की ज़्यादातर कविताएँ कुछ इस तरह रचित हैं कि शब्दों के व्याकरणपरक विन्यास के भीतर ऐसे स्थल आते हैं जहाँ - दिये गये पाठ से सम्बन्धित बुनियादी सूचना के साथ-साथ - कवि उन पाठेतर तथ्यों के हवाले देता चलता है जो उन शब्दों की पहुँच से बाहर बने रहते हैं जिनसे कविता रची गयी है। ये वे स्थल हैं जहाँ समकालिकता कविता के मूल्य और अर्थ (या अर्थों) दोनों की रचना करती है।

वाजपेयी की कविता में समकालिकता के प्रगटन का सर्वाधिक खरा रूप है शब्दों की अनेकार्थकता, जिसे हम उनके कृतित्व के आरम्भिक दौर (१९५९-१९८६) में लक्ष्य करते हैं, उदाहरण के लिए ''आँखों की चमक'' ('वसन्त के लिए एक कामना', *शहर अब भी सम्भावना है*), ''उत्तेजना की धूप'', ''हृदय का तारा'' ('खुल गया है द्वार एक', *शहर अब भी सम्भावना है*) ''संक्षिप्त अनन्त'', ''शब्दों का अवसाद'' ('प्रार्थना और चीख़ के बीच',

शहर अब भी सम्भावना है), ''सबको चीरती हुई आती है आवाज़'' ('प्रतीक्षा', *एक पतंग अनन्त में*), ''शताब्दियों की धूप'' ('चट्टान का एक चित्रित आकाश', *एक पतंग अनन्त में*)। एक लेखक के रूप में वाजपेयी के विकास के साथ अनेकार्थक शब्दों की बहुलता बढ़ती गयी है। बाद के दौर (जिसकी शुरुआत १९६० के आसपास होती है) की कविताओं को इस प्रक्रिया की पराकाष्ठा के रूप में देखा जा सकता है, क्योंकि वे ज़्यादातर संक्षिप्त हैं, एक रूपक या सूक्ति पर आधारित – विरोधाभास की शक्ल में अभिव्यक्त। अनेकार्थक संरचनाओं की यह आवृत्ति वाजपेयी के काव्यशास्त्र के दो विशिष्ट लक्षणों को स्पष्ट तौर पर दर्शाती है : (अ) परस्पर विरोधी अर्थों से युक्त शब्दों के आपसी टकराव से ध्वन्यात्मक प्रभावों को रचने की प्रवृत्ति, (ब) अनेकार्थक समग्र के भीतर रखे गये स्थलों की प्राथमिकतापरक गतियों पर आधारित कल्पना की कोटिपरक विशिष्टता। इसे आसानी से लक्ष्य किया जा सकता है कि सन्दर्भों के भीतर शब्दों को गूँथने की यह प्रवृत्ति न सिर्फ़ उनकी श्लेषात्मकता को गहराती है बल्कि रूपक रचने की उनकी सामर्थ्य में भी वृद्धि करती है।

अशोक वाजपेयी की कविता में समकालिकता के गहनतर दृष्टान्त तब उभरते हैं जब भाषा की सतह और गहन संरचनाएँ एक दूसरे को काटती हैं। इसका एक उदाहरण 'पिता के जूते' *(एक पतंग अनन्त में)* कविता का समापन वक्तव्य है जिसमें एक साथ रखी गयी दो स्वतन्त्र चीज़ें (पैर और जूते) एक व्यावहारिक समग्र की रचना करती हैं, एक क़िस्म का अ-पार्थिव एकत्व जोकि किसी तुच्छ क़िस्म के मानवीकरण का नतीजा नहीं है, बल्कि जो कवि-कल्पना की संवेदना के बोध से सम्पन्न है :

> वे सपना देखते हैं नन्हें पैरों का
> जिनके लिए वे हमेशा बड़े साबित होंगे।

गहराई में जाकर देखने पर, गहन संरचना के स्तर पर, ये दो पंक्तियाँ कुछ रूपात्मक घटकों को सामने लाती हैं जिनमें ये तीन कथन (१) वह जिसके बारे में जूते सपना देखते हैं, (२) यह तथ्य कि वे सपना देखते हैं, (३) यह तथ्य कि वे जानते हैं कि उनको नन्हें पैरों द्वारा किस तरह देखा जा रहा है – इस बात के सर्वश्रेष्ठ उदाहरण के रूप में देखे जा सकते हैं कि किस तरह वाजपेयी के काव्यशास्त्र में एकल वाक्यों के भीतर गहनतर संरचना क्रियाशील होती है। हालाँकि इसी के साथ-साथ ये पंक्तियाँ दार्शनिक

चिन्तन के एक व्यापक इलाक़े की ओर भी संकेत करती हैं। वे कविता और दर्शन के बीच के जटिल सम्बन्ध का एक उदाहरण हैं और साथ ही अ-मानवीय सत्ताओं तक व्याप्त संवेदना को चित्रित कर सकने की भाषा की सम्प्रेषणात्मक क्षमताओं का भी उदाहरण हैं। भारत में यह दार्शनिक चिन्तन का एक व्यापक वर्ण-पट है जिनका सार "अहं ब्रह्मास्मि" और "तत् त्वं असि"[1] जैसे औपनिषदिक कथनों में देखने को मिलता है। दूसरी ओर, योरोप में, विचार की एक परम्परा है जिसकी शुरुआत डिमॉक्रिटॅस के भौतिकवाद से होती है और जो सत्तामीमांसात्मक सिद्धान्त स्थूलतावाद (रीइज़्म या कांक्रीटिज़्म)[2] से होती हुई हाइडेग्गर की कृति *बीइंग एण्ड टाइम* में प्रस्तुत लोगॉस की व्याख्या तक जाती है। दो सभ्यताओं की दार्शनिक अवधारणाओं में इन दो पंक्तियों का गुँथाव ऐसी अर्थध्वनियों की रचना करता है जो पिता के जूतों के प्रश्न से दूर की प्रतीत होती हैं लेकिन जो वस्तुओं के रूप में देखे गये जूतों के वुजूद से उत्पन्न होती हैं।

एकरैखिक और समकालिक पाठों के बीच का सम्बन्ध तब किंचित् भिन्न ढंग से उभरता है जब समूची कविता की पंक्तियों में शब्दों का विन्यास साइनिस्थेटिक होता है। यानी कविता की प्रकृति दोहरी है, इस अर्थ में कि वह एक साथ पाठ से बाहर के अर्थों के सन्दर्भ में आन्तरिक संरचना और सतह की संरचना पर है और सन्दर्भपरक यथार्थ के परिप्रेक्ष्य में पाठीय क्षेत्र के भीतर बनी हुई है। अशोक वाजपेयी के समूचे लेखन में इस तरह की अनेक कविताएँ हैं और यही वे कविताएँ हैं जिनमें उनकी कविता की मुख्य कलात्मक विशेषता निहित है। पाश्चात्य साहित्यिक अध्ययन की दृष्टि से देखने पर सन्दर्भपरक यथार्थ का यहाँ भारतीय परम्परा होने का अकेला तथ्य इन कविताओं के न तो कलात्मक मूल्य को निर्धारित करता है और न ही उनकी मौलिकता को। वाजपेयी की कविता की मौलिकता भारतीय परम्परा तथा उस समकालीन कविता के विश्लेषणात्मक चरित्र के परस्पर विलयन का परिणाम है जिसका वर्णनात्मक होने की बजाय व्याख्यात्मक होना अनिवार्य है। 'वृक्ष' *(एक पतंग अनन्त में)* शीर्षक कविता इस संघटना का एकदम सटीक उदाहरण है :

वृक्ष कुछ कह रहा है
अपनी हरी-पियराई भाषा में
उसके पल्लव-शब्द काँपते हैं।

मिट्टी के गहन अँधेरे में
उसकी जड़ें टटोलती हैं
अपना लुप्त व्याकरण।
वृक्ष किसी को सम्बोधित नहीं है
वह सिर्फ़ अन्तरिक्ष को
विन्यस्त करता है।

अन्तिम दो पंक्तियाँ जो अन्तरिक्ष के विन्यास की बात कहती हैं, अलग-अलग पंक्तियों में निहित समस्त अर्थों का संश्लेष हैं; वे कविता का चरमोत्कर्ष हैं। वे शून्य में वृक्ष के एक अद्भुत रूप से व्यंजक बिम्ब को उद्बुद्ध करती हैं। लेकिन यह महज़ एक दृष्टि-भ्रम है। इस बात को दिमाग़ में रखते हुए कि प्रतीक हमेशा अतीत को वर्तमान से जोड़ता है, हम निरूपणों की सतह को प्रतीकों की सतह से अलगाने का यत्न करें। अशोक वाजपेयी का वृक्ष (जैसाकि कवि उसको देखता है) मुख्यतः स्वयं पर एकाग्र है : वह बोलता है, काँपता है, टटोलता है। बोलता है - एक हरी-पियराई भाषा में, काँपता है - अपने पल्लवों, अपने स्वयं के शब्दों में - लुप्त व्याकरण के बारे में। यह वृक्ष ज़ाहिर है सम्प्रेषण (वाणी) के उपकरण से युक्त है, अपनी संवेदनशीलता (काँपना), अपनी इच्छा (टटोलना), और अपने लक्ष्य (अन्तरिक्ष को विन्यस्त करने) की चेतना से युक्त। इन गुणों के साथ निरूपित वृक्ष का चित्रण वनस्पतियों के रूढ़ मानवीकरण के परे जाता है। इस सन्दर्भ में भारतीय परम्परा के साथ के रिश्ते ज़ाहिर प्रतीत होते हैं। उदाहरण के लिए, *भगवद्गीता* (अध्याय १५, श्लोक १-२) के इस अंश के साथ तुलना की जा सकती है :

ऊर्ध्वमूलमधःशाखमश्वत्थं प्राहुरव्ययम्।
छन्दासि यस्य पर्णानि यस्तं वेद स वेदवित्।।१।।

अधश्चोर्ध्वं प्रसृतास्तस्य शाखा गुणप्रवृद्धा विषयप्रवालाः।
अधश्च मूलान्यनुसंततानि कर्मानुबन्धीनि मनुष्यलोके।।२।।

निश्चय ही इस अंश और उद्धृत कविता के बीच के सादृश्य स्पष्ट हैं। एक आरेखित बिम्ब के रूप में देखें तो 'वृक्ष' कविता एक रेखांकन, एक खाके के रूप में निर्मित है। और बावजूद इसके कि कविता में कोई भूदृश्य नहीं है, वृक्ष का बिम्ब ख़ुद-ब-ख़ुद एक भूदृश्य के साथ, सृष्टि के एक अंश

के साथ, के रिश्तों को उभारता है। इस भूदृश्य का अस्तित्व एक उत्प्रेक्षा के रूप में, पाठ के सन्दर्भ के रूप में है। यह आग्रह कि वृक्ष के इर्दगिर्द कोई भूदृश्य नहीं है, हमें एक और सम्भावित व्याख्या की ओर ले जाता है - वह हमें एक स्थिर रेखांकन के भीतर एक गतिशील शिल्प को देखने की गुंजाइश देता है। रेखांकन सिर्फ़ शिल्प को निरूपित करता है - एकसाथ निरूपित और प्रतीकित करता है। साहचर्यों का विस्तार पाठ को समय की पर्तों से रंजित कर देता है, कविता अर्थों से सम्पुंजित हो उठती है, एक प्रतीक में बदल जाती है। कवि विवरण को टालता है और इसलिए, खण्ड-खण्ड के काव्यशास्त्र का अनुसरण करता हुआ वह केवल पल्लवों और जड़ों को सूचिबद्ध करता है। बाक़ी का पाठ एक दृश्य है। काल में गहरे मूलबद्ध एक दृश्य, *भगवद्गीता* के ऊपर उद्धृत दृष्टान्त में आया ब्रह्माण्डीय वृक्ष जिसकी जड़ें नीचे की ओर फैलती हुई मनुष्य लोक के कर्मों के साथ जुड़ जाती हैं।

वाणी और चेतना मनुष्य के बुनियादी विशेषाधिकार हैं। ब्रह्माण्डीय वृक्ष को मनुष्य की दुनिया में नहीं देखा जा सकता; इसलिए, दो बहुवचनात्मक संज्ञाएँ (पल्लव और जड़ें) मनुष्य की चेतना में घटित होते साहचर्यों की प्रक्रिया को केवल दोहराती हैं। सबसे पहले, कविता में वृक्ष का दृश्य है और क्रियाशील है, और यह दृश्य अपने प्राथमिक अर्थ का दबाव डालता है। उदाहरण के लिए, 'लुप्त व्याकरण', जिसमें पाणिनी के चार हज़ार सूत्रों[३] की एक प्रतिध्वनि भी हो सकती है, सबसे पहले काव्य-भाषा के आद्य स्रोत का संकेत देता है। जिस अन्तरिक्ष को वृक्ष 'विन्यस्त' करता है वह आध्यात्मिक ब्रह्माण्ड भी हो सकता है। 'विन्यास' की प्रक्रिया - अन्तरिक्ष का क्रमिक विकास जिसे ईलियाड "किसी सूक्ष्म ब्रह्माण्ड : चट्टानों से निर्मित एक भूदृश्य, समुद्र और वृक्षों" तथा इस "सूक्ष्म ब्रह्माण्डीय भूदृश्य" के इसके "सबसे महत्वपूर्ण घटक - वृक्ष (...)" में संकुचित होने के क्षण के बीच घटित होने के रूप में देखते हैं। "आख़िरकार, यह वृक्ष है जो समूचे ब्रह्माण्ड को अभिव्यक्त करता है।"[४]

यहाँ यह भी उल्लेखनीय है कि वाजपेयी की कविता में 'व्याकरण' शब्द एक प्रमुख उपस्थिति है (अध्याय १.२ भी देखें)। यहाँ पर, बी. वाकर और एच. ज़िमर के कृतित्व का अनुसरण करते हुए, भारत में वृक्षोपासना की एक व्यापक ऐतिहासिक रूपरेखा का भी संक्षेप में ज़िक्र किया जा सकता है।

भारतीय उपमहाद्वीप में वृक्षोपासना की परम्परा काफ़ी प्राचीन रही है – इस तरह के अनुष्ठान के अवशेष मोहनजोदाड़ो में पाये गये हैं। हर वृक्ष का अपना देवता होने की, उसकी अपनी 'आत्मा' होने की आस्था प्राचीन भारत में व्याप्त थी और कुछ समुदायों में अब भी व्याप्त है। वृक्षों को देवताओं के आशीर्वाद के रूप में देखा जाता था : वे यात्रियों को छाया देते थे, पक्षियों का बसेरा थे, और यज्ञ के लिए समिधा तथा घरों के लिए ईंधन उपलब्ध कराते थे, वे लोगों को भोजन और सुगन्धित वायु उपलब्ध कराते थे। वे ऋषियों-मुनियों के शरण-स्थल भी होते थे। वे शान्ति देने वाले तथा प्रेरणा-स्थल थे। सत्य की खोज में लगे बहुत से लोगों ने उनके तले बैठकर ज्ञान प्राप्त किया था : जैन मुनि पार्श्व ने धटक वृक्ष के तले, जैन धर्म के संस्थापक महावीर ने शाल वृक्ष के तले, बुद्ध ने वट वृक्ष के तले। वृक्ष अधोलोक और पृथ्वी के बीच तथा पृथ्वी और स्वर्ग के बीच नैसर्गिक कड़ी हैं। देवताओं को दिया जाने वाला यज्ञ का पुरोडाश कभी-कभी वृक्ष की शाखाओं पर रखा जाता है, यह मानकर कि वह चढ़ावा 'प्रवाहित' हो जायेगा, और साथ ही साथ वृक्ष उस दानी को उर्वरता और समृद्धि प्रदान करेगा। कुछ वृक्ष विशिष्ट देवताओं के अधीन माने गये हैं : देवदार शिव के, आम कामदेव के, शाल विष्णु के। ब्रह्माण्डीय वृक्षों में अश्वत्थ वृक्ष के अतिरिक्त जो वृक्ष इन्द्र के देवलोक में उगते हैं उनमें से कुछ प्रसिद्ध वृक्षों में एक जम्बू का वृक्ष (स्वर्ग के सेब का वृक्ष), है जिसमें बड़ी तादाद में लौकिक सेबों की क़िस्में होती हैं, एक है कपित्थ, जिसमें ऐसे फल लगते हैं कि अगर उनको मनुष्य खा लेता है तो वे उसकी प्राणशक्ति और साहस में वृद्धि करते हैं, और एक है कल्पवृक्ष जो सारी मनोकामनाओं की पूर्ति करता है।

अर्थों के तमाम विपुल स्तरों पर विपुल समरूपताएँ और सम्बद्धताएँ आपस में जुड़ी हुई हैं। विश्लेषित कविता की गहन संरचना उन उलझी हुई जड़ों के समान है जिनको विविध इन्द्रियों के पारस्परिक सम्बन्ध के रूप में देखा गया है। और यह चीज़ इन कविताओं के एक और विशिष्ट लक्षण की ओर हमारा ध्यान आकर्षित करती है – उसकी बहुध्वनिकता (पॉलीफ़ोनी) की ओर।

।। एक : १ ।। बहुध्वनिक संरचनाएँ (पॉलीफ़ोनिक स्ट्रक्चर्स)

अशोक वाजपेयी की कविता की बहुध्वनिकता की प्रकृति संरचनात्मक (structural), अन्तर्भूत (immanent) और रैखिक (linear) है। इस तरह का कथन एक अनम्य क़िस्म की धारणा से युक्त लगता है, लेकिन ये तीनों पद, किसी हद तक, महज़ वे उपकरण हैं जो उनकी कविता के संघटन और विषय-वस्तु की बुनियादी चारित्रिकताओं के समुचित चित्रण के लिए प्रयोग में लाये जा रहे हैं। 'structure' (संरचना) जो लैटिन के structura ("एक साथ जुड़ा हुआ, समायोजन; निर्मिति, निर्मिति का ढंग") से बना है, का लाक्षणिक अर्थ है, "विन्यास, तरतीब"। struere के भूतकालिक कृदन्त विशेषण structus के रूप में इसका अर्थ है "एक दूसरे पर रखना, एक साथ रखना, ढेर लगाना; निर्मित करना, संयोजित करना, विन्यस्त करना, आपस में जोड़कर बनाना। साहित्यिक कृतित्व के सन्दर्भ में इसका अर्थ है "आवयविक समग्र, विविध तत्त्वों का प्ररूपात्मक एकत्व"।[५] इस तरह यह किसी कृति के मूल विषयों के अन्वेषण/विश्लेषण के लिए प्रयोग में लाये जाने वाला उपकरण बन जाता है। दार्शनिक पद 'immament' (अन्तर्भूत) लैटिन के immanens से व्युत्पन्न है, जो immanere का वर्तमानकालिक रूप है, और इसका अर्थ है "अन्दर वास करना, अन्दर रहना", जिसका प्रयोग स्थिर चारित्रिकताओं (जैसेकि आवासीय स्थल या किसी स्थान विशेष में होना) तथा स्थायी चारित्रिकताओं (जैसेकि स्थायित्व) के लिए किया जाता है। यहाँ यह पद उन तमाम कारकों का निर्धारक है जो इस कविता की नीति तथा सौन्दर्यपरक सत्व की रचना करते हैं। और अन्त में है सांगीतिक पद 'linear', (रैखिक) जिसका उत्स भी लैटिन (linearis – 'रेखा से सम्बन्धित होना') में है। यह दो पूर्ववर्ती पदों के साथ समूहबद्ध स्वायत्त स्वरों की समक्षणिक रैखिकता को दर्शाता है, और कलात्मकता को गढ़ता है।

यह संक्षिप्त निरुक्तपरक हवाला उन प्रक्रियागत उभयसंकटों पर विचार करने के लिए ज़रूरी था जिनका हल (कम से कम आंशिक हल) उस वक़्त ढूँढना ज़रूरी हो जाता है जब आप समकालीन भारतीय कविता का अध्ययन कर रहे हों। योरोपीय सभ्यता के बाहर रचे गये काव्यात्मक कृतित्व का, मूल से भिन्न किसी भाषा में किया जाने वाला विमर्शात्मक विश्लेषण शब्दों की

निश्चित व्यवस्था पर आधारित होता है, लेकिन क्या यही बात पदों और धारणाओं पर भी लागू होती है? मुख्य मुद्दा यहाँ विश्लेषण और विषय-वस्तु की निकटता के स्तर का ही नहीं है। जो चीज़ अहम लगती है वह है मूल विषय-वस्तु को दो भिन्न - भारतीय और योरोपीय - परिप्रेक्ष्यों से समझने की अनिवार्यता। दूसरे शब्दों में, भाषा में व्यक्त विश्लेषण का क्रियान्वयन दो भाषिक कूटों में किये गये पठन का नतीज़ा होना चाहिए।[६] ऊपरी तौर पर तकनीकी लगती यह टिप्पणी इस सन्दर्भ में केन्द्रीय महत्त्व रखती है कि किस तरह योरोपीय मूल के इस पद बहुध्वनिकता को अशोक वाजपेयी की कविता के सन्दर्भ में समझा जा सकता है।

सबसे पहले, बहुध्वनिकता को इन्गार्डेन के वर्गीकरण के अनुसार किसी साहित्यिक कृति की चार अनिवार्य परतों में कोटिबद्ध किया जा सकता है।[७] इन परतों को तलाशने और व्याख्यायित करने के लक्ष्य के साथ अशोक वाजपेयी के कृतित्व का अध्ययन मुख्य प्रक्रियागत अनिवार्यता थी। हालाँकि, अगर हम 'बहुध्वनिकता' के सांगीतिक उत्स की दृष्टि से देखें, तो तथाकथित पाश्चात्य शास्त्रीय और भारतीय शास्त्रीय संगीत की संरचनाओं में भेद है। उदाहरण के लिए, बाख़ की रचनाओं में बहुध्वनिकता का विशिष्ट लक्षण अनेक सांगितिक थीमों का एकसाथ घटित होना है, जबकि भारतीय संगीत में यह उसका संवादधर्मी पक्ष होगा। इस संगीत में संवाद, जोकि "स्वगत उद्गार और मनन है, उत्कट स्वर माधुर्य है जो मनोभूमि पर वृत्तों और त्रिकोणों की रचना करता है"[८], संगीतकार और श्रोता के भावनात्मक तथा बौद्धिक सम्पर्क पर निर्भर करता है। यहाँ सांगीतिक स्वरलिपि, योरोपीय संगीत की तरह, स्टाफ़ पर लिखी नहीं होती, और वह अलग-अलग स्वरगतियों का अनुसरण नहीं करती; यह "ध्वनियों की" विस्मयकारी "ज्यामिती"[९] है। इसलिए, मुख्य विषयपरक संरचनाओं को समेटते विश्लेषण के स्तर पर ही अशोक वाजपेयी की कविता की बहुध्वनिकता की धारणा अपनी लाक्षणिक स्पष्टता और पारिभाषिक अर्थवत्ता हासिल करती है। यहाँ पर मैं सांगीतिक पदावली का इस्तेमाल किसी हद तक उस समूचे साहित्यिक संघटन को समझने के लिए कर रही हूँ, जो किसी बहुध्वनिक रचना की ऑर्केस्ट्रल स्वरलिपि से मेल खाता है, जहाँ शब्द स्वर-चिह्नों की जगह ले लेते हैं, वहीं अलग-अलग कुंजियों की भूमिका चार मुख्य थीमेटिक क्षेत्रों द्वारा निभायी जाती है : भूगोल (भाग I), अस्मिता (भाग II), प्रेम

(भाग III) और शब्द (भाग IV)।[१०]

संवादपरक पक्ष अनेक कविताओं में निरूपित है, ख़ासतौर से अपेक्षाकृत लम्बी कविता-शृंखलाओं में, जैसे 'उसने कहा-१: चार कविताएँ', 'उसने कहा-३: चार कविताएँ', 'उसने कहा-४: चार कविताएँ'। वहीं एकालाप, कामना की धुनें, जैसे कि 'वसन्त के लिए एक कामना' *(शहर अब भी सम्भावना है)* में, कुछ सौ कविताओं का सत्व है। संवाद, प्रस्तावित पारिभाषिक अर्थ में, गायक-मण्डली की भूमिका निभाता है। यहाँ स्वर - कविता की मौखिक परम्परा की प्राचीन भारतीय परम्परा की ही भाँति - अक्षरों और शब्दों की ध्वनियाँ हैं, जो विवक्षाओं और अर्थों में रूपान्तरित हैं। यद्यपि शब्द, बिम्ब और उनके अर्थ समरूप नहीं हैं, तब भी दो स्वतन्त्र भाषिक कूट किसी हद तक ही उनके आर्थी क्षेत्रों (सिमेण्टिक फ़ील्ड्स) में साझा करते हैं। मैं तीन उदाहरणों के माध्यम से बुनियादी विषमरूप भेदों को सामने रखूँगी। पहला, 'वसन्त के लिए एक कामना' कविता की "रक्ताभ धुन" जैसी अभिव्यक्ति है, जिसका रूप - योरोपीय सन्दर्भ में - दोहरे रूपक का है; ऊर्जा और अभिव्यंजना से भरपूर, "एक वस्तु के नाम के दूसरी वस्तु में रूपान्तरण" की अरस्तू की परिभाषा से पूरी तरह संगत; वह एक साथ सत्तापरक भी है और अलौकिक भी। इस सूक्ष्मसंरचनात्मक कथन के स्तर पर, अशोक वाजपेयी सौन्दर्यशास्त्र को सत्तामीमांसा से मिला देते हैं। इस प्रकरण में, धुन-नुमा बिम्ब की अभिव्यंजकता सम्प्रेषण के बुनियादी कार्य-व्यापार का नतीजा है। भारतीय सन्दर्भ में देखने पर, यही रूपक भिन्न अर्थों और साहचर्यों का वाहक है जो, उदाहरण के लिए, प्रकृति और भावनात्मक अवस्था दोनों के रूपायन से सम्बन्धित है। अपनी अनेक सम्भावित व्यंजनाओं में से एक व्यंजना के तौर पर यह लाल रंग के अर्थ का संकेत भी दे सकता है, जो संस्कृत सौन्दर्यशास्त्र में दैहिक प्रेम का संकेतक है, या अशोक या मान्दार के उन फूलों का संकेत दे सकता है जो भारतीय प्रेम कविता में लगभग शुरू से आते रहे हैं। दूसरा उदाहरण है "फूलों की रक्तिम चकाचौंध" ('वापसी', *कहीं नहीं वहीं*) का। फूल संज्ञा को 'रक्ताभ, रक्तिम' विशेषण देना बोलचाल की भाषा के प्रति व्यक्त किये गये सम्मान जैसा प्रतीत होता है। और तब भी यहाँ यह व्यंजनाओं में गुँथी हुई है, क्योंकि, जैसाकि आनन्द के. कुमारस्वामी कहते हैं, प्रकृति की ख़ातिर प्रकृति का चित्रण करना भारतीय कला का लक्ष्य कभी नहीं रहा

है।[11] यह किंशुक पुष्प हो सकता है, जिसका हवाला भारतीय कविता में अक्सर आता है। यह अशोक वृक्ष का फूल भी हो सकता है जो कामदेव के पाँच अस्त्रों में से एक है। प्रेम की विषय-वस्तु पर केन्द्रित संस्कृत साहित्य में, जैसेकि कालिदास के यहाँ, लाल फूल ऐसी ही प्रतीकात्मक भूमिका निभाता है।[12] तीसरे उदाहरण को किंचित् भिन्न ढंग से पेश करना ज़रूरी है, क्योंकि इसके लिए काव्य-भाषा के दो विषम कूटों का हवाला देना ज़रूरी है। इनमें पहला है टी.एस.ईलियट की कविता *वेस्टलैंड* (१९२२) के ५वें भाग का यह अंश :

> गंगा निमग्न थी, और कुम्हलायी पत्तियाँ
> बारिश की प्रतीक्षा करती थीं, वहीं काले बादल
> सूदूर कहीं एकत्र थे, हिमवन्त पर।
> जंगल दुबका हुआ था, ख़ामोश कुबड़े की तरह।

और अशोक वाजपेयी की कविता 'वही नहीं' *(कहीं नहीं वहीं)* से भी चार पंक्तियाँ :

> सूखी पड़ी नदी भर जाती है
> किनारों को दुलराता है जल
> पर वही नहीं जो
> बादल बनकर उड़ गया था

भूदृश्य की दो कल्पनाएँ, तिरासी साल के दो सिरों पर स्थित दो पाठ, और बावजूद इस ऐतिहासिक दूरी के दोनों पाठ पहले ही रूढ़ पठन में एक ही चित्र के दो फ़लकों जैसे प्रतीत होते हैं, दो अगल-अलग मौसमों में, सूखे और पानी की प्रचुरता के दो अलग-अलग वातावरणों में प्रकृति के एक ही दृश्य के दो पक्षों को 'चित्रित करते हुए'। वाजपेयी का पाठ किसी रूप में टी.एस.ईलियट के पाठ को 'आगे बढ़ाता' है - वह मानसून के ख़ास दृश्य को चित्रित करता है। ईलियट की कविता का भूदृश्य स्थिर, विहंगम है, ऊपर से देखा गया। उसमें एक नदी है, कुछ निश्चल पत्तियाँ हैं, दूर कहीं पर्वत पर घुमड़ते हुए काले बादल हैं, ज़मीन पर सघन उगे ख़ामोश वृक्षों का एक जंगल है। भूदृश्य के इस सौन्दर्य को इस अंश के विहंगम समग्र में पकड़ा गया है, भव्य काव्यात्मक शैली में प्रस्तुत किया गया है। सूखे के समय की प्रकृति की गतिहीनता का जोड़ काव्यात्मक कल्पना की

गतिहीनता से बिठाया गया है। इसके विपरीत, वाजपेयी की कविता में, दृश्य को उसकी गतिशीलता में चित्रित किया गया है – सारभूत तत्त्वों की गति के रूप में। नदी न सिर्फ़ पानी से भरती है, बल्कि पानी उसके किनारों को दुलराता भी है, पानी जो विशिष्ट रूप से उस पानी से भिन्न है जो भाप बनकर बादलों की रचना करता है। प्रकृति को देखने का यह ढंग भौतिक जगत मात्र को उसकी सतत परिवर्तनशीलता में देखने का संरचनात्मक घटक है। अशोक वाजपेयी की कविता की इन चार पंक्तियों में प्रकृति का अवबोध कवि के उस विनय की ओर संकेत करता है जो यहाँ एक सौम्य, चिन्तनपरक शैली में व्यक्त है, एक ऐसी शैली जो अपने स्वभाव में वर्णनात्मक होने से अधिक विश्लेषणात्मक है। सम्पूर्ण जीवन के सन्दर्भ में इस तरह का चिन्तनात्मक और विश्लेषणात्मक रुख़[१३] नृतात्विक और नियतिपरक (एस्चेटोलॉजिकल) निष्कर्षों की ओर भी ले जाता है, क्योंकि कविता के अन्त में कवि कहता है :

हम भी लौटेंगे
प्रेम में, कविता में, घर में
जन्मान्तरों को पार कर
पर वहीं नहीं
जो यहाँ से उठकर गये थे

दो भाषिक कूटों के बीच का वैषम्य चार अन्तरालों के माध्यम से रचित है : उन वर्षों का अन्तराल जिनमें ये कविताएँ लिखी गयीं थीं, समूची भारतीय परम्परा का अन्तराल, आँग्ल-योरोपीय परम्परा का ऐतिहासिक अन्तराल, और काव्यशास्त्र के दो भिन्न घरानों का अन्तराल। इसलिए इस वैषम्य को गहरा कहा जा सकता है, जिसमें भाषा को महज़ विमर्श (डिस्कोर्स) की तरह बरता गया है[१४], जहाँ शब्दों और धारणाओं को समझने के भिन्न ढंग महज़ "अर्थों में बदलाव"[१५] नहीं हैं, बल्कि वे अन्तराल हैं जिसमें वाक् की प्रकृति को एक व्यवस्था की तरह, "देखी गयी वस्तुओं के विचारहीन और अनिच्छित तर्क"[१६] की तरह, बरता गया है। हालाँकि इस बात में एक विरोधाभास लक्ष्य किया जा सकता है कि भारतीय भाषिक कूट की इस विशिष्टता को योरोपीय पदावली के साथ-साथ इस पदावली के परिप्रेक्ष्य का इस्तेमाल करते हुए आसानी से वर्णित किया जा सकता है। तब भी, अशोक वाजपेयी के काव्यशास्त्र की दृष्टि से, सत्य, सौन्दर्य और

मृत्यु जैसी धारणाओं को, और ऐतिहासिक परम्परा, और दार्शनिक चिन्तन या काव्य-कौशल के रूपों – जोकि इस कविता की मुख्य विषय-वस्तु की बहुध्वनिकता के घटक हैं – को तमाम भारतीय निहितार्थों के साथ और इन धारणाओं तथा पदों के इतिहास में हिन्दी भाषा की भागीदारी के साथ भी पढ़ा जा सकता है।

अशोक वाजपेयी की कविता के संरचनागत बहुध्वन्यात्मक लक्षण स्वयं को तीन मुख्य कोटियों में पेश करते हैं : स्वतन्त्र कविता, मूल थीम, और समस्त पाठों की समग्र संरचना (लाक्षणिक ढंग से कहें तो अर्थों की सारी सतहों का कुल जोड़)। स्वतन्त्र कविता के मामले में संघटनात्मक लक्षण अपने को विषय-वस्तु के माध्यम से उतना उजागर नहीं करते जितना वे रूप देने के ढंग के माध्यम से करते हैं। थीम की कोटि के अन्तर्गत विषय-वस्तु को पारस्परिक कड़ियों, निरन्तरताओं, बढ़तों, संकेतों, सन्दर्भों के तानेबाने से बुना गया है। और समस्त कृतित्व को एक सुसंगत संरचना की तरह देखें तो संघटन अपने को उपरिउल्लिखित समस्त घटकों के सामंजस्य के रूप में प्रगट करता है।

पाश्चात्य परम्परा में आन्तरिक सामंजस्य की धारणा प्लोटिन द्वारा प्रस्तुत की गयी थी, जिसने कहा था कि यह लेखक की आध्यात्मिकता की विरासत के सिवा और कुछ नहीं है। आधुनिक सौन्दर्यशास्त्र को समझने के एक ढंग के तौर पर इस पद का प्रयोग शाफ़्ट्सबरी ने किया था। अशोक वाजपेयी की कविता के प्रकरण में, डिल्थे का दृष्टिकोण इसके मर्म के सबसे क़रीब बैठेगा जो दृष्टिकोण यह है कि किसी कृति का आन्तरिक स्वरूप कवि के वैयक्तिक 'मैं' की कलात्मक अभिव्यक्ति है।

इन धारणाओं, पदों और अर्थों में प्रच्छन्न संवाद, जो कभी भारतीय परम्परा से संगत है तो कभी असंगत है, अपने आप में एक सार्वभौमिक क़िस्म का विमर्शात्मक मूल्य है जो इस कविता की बहुध्वनिक संरचना को एक वैसी ही बौद्धिक हैसियत प्रदान करता है।

।। एक : २ ।। एकल कविता की बहुध्वनिकता

अपने सृजनात्मक जीवन के आरम्भिक दौर में अशोक वाजपेयी ने 'वसन्त के लिए एक कामना' *(शहर अब भी सम्भावना है)* लिखी थी, जो शायद एक किंचित् सुरम्य शीर्षक था जिसमें हम पाठ को बहुध्वनिक ढंग से आकार देने के कवि के रुझान को लक्ष्य कर सकते हैं। यह कविता वाजपेयी के पहले कविता-संग्रह के प्रकाशन के पूर्व १९६० में लिखी गयी थी। इसलिए इस कविता को हम कविताएँ गढ़ने के, और सिर्फ़ कविताएँ गढ़ने के ही नहीं, उनके बाद के ढंग की पूर्वकल्पना की तरह देख सकते हैं। संकल्पपूर्वक या अनिच्छापूर्वक, (कला-प्रक्रिया के बहुआयामी चरित्र को ध्यान में रखते हुए) इस कविता को उन विषयों और अभिप्रायों के समूचे तानेबाने को संघटित करने के तरीक़े की भविष्यवाणी की तरह भी देखा जा सकता है जिन विषयों और अभिप्रायों को वे भविष्य में लगातार बरतने वाले थे। लगभग छह दशकों और अनेक कविता-संग्रहों के प्रकाशन के बाद, और शब्दों को किफ़ायत से बरतने, और कभी-कभी विषय-वस्तु को अतिसंक्षिप्त कर देने की वाजपेयी की स्पष्ट प्रवृत्ति के बावजूद, इस स्पन्दनशील, उत्केन्द्रित कविता को वाजपेयी के बाद के समूचे काव्य-कृतित्व की बहुध्वन्यात्मक संरचना के पूर्वानुमान और शुरुआत की तरह बरता जा सकता है।[१७]

कविता के नीचे दी गयी तिथि (१९६०) प्रासंगिक परिस्थितियों की ओर इशारा करती है। हिन्दी साहित्य के इतिहासकार १९६० के वर्ष को नई कविता के रूपायन की प्रक्रिया के क्रान्तिकारी मोड़ के रूप में देखते हैं (बेशक, जिन कवियों ने इस साहित्यिक प्रवृत्ति को जन्म दिया था वे अब भी जीवित हैं और नयी कविताएँ लिख रहे हैं। यह युवा कवि (जो तब उन्नीस साल का था) एक दोहरी जटिल स्थिति में साहित्य की दुनिया में प्रवेश कर रहा था; नई कविता की कलात्मक और सामाजिक सफलता के लगभग तुरन्त बाद, किन्तु छायावाद के विद्रोह की अब भी बेहद ताज़ा स्मृति की मौजूदगी में। सामाजिक स्तर पर, भारत आज़ादी के बाद अपनी पहली औद्योगिक सफलता को अनुभव कर रहा था, और आधुनिकीकरण की प्रक्रिया से भी गुज़र रहा था। स्थापत्य के क्षेत्र में ज्यामितीय शुद्धतावाद के सह-संस्थापक ले कार्बूज़िए ने चण्डीगढ़ शहर का आकल्पन किया था जो

उस वक़्त निर्माणाधीन था। वाजपेयी ने १९६६ में अपने पहले कविता-संग्रह को एक प्रतीकात्मक नाम दिया : *शहर अब भी सम्भावना है*। इस शीर्षक में निहित नीतिगत वक्तव्य उस युग का एक चरित्र लिये हुए लगता है। 'वसन्त के लिए एक कामना' इसी संग्रह में शामिल थी।

इस कविता का संश्लेष बहुआयामी और समक्षणिक है, बावजूद इसके कि इसका पाठ इसकी अपनी कालानुक्रमिकता में लिखा गया है, और श्रव्य तथा चाक्षुष संवेदनों पर आधारित है। हालाँकि, चेतना के स्तर पर (उस चेतना के स्तर पर जो कविता में बोल रही है) चाक्षुष और चिन्तनात्मक तत्त्वों का एक स्पष्ट विन्यास दिखायी देता है। जहाँ भावावेश यहाँ शैली में व्यक्त है – मसलन, अनुरोध का दोहराव : ''सुनने दो'', ''बचाने दो'', ''छूने दो'', ''भेंटने दो'', या ''ओ'' का तिहरा दोहराव (२४वीं और २५वीं पंक्ति में) – वहीं, दूसरी ओर, चिन्तनात्मकता सशक्त ढंग से रूपकों में चित्रित है। इस कविता का केन्द्रीय सन्दर्भ-बिन्दु वक्ता-चेतना (काव्य-विषयी, कवि?), चित्रित वास्तविकता का उसका बोध (यानी : वह क्या सुन और देख सकता है) और उसका अपना ऐन्द्रिय तथा मानसिक अनुभव है (यानी : वह किस तरह महसूस करता है, सोचता है)। परिणामतः, पाठक कविता के दोनों क्षेत्रों के बारे में 'देख' सकने का प्रभाव हासिल करता है।

इस विश्लेषित कविता का शीर्षक दो चीज़ों की ओर संकेत करता है : एक स्वप्न का, एक कामना का वैयक्तिक जन्म, और प्रकृति का चक्राकार उद्‌बोधन। समूची कविता जन्म, उत्सव और उछाह के अभिप्राय के इर्दगिर्द संरचित है। वक्ता 'मैं' एक नागर उत्सव में, या शायद किसी अनुष्ठान में, भाग लेता है, जो किन्हीं अज्ञात सीढ़ियों के क़रीब चल रहा है, वहीं नगर ''उत्सव की लपटों में'' घिरा हुआ है। वह ''वाद्यगीतों और गूँजती आवाज़ों के बीच'' उस उत्सव की आवाज़ों को सुन सकता है। कविता के पहले हिस्से में बिम्बों की एक समूची श्रृंखला गुँथी हुई है : आँखों की चमक, सीढ़ियाँ, खिलता हुआ वसन्त, उत्सव की लपटें, हाथ, और होंठ। लेकिन दसवीं पंक्ति में सहसा कुछ अनाम दोस्त प्रकट होते हैं जिनकी सूखी आँखें काली चट्टानों में बदल जाती हैं (''मेरे मित्रों की आँखें सूखकर / चट्टानों के काले टुकड़े बनती जा रही हैं'')। ये कौन हैं? शायद वे चौबीसवीं पंक्ति के खोते हुए वाद्यकार हैं। उनकी आकस्मिक उपथिति किसी बेसुरी, नाटकीय और रहस्यमय ध्वनि में बदल जाती है। और यह महज़ संयोग नहीं है कि इन

पंक्तियों में किंचित् मूलगामी क़िस्म की घोषणा सुनायी देती है :

सिर्फ़ मेरे हाथ हैं
- जो भाषा सँभाले हैं
सिर्फ़ मेरे होंठ हैं
- जो गान थामे हैं!

वक्ता विषयी की कामना पल भर के लिए उद्विग्नता में निलम्बित हो गयी लगती है ["मुझे(...) दो"]। लेकिन, तुरन्त ही, यह उद्विग्नता स्वीकार के एक उल्लासमय स्वर से शान्त हो जाती है। यद्यपि कविता के पिछले हिस्से में "सिर्फ़" का यह निरपेक्ष आवर्तन महज़ आकांक्षा के विनाश से ("धुएँ से, आग से") बचने का संकेत करता है। कविता के बाद के हिस्से में, दो गूँजते हुए सर्वनामों के इस्तेमाल के साथ एक आदेशात्मक, निश्चयात्मक स्वर उस चीज़ को व्यक्त करता है जिसे तब तक कहा नहीं गया था :

वह सुलगी हुई भाषा और
वह पिघलता संगीत!

पिछले उद्धरण में "सिर्फ़...सिर्फ़" और इसमें "वह...वह"। सिर्फ़ लय। ध्वनियों के लम्बे या छोटे सिलसिले। जो कुछ भी श्रव्य, दृश्य या चिन्तनात्मक है, लय उस सबको विन्यस्त करती है। इस कविता की लय कभी-कभी स्ट्राविंस्की की रचना *फ़ेस्टीवल ऑफ़ स्प्रिंग* जैसी लगती है।

बीसवीं सदी की कविता के अध्येता (फ्रेड्रिक, वोसलर, कर्टिअॅस), और स्वयं कवि (वैलरी, एलुआ, मीशो, अलबेर्ती, पाउण्ड, ईलियट या बेन) अक्सर कविता और संगीत, ललित कला, रंगमंच, नृत्य के बीच के रिश्तों पर, "समूची आधुनिक कला के संरचनात्मक एकत्व" पर, ध्यान देते रहे हैं, जबकि भारतीय सांस्कृतिक परम्परा में एकदम शुरू से ही तमाम कलाओं के बीच एकत्व पर ज़ोर दिया जाता रहा है। योरोप इस विचार के क़रीब आधुनिकता के साथ आया, जबकि भारत के लिए आधुनिकता तक पहुँचने का अर्थ ही एक तरह से अपनी परम्परा से विदाई लेना था। हालाँकि इस पुस्तक में विश्लेषित कविता में तमाम कलाओं का संरचनात्मक एकत्व लगातार मौजूद है। इस कविता विशेष में, क्रमिक आवर्तन दो स्थलों के बीच घटित है : सांगीतिक स्थल (आवाज़ों की गूँज, मुझे सुनने दो, मेरे होंठ गान थामे हैं, मेरे लिए गायी जाती कामना की रक्ताभ धुन) और चित्रात्मक स्थल

(“आँखों की चमक”, “अपने लिए खिला वसन्त-सुमन”, “उत्सव की लपटों में”, “मेरे मित्रों की आँखें सूखकर”, “वे पत्तियों की हरी रचनाएँ”, “सीढ़ियों के पास”।) यह क्रमिक आवर्तन एक दूसरे के लिए अनुपूरक अर्थों की रचना करता है, मानो इनके बीच का तनाव, इन एक-दूसरे के बरक्स रखे हुए बिम्बों के बीच का तनाव, उस भावपूर्ण स्थिति पर व्यंग करने के लिए हो। ये सभी घटक वाजपेयी के काव्यशास्त्र के तकनीकी पक्ष से ताल्लुक रखते हैं। इस कविता के चित्रात्मक स्थल में कवि पहली बार एक रूपक रचने के लिए “रचना” शब्द का, इस शब्द की व्युत्पत्ति से समंजस, प्रयोग करता है।

।। एक : ३ ।। एक थीम की बहुध्वनिकता

एक थीम के रूप में आध्यात्मिक धरोहर (और विरासत) अशोक वाजपेयी की कविता में कई रूपों और विविध विन्यासों में मौजूद है : छन्द के स्तर पर, बयान में गुँथे हुए वाक्यों में, संकेतों में, बिम्बों में और अभिधानों में। ये सोच-विचारकर रची गयी परतें अपनी सर्वाधिक सघनता में लम्बी कविता-शृंखलाओं या लम्बी कविताओं में दीखती हैं, लेकिन वे स्टिकोमीट्रिक कविताओं में भी मौजूद हैं। इस थीम में दोनों चीज़ें शामिल हैं – सांस्कृतिक धरोहर का अभिप्राय, एक समग्र के रूप में बरती गयी भारतीय परम्परा, और आनुवंशिक विरासत का अभिप्राय। इस अनुप्रयुक्त काव्यशास्त्र के विशिष्ट लक्षणों का क़रीब से परीक्षण करने पर इस अभिप्राय के ये दोनों पक्ष इस आसानी से साबित की जा सकने योग्य मान्यता की गुंजाइश देते हैं कि ये दोनों कवि की बनावट (Gestalt) की काव्यात्मक अभिव्यक्ति हैं।

आध्यात्मिक सगोत्रता का अभिप्राय अशोक वाजपेयी की कविता में शुरू से ही आता रहा है, उदाहरण के लिए पिछले अध्याय में उद्धृत की गयी कविता ‘वसन्त के लिए एक कामना’ में :

> ओ खोते हुए वाद्यकारों (...)
> ओ गूँजती हुई आवाज़ोंवाले लोगों

और यह ध्यान देने वाली बात है कि संगीतकारों की इस समूची कविता में एक ख़ास जगह है, जिसका एक बहुत महत्त्वपूर्ण उदाहरण 'बहुरि अकेला' शीर्षक दीर्घ कविता-शृंखला है, जो हिन्दुस्तानी शास्त्रीय संगीत के गायक, कुमार गन्धर्व के प्रति एक शोकगीत है, जो किसी विशिष्ट घराने से स्वतन्त्र और अपनी ही विशिष्ट गायन-शैली के लिए प्रसिद्ध रहे हैं। बावजूद अपने उच्च स्वर की अनियन्त्रित स्वतन्त्रता और संक्षिप्त बोलों के इस्तेमाल की अपनी प्रवृत्ती के, वे गायक और श्रोता की अन्तरक्रिया पर आधारित हिन्दुस्तानी संगीत की उस परम्परा के प्रति निष्ठावान बने रहे, जो स्पष्ट तौर पर उपज को प्रोत्साहित करती है। वे अशोक वाजपेयी के आत्मीय मित्र भी थे। इस संगीतकार की मृत्यु के वर्ष में अशोक वाजपेयी द्वारा लिखी गयी कविता-शृंखला का सबसे महत्त्वपूर्ण कथ्य है अतिक्रमण, मृत्यु पर एकाग्रता, जिसे दाहसंस्कार के अन्तिम अनुष्ठान में, कभी-कभी बेहद यथार्थवादी सूक्ष्मता के साथ चित्रित किया गया है :

> एक ओर गाँजा पीते धूनी रमाये जोगी का डेरा है
> और दूसरी ओर श्मशान जहाँ रोज़ चार-छह चिताएँ सजती-जलती हैं
>
> – 'बहुरि अकेला-१'

दाह-संस्कार के अनुष्ठान को चित्रित करने का यह रपट-नुमा ढंग शायद दो अतिरिक्त टिप्पणियों की माँग करता है : योगी सचमुच अक्सर निर्जन स्थलों पर रहते हैं, दाह-स्थल – जैसेकि इस कविता में – हमेशा किसी नदी के किनारे होता है, और चिता को इस तरह ठीक से सँवारा जाता है कि शव पूरी तरह जल जाए और लकड़ी का न्यूनतम सम्भव इस्तेमाल करना पड़े। अगले अंश में काव्यात्मक अभिव्यक्ति भी काफ़ी सशक्त है :

> नदी बहती है धरातल पर सूखकर रेत के नीचे थमकर
> (...)
> हर सर्वनाम को लीलता हुआ
>
> – 'बहुरि अकेला-४'

सम्भवतः इन कविता-पंक्तियों का अर्थ इनको भगवान गणेश के लिए समर्पित उस स्थानीय अनुष्ठान से जोड़कर देखे बग़ैर नहीं समझा जा सकता जो जनवरी या जनवरी-फरवरी के बीच (मध्यप्रदेश के इलाक़े में) मनाया जाता है। इस अवसर पर धन-समृद्धि हासिल करने के लिए दूध

में तिल को उबाला जाता है। इसी के साथ इसमें एक जीवनीपरक संकेत भी निहित है – अशोक वाजपेयी का जन्म इसी त्यौहार के दिन हुआ था। इस कविता और कवि की जीवनी के बीच का यह रिश्ता महज़ संगोग नहीं है। अन्यथा इस अंश का क्या मतलब होता :

लपटों के पार
उनसे कहीं ऊँचा है
एक हरा-भरा वृक्ष

– 'बहुरि अकेला-११'

प्रथमतः, यह सम्मोहन का एक क्षण है, दाहसंस्कार के प्रति, और जल्दी ही मनुष्य के राख में बदल जाने का क्षण भी। दूसरे, यह उस चिन्तन-दृष्टि का चरमोत्कर्ष भी है जिसकी शुरुआत कई पंक्तियों पहले हुई थी :

आग के बीच
धुएँ से घिरा हुआ
खुलता है एक द्वार।
आग की लपटें
देती हैं दस्तक
अन्तरिक्ष के दरवाज़े।
(...)
आग ही लायी है
जिसे
उसे
आग ही ले जाती है।

– 'बहुरि अकेला-११'

आख़िरी वाक्य चार पंक्तियों में बँटा हुआ है, लेकिन इस तरह कि वह एक चित्र उभारता है, 'आग' शब्द के फ्रेम में बँधा हुआ एक समग्र दृश्य। इसके अतिरिक्त इस वाक्य के साथ अशोक वाजपेयी ने एक ऐसे प्रश्न को भी छुआ है जो तमाम पुरानी सभ्यताओं में मौजूद रहा है : एक कलाकार (एक जादूगर, एक पुरोहित, एक ओझा) की प्रोमीथियाई मुहिम – एक सार्वभौम सन्दर्भ में।

यही भूमिका, इस कविता-शृंखला के बाद के हिस्से में पुनर्जन्म पर एकाग्र

चिन्तन द्वारा निभायी गयी है। यहाँ कुछ आवश्यक प्रतीक भी हैं : रहस्यमय नदी यवक्षा, यम का वृक्ष, नैमिष वन। इन प्रतीकों के सन्दर्भ में ही मानव अस्तित्व में समय के अर्थ के बारे में उठने वाला प्रश्न विश्वसनीयता हासिल करता है। यह उस अलौकिकता से वंचित संसार में कलाकार के जीवन के अर्थ का प्रश्न भी है जिसमें अतीत महज़ एक कार्ड इण्डैक्स फ़ाइल बनकर रह जाता है :

समय कहाँ लिखेगा उसका नाम?
(...)
किस गगनमण्डल में
किस भविष्य-बही में
किस जर्जर पोथी में
किस अदृश्य देववृक्ष के तने पर
किस शैव चट्टान पर?

– 'बहुरि अकेला-१७'

समय के प्रश्न – ''अनन्त का समय'', ''आरम्भ का समय'' – पर चिन्तन तत्काल भारतीय व्यंजनाओं से जुड़ जाता है। जब वाजपेयी लिखते हैं : ''हम शून्य शिखर पर बजते अनहद पर कान लगाते हैं'', तब वे उस ''शून्य और शून्यता के प्रतीक के बारे में लिखते हैं जिसे उस उर्वर क्षेत्र के रूप में देखा गया है जिसके गर्भ से समस्त रूपाकार जन्मे हैं''।[१८] इसी सन्दर्भ में नीचे उद्धृत पाँच पंक्तियाँ एक ज़ाहिरा आत्मस्वीकृति का आयाम और अर्थ हासिल कर लेती हैं :

शब्द को
सुघड़ विन्यास को
(...) प्रणति की तरह
अज्ञात के सामने अर्पित करने का
समय।

– 'बहुरि अकेला-२१'

वाक्य का विभाजन दो शब्द-धारणाओं को, दो प्रतीकों को अलगाता है : 'समय' और 'शब्द'। ये अशोक वाजपेयी की कविता की मूल अभिप्रायपरक संरचना (थीमेटिक स्ट्रक्चर) के दो मुख्य परिमाणक हैं (इन पर अध्याय दो

और चार में और भी चर्चा की जाएगी), और इनका परिसरण (ऑज़्मॉसिस) समूचे पाठीय भूगोल को संघनित करता है। जो कुछ भी इस कविता में घटित होता है वही सब काव्यात्मक कल्पना के समय में भी घटित होता है, और खुद को शब्दों में संघनित कर लेता है। इसके अतिरिक्त, थीम – धरोहर, विरासत – के स्तर पर यह विशिष्ट बहुध्वनिकता तिहरी हो जाती है, जिसमें दिवंगत कलाकारों की समूचे भारतीय अतीत को संकेतित करती थीम, समकालीन युग के मनुष्य की नियति पर दार्शनिक चिन्तन की थीम, और इन दो अन्य थीमों से सम्बन्धित सूचना के वाहकों के रूप में देखे गये शब्दों की थीम शामिल है। सृजनात्मक रणनीति का यह ढंग कवि को, एक परिचित परिप्रेक्ष्य में, भाषा में चित्रित समय की चक्रिलता को दर्शाने की गुंजाइश देता है।

आनुवंशिक पूर्वजों का अभिप्राय भी अशोक वाजपेयी की कविताओं में मिलता है, जैसे कि मसलन १९७८ में लिखी गयी कविता 'पिता के जूते' *(एक पतंग अनन्त में)* में। कविता की पहली पंक्ति में एक 'पैतृक वृक्ष' है जिसे एक पैतृक, पितृसत्तात्मक कुटुम्ब के प्रतीकात्मक संकेत की तरह देखा जा सकता है। आठ साल बाद (१९८६ में) अशोक वाजपेयी ने 'पूर्वजों की अस्थियों में' *(अगर इतने से)* कविता लिखी जो इस अभिव्यंजक कथन के साथ शुरू होती है कि "हम अपने पूर्वजों की अस्थियों में रहते हैं", और उसी का एक अंश यह है :

> हम उठाते हैं एक शब्द
> और किसी पिछली शताब्दी का वाक्य-विन्यास
> विचलित होता है।

"पिछली शताब्दी का विन्यास" अभिव्यक्ति का द्वैध (जिसे भाषा और विविध उत्पत्ति-स्थलों से रची गयी दुनिया के विधान, दोनों ही रूपों में समझा जा सकता है) दोनों ही वास्तविकताओं के एकत्व की ओर संकेत करता है। सांसारिक जीवन का अर्थ है दुख ("हम वनस्पतियों की अभेद्य छाँह में रहते हैं / कीड़ों की तरह"), अन्त की ओर जाता रास्ता ("चल पड़ते हैं / अनन्त की राह पर") अव्यवस्थित है ("हम रूखी-सूखी खाकर"), और अनित्य है ("और ओझल हो जाते हैं")।

वैयक्तिक जीवन सम्बन्धों की आनुवंशिक शृंखला में स्थित होता है।

आनुवंशिक विरासत की स्मृति में वाजपेयी के माता-पिता शामिल हैं - उन्होंने दोनों पर स्वतन्त्र कविताएँ लिखी हैं। मसलन, माँ के लिए, 'धुँधली तस्वीर' *(समय के पास समय)*, पिता के लिए 'पिता के जूते' *(एक पतंग अनन्त में)*। कवि ने अन्य कविताओं में भी अपने माता-पिता के बारे में लिखा है, जैसे बकि 'आवृत्ति' *(कहीं नहीं वहीं)*, जिसमें इस तरह के बिम्ब आते हैं : "एक उथली नदी में सिराई गयीं पितृ-अस्थियाँ", "कविताओं में बारबार लौटती मातृस्मृति", या "सामने फैले नीम की पुरखा-छाया"। नीचे उद्धृत सम्पूर्ण वाक्य वाली तीन पंक्तियाँ बहुध्वनिक कथ्य को गढ़ने का एक और उदाहरण है। स्मृति की तीन तहों वाली निर्मिति के अन्योन्याश्रयी अशोक वाजपेयी के समूचे कृतित्व में, विचारों या बिम्बों के विविध रूपों में, बिखरे हुए हैं। उदाहरण के लिए :

हमारा घर
पितरों का ही बनाया हुआ घर है।

– 'आवृत्ति' *(कहीं नहीं वहीं)*

या :

घास में बसे हैं पुरखे।

– 'घास' *(तत्पुरुष)*

या :

पूर्वज लकड़ियों के रेशों।

– 'दोपहर चार बजे की हल्की नींद की शाखा पर' *(दुख चिट्ठीरसा है)*

दिवंगतों के साथ नैसर्गिक जगत के तादात्म्य ("पैतृक वृक्ष", "घास में बसे हैं पुरखे") को भारतीय परम्परा की सुदूर शुरुआत में देखा जा सकता है। यह दिवंगत के प्रति वैदिक आह्वान का स्मरण कराता है : "स्वयं को पृथ्वी माँ की गोद में ले जा (...) वह मृत्यु के आलिंगन से तेरी रक्षा करे।"[१६] यहाँ यह स्मरणीय है कि पूर्वोद्धृत पंक्ति "हम वनस्पतियों की अभेद्य छाया में रहते हैं / कीड़ों की तरह", जो जीवितों के भी वैसे ही तादात्म्य का, इस संसार के सामंजस्य के भाव का, संकेत देती है - २००४ में लिखी गयी एक कविता में भी चित्रित है, जिसका लाक्षणिक शीर्षक है 'ऊपर' *(उम्मीद का दूसरा नाम)* :

फुनगी के ऊपर धूप
धूप के ऊपर हवा
हवा के ऊपर आकाश
आकाश के ऊपर ईश्वर
सब कुछ को हथेली पर थामे हुए
एक उजला क्षण।

एक आध्यात्मिक सगोत्रता के क्रम में इस निकटता में जीवित कलाकार मित्र भी शामिल हैं, जैसे कि २००१ में भारतीय चित्रकार और वाजपेयी के वर्षों पुराने दोस्त सैयद हैदर रज़ा के लिए लिखी गयी सात हिस्सों में फैली कविता 'रज़ा का समय'। रज़ा कविता के वैयक्तिक विषय हैं, तब भी कविता अपनी व्यंजनाओं में व्यक्ति से परे निकल जाती है (इस कविता की विस्तृत व्याख्या के लिए देखें : अध्याय चार.६)। इस कविता में अशोक वाजपेयी आध्यात्मिक सगोत्रता और सूक्ष्म मानवीकरण के अभिप्रायों को संयोजित करते हैं। ठीक उसी तरह जैसे वे १६७८ में ('पिता के जूते' के लेखन के समय) लिखी गयी एक अन्य कविता 'बच्चा' *(एक पतंग अनन्त में)* में करते हैं :

बच्चे खेल रहे हैं
अपने निरन्तर होने
(...)
पुरखों के साथ।

इस कविता में यह जो निरपेक्ष "निरन्तर होने" है वह भाषा में अनन्त का प्रतिनिधित्व करता है और कविता में उसका दोहरा काउण्टरप्वाइण्ट फलन है : पूर्वजों के अभिप्राय के साथ सम्बन्धों के सन्दर्भ में और उस व्यापक विषय के सन्दर्भ में जिसका पूर्वज महज़ एक हिस्सा है। यह द्वन्द्व वाजपेयी की कविता के समूचे बौद्धिक ध्वनिशास्त्र का एक युगपद घटक है। यह "निरन्तर" ऐतिहासिक समय से परे, एक साथ अतीत, वर्तमान और भविष्य को समेटते एक असीम काल में किसी चीज़ (मसलन जीवन) या किसी व्यक्ति (मसलन किसी कलाकार) का व्यंजक होगा।

पूर्वजों (जैविक और आध्यात्मिक दोनों ही तरह के पूर्वजों) की थीम के भीतर संकेतों का एक समूचा स्थल मौजूद है, जिनमें से मैंने तीन उदाहरण

चुने हैं। 'बहुरि अकेला' शृंखला में एक अंश है जो इस विषय को सीधे छूता है :

> इस बार
> सब कुछ वैसा ही है
> जैसा पिछली बार था।

इस कथन का तीन पंक्तियों में विभाजन और "इस बार", "है" और "था" पर दिया गया विशेष बल अनेक कालक्रमिक गतियों की ओर संकेत करता है। इन तीन अभिव्यक्तियों का एकसाथ आना भाषा को एक ख़ास तरह की लय प्रदान करता है और उस एक अर्थ को पैदा करता है जो पाठ के आरेखीय रूप से भी संकेतित है। जबकि 'हाथ में' *(तत्पुरुष)* शीर्षक कविता एक और व्यंजक बिम्ब प्रस्तुत करती है : "राख की तरह उड़कर मृत्यु", जो सीधे-सीधे मृतक के दाहसंस्कार की ओर संकेत करती है, लेकिन, इसी के साथ-साथ, मृत्यु, जो इस बिम्ब में उड़ने और राख से जुड़ी है, पाठक को इस रूपकात्मक ढंग से मौलिक चित्रण में (क्योंकि मृत्यु को कल्पना में ही देखा जा सकता है, अन्यथा नहीं) एक आधिभौतिक और साथ ही साथ एक रहस्यमय अर्थ की खोज के लिए प्रेरित करती है। यह अर्थ कविता में दिये गये उस भविष्यकथन में भी मौजूद है, जिसकी एक तरह की स्वीकृति स्वयं कविता का शीर्षक है : 'तुम जहाँ कहो' *(कहीं नहीं वहीं)* :

> पक्षी बनेंगे, वृक्ष बनेंगे
> फूल या शब्द बन जाएँगे।

यह कथन कुछ-कुछ संसार में आस्था के प्रति सुविचारित तादात्म्य को प्रमाणित करता है। तथापि, संकेत कि मृत्यु के बाद हम एक शब्द बन जाएँगे कुछ उभयार्थक हो सकता है। जैविक विरासत की स्पेस में इस शब्द का अर्थ होगा प्रार्थनाओं, मुद्राओं, अनुष्ठानों में व्यक्त आत्मीय लोगों की स्मृति। लेकिन आध्यात्मिक सगोत्रता की स्पेस में यह केवल सृजनशीलता का प्रतीक हो सकती है। 'पिता के जूते' लिखने के चौबीस साल बाद वाजपेयी ने एक 'एक पंक्ति की तीस कविताएँ' *(इबारतों से गिरी मात्राएँ)* लिखी जिसकी चौदहवीं पंक्ति कहती है :

> रिभु को पता नहीं बाबा शब्दों से क्या करते हैं।

इस तरह, पाठ में पारिवारिक सम्बोधन के तौर पर (इसलिए एक शब्द के माध्यम से) अपने पोते का और खुद का भी नाम देते हुए, कवि दोनों स्पेसों को एक ही वाक्य में एकीकृत कर देता है, जिसमें वंशपरक चक्रिलता आध्यात्मिक सगोत्रता से जुड़ जाती है। शब्द, कला का पर्याय बन जाता है। इस थीमपरक मेल को एक साथ शब्दों से और स्पेसों से क्रीड़ा करते हुए हासिल किया गया है, जोकि पाठ के दो घटक हैं। अपनी शब्द-क्रीड़ा को कवि खुलकर स्वीकार करता है, जबकि विभिन्न स्पेसों के साथ की गयी क्रीड़ा खुले रूप में व्यक्त नहीं है। सबसे पहले, कवि बाबा और पोते के बीच की वंशपरक दूरी की ओर संकेत करता है। बाद में, समय के इस अन्तराल के साथ वह पोते के, और - एक व्यापक अर्थ में - जीवन में प्रवेश करती भारत की युवतम पीढ़ी के, न जानने ("रिभु को पता नहीं") की स्पेस को संयुक्त कर देता है। सिर्फ़ पारिवारिक तथा सामाजिक दोनों ही सन्दर्भों में, मानो कविता की तीसरी तह के स्तर पर, कवि स्वयं अपनी चेतना की स्पेस को, कलाकार के रूप में स्वयं अपनी स्थिति को रख देता है।

शब्द-क्रीड़ा अशोक वाजपेयी की कविता का स्थायी अंग ही नहीं है, जिससे उनकी शैली निर्धारित होती है, बल्कि उनकी भाषिक कार्रवाई पाठ की विमर्शात्मक स्पेसों को गतिशील करती है। विमर्श की स्पेसों के साथ इस तरह की क्रीड़ा कवि की अपनी आध्यात्मिक विरासत की बुनावट को, अपनी विरासत के साथ उसकी अपने लगाव के स्तर को, और उसमें भागीदारी के रूप को, परिभाषित करती है।

भाषा के साथ, काव्यात्मक विमर्श की स्पेसों के साथ, कवि की क्रीड़ा उन बिम्बों के उसके इस्तेमाल को आकार देती है जिनको श्रुतिगम्य बहुध्वनिक पदबन्धों (एकॉस्टिक पॉलिफ़ोनिक फ़्रेजेज़) के समतुल्यों के रूप में देखा जा सकता है, और ये उनकी समूची कविता में मौजूद हैं।

।। एक : ४ ।। समस्त पाठों की समूची संरचना की बहुध्वनिकता

अशोक वाजपेयी की कविता की थीमपरक समग्रता लगभग एक हज़ार कविताओं को समेटती है जो अपने चरित्र में प्रगीतात्मक, संवादपरक या सूक्तिपरक है। यह पारस्परिक अन्तर्निर्भरताओं की एक व्यवस्था की रचना

करती है जो वैयक्तिक इकाइयों के अर्थ को अत्यन्त प्रभावित करती है। इस व्यवस्था की सबसे महत्त्वपूर्ण संरचना कवि की अपनी "कल्पना का व्याकरण"[२०] है, धारणाओं और बिम्बों का एक ऐसा समुच्चय जो समस्त मुख्य रागों को संघटित करता है। किसी हद तक सांगीतिक पदावली से जुड़ा कल्पना का यह व्याकरण उस तख्ते की भूमिका निभाता है जिस पर स्वरलिपि - वाक्यों की एकरैखिक संरचना में निहित समस्त अर्थों से निर्मित स्वरलिपि - अंकित है। इन वाक्यों के समूचे बौद्धिक सन्देश में व्याप्त प्रगीतात्मकता पाठ की कलात्मकता का एक संघटक है और उनकी संगति का एक अवयव है।

रूपों, अर्थों और ध्वनियों से रचित इस संरचना की प्रमुख थीमें - इस पुस्तक में चार क्षेत्रों ('भूगोल', 'अस्मिता', 'प्रेम', 'शब्द') में विभाजित - स्वतन्त्र अभिप्रायों और विषय से निर्मित हैं। उदाहरण के लिए, आध्यात्मिक काव्यात्मक भूगोल की थीम के भीतर भारतीय परम्परा, साहित्य, और दर्शन के कई अभिप्राय और इस परम्परा से ताल्लुक रखने वाले कई पाठों - जैसेकि मुक्तक की संस्कृत परम्परा - की अनुगूँजें हैं, या किसी विदेशी सभ्यता - जैसे कि योरोपीय काव्यात्मक अवाँ-गार्द (मसलन, मुक्त छन्द रचना का संघनित रूप) की ओर, साथ ही योरोपीय इतिहास और संस्कृति की ओर संकेत हैं, जैसे कि संग्रह की 'आविन्यों' शीर्षक कविता में, या आश्वित्ज़ पर लिखी गयी कविता-शृंखला *(इबारत से गिरी मात्राएँ)* में।

परम्परा के प्रति वाजपेयी के समर्पण और उसी क्षण में उसके विरोध का एक उदाहरण 'मल्लिकार्जुन-३' शीर्षक कविता *(अभी कुछ और)* में पाया जा सकता है जहाँ कवि उस दिवंगत संगीतकार की एक छवि रचता है जो "वे ख़याल में डूबते हैं / वचन में उतराते हैं"[२१] और -

> अपनी शैव चेतना पर बैठकर
> वे गाते हैं
> अपने सुरों से
> उतारते हुए आरती संसार की।

अस्मिता की व्यापक तौर पर देखी गयी थीम के भीतर अशोक वाजपेयी अपने जैविक पूर्वजों की स्मृति को और अपने पूर्वज कलाकारों की स्मृति को रखते हैं तथा उन अ-मानवीय सत्ताओं के अस्तित्व की स्मृति को रखते

हैं जो उनके लेखन का एक स्थायी अभिप्राय है (और जिस पर इस पुस्तक में आगे और भी चर्चा की जाएगी), जैसे कि 'बहुरि अकेला' शृंखला कविताओं में, या 'अन्त के बाद-१'' और 'अन्त के बाद-२' जैसी कविताओं *(कहीं नहीं वहीं)* में।

अ-मानवीय सत्ताओं के अस्तित्व का प्रश्न 'वृक्ष' (एक पतंग अनन्त में, पूर्वोद्धृत), 'घास' *(तत्पुरुष)* और 'जल' *(तत्पुरुष)* जैसी कविताओं में देखने को मिलता है। यह 'अचल चिड़िया उड़ती चट्टान' *(अगर इतने से)* कविता के इस अंश में भी पर्याप्त रूप से निरूपित है :

> चट्टान चाहती है
> कि वह भी उड़ सके
> चिड़ियों की तरह
> आसमान में
> उधर घाटी के पार के संसार को
> वह भी देख आए फुदककर, छूकर।

जीवनीपरक और आध्यात्मिक अस्मिता के क्षेत्र से आती कवि की आवाज़ गुंजायमान और मुखर है, और उसे वाजपेयी की काव्यात्मक स्पेस की बहुध्वनिकता में स्वतःपूर्ण, स्वायत्त स्वर की तरह सुना जा सकता है। इसके अतिरिक्त, वह ''होना'' पद को ''न-होना'' पद के विपर्यय के रूप में इस्तेमाल करता है। दोनों को भाववाचक संज्ञाओं के रूप में प्रयुक्त किया गया है और कविता में वे लगातार आते हैं।

प्रेम की विषयवस्तु के अन्तर्गत दो मुख्य सरोकारों की ओर संकेत किया जा सकता है, पहले का ताल्लुक सौन्दर्य से है और दूसरे का ताल्लुक ज्ञानमीमांसात्मक मसलों से है। कवि ने बड़ी संख्या में (कुछ यथार्थवादी अंशों के साथ) शृंगारिक कविताएँ लिखी हैं जिनमें दिगम्बरत्व के प्रश्न, देह के प्रश्न नैतिक व्यवस्था का और मानव अस्तित्व के सत्य के अवबोध की व्यवस्था का एक अत्यन्त महत्त्वपूर्ण हिस्सा रचते हैं। इनमें से पहले हिस्से का सारांश इस प्रश्न में है : ''नाचते हुए क्या उसके अंग उसके बस से बाहर हो जाते हैं?''[२२] इसके अतिरिक्त वाजपेयी ने उदाहरण के लिए दो कविता-शृंखलाएँ लिखी हैं, 'ग्यारह प्रेम कविताएँ' *(दुख चिट्ठीरसा है)* और 'अनुपस्थिति : ग्यारह कविताएँ' *(दुख चिट्ठीरसा है)* जो एक-दूसरे के साथ

संवाद करती हैं। इन दो लम्बी कविताओं में उन्होंने प्रेम की विषयवस्तु को व्यापक मनोवैज्ञानिक और दार्शनिक परिप्रेक्ष्यों में चित्रित किया है। प्रेम से जुड़ी विषयवस्तु के बिम्बों और अभिप्रायों का उनका क्षेत्र अस्मिता की थीम के समानान्तर स्वायत्त है।

तथापि, इस कविता की बहुध्वनिकता में सबसे ज़्यादा मुखर ढंग से गूँजने वाला उन धारणाओं का सामूहिक स्वर है जो बहुविध विन्यासों में अभिव्यक्त हैं, और जो उस शब्द से जुड़ी हैं जिसे भाषा के धर्म के रूप में देखा गया है। शब्द कई कविताओं का विषय बन जाता है। वाजपेयी 'शब्द' को बाहर से विश्लेषित करते हैं, जैसे कि 'भाषा एकमात्र अनन्त है' *(अगर इतने से)* कविता में :

न बच्चा रहेगा,
न बूढ़ा,
न गेंद, न फूल, न दालान
रहेंगे फिर भी शब्द

इस कल्पना के साथ वे शब्द की आन्तरिक सामर्थ्यों को, उसकी व्यावहारिकता की सीमाओं को पहचानते हैं, जैसे कि 'शब्द' शीर्षक कविता *(अगर इतने से)* में :

शब्द को बेधता है शब्द
शब्द को भरता है शब्द
शब्द को मथता है शब्द

अशोक वाजपेयी की कविता में शब्द, अपने समस्त कार्य-व्यापारों के साथ, ''व्याकरण'' के साथ बहुत क़रीब से जुड़ा हुआ है : 'वृक्ष' कविता *(एक पतंग अनन्त में)* का एक वृक्ष का ''लुप्त व्याकरण'', 'बहुरि अकेला-१' कविता *(बहुरि अकेला)* का ''छुटकारे का व्याकरण'', 'बेतरतीब' कविता *(समय के पास समय)* का ''प्यास का व्याकरण'', ''उसके लिए शब्द'' कविता *(उम्मीद का दूसरा नाम)* का ''जिसका व्याकरण वह है''। व्याकरण भाषा की आकृतिविज्ञानपरक व्यवस्था है, वह संगठनात्मक और नियामक दोनों तरह के काम करती है, जिनसे शब्दों के प्रयोग का निर्धारण होता है, लेकिन वह भाषा के प्रयोगकर्ताओं को उच्च अस्तित्वपरक वैशिष्ट्य भी प्रदान करती है। शब्द, व्याकरण और मानव नियति की निकटता अशोक

वाजपेयी की कविता में शब्द को संघठित करने, मुक्त करने और संरक्षित करने की असाधारण क्षमताओं से नवाज़ती है। 'भाषा एकमात्र अनन्त है' *(अगर इतने से)* कविता में "फूल झरता है / फूल शब्द नहीं", 'दिगम्बरा-५' *(अभी कुछ और)* कविता में "वह एक शब्द है / अपने विन्यास में सम्पूर्ण", इसी शीर्षक *(कुछ रफ़ू कुछ थिगड़े)* कविता में "शब्द गिरने से बचाते हैं"। 'शब्द' संज्ञा के उसके बुनियादी अर्थ में और 'व्याकरण' संज्ञा के सार्वभौम अस्तित्व के सादृश्य के रूप में इस्तेमाल की विकल्पात्मकता अशोक वाजपेयी की कविता को उन अर्थों की असाधारण लय प्रदान करती है जो परस्पर गुँथे हुए हैं और उन चार थीमों के लिए उत्तरदायी हैं जो कविता और जीवन दोनों का जश्न मनाते एक ही वैभवशाली स्रोत्र – "भाषा का घर, लय का अन्तरिक्ष"[२३] – में विलीन हो जाती हैं।

।। एक : ५ ।। सभ्यताओं के बीच एक जगह

एक समग्र संरचना के रूप में देखा गया अशोक वाजपेयी की कविता का लोक जिन कविताओं से निर्मित है वे अपने सन्दर्भ के तौर पर दो महान सभ्यताओं को धारण करती है : भारत और योरोप। लेकिन यह लोक अपने को उन दो संस्कृतियों के बीच स्थित नहीं करता, जिनको दो स्वतन्त्र परम्पराओं की विरासत के रूप में देखा जाता है, बल्कि, एक तरह से कहें तो, वह दोनों का सहवर्ती है, जो हमेशा लेखक की स्मृति में मौजूद है, या उनके भी परे है। बेशक, आधुनिक हिन्दी साहित्य में भी उसकी अपनी जगह है (जो इन कविताओं को पढ़ते ही ज़ाहिर हो जाता है)। हिन्दी साहित्य की परम्परा में इसकी जगह को लेकर भारतीय आलोचकों द्वारा जो विचार किया गया है, उसका अवकाश यहाँ नहीं है, मुख्यतः एक किंचित् ज़ाहिर-सी वजह से : वे इस पुस्तक की विषय-वस्तु से बाहर हैं।[२४]

लेकिन इस चर्चित कृतित्व और भारतीय परम्परा के बीच का सूत्र एक अपेक्षाकृत विस्तृत विश्लेषण की माँग करता है, क्योंकि अशोक वाजपेयी अपने काम में पाँच विभिन्न ऐतिहासिक युगों की कुछ चारित्रिकताओं को जारी रखते हैं : वैदिक साहित्य, शास्त्रीय संस्कृत साहित्य (कविता और

नाटक), प्राकृत शृंगार काव्य, भक्ति युग की कविता, और छायावाद की कविता। यह बात एक लाक्षणिक महत्त्व की हो सकती है कि जब २००६ में कवि ने अपनी पसन्दीदा कविताओं का एक चयन *विवक्षा* (एक बहुलार्थी शीर्षक जिसका अर्थ 'बोलने की इच्छा' भी हो सकता है, और शब्द का 'अर्थ या आशय' भी हो सकता है) प्रकाशित किया तो उसने उन कविताओं को पाँच थीमों में क्रमबद्ध किया। इनमें से प्रत्येक की विषयवस्तु प्रत्येक के शीर्षक में है। प्रत्येक शीर्षक एक उद्धरण है जो सम्बन्धित विषय से ताल्लुक रखने वाली कविता से लिया गया है। इस तरह, लेखक के अपने सम्पादकीय आचरण की बनावट के भीतर भारतीय साहित्यिक परम्पराओं के ऊपर उल्लिखित पाँच युगों के साथ किसी अनुद्घाटित, कदाचित् पूर्वनियोजित संगति को, या शायद संयोग को लक्ष्य किया जा सकता है। साहचर्यों का दायरा इसका संकेत देता है।

भारतीय कविता की परम्परा तीन मुख्य अवयवों पर आधारित है। उनको समझे बिना इस संघटना की समग्रता और स्थायित्व को समझ पाना मुश्किल है, जिसे प्रायः 'विविधता में एकता' की संज्ञा दी जाती है (जिस अर्थ में भारतीय साहित्य पद को यहाँ समझा जाना चाहिए)। एकीकरण करने वाले, और साथ ही साथ भारतीय काव्य-परम्परा की निरन्तरता को अनुकूलित भी करने वाले ये तीन अवयव हैं : मौखिक परम्परा, इतिहास का अतिक्रमण करने की सामर्थ्य, और जगत को समझने का वह ढंग जो पदार्थ और चेतना के बीच, मनुष्य और प्रकृति के बीच किसी तरह के व्याघात की गुंजाइश नहीं देता।

साहित्यिक कृतियों के मौखिक सम्प्रेषण की परम्परा में, बोला गया शब्द लिखित शब्द के मुक़ाबले बहुत अधिक महत्त्व रखता था, और यह अभी सुदूर इतिहास की बात नहीं है। और ऐसा इसलिए नहीं था कि भारत में कुछ समुदाय निरक्षर थे, या कि कुछ समुदायों ने अभी तक शब्दों को लिखने की पद्धति विकसित नहीं की थी, बल्कि सबसे अधिक इसलिए कि एक सटीक ढंग से उच्चरित शब्द को प्रथमतः मनुष्य और अलौकिक सत्ता के बीच और इसके बाद ही मनुष्य और मनुष्य के बीच सम्प्रेषण का सर्वश्रेष्ठ साधन समझा जाता था। जिस शब्द का कोई आकार नहीं था उसको सृष्टि के बीज के रूप में देखा गया था। दूसरे शब्दों में, सृष्टि का कृत्य वाणी के कर्म के तुल्यरूप था। भारतीय दर्शन के आरम्भिक सम्प्रदायों

में वाक्, या वाग्देवी, सृजनात्मक ऊर्जा का साकार रूप थी, और, इसी के साथ-साथ, वह समस्त यथार्थों के यथार्थ का निरूपण थी। उच्चरित शब्द की शक्ति में यह निस्संशय आस्था - जो भारतीय दर्शन के विकास के परवर्ती युगों में और भी सुदृढ़ हुई - भारतीय काव्य-परम्परा के एकत्व का पहला अवयव है। क्योंकि वाग्देवी को ''कल्याणी वाक्'' के नाम से पुकारा जाता था, कवि को सृष्टा के मानवीय विकल्प के रूप में देखा जाता था : स्वायत्त, बोधक्षम, सब कुछ को अपने विचारों में समो लेने वाला। वाणी और दिव्यदृष्टि एक दूसरे के प्रतिरूप थे।

परम्परा के दूसरे अवयव को इतिहास से मुक्ति के रूप में, या इतिहास (इस शब्द के आधुनिक अर्थ में) का अतिक्रमण करने की सामर्थ्य के रूप में, देखा जा सकता है। संस्कृत शब्द इतिहास के 'हिस्ट्री' के रूप में ग़लत अनुवाद की वजह से बहुत-सी भ्रान्तियाँ पैदा हुई हैं। इतिहास का शाब्दिक अर्थ है ''ऐसा था'', और यह अतीत की घटनाओं का एक आख्यान है। अगर उसका ठीक ढंग से वाचन किया गया हो तो इतिहास से जीर्णोद्धार और नवीकरण की प्रक्रिया का एक अंग होने की अपेक्षा की जाती थी। इस शब्द (जो दरअसल एक साहित्यिक विधा के लिए प्रयुक्त पद भी है) का प्रयोग दो महान महाकाव्यों, *महाभारत* और *रामायण*, के लिए किया जाता है। दोनों ही कृतियों के पुनर्व्याख्यात्मक और शायद पुनर्रचनात्मक कार्य-व्यापार ने सटीक ऐतिहासिक कालक्रम को एक ग़ैरमहत्त्वपूर्ण पृष्ठभूमि में संकुचित कर दिया है। मिथक में खुद को पुनरुज्जीवित कर लेने, यहाँ तक कि शायद 'आभ्यन्तरीकृत' कर लेने का एक पहलू था (जिसकी वजह से परम्परा में उसकी अनवरत मौजूदगी बनी रही), जो भारतीय मानस के लिए उपयुक्त बैठता था। शिव, राम, कृष्ण आदि मिथकीय चरित्रों में विभिन्न साहित्यिक कृतियों से गुज़रते हुए अनेक बदलाव आते रहे, लेकिन तब भी उनको शाश्वत सत्ताओं की प्रतिमूर्तियों के रूप में पहचाना जाता है। मिथक के प्रति भारतीय संस्कृति का झुकाव प्रायः उपहास का विषय रहा है। पश्चिमी, 'अध्ययनशील', (स्कॉलरली) दृष्टिकोण एक ख़ब्त के स्तर पर हिस्ट्री से, या मनुष्य के हिस्टॉरिकल कर्तव्यों से, जुड़ा रहा है। समय को एकरैखिक, अवश्यम्भावी और अनिवार्यतः मृत्यु की ओर ले जानी वाली प्रक्रिया के रूप देखने से जन्मा यह दृष्टिकोण भारतीय परम्परा के एकदम उलट था। भारतीय चिन्तन का जन्म और विकास एक नैरन्तर्यपूर्ण परम्परा

के भीतर आने वाले परिवर्तनों के साथ-साथ हुआ था। नये घटनाक्रमों को पिछले घटनाक्रमों के परिणामों के रूप में नहीं देखा जाता था, बल्कि उनको सृजन के प्रथम कर्म की पुनर्रचना के रूप में देखा जाता था। कविता को एक स्वतः-रचनात्मक कर्म के रूप में, अपने आप में घटित कर्म के रूप में देखा गया था, और वह किसी भी बौद्धिक गतिविधि के मुक़ाबले कहीं ज़्यादा अनैतिहासिक थी। यह चीज़ दो संघटनाओं में स्पष्ट थी : पहली - कवियों की एक के बाद एक आती गयी पीढ़ियों द्वारा राम और कृष्ण से जुड़ी किंवदन्तियों में नये अभिप्रायों और घटनाओं का निरन्तर समावेश (एक अर्थ में इस तरह की प्रक्रिया एक जीवित उपस्थिति के प्रत्यक्ष बोध को सिद्ध करती है, न कि एक ऐतिहासिक नायक की पुनर्रचना को), और दूसरी - सौन्दर्यपरक क्रम को स्वीकार करने के पक्ष में ऐतिहासिक क्रम का तिरस्कार करने की प्रभावी प्रवृत्ति।

इस परम्परा की एकता को निर्धारित करने वाला तीसरा सृजनात्मक अवयव है संसार को समझने का वह ढंग जो पदार्थ और चेतना के बीच, मनुष्य और प्रकृति के बीच विपर्यास की गुंजाइश नहीं देता। इस अखण्डतावादी दृष्टिकोण के मुताबिक़ जगत का समूचा अस्तित्व एकता का निर्धारण करता है, और बाह्य तथा आन्तरिक वास्तविकताएँ दोनों एक दूसरे पर निर्भर हैं। जगत के प्रति इस तरह का दृष्टिकोण तमाम भारतीय भाषाओं की परम्पराओं में मौजूद है। यह समस्त सत्ताओं के प्रति करुणा के उस भाव में प्रतिबिम्बित है जिसकी मूल्य-व्यवस्था के भीतर एक महत्त्वपूर्ण जगह है। इस क़िस्म की विश्वदृष्टि में मानव नियति को आकार देने में प्रकृति के स्रोतों को जिस तरह श्रेय दिया जाता है वह योरोपीय परम्परा से भिन्न है जिसके मुताबिक़ प्रकृति मनुष्य के प्रति या तो उदासीन है या विद्वेषपूर्ण है। भारतीय परम्परा में प्रकृति मनुष्य के सुखों-दुखों में सहभागी है। यही वजह है कि इस उपमहाद्वीप की कविता बड़े पैमाने पर नैसर्गिक संघटनाओं से जुड़े आचारों को समेटती है। उदाहरण के लिए - मानवीय कृत्यों और प्रकृति के अबाधित चक्र के बीच समानताएँ। मौसमों के चक्र को, वर्षों के गुजरने के क्रम को, महज़ निष्क्रिय खगोलीय पिण्डों के सूर्य के इर्दगिर्द चक्कर लगाने के रूप में नहीं देखा जाता, बल्कि वह जीवन का चक्र है, अस्तित्व का चक्र है। भारतीय साहित्य में, विशेष रूप से महाकाव्य-युग में मौसमों के आवर्तन को महत्त्वपूर्ण जगह दी गयी है : आगामी विशिष्ट घटनाओं

को घटनाओं के क्रम में किसी नयी संघटना की शुरुआत की तरह नहीं बरता जाता - इसकी बजाय वे काल की एक ख़ास परिपक्वता का चित्रण होती हैं।

।। एक : ६ ।। भारतीय सातत्य

आविन्यों संग्रह के एक गद्यांश में अशोक वाजपेयी फ्रांस की किसी गली में एक नौजवान युगल और एक बच्चे को देखे जाने का चित्रण करते हैं।[२५] इस मज़मून में उस बच्चे से सामना होने के दृश्य को कवि द्वारा रचे गये एक सर्वश्रेष्ठ मूर्त बिम्ब की तरह देखा जा सकता है। यह घटना (बच्चे से सामना) बहुत मुमकिन है सचमुच घटित हुई हो, फ्रांस के दक्षिण में प्रोवेंस के लैंडस्केप में, जोकि भूमध्य सागर से बहुत दूर नहीं है। पाठ के नीचे एक विस्तृत सूचनात्मक टिप्पणी दी गयी है : "८ नवम्बर १९९४, शाम ७.३०" - क्यों? इस अंश के लिए तिथि और समय देना कवि के लिए क्यों ज़रूरी था? और सिर्फ़ इसी अंश के लिए नहीं - *आविन्यों* संग्रह की सारी रचनाओं के साथ ऐसी ही विस्तृत सूचनाएँ अंकित हैं। क्या उनके रचे जाने की तिथियाँ और समय उनके अर्थ का अंग थे? क्या वे किसी तरह के हवाले थे किसी दूसरी दुनिया के, जो इन पाठों में प्रत्यक्षतः उपस्थित नहीं हैं लेकिन जो लेखक के मानस में, अवचेतन में, अवबोध की उसकी योजना में मौजूद थी? आधुनिक कविता में, पाठ की आरेखीय बनावट अनेक पाठेतर अर्थों का वहन कर सकती है। *आविन्यों* के काव्यात्मक गद्यांशों की शृंखला में इन टिप्पणियों की सूचनात्मक डिज़ाइन एक बहुलताधर्मी रूपक की भूमिका निभाती है, जिसका दूसरा खण्ड लिखित पाठ की अन्तर्वस्तु में रखा गया है।

मुलाक़ात के इस दृश्य में, 'परिपक्व आयु' ('अधेड़' ["मैं, एक अधेड़ पथहारा कवि"] जैसा कि वे अन्यत्र[२६] अपने को चित्रित करते हैं, जो कि आम बोलचाल का कोई पद न होकर 'आयु' शब्द की रूपकात्मक समझ के लिए एक संकेत है) का एक कवि, पतझर की पराकाष्ठा पर, एक रास्ते में एक योरोपीय परिवार से मिलता है। यहाँ उन सारे बुनियादी उपादानों

पर बलाघात दिया गया है जिनसे वे सामान्यतः अपनी कविता गढ़ते हैं। ''उसकी [बच्चे की] आँखों में चमक थी जैसी कि सपनों में या ताज़ा खिले फूलों में होती है'' - एक चाक्षुष संवेदन। ''दृश्य के केन्द्र'' - बाहरी दुनिया पर एक टिप्पणी। ''क्या यह सम्भव है कि कविता में'' - कवि के अपने व्यक्तित्व पर एक विचार। ''संसार की कभी भी न चुकने वाली निरन्तरता'' - एक दार्शनिक विचार। इस अंकन का साहित्यिक मूल्य जो भी हो, दो दुनियाओं की, दो सभ्यताओं की टकराहट, इसकी प्रभावी रूपाकृति को गढ़ती है (जहाँ तक अंकन का प्रश्न है, यहाँ इस बात पर विशेष ध्यान दिया जाना चाहिए कि कवि किस तरह एक सामान्य पद ''बच्चे सब खुशनुमा ही लगते हैं'' से इस सन्देह की ओर बढ़ता है कि ''हो सकता है वह देवशिशु था [...] प्रलय देख रहा था''; यहाँ छिपे हुए सामान्य अर्थों में दो परिवर्तन हैं)। इन दो दुनियाओं में से एक बाहर की दुनिया है (हम इस तथ्य पर ध्यान दें कि इसकी ओर मसलन नवदम्पति, एक बच्चा, एक रास्ता के माध्यम से संकेत किया गया है), दूसरी आन्तरिक दुनिया है (यह एक स्वतन्त्र प्रश्न है कि क्या यह दुनिया पूरी तरह स्वायत्त है)। इस तरह, पाठ में (और वास्तविकता में) एक दूसरे के लिए सर्वथा विजातीय दो दुनियाओं के लोगों का सामना होता है। कवि अपने में, अपनी ही अस्मिता में, डूबा रहता है, और अपने अद्वितीय अवबोध के माध्यम से वह आसपास की वास्तविकता को देखता है, या, और भी मुख़्तसर ढंग से कहें तो, वास्तविकता के सिर्फ़ इस हिस्से को देखता है जोकि अनुभूत वास्तविकता नहीं बल्कि उसके अपने मानस का प्रक्षेप है। इस तरह की स्थिति को सांस्कृतिक अस्मिता की त्रासदी के रूप में चित्रित किया जा सकता है। यह अतृप्ति की त्रासदी है। अतृप्ति या तृप्त होने की असमर्थता, या इस तरह की अक्षमता के बोध का क्षण, हमारा ध्यान संस्कृत साहित्य की ओर ले जाता है, जहाँ अचिन्त्य का उत्सव त्रासदी के मूल्य को गढ़ता है। योरोप में बैठा एक कवि भारतीय विश्व के माध्यम से यथार्थ पर चिन्तन करता है, उसको महसूस करता है और देखता है। वह कहीं भी जाए, उसी विश्व में बना रहता है। वह उस वृक्ष की भाँति है जो ''हरी-पियराई भाषा में बोलता है'' (''वृक्ष कुछ कह रहा है / अपनी हरी-पियराई भाषा में''), लेकिन ''किसी को सम्बोधित नहीं है'', वह ''सिर्फ़ अन्तरिक्ष को विन्यस्त करता है'' *('वृक्ष', एक पतंग अनन्त में)*। अशोक वाजपेयी भारतीय संसार

में मूलबद्ध कवि हैं, उनकी कल्पना उसी विश्व की जड़ों में सक्रिय होती है, जहाँ चीज़ों का अचल सन्तुलन कल्पना से जीवन्त और गतिशील होता है, जहाँ ये उपमाएँ प्रगट होती हैं :

शताब्दियों के धूप और अँधेरों के सुनसान में
एक राग-प्रतीक्षा
पत्थर के संयम में
थरथराता हुआ
एक देवोपम पागलपन...

– 'चट्टान का एक चित्रित आकाश' (एक पतंग अनन्त में)

और चिन्तन के ये रूप :

गलियारों,
इतिहास के अरण्य-रोदन,
आशा-निराशा के स्थापत्य के पार
यह सिर्फ़ जगह है,
यह समय नहीं है

– 'जिस पर आकाश नहीं टिकता' (अभी कुछ और)

भारतीय कविता के जिन पाँच युगों से अशोक वाजपेयी की कविता का रिश्ता बनता है उनमें से एक वैदिक युग है। वेद आधुनिक कविता में कई रूपों में आते हैं। कवि वेदों को "परम सत्ता के उच्छवास" कहते हैं। एकदम आरम्भिक वैदिक पाठों में हमें लोक परम्परा के साथ ही साथ अनुशासित अध्ययन-परम्परा के प्रभाव देखने को मिलते हैं। उदाहरण के लिए अरण्य की आत्मा के लिए किया गया सम्बोधन विश्व के रहस्य पर गहन विमर्श का सहवर्ती है। भौतिक समृद्धि के लिए की गयी प्रार्थना, साथ ही साथ आत्मा की चिन्ता की भी अभिव्यक्ति है। वेदों में शामिल शब्द महज़ एक वाचक (सिग्नीफ़ायर) नहीं है, बल्कि वह वाच्य (सिग्नीफ़ाइड) भी है : शब्द या तो देवता था, या देवता की काया, और इसीलिए उसे एक अत्यन्त प्रशिक्षित और अनुशासित मानस के द्वारा ही धारण किया जा सकता था। प्रमुख वैदिक साहित्य चार स्तरों पर विभाजित है : संहिता साहित्य (चार वेद), जिनको भारतीय दर्शन-परम्परा में मूल सन्दर्भ-बिन्दु के रूप में देखा जाता है; ब्राह्मण ग्रन्थ (भाष्यपरक पाठ, वेदों की व्याख्याएँ, जो न सिर्फ़

सांस्कारिक गतिविधियों के क्रम और अनुष्ठान को स्पष्ट करते हैं बल्कि अमूर्त सांकेतिकीय तानेबाने की रचना भी करते हैं); अरण्यक ग्रन्थ (जो अपने नामानुरूप अरण्यों में ऋषियों द्वारा रचे गये माने जाते हैं) जिनमें आनुष्ठानिक कृत्यों के आध्यात्मिक पक्षों पर चिन्तन किया गया है; और अन्त में उपनिषद हैं जिनमें गुरु के साथ संवाद की प्रक्रिया में आध्यात्मिक ज्ञान हासिल किया गया है।

अपनी कविता में अशोक वाजपेयी पहले स्तर (संहिता साहित्य) के कुछ लक्षणों का समावेश करते हैं। इस स्तर पर चार ग्रन्थ हैं : *ऋग्वेद, सामवेद, यजुर्वेद* और *अथर्ववेद*। इनका समय ईसापूर्व १५०० से ईसापूर्व ५०० माना जाता है। इन चार में से केवल *ऋग्वेद* और *अथर्ववेद* पद्य में लिखे गये हैं। छन्दों की संख्या और शैलियों में भिन्नता के बावजूद वेदों में हम रूपात्मक संरचनाओं के अनेक प्रकारों को, शैलियों के वैविध्य को, और (देवताओं के सोपानक्रम और जीवन की प्रवृत्ति के सन्दर्भ में) साहचर्यों की अनेक योजनाओं को अनुभव कर सकते हैं। सन्दर्भों और संकेतों का दायरा उस सर्वश्रेष्ठ देवता जिसकी शक्ति हिंसा में निहित है से लेकर उस एक देवता तक जिसकी शक्ति करुणा और दया पर आधारित है, और अँधेरे विषादमय निराशावाद से लेकर उज्ज्वल, जीवन का उत्सव मनाते आशावाद तक फैला हुआ है।

ऋग्वेद के संवादपरक छन्द (जिनमें 'मैं'-'तुम' का ढंग अपनाया गया है) विमर्श को उत्तम पुरुष में बरतने या मध्यम पुरुष में कथन करने की गुंजाइश प्रदान करते हैं। लेकिन इस द्वैत के बावजूद, हम तब भी एकत्व के साथ बरत रहे होते हैं, जो इन पाठों की ख़ासियत है और जिसको ईश्वर के संकल्प के एकत्व की तरह समझा जा सकता है। क्योंकि वैदिक साहित्य ने मनुष्य को देवता में और देवता को मनुष्य में रूपान्तरित करने के साधन की भूमिका निभायी थी। इसे भी रेखांकित करना ज़रूरी है कि वैदिक देवता (ग्रीक देवताओं के विपरीत) उच्चतम लक्ष्य - सृष्टि के कर्म और उस सत्य के प्रत्यक्ष साक्षात्कार का दोहराव जिसपर ब्रह्माण्ड टिका हुआ है - को प्राप्त करने के लिए मनुष्य के साथ मिलकर काम करते हैं।

वैदिक परम्परा के साथ अशोक वाजपेयी की कविता का नैरन्तर्य विविध स्तरों पर घटित है : एक थीम (मसलन, शब्द की सृजनात्मक सामर्थ्य में

आस्था) के स्तर पर, विधात्मक (मसलन, 'मैं'-'तुम' / 'पुरुषवाचक वह'-'स्त्रीवाचक वह' के मॉडल पर आधारित छन्द) के स्तर पर, रूप (मसलन, कविताएँ-मन्त्र) के स्तर पर। संवादपरक छन्द, जैसे 'उसने कहा' कविता में ऋग्वेद की ओर संकेत करता है। वैदिक ऋचाओं के रचयिताओं द्वारा बरते गये विषय, जैसेकि 'वाक्' या 'शब्द', कई कविताओं में जारी हैं (इन पर अध्याय चार में स्वतन्त्र विचार किया गया है)। 'आओ' *(एक पतंग अनन्त में)* जैसी मान्त्रिक-कविताएँ *अथर्ववेद* जैसा जादुई सम्मोहन (ख़ासतौर से प्रेम के सम्मोहन) जगाती हैं। इसके अतिरिक्त, यहाँ वेदों के तकनीकी संकेत की ओर भी इशारा किया जा सकता है। अशोक वाजपेयी के यहाँ कुछ कविताएँ इस तरह रची गयी हैं कि उनके बन्द मिलकर एक स्पष्ट इकाई की रचना करते हैं, लेकिन इसी के साथ-साथ उनमें से प्रत्येक बन्द को स्वतन्त्र मिनिएचर रचनाओं की तरह भी पढ़ा जा सकता है। प्रत्यक्ष संकेत भी हैं, जैसे कि एक 'बहुरि अकेला' में है, जहाँ 'हृदय की गुफा' के एक औपनिषदिक बिम्ब के साथ-साथ भावनात्मक अवस्थाओं को चित्रित करने के लिए प्रकृति के तत्त्वों के प्रयोग के अनेक उदाहरण हैं।

सूक्तात्मक संवाद का नीचे अंकित उदाहरण *इबारत से गिरी मात्राएँ* से लिया गया है :

उसने कहा : एक

उसने कहा
नदी दिगम्बर है,
उसे अपनी लाज की चिन्ता नहीं,
उसे ढँक नहीं सकता कोई वस्त्र।

श्यामतोया वह
होती है अरुणाभ
सुबह और शाम
न लज्जा से, न सुरति से
सूर्य के उदय और अस्त से।

मैं प्रेम में हूँ,
नदी नहीं हूँ,

इसलिए लज्जारुण हूँ-
मैं बहकर कहीं जाना नहीं चाहती
मुझे जो थामे है
वही प्रेम है।

उसने कहा : दो

उसने कहा
उस वृक्ष के नीचे
वनस्पतियों के हरे-से अँधेरे में भी
वह आकाश थी-
सन्ध्या का अरुणाभ आकाश
नीलाभ नहीं;
उसकी देह पर स्वेद बूँदें झिलमिलाती थीं तारों-सी,
उसके नेत्र चमकते थे संकोच में भी।

उस परिपक्व वैभव में
जो चुपके से ताक-झाँक कर
अँधेरे में बिला गया
कोई देवता या प्राचीन नायक रहा होगा
पर यह मैंने उससे नहीं कहा।

उसने कहा : तीन

उसने कहा
इतनी बड़ी चट्टान क्या हवा से घिस गयी होगी
उसके टुकड़े, उसकी रेत कहीं नज़र नहीं आती।

चट्टान को क्या याद होगा कि
बरसों पहले पहली बार उसके नीचे ही अकस्मात्
उसने मुझे छुआ था।

मैं चट्टान पर दस्तक देकर
उसकी यादें, उसके सपने उसे वापस करना चाहती हूँ।

मुझे पता है
मेरा हृदय भी तो घिस
रहा है
प्रेम से, स्मृतियों और स्वप्न से।

उसने कहा : चार

उसने कहा
मैं थोड़ी देर में वापस आता हूँ
यही कहकर तो गया था।

मुझे कहाँ पता था
कि मेरे रास्ते इतना अँधेरा, इतनी चट्टानें आ जायेंगी?

मैं भटक गया
और मुझे रास्ता नहीं मिला :
आकाश दयालु भले हो, दिशा नहीं दिखाता है।

झाड़-झंखाड़ों से
खोहों और पगडण्डियों से लहूलुहान
मैं जिस चट्टान पर थककर टिक गया हूँ
वही मेरा प्रेम है
मुझे कहाँ पता था।

जिस दूसरी धारा से अशोक वाजपेयी की कविता कुछ सन्दर्भ लिये हुए है, वह है क्लासिक संस्कृत साहित्य की परम्परा। इस युग की विशेषता इसमें परिष्कृत अलंकारों से युक्त भाषा के प्रयोग के साथ-साथ जटिल क़िस्म के छान्दिक प्रयोगों की सामर्थ्य थी। इसकी थीमें सामान्यतः मिथकों और महाकाव्यों से उठायी गयी थीं, लेकिन इस युग की संस्कृत कविता का सबसे महत्त्वपूर्ण लक्षण इसकी शृंगारिकता थी। कवियों ने प्रेम के विविध पक्षों, मनःस्थितियों और अवस्थाओं के चित्रण में अपनी वैयक्तिक प्रतिभा का निवेश किया। इस क्लासिक संस्कृत कविता की अन्य विशेषताओं में जटिलतापूर्ण और विस्तृत रूप से चित्रित युद्ध के दृश्य, पेचीदा प्रेम-सम्बन्ध, ऋतुओं के अनेक विवरण, अलंकार, उपमाएँ, रूपक, अनुप्रास, स्वरानुरूपताएँ

आदि शामिल हैं। इस शास्त्रीय युग के महानतम कवि कालिदास थे जिन्होंने चार वृहत काव्यों की रचना की : *ऋतुसंहार, मेघदूत, रघुवंश* और *कुमारसम्भव*। हालाँकि संस्कृत कविता मुक्तक की रचना में अपने सर्वोत्कृष्ट स्तर तक पहुँची। इन मुक्तक कृतियों की सर्वाधिक आम थीम दैवीय या मानवीय (और कभी-कभी दोनों) प्रेम हैं, इनके बहुवर्णी रूपों के साथ। प्रेम कविताएँ एकल छन्दों में लिखी गयी हैं, जिनमें से अनेक शृंगार रस की कविताएँ हैं। वे शृंगार में रची-बसी हैं लेकिन उनमें अश्लीलता नहीं है, क्योंकि सौन्दर्य के प्रतिमान प्रेम-क्रीड़ा के वर्णन में दोटूकपन का निषेध करती थीं। शृंगारिकता और धार्मिकता इन प्रगीतों में इस तरह आपस में गुँथी हुई है कि यह निश्चय करना मुश्किल हो जाता है कि मुक्त शृंगारिक बिम्बों को उनके अभिधार्थ में लिया जाए या वे दैवीय प्रेम की आकांक्षा करती, उसको धारण करती मानव आत्मा की अन्योक्तियाँ हैं। पारम्परिक तौर पर कवि भर्तृहरि के नाम से ज्ञात गूढ़ोक्तिपूर्ण कृतियाँ (मसलन, *शृंगारशतकम्*), अमरु की प्रगीत कविताएँ *(अमरुशतकम्)* या सूक्तिपरक कविताएँ - सबकी सब परम्परा में अपनी गहरी मूलबद्धता को, दैनन्दिन जीवन के समुचित ज्ञान और भाषा पर पूर्ण नियन्त्रण से जन्मे तकनीकी कौशल को दर्शाती हैं।

इस साहित्यिक परम्परा के लक्षण अशोक वाजपेयी की अनेक कविताओं में पाये जा सकते हैं, जैसे कि ऋतुओं (मुख्यतः पतझर और वसन्त) के चित्रण में, अमरु के मुक्तकों के साथ रूपकात्मक और विषयपरक समानताओं में, नख-शिख वर्णन की शास्त्रीय परम्परा के उल्लेखों में, जैसाकि 'दिगम्बरा' कविता-शृंखला *(अभी कुछ और)* में किया गया है, शास्त्रीय संस्कृत नाटकों की काव्यरूढ़ियों के उल्लेखों में (मसलन, *आविन्यों* संग्रह की तीन कविताओं के शीर्षक जो इन नाटकों में वर्णित नायिकाओं का उल्लेख करते हैं : 'वासकसज्जा', 'अभिसारिका' और 'विरहोत्कण्ठिता। 'दिगम्बरा-७' में एक बिम्ब कालिदास के *कुमारसम्भव* से आया लगता है, जहाँ पसीने से ढँकी एक स्त्री की देह की तुलना वर्षा में भीगी पृथ्वी से की गयी है :

अपनी ही ज्योत्स्ना से ओस-भींगी
अपनी ही धूप में तपती
इतने-से अवकाश में
वह पृथ्वी कैसी है?

वह दिगम्बरा न पृथ्वी के बिछौने पर
न आकाश के नीचे;

संस्कृत की शास्त्रीय कविता का एक और लक्षण – उसके सूक्तिवत् रूप का इस्तेमाल – 'एक पंक्ति की तीस कविताएँ' *(इबारत से गिरी मात्राएँ)* से लिये गये इन तीन सूक्तिपरक उद्धरणों में देखा जा सकता है जिनकी विषय-वस्तु में चौंकाने वाला सौन्दर्यात्मक संघनन है :

(एक) बचपन के मुहल्ले में टूटी पतंग बुढ़ापे में रात के पेड़ पर अटकी दिखी।
(उन्तीस) आकाश में पक्षियों की डार किसी प्राचीन लिपि की तरह अबूझ।
(तीस) अँधेरे में चीज़ें झलकती हैं, उनके नाम नहीं।

जिस तीसरी साहित्यिक परम्परा की ओर यह कविता कभी-कभी संकेत करती है वह है प्राकृत प्रेम-कविता। इसके हवाले बारबार आते हैं और वे विविध हैं। वे इस तथ्य का प्रमाण हैं कि अशोक वाजपेयी की कविता में इस विशिष्ट भारतीय कविता के संकेत नैरन्तर्य का अत्यन्त स्पष्ट उदाहरण हैं, जो विषय-वस्तुओं के तानेबाने में गहरे तक भी जाते हैं। उनमें संवेदनशीलता के क्षेत्रों का सूक्ष्म इस्तेमाल है, जिनके बारे में अब तक बात नहीं की गयी थी। वे छद्मावृत्त हैं और पुनर्व्याख्या की प्रक्रिया से गुज़र रहे हैं। प्राकृत (विशेष रूप से महाराष्ट्री प्राकृत) की यह कविता, जिसे गाथा के नाम से जाना जाता है, दो संचयनों में प्रकाशित है : *गाथा सतसई* (हाला द्वारा संग्रहीत) जिसमें ईसापूर्व पहली सदी से ईसापूर्व चौथी सदी तक की कविता शामिल है, और *वज्जालग्गम* (जयवल्लभ द्वारा संग्रहीत)। इन दोनों संचयनों में अद्भुत रूप से सुन्दर कविताएँ संग्रहीत हैं। ये पाठक को प्रकृति के सजीव चित्र उपलब्ध कराती हैं – आँधियों के, भारी वर्षा के, जाड़ों के अवसादजन्य चित्र, लेकिन कुछ आनन्दप्रद दृश्य भी, जैसेकि ग्रामीण उत्सवों की छवियाँ। समग्रतः वे जीवन की एक सम्पूर्ण तस्वीर, तृप्ति का अहसास कराती हैं। वे भारत की सामाजिक विविधता को, भारतीय संस्कृति को चित्रित करती हैं। नगरों और दरबारों की परिष्कृत संस्कृति से लेकर ग्रामीण और आदिवासी परम्पराओं तक। साहित्य के इतिहासकार इस लेखन को प्रायः धर्मनिरपेक्ष साहित्य के रूप में वर्गीकृत करते हैं (धर्मनिरपेक्ष से यहाँ अभिप्राय है कि उनकी विषय-वस्तुओं और अभिप्रायों का चुनाव धार्मिक नहीं है), और साहित्यिक विधा की दृष्टि से उनको शृंगारिक कविताओं के

रूप में वर्गीकृत किया जाता है। इस क़िस्म का नामकरण सर्वथा उचित नहीं है। गाथाओं में जब-तब गहरा धार्मिक चिन्तन, धार्मिक साहित्य और मिथकों के हवाले भी देखने को मिलते हैं। ये कविताएँ शिव और पार्वती, विष्णु और लक्ष्मी, या कृष्ण के प्रति कृतज्ञता-ज्ञापन के तौर पर रची गयी थीं। निश्चय ही गाथाएँ बड़े पैमाने पर स्त्री-पुरुष सम्बन्धों पर केन्द्रित हैं, लेकिन उनमें बहुत थोड़ी-सी ही जीवन के यौनपरक पक्षों के लिए समर्पित हैं। ज़्यादातर वे मनःस्थितियों, आसक्ति की उत्पत्ति से सम्बन्धित अवस्थाओं, अन्य व्यक्ति की कामना, ईर्ष्या की पीड़ा, लम्बे विरह के बाद पुनर्मिलन के आह्लादकारी अनुभव आदि पर केन्द्रित हैं। इन गाथाओं की अनुगूँज संस्कृत कविता और नाटकों में सुनायी देती है। *गाथा सतसई* में ऐसी भी कविताएँ हैं जो अपने रूप, विम्बविधान और भावनात्मक अवस्थाओं के चित्रण के मामले में ख़ासी जटिल हैं, और इस मामले में वे शास्त्रीय संस्कृत कविता के संक्षिप्त प्रगीतात्मक कृतित्व से मिलती-जुलती हैं।

अशोक वाजपेयी अपने लघु, काकपदीय रूपकारों में सौन्दर्यपरक मनःस्थितियों, विशेष रूप से प्रेम से सम्बन्धित मनःस्थितियों - जैसेकि कामना, आकांक्षा, प्रत्याशा आदि - की व्यंजनाओं की परम्परा को जारी रखते हैं। इसका सम्बन्ध मुख्यतः शृंगारिक कविताओं से है, जैसे कि यह :

मैं उसे पुकारना चाहता हूँ
संसार की हज़ारों भाषाओं और बोलियों में,
मैं हरेक भाषा में उसके नाम का
अनुवाद करना चाहता हूँ -
मैं संसार की तमाम भाषाओं में
प्रेम, प्रतीक्षा, कामना के
पर्याय खोजकर उनका उच्चारण करना चाहता हूँ -
ताकि उसे हज़ारों शब्दों में प्रेम
हज़ारों शब्दों से उसकी प्रतीक्षा
और कामना कर सकूँ -
उसे अकेली अद्वितीया को
हज़ारों नामों से घेर सकूँ!

- 'मैं उसे' *(उम्मीद का दूसरा नाम)*

एक अन्य कविता में आकांक्षा ओस की उन बूँदों के प्रसन्न बिम्ब के तले

छिपी हुई है, जो पृथ्वी के वातावरण में मौजूद वाष्प के घनीभूत होने की सामान्य प्रक्रिया के सिवा और कुछ भी नहीं हैं :

जैसे ओस भिगाती है
हरी घास के हर तिनके को,
वैसे क्या मेरा प्रेम मुद्रित कर सकता है
उसके एक-एक रोम को?

– 'एक-एक रोम को' *(उम्मीद का दूसरा नाम)*

या सन्तप्त मानस के भीतर, कल्पना के गहनतम कोटर में कहीं :

सिर्फ़ पार्क की बेंच भर
ख़ाली नहीं है
सारी दुनिया ख़ाली है।

– 'सिर्फ़' *(उम्मीद का दूसरा नाम)*

तृप्ति की असम्भवता, या असम्भव का पीड़ादायी बोध, इस कविता में या तो अन्योक्ति का एक रूप ग्रहण कर लेती है :

मैं वृक्ष हूँ,
जिसे तूफान ने चुना
नंगा करने के लिए,
पत्ती दर पत्ती
और छोड़ दिया
असम्भव कामना-कुसुम के साथ।

– कामना कुसुम *(उम्मीद का दूसरा नाम)*

या मानवीय सूक्ष्म ब्रह्माण्ड की अन्योक्ति :

इस रात में
वह चन्द्रमा है।
इस रास्ते पर
वह घर है।
इस हवा में
वह डोलता वृक्ष है।
इस पानी में,

वह गहरे डूबी अविचल चट्टान है।
इस दरवाज़े पर
वह अदृश्य अँगुलियों की छाप है।

– 'वह है' *(उम्मीद का दूसरा नाम)*

भारतीय परम्परा के साथ वाजपेयी के चौथी तरह के सन्दर्भों का सम्बन्ध भक्ति काल की कविता से है। यह दार्शनिक और धार्मिक आन्दोलन संस्कृत साहित्य की समृद्धि के बाद विकसित हुआ। उस समय भारतीय कविता दार्शनिक और धार्मिक आन्दोलनों के ज़बरदस्त प्रभाव में थी, जहाँ से इस आन्दोलन का नामकरण हुआ। इस प्रभाव की अभिव्यक्ति परम सत्ता के साथ एकत्व की महान आकांक्षा में हुई। भक्ति काल में कविता दो बड़ी अनुभूतियों के तहत लिखी गयी : निर्गुण और सगुण। उस युग की कृतियों में प्रेमियों के सम्बन्ध को प्रेमी के रूप में संकेतित परमात्मा और प्रेमिका के रूप में संकेतित आत्मा के सम्बन्ध के रूप में चित्रित किया गया। भले ही कृतियों के कुछ अंश निहायत ही निजी हों, भले ही वे अपने रचयिताओं के व्यक्तित्व के कितने ही हिस्सों को उजागर करती हों, उनकी विषय-वस्तु अधिकांशतः अन्योक्तिपरक है निजी नहीं है। अद्वैत वेदान्त (जिसने भक्तिकाल को गहरे प्रभावित किया) की दार्शनिक अवधारणाओं के मुताबिक़ आत्मा परमात्मा (ब्रह्म) का एक अंश नहीं है, बल्कि वे दोनों एक ही हैं। भक्ति काल के दौरान दो धारणाएँ प्रभावी थीं : अवतार की धारणा, और लीला की धारणा। लीला मानव अवबोध की दुनिया में अवतरित परम सत्ता की एक अभिव्यक्ति थी। यह मनुष्य की भंगुर प्रकृति को कुछ प्रत्यक्ष स्थायित्व का विश्वसनीय रूप देने की कोशिश थी। गहरे धार्मिक संन्यास या आत्मत्याग के इस दौर में वैवाहिक प्रेम एक ऐसी सचाई बन गया जिसे प्रायः कवियों द्वारा चित्रित किया गया। इसकी सम्भवतः दो वजहें थीं : यह चिरस्थायी प्रगाढ़ता का एक प्रतीक था और अन्य के प्रति अपने सम्पूर्ण समर्पण का एक प्रतीक था। स्वयं कवि को, एक प्रदत्त समय में, एक ऐसे वैयक्तिक स्वर के रूप में देखा गया जो पूरी तरह अभिव्यक्त नहीं था। यह अनुमान किया जा सकता है कि हिन्दी साहित्य के आरम्भिक युगों के कवि अपने को साहित्यिक कृतियों के अवयवों के रूप में, इनके छोटे-छोटे कणों के रूप में, देखते थे, अपने को किसी अर्थ विशेष से अभिहित नहीं करते थे। धीरे-धीरे भक्ति काल में मानव देह का दैवीकरण होता गया, यहाँ तक

कि देवताओं के लिए भी उसको आकांक्षा की वस्तु की तरह चित्रित किया जाने लगा, क्योंकि मनुष्य और परम सत्ता के बीच निकट सम्बन्ध देह के माध्यम से ही सम्भव माना गया। *भागवतपुराण* (६-८ ई.) उस युग की सबसे महत्त्वपूर्ण कृति है। यह मूल्यों के एक नये सोपानक्रम को चित्रित करती है, जिसने आरम्भिक मध्ययुगीन और मध्ययुगीन कविता पर गहरा प्रभाव डाला। 'यहाँ और अभी' की एक महत्त्वपूर्ण अवस्था के रूप में देखा गया मानव जीवन अर्थपूर्ण था लेकिन तभी जब वह सर्वव्यापी सत्ता की उपस्थिति से सम्पन्न हो। यह सम्पन्नता सीधे-सीधे प्रेम और करुणा के माध्यम से ही हासिल की जा सकती थी।

भक्ति युग के साथ अपने कृतित्व के सम्बन्ध के बारे में अशोक वाजपेयी ने कहा है : "मैं क्षणभंगुर के माध्यम से शाश्वत तक पहुँचने की कोशिश कर रहा हूँ...। इसलिए मैं अगम्य का उत्सव मनाने के लिए क्षणभंगुर का उत्सव मना रहा हूँ।"[२७] उदाहरण के लिए, *आविन्यों* संग्रह की कविता 'साथ'[२८] को कविता में भक्ति युग की एक दार्शनिक प्रतिध्वनि की तरह देखा जा सकता है। इसी संग्रह की एक अन्य कविता 'यहाँ और अभी' के उत्सव को उत्सव का प्रमाण देती है, और वह बढ़त करती है, उसके साथ विवाद खड़ा करने के लिए नहीं बल्कि एक प्रश्न जोड़ने के लिए : "ठीक इस समय इस जगह होने की जो अवसन्न सी आभा है वह शब्दों के विन्यास से बाहर क्यों रह जाती है?"[२९] अशोक वाजपेयी की कविता और हिन्दी के छायावादी युग की कविता का रिश्तों की प्रकृति किंचित् स्पष्ट है, ख़ासतौर से उनकी सृजनात्मकता के शुरुआती दौर में (जो उनकी शुरुआत की कालक्रमपरक गति की वजह से भी हो सकता है)। ये कविताएँ इस युग के काव्यशास्त्र से सम्बद्धता से कहीं ज़्यादा अपनी वैयक्तिता के इसरार की एक ख़ास प्रवृत्ति की निरन्तरता पर आधारित हैं। इस युग के काव्यशास्त्र के कुछ तत्त्व पहले कविता संग्रह में पहचाने जा सकते हैं (दूसरी कविताओं के साथ-साथ 'वसन्त के लिए एक कामना' कविता में भी, जिसकी चर्चा पहले की जा चुकी है)। ये तत्त्व बिम्बों में भी हैं ("रक्ताभ धुन", "काँच के आसमानी टुकड़े", "होंठ मेरे एक हरे गान में काँपते हैं") और भावनात्मक शब्दावली में भी हैं ("आता हूँ", "पुकारता-पुकारता", "काँप गया मैं भी")। बाद के दौर में वे रोज़मर्रा जीवन की विषय-वस्तु को जारी रखते हैं, जैसे कि उनके परिवार के सदस्यों के लिए समर्पित कुछ

कविताओं में, या 'एक लम्बी कविता : शताब्दी के अन्त के कगार पर' शीर्षक लम्बी कविता में, और आत्मकथात्मक अभिप्रायों के माध्यम से। लेकिन छायावाद की बहुत-सी चारित्रिकताएँ वाजपेयी की कविताओं में कुछ इस तरह रूपान्तरित हुई हैं कि उनपर तत्काल हमारा ध्यान नहीं जा पाता, और तब भी वे रूपकों में, वाक्य-विन्यास में, या काव्य-नायक की अस्पष्ट या असम्भव पहचान में छिपी हुई हैं। इन रूपान्तरणों का महत्त्वपूर्ण गुण ये है कि वे अपने में मौलिक, स्वतन्त्र प्रकृति के हैं।

छायावाद का युग अन्य पिछले तीन युगों के मुक़ाबले लम्बे समय तक नहीं चला (१९१८-१९३६), लेकिन इसने वैयक्तिक पीड़ा, बोलचाल के मुहावरे के निकट की नवीन शब्दावली, स्पष्ट आत्मकथात्मकता, अभिव्यक्ति की स्वतन्त्रता, आदि चीज़ों के साथ हिन्दी साहित्य में एक नवाचार की शुरुआत की। छायावाद के कवि पहचान के संकट के बारे में लिख सकते थे, अपने निजी अभिलाषाओं को व्यक्त कर सकते थे, सामाजिक, देशभक्ति से सम्बन्धित या राजनैतिक मुद्दों तक पर अपने दृष्टिकोण रख सकते थे। वे हिन्दी कविता को आनन्दातिरेक की ऊर्ध्व ऊचाइयों से गद्य की भाषा के क़रीब, कड़वी वास्तविकता के क़रीब लाये। उन्होंने प्रायः भाषा पर व्याकरण द्वारा आरोपित नियमों का परित्याग किया (जिससे कभी-कभी उनकी कविताओं के कुछ हिस्सों को समझना मुश्किल हो जाता है)। लेकिन, सामान्य तौर पर कहें तो, उन्होंने हिन्दी कविता के कायाकल्प की शुरुआत की, और नई कविता आन्दोलन तथा आधुनिकता के अन्य अनुयायियों का मार्ग प्रशस्त किया। इस अर्थ में, अशोक वाजपेयी भी - अपने कलात्मक ढंग से - जयशंकर प्रसाद, सुमित्रानन्दन पन्त, सूर्यकान्त त्रिपाठी निराला, और महादेवी वर्मा द्वारा प्रारम्भ की गयी छायावाद की मुक्तिदायी परम्परा को जारी रखते हैं। और तब भी, उनकी परिपक्व कविताओं में सिर्फ़ आत्मकथात्मक प्रवृत्ति को ही छायावाद के नैरन्तर्य के रूप में वर्गीकृत किया जा सकता है।

।। एक : ७ ।। योरोपीय संयोग

अशोक वाजपेयी का जन्म जब हुआ था तब यह देश अभी भी उपनिवेशवाद के अधीन था, लेकिन उनके लेखन की शुरुआत स्वतन्त्र भारत में हुई।

भारत और योरोप के बीच के सम्बन्ध, तथा और भी स्पष्ट तौर पर भारतीय उपमहाद्वीप की बहुस्तरीय सांस्कृतिक परम्परा तथा भूमध्यसागरीय परम्परा के बीच के सम्बन्ध इस हद तक जटिल थे और बने रहे हैं कि वे अकादेमिक अनुसन्धान के लिए, और साहित्य के लिए भी, आकर्षक कार्यक्षेत्र की रचना करते हैं। अपनी जीवनी के एक ख़ास मुकाम पर *कहीं नहीं वहीं* का लेखक अपने को इन दो महान परम्पराओं के बीच एक निजी स्थिति में पाता है।

सितम्बर और अक्टूबर १९९४ में वे फ्रांस की यात्रा पर गये थे जहाँ उनको आविन्यों में कलाओं के एक वार्षिक उत्सव (Festival d'Avignon) के लिए आमन्त्रित किया गया था। आयोजकों ने उनको आवास के तौर पर १५वीं सदी के एक मठ ल शत्रूज़ का एक कक्ष उपलब्ध कराया। यह मठ एक चिन्तनशील सम्प्रदाय का आवास-स्थल है जो मौन में विश्वास करता है। फ्रांस की इस यात्रा का साहित्यिक परिणाम *आविन्यों* संग्रह है जो १९९५ में प्रकाशित हुआ था। इस संग्रह में ३५ कविताएँ और २७ काव्यात्मक गद्यांश हैं। काव्यात्मक गद्य के रूप में परिभाषित इस साहित्यिक विधा की शुरुआत १९वीं सदी के अन्त के क़रीब फ्रांस में हुई थी। यह विधा ज्याँ आर्तो रिम्बो की दो कृतियों के माध्यम से लोकप्रिय हुआ : *इल्युमिनेशन्स* और *उन सिज़ों ॲन इफ़ेर*। इस संग्रह की भूमिका में वाजपेयी ने लिखा हैः "लगता है कि उन उन्नीस दिनों में अपने अब तक के कविता-संसार की पूरी परिक्रमा ही हो गयी (...)। जहाँ रहकर वे लिखी गयी हैं वहाँ का बहुत सीधा प्रभाव उनपर साफ़ है : ला शत्रूज़ ने उनकी स्थानीयता, पदार्थमयता और रंगतों को लगातार प्रभावित किया है। उनका भूगोल एक तरह से ला शत्रूज़ का आज का और कालातीत भूगोल है...।" इसलिए यह सम्भव है कि कवि ने पहली बार इतनी बड़ी संख्या में काव्यात्मक गद्य प्रकाशित कराया तो इसकी दो वजहें रही हों : पहली, यह फ्रांसीसी कविता के पुनरुद्धारक रिम्बो के प्रति एक श्रद्धांजलि हो, और दूसरी, इस काव्य-विधा में अपना हाथ आज़माने की सचमुच एक कोशिश रही हो। 'आकाश पहले भी था'[३०] शीर्षक गद्यांश इस बात को प्रमाणित करता है कि कवि एक अन्य संस्कृति को इतने क़रीब से अनुभव करते हुए उससे कितना प्रभावित हुआ है। इस गद्यांश का सबसे चौंकाने वाला तथ्य 'मैं' की एक अन्य संस्कृति को जीत लेने की, या कम से से कम उसपर क़ाबू पा लेने की, घोर आकांक्षा है। यह कर

पाना केवल एक ही तरह से मुमकिन लगता है – ऐतिहासिक समय को शाश्वत में, अनन्त में ले जाकर। यह अनन्त आकाश के माध्यम से, निस्सीम के माध्यम से, कालातीत के माध्यम से संकेतित है। इस कालातीतता में संस्कृतियों के बीच के अन्तर्विरोधों का कोई अस्तित्व नहीं है, वैश्विक देशकाल उनको सोख लेता है, संक्षिप्त कर देता है, उनको ग़ैरमहत्त्वपूर्ण बना देता है। वर्तमान कालिक और अतीत कालिक दोनों ही क्रियाओं में बारीक़ी के साथ लक्ष्य किये गये ब्यौरे पाठ में एक नाटकीय आयाम और काव्यात्मक आकर्षण का योगदान करते हैं। वे पाठ के समय को स्थान से और यथार्थ को देखने के आख्याता के ढंग से भी जोड़ देते हैं, लेकिन वे कृति की अतिक्रमणकारी प्रवृत्ति को – जो कुछ भी वह देखता है, समझता है और व्याख्यायित करता है, उसको अपनी निजी साहित्यिक और आध्यात्मिक विरासत के अधीन कर लेने की उसकी प्रवृत्ति को – छिपाते नहीं हैं। इसलिए, पाठ में हमें उसके कल्पना जगत के सारे तत्त्व देखने को मिलते हैं, वे सारे तत्त्व जो उसकी पिछली कृतियों में हैं : मौन, संगीत, देवता, खिड़की, आँगन, आँखें, अक्षर, सूर्य, चन्द्रमा, नक्षत्र, ग्रह, लेकिन वह सब भी जो अस्तित्व का परिप्रेक्ष्य भी है और योरोपीय तथा भारतीय दोनों ही कवियों के आध्यात्मिक जीवन का अंग भी है।

इस काव्यात्मक 'आत्म-चिकित्सा' का एक और प्रकार 'अनन्त की चौकसी करते पुरखे' शीर्षक गद्यांश है, जिसमें अशोक वाजपेयी अपनी ही कविता 'पूर्वजों की अस्थियों में' (*अगर इतने से*, १९८६) की ओर संकेत करते हैं। यहाँ अपनायी गयी प्रक्रिया भी उसी पद्धति पर आधारित है : अस्तित्वपरक, रोज़मर्रा अनुभवों को शाश्वत के परिमण्डल में रूपान्तरित कर देने की, नियति को सार्वभौम बिरादरी में बदल देने की। इस पाठ में विवरणों का दक्षतापूर्ण बयान भी उनके चिन्तन की कलात्मक गुणवत्ता में योगदान करता है। आविन्यों की यात्रा के परिणामस्वरूप घटित चिन्तन कविता लिखने के अर्थ को भी अपने विस्तार में समेटता है। नीचे दिया गया 'हर पत्ती का नाम नहीं' शीर्षक गद्यांश का उद्धरण एक नैतिक वक्तव्य है :

> (...) कविता मनुष्य के इस लगातार चल रहे अन्याय का प्रतिरोध करती, वस्तुओं की क्षतिपूर्ति करने की चेष्टा करती है। वह हर पत्ती को नाम देने की कोशिश करती है। कविता होने की अद्वितीयता की निःसंकोच स्वीकृति है। उसके लिए सभी सजीव हैं : प्रियतमा, खिड़की, घास में विचरती

> बीरबहूटी, पत्तियों से ढँकी बिसरा दी गयी देवमूर्ति, घोर अरण्य में झरी पत्ती। (...) वह हरेक रूप के लिए नाम खोजती है।

पत्तियों का बिम्ब अशोक वाजपेयी की कविता में बारबार आता है : पत्तियाँ ज़मीन पर वैसे ही झरती हैं जैसे कविता में, स्मृति में, विस्मृति में शब्द झरते हैं। यह एक विशिष्ट, उद्‌बोधक प्रतीक है। एक अन्य गद्यांश, 'हम पर पत्तियाँ गिर रही हैं', में एक विस्तीर्ण, वर्णनात्मक, चिन्तनपरक बयान के बाद एक प्रश्न आता है, या शायद एक सूक्ष्म संकेत जो बीसवीं सदी की योरोपीय कविता के साथ लगाव का एक ख़ास सादृश्य उपलब्ध कराता है :

> क्या रिल्के ने बुद्ध की प्रतिमा पर, अपनी किसी कविता में, पत्तियाँ गिरते देखा था?

इस वाक्य में रिल्के के बुद्ध का आना निरा संयोग नहीं है (यह १९७० के *न्यू पोइम्स* के पहले खण्ड से आया 'बुद्ध' का हवाला भी हो सकता है)। रिल्के ने इस काव्यात्मक शब्द को एक स्वतन्त्र सत्ता की तरह बरता था, अस्तित्व के एक बिम्ब की तरह नहीं, बल्कि एक स्वतःपूर्ण सत्ता की तरह। वे प्रेम के, दुख के, मृत्यु के, मानव-अस्तित्व के अर्थ के कवि थे, उस करुणा के कवि जो विभिन्न पार्थिव सत्ताओं (जैसे कि पानी, वृक्ष, फूल) के साथ-साथ अपार्थिव सत्ताओं (जैसे कि विचार, स्वप्न, आकांक्षा) को समेटती थी। उन्होंने कविता में अस्तित्व और सृजनात्मकता के एकत्व के विचार को, कला और जीवन के बीच सामंजस्य के आदर्श को चरितार्थ किया। "शब्द अस्तित्व के सदृश होते हैं" - उन्होंने *सॉनेट्स फ़ॉर ऑर्फ़ियॅस* के तीसरे सॉनेट में लिखा था।

आविन्यों के कवि की कविता और रिल्के की कविता के बीच और भी संगतियाँ हैं। ये संगतियाँ योरोपीय कविता के अन्य महत्त्वपूर्ण रचनाकारों के साथ भी हैं, जैसे कि उदाहरण के लिए, ग़ोबेख़्त डेसनोस ("हम वृक्ष-नुमा शब्द हैं, जो मस्तिष्क उद्यानों की वीथियों में पुष्पित होते हैं"), या ज़्यूल सुपगृविएल ("क्या ये मैं हूँ जो बैठा है / रात की ढलान पर?"; "अस्ति के झुरमुट में खड़ा हुआ"; कविता "पापमुक्ति का स्थल है, मेरा अवचेतन धर्म")। ये संगतियाँ चाहे कितनी ही सुविचारित हों या न हों, वे चिन्तन का और साथ ही समानताओं का एक निश्चित विशिष्ट स्तर तय करती हैं।

इन समानताओं में सभ्यता का एक व्यापक सन्दर्भ भी है – वहाँ संयोगपरक रिल्के या संयोगपरक बुद्ध नहीं हैं बल्कि वहाँ बीसवीं सदी की प्रथम अर्द्धाली के दौरान योरोप में लोकप्रिय रहे बर्गसाँ के दार्शनिक विचारों (जिनका यारोपीय साहित्य पर ज़बरदस्त प्रभाव रहा) के साथ सीधे सम्बन्ध के संकेत हैं। अवबोध की प्रक्रिया में सहजानुभूति का उनका सिद्धान्त "बुद्ध की रहस्यमय सहजानुभूति" के साथ संगति रखता है। *इण्ट्रोडक्शन टु मेटाफ़िज़िक्स* में बर्गसाँ ने "अन्तराल की सहजानुभूति" की बात कही थी। इस पद के साथ उन्होंने स्वत्व की समग्रता को समेट लिया था (इस तरह उन्होंने एकता और विविधता को संयोजित किया)। अपनी कृति में उन्होंने लिखा : "अन्तराल की सहजानुभूति जब बोध की किरणों के सम्पर्क में आती है (...) तो वह जल्द ही निश्चित, विशिष्ट, अचल अवधारणाओं में बदल जाती है"।[३१] और *क्रिएटिव्ह इवोल्यूशन* में वे इस अवस्था के बारे में आगे स्पष्ट करते हैं : "यह विशुद्ध अन्तराल होता है जिसमें हम वापस डूब जाते हैं, एक अन्तराल जिसमें हमेशा गतिमान अतीत उस वर्तमान के साथ अनवरत भरता रहता है जो पूरी तरह से नया होता है। लेकिन इसी के साथ-साथ हम अपनी संकल्प-शक्ति के स्प्रिंग को उसकी चरम सीमा तक तना हुआ महसूस करते हैं। हमें अपने व्यक्तित्व के सख़्त प्रतिक्षेप के सहारे अपने फिसलते हुए अतीत को समेटना चाहिए ताकि हम उसको ठोस और अविभाजित रूप में उस वर्तमान में धकेल सकें जिसे वह उसमें प्रवेश के माध्यम से रचेगा। ऐसे पल निश्चय ही दुर्लभ होते हैं जब हम इस हद तक आत्माविष्ट होते हैं : तभी हमारे कृत्य सच्चे अर्थों में स्वतन्त्र होते हैं।"[३२] बर्गसाँ की "अन्तराल की सहजानुभूति" के साथ वाजपेयी के "क्षण के उत्सव" का सादृश्य ख़ासा ध्यान देने योग्य है।

इस सन्दर्भ में *आविन्यों* की दो और रचनाएँ स्मरणीय हैं। ये रचनाएँ योरोपीय संस्कृति के साथ उनकी मुठभेड़ से जन्मी उत्प्रेरणा का साक्ष्य हैं। वे भारतीय अस्मिता की पुष्टि का भी उद्यम हैं और, साथ ही साथ, शायद एक विशिष्ट पुनर्व्याख्या के सहारे उसको गहराने के लिए चरम पुष्टि और स्वीकृति का भी उद्यम हैं। दोनों ही कविताएँ कवि की अपनी शैलीगत पद्धति के अनुरूप रची गयी हैं। वे भारतीय अस्मिता को बौद्धिक अनुभव के एक व्यापक परिप्रेक्ष्य में सामने लाती हैं। 'मुझे शब्द चाहिए' कविता इरादतन उत्तम पुरुष शैली में लिखी गयी है (आत्मविडम्बना की हल्की-सी मौजूदगी

के साथ, जो ध्यान देने योग्य हो सकती है, "छह सौ एकवाँ कवि"), जो इस पाठ को उच्चस्तरीय विश्वसनीयता देती है। यह मर्मान्तक रूप से कला में अमरता की उस आकांक्षा को व्यक्त करती है, जो विभिन्न संस्कृतियों और सभ्यताओं के कवियों के साथ बनी रही है :

मुझे शब्द चाहिए

छह सौ ईसाई सन्तों की क़ब्रगाह पर हरी घास का एक आँगन है
उन्हीं में से किसी एक के अभी भी जीवित घर से
उन्हीं के रचे और अब तक बचे शब्द-वर्जित सुनसान से
अपनी मृत्यु से बहुत दूर न सही पर फ़िलहाल जीवित
छह सौ एकवाँ कवि
पृथ्वी की नामहीनता में दफ़न होने को नहीं
खुले आकाश के नीचे अस्थि-अस्थि जलने की प्रतीक्षा करते हुए
अपनी कविता के लिए शब्द
शब्दों के लिए असमाप्य पवित्रता
पवित्रता के लिए कोई भरा-पूरा चहचहाता घर
और अपने कुछ दिन और बचे रहने की युक्ति खोज रहा हूँ
निष्प्रभ पत्थरों के पास नहीं है कोई उत्तर
निर्जनता पर खुलती खिड़कियाँ
मेघाच्छन्न आकाश और सूनी गली के पार नहीं देख पातीं
कुर्सियों की बारिश-घाम पुसी देह में स्मृतिहीन उदासी बैठी है
रौशनी में नहीं दीख पड़ते देवता, देवदूत या पवित्र शब्द
नज़र आते हैं सन्त-त्यक्त गलियारे, प्रार्थना की ताल में कटी खिड़कियाँ,
घास पर रेंगते केंचुए, बेपरवाह सैलानी,
कोने पर एक-दूसरे को लपकते प्रेमी
कभी-कभार बुर्ज पर काल की तरह आँख गड़ाये बैठा बिलार
मुझे शब्द चाहिए
यह उम्मीद कि वे मेरे बाद भी रह पाएँगे
कुछ समय
मुझे चाहिए बीतनेवाली नहीं खिलनेवाली धूप
प्रार्थना नहीं पुकार

चुप्पी नहीं चीख़
सिसकियाँ, आँसू, हँसी
मुझे ऐश्वर्य नहीं शब्द चाहिए

'अनुपस्थिति' में एक भिन्न विषय-वस्तु सामने आती है।[३३] यह अतृप्ति का, अनुपस्थिति का अभिप्राय है जो अशोक वाजपेयी की कविता में एक आवर्ती यातनादायी स्वप्न-दैत्य (या स्वप्न-मन्त्र) की भाँति लौटता है। इसलिए, *आविन्यों* की कविताओं में आकाश, जो "असीम और नीरभ्र बना हुआ है" ('आकाश पहले भी था'), के दृश्य और क्षण, जिसमें "कोई झलक, झाँकी नहीं", के बीच प्रोवाँस के एक ऐतिहासिक नगर में एक भारतीय कवि की अस्मिता का उत्सव प्रभावी था, और, इसलिए, वह उनके सृजन के एक क्रियाशील अंग के रूप अब भी प्रभावी है।

अशोक वाजपेयी की योरोप यात्रा का, विषय-वस्तु की दृष्टि से, एक भिन्न नतीजा वह काव्यात्मक त्रिफलक है जो दूसरे विश्व युद्ध के दौरान जर्मन प्रभुत्व के अधीन पोलैण्ड में आश्वित्ज़ और बिर्केनाउ के नाज़ी मृत्यु शिविरों के शिकार हुए लोगों की स्मृति के लिए समर्पित है। अशोक वाजपेयी ने दो बार, अप्रैल २००० तथा जून २००१ में, इन दोनों शिविरों का भ्रमण किया था। इस त्रिफलक के तीनों संयुक्त हिस्सों का शीर्षक है 'आश्वित्ज़' और तीनों हिस्सों के स्वतन्त्र शीर्षक हैं क्रमशः 'बचे हुए को बीते हुए की तरह (आश्वित्ज़-१)', 'अगर हो सके (आश्वित्ज़-२)' और 'उनके पास (आश्वित्ज़-३)'। ये तीनों कविताएँ २००२ में प्रकाशित संग्रह *इबारत से गिरी मात्राएँ* में संग्रहीत हैं। स्मृति, सहानुभूति और करुणा के इस काव्यात्मक त्रिफलक की ७६ पंक्तियाँ, जिनमें बिम्ब, विचार और शब्द एक सामंजस्यपूर्ण समग्रता की रचना करते हैं, बीसवीं सदी के योरोप के इतिहास की सर्वाधिक त्रासद विषय-वस्तु से बरतती हैं - ये उन नाज़ी शिविरों के बारे में हैं जो अनेक देशों के नागरिकों के सामूहिक नरसंहार के उद्देश्य से तैयार किये गये थे।

पहला शिविर नाज़ियों द्वारा मई १९४० में आश्वित्ज़ के उपनगरीय क्षेत्र में खड़ा किया गया था। आश्वित्ज़ पोलैण्ड का एक छोटा-सा नगर था जिसे १९३९ में दूसरे विश्वयुद्ध की शुरुआत में थर्ड राइख़ द्वारा कब्ज़े में ले लिया गया था। जनवरी १९४२ में, पहले शिविर से लगभग तीन किलोमीटर की दूरी पर, बिर्केनाउ नामक गाँव में उन्होंने दूसरा शिविर तैयार किया। बाद

में, मानोवीत्ज़ा नामक जगह पर तीसरा शिविर खड़ा किया गया (इन तीनों शिविरों के सरकारी जर्मन नाम थे - आश्वित्ज़-१, आश्वित्ज़-२, आश्वित्ज़-३)। सहयोगी शिविर ४० अन्य जगहों पर तैयार किये गये थे। आश्वित्ज़ कंसण्ट्रेशन शिविर का उद्धार २७ जनवरी १९४५ को रेड आर्मी द्वारा किया गया था। इन शिविरों के क़ैदियों में पोलिश, यहूदी, फ्रांसीसी, रूसी और जिप्सी शामिल थे जो लगभग सभी योरोपीय देशों के नागरिक थे। ये निःशुल्क मज़दूरी उपलब्ध कराते थे। जो लोग काम करने के लिए उपयुक्त नहीं होते थे उनको गैस चैम्बरों में मार डाला जाता था जिसके लिए ज़ाइक्लोन-बी गैस का इस्तेमाल किया जाता था। जिन लोगों को (जैसे कि यहूदियों को) तुरन्त गैस दी जानी होती थी उनको ट्रेनों से सीधे गैस चैम्बरों में ले जाया जाता था। शुरुआत में तो शवों को दफ़ना दिया जाता था लेकिन बाद के दौर में या तो उनको विशेष रूप से तैयार किये गये शवदाहगृहों में जला दिया जाता या फिर जब ये शवदाहगृह कम पड़ने लगे तो विशेष रूप से तैयार किये गये गड्ढों में उनकी चिताओं को जलाया जाने लगा। आश्वित्ज़ शिविर के 'सर्वाधिक उपजाऊ' दौर में गैस से मारे गये और जलाये गये लोगों की संख्या हर चौबीस घण्टे में २० हज़ार तक रही हो सकती थी। ये वो समय था जब दुनिया के इस हिस्से में धुएँ के बादल मँडराते रहते थे। लगभग ४५० हज़ार पंजीकृत क़ैदी इस शिविर से गुज़रे थे। इनमें से ३५० हज़ार लोग मारे गये थे। लेकिन जिनको सीधे गैस चैम्बरों में भेजा गया था वे न तो पंजीकृत हुए थे न गिनती में लिये गये थे। मुक्ति के दिन शिविर में ७ हज़ार से ज़्यादा क़ैदी थे, जिनमें १८० छोटे बच्चे शामिल थे। क़ैदियों और मारे गये लोगों की संख्या कभी भी स्पष्ट नहीं हो सकी। आश्वित्ज़ कंसण्ट्रेशन शिविर यहूदियों के जनसंहार के स्थलों में से एक था। यह बर्बर जातिसंहार का एक प्रतीक है।

१९४७ में, पोलैण्ड की सरकार ने इस भूतपूर्व शिविर को एक संग्रहालय में बदल दिया। १९५५ में आश्वित्ज़ के बचे रह गये लोगों ने अन्तरराष्ट्रीय आश्वित्ज़ समिति की स्थापना की जो पहले वियेना में थी और १९६२ के बाद से वारसा में है।

इस कविता त्रिफलक की ऐतिहासिक पृष्ठभूमि को स्पष्ट करने के लिए की गयी इन टिप्पणियों के बाद एक ख़ास ऐतिहासिक और साहित्यिक परिप्रेक्ष्य पर एक और टिप्पणी जोड़ना आवश्यक है। दूसरे विश्वयुद्ध, जिसमें

हिन्दुस्तानी सैनिक भी मारे गये थे, के बाद एक जर्मन दार्शनिक थियोडोर अदूर्नो ने योरोपीय बुद्धिजीवियों के सामने एक सवाल उठाया था। अपने में रेह्टॉरिकल होने के बावजूद यह सवाल साहित्य की नैतिक स्थिति के सन्दर्भ में बुनियादी महत्त्व का है। "क्या आश्वित्ज़ के बाद कविता सम्भव है?" इस प्रश्न का आधार उस सदमे में था जो नाज़ियों द्वारा किये गये जातिसंहार के बारे में जानने के बाद संसार ने महसूस किया था। अदूर्नो के प्रश्न से उत्पन्न समस्या कार्यक्रमों या घोषणापत्रों की ओर संकेत नहीं करती, न ही वह साहित्यिक विधाओं के वर्गीकरण की ओर संकेत करती है, वह उस कविता की कला को बरतने मात्र की ओर इशारा करती है जिसे "अन्तःकरण के राजसी मार्ग" (गेइटान पीकों का पद) की तरह देखा गया है। वह उस कविता के अर्थ की ओर संकेत करती है जिसके बारे में एक और जर्मन दार्शनिक, मार्टिन हाइडेग्गर कहा करते थे कि कवि का शब्द एक "अस्तित्व की सृष्टि" के समतुल्य होता है।

इस त्रिफलक की रचना कुछ इस तरह हुई है कि इसका मध्यवर्ती हिस्सा एक भविष्य-दृष्टि प्रदान करता है, एक असम्भव का प्रस्ताव : एक ऐसी दुनिया में शान्ति और सुख जिसमें "अन्याय के कंगूरे दमक रहे हैं"। इस त्रिफलक की समूची विषय-वस्तु दो चीज़ों के बीच स्थित है : एक आत्मकथात्मक प्रकृति की अर्थपूर्ण आत्मस्वीकृति, जो एक चिन्तनपरक आख्यान के रूप में व्यक्त है, और मृत्यु की ओर बढ़ते हुए उन लोगों का भयावह दृश्य जिनके पास केवल "काला होता हुआ 'नहीं'" है। आत्मस्वीकृति की शुरुआत एक उदासीन बौद्धिक की, एक वस्तुनिष्ठ अध्येता की, एक आकांक्षा से होती है :

> मैं बचे हुए को बीते हुए की तरह देखना चाहता हूँ
> (...)
> नहीं मैं नहीं था उस अधरात की गहमा-गहमी में
> जब वे उन सबको मवेशियों की तरह ठेले में भरकर
> वधस्थल की ओर ऐसी फुर्ती और जतन से ले गये थे
> जैसे भोलेभाले लोगों को सुबह किसी ज़रूरी अनुष्ठान के लिए
> पूजाघर ले जाया जा रहा हो।
> (...)
> फिर भी

क्यों लगता है मुझे कि मैं ज़िम्मेदार हूँ।

– 'बचे हुए को बीते हुए की तरह' (आश्वित्ज़-१), *इबारत से गिरी मात्राएँ*

यह आत्मस्वीकृति पाठक को सीधे एक नाटक के मध्य में ले जाती है। एक ओर, यह इतिहास के उस ख़ास दौर के वातावरण में ले जाती है, जिसे न सिर्फ़ ले जाये जाते क़ैदियों के बिम्ब के माध्यम से, बल्कि "गहमा-गहमी", "वधस्थल", "फुरती" जैसे शब्दों से भी उद्‌बुद्ध किया गया है, जो सुनियोजित जनसंहार की प्रक्रिया की ओर संकेत करते हैं। दूसरी ओर, पाठक उस कवि की भावनाओं से परिचय पाता है जो कहता है :

कि मैं होता उस अधरात तो (...)
भयातुर देखता रहता

– वही

इस शब्द की सामान्य समझ के मुताबिक़ भयातुर होना एक अकर्मक आचरण होगा, लेकिन यहाँ, इस कविता में, एक ख़ास क़िस्म के काव्यात्मक अनुभव का अर्थ देता है – यह दर्शक को उन लोगों की बराबरी पर ले आता है जिनको देखा जा रहा है। इसलिए, यह सह-अनुभूति का समीकरण है। सह-अनुभूति जो इस आत्मस्वीकृति में भी मौजूद है :

मैंने शब्दों को जली हुई हड्डियों की तरह राख के ढेर से
कभी नहीं उठाया

– वही

शब्दों, राख और हड्डियों की यह निकटता एक काव्यात्मक स्थिति की रचना करती है जिसमें ये दो पंक्तियाँ नाटकीय तनाव के एक अपरिभाषित सत्व से भर उठती हैं, और बोलचाल की अभिव्यक्तियाँ (जैसे कि "यह सही है") इस तनाव में और भी वृद्धि करती हैं। इसी तरह, तीसरी कविता (त्रिफलक के तीसरे हिस्से) में सह-अनुभूति कवि को यह लिखने को प्रेरित करती है :

शब्द उन्हें छोड़कर जा चुके थे,
राहत-मदद की उन्हें कोई याद नहीं थी।

– 'उनके पास (आश्वित्ज़-३)', वही

यह एक काल्पनिक (क्योंकि कवियोचित) विरोधाभास है : सह-अनुभूति उस मौन के साथ जिसे एक फ्रांसीसी कवि, पॉल वैलरी, कविता का एक विशेष

स्रोत मानते थे। एक अँग्रेज़, टी.एस. ईलियट कहा करता था कि कविता "एक व्यक्ति के दूसरे व्यक्ति के साथ वार्तालाप" के सिवा और कुछ नहीं है। मौन और शब्द - ये उन क़ैदियों का और कवि का उभयनिष्ठ अनुभव हैं। मौन और शब्द - दोनों ही मानव अस्तित्व के घटक हैं जो (सर्वथा ज़ाहिर तौर पर) अशोक वाजपेयी की बुनियादी टाइपोलॉजिकल कोटियों से ताल्लुक रखते हैं। और इन दोनों के बीच वे अपनी काव्य-कल्पना के जगत को तानते हैं। उद्धृत कविता में मौन और अनुभव एक असामान्य, सजीव ढंग से चित्रित (निश्चय ही शिकार हुए लोगों के प्रति श्रद्धांजलि के रूप में) कलात्मक अभिव्यक्ति हासिल कर लेते हैं :

वे दुबले थे भूख-प्यास से
फिर भी उन्हें धुएँ की तरह पतला और ओझल होना था।

- वही

यह निश्चय ही एक मर्मस्पर्शी बिम्ब है, जो अगली टिप्पणी में और भी घनीभूत होता है :

वे घर में नहीं बाड़े में थे,
उन्हें प्रतीक्षा करने के अलावा
कोई और काम नहीं था।

- वही

इस तरह, दूसरे शब्दों में, एक सम्पूर्ण और चरम अकेलापन उनका घर था, जब वे :

दिगम्बर, एक साबुन की बट्टी लिये हुए,
मृत्यु की ओर जाते हुए :

- वही

त्रिफलक का मध्यवर्ती हिस्सा, 'अगर हो सके (आश्वित्ज़-२)' कविता, ऑडेन की डब्ल्यू.बी. येट्स की स्मृति को समर्पित कविता की एक प्रसिद्ध पंक्ति की ओर इशारा करती है, बल्कि उसको प्रतिध्वनित करती है : "कविता कुछ भी घटित नहीं करती"। तथापि "अगर" के इस्तेमाल से ऑडेन की इस सुदूर पंक्ति का एक किंचित् रूपान्तरित अर्थ हासिल होता है :

अगर हो सके तो

मैं अपने समय के लिए
उम्मीद की एक नयी वर्णमाला लिखना चाहता हूँ :

– 'अगर हो सके (आश्वित्ज़-२)', वही

कवि एक व्यावहारिक, अनुभवपरक दुनिया में एक असम्भव आकांक्षा की चरितार्थता की सम्भावना का स्वप्न देखता है (कामना, आकांक्षा, स्वप्न – अशोक वाजपेयी की कविता के मानक शब्द हैं) :

उम्मीद की एक नयी वर्णमाला लिखना चाहता हूँ
जिसमें संसार के सभी बच्चे
अपनी इबारत बिना हिचक और डर के लिख सकें।

– वही

दूसरे शब्दों में : ताकि बच्चे इतिहास के बारे में, संसार के बारे में, अपने खुद के दृष्टिकोणों और विचारों के बारे में, सच लिख सकें।

इस कविता विशेष में हमें काव्यात्मक भविष्यवाणी मिलती है जो मन्द्र लयात्मक छन्द के रूप में गठित घोषणात्मक वक्तव्यों में प्रस्तुत की गयी है, जिसमें विशुद्ध प्रगीत के भी कुछ तत्त्व हैं, जैसे कि उदाहरण के लिए "अपनी माँ की प्रतीक्षा करते पक्षी"। लेकिन एक सवाल बना रहता है : इस काव्य-घोषणापत्र या कविता-कामना और आश्वित्ज़ के आघात के बीच रिश्ता कहाँ बनेगा? ऐसा एक रिश्ता है और, इसके अलावा, यह बुनियादी मूल्य रखता है – यह रिश्ता काव्यात्मक शब्द के उद्‌गम में निहित है, उस शब्द में जो एक "अस्तित्व की सृष्टि करता है"।

हम 'यथार्थ' या 'यथार्थवादी' घटनाक्रमों की एक शृंखला को लक्ष्य कर सकते हैं, जैसे कि 'झुग्गी में नवजात शिशु के रोने', या "दूसरे से पहले / अपने को मरने के लिए प्रस्तुत करते युवक" और कुछ चीज़ों को भी लक्ष्य करते हैं, जैसे लाठी या चश्मा। कविता के अन्त में कवि का पोता भी प्रगट होता है ("अपने पोते"), जो इतिहास और परम्परा की अवज्ञा करने के लिए नहीं है। ये सारी चीज़ें सम्भाव्य रूप से मुमकिन हैं, वास्तविक हैं। तथापि, इस कविता का सर्वाधिक महत्त्वपूर्ण, रचनात्मक तत्त्व समय है। समय जोकि क्रमबद्ध नहीं है, वह केवल कवि की कल्पना में ही सम्भव है। काल इस कविता में, अगर आधुनिक प्रगीत की संरचना के एक जर्मन मर्मज्ञ ह्यूगो फ्रेड्रिक के शब्दों में कहें तो, "व्योम का चौथा आयाम" है।

यह वह स्थिति है जब ऐतिहासिक रूप से सुदूरवर्ती कुछ घटनाएँ एक कविता में, सृजन के क्षण में, पठन के क्षण में, शब्दों में और शब्दों के बीच के अन्तराल में, आपस में मिलती हैं। समय के क्लोज़-अप के नियोजन की यह पद्धति बीसवी सदी की कविता में प्रयुक्त जाती थी, और इसके प्रयोक्ताओं में से एक टी.एस. ईलियट थे। यह एक क़िस्म का विचारशील विश्लेषण है, जो अभिव्यक्ति के उस साधनों के इस्तेमाल के सहारे किया जाता है जो प्रगीत काव्य की ख़ासियत हैं। कविता लिखने में इस पद्धति-विशेष का अशोक वाजपेयी का सुविचारित चुनाव एकदम सटीक है – भले ही वह चुनाव सुविचारित हो या संयोगजन्य हो – क्योंकि वह पाठ के बौद्धिक और नैतिक सन्देश को सहारा देता है। इस सन्देश के भीतर अदूर्नो के प्रश्न का जवाब भी पाया जा सकता, सिवा इसके कि वह जवाब कविता की भाषा में दिया गया है, और वह ऐतिहासिक समय के एक बड़े कालखण्ड से जुड़ा हुआ है। यह ऑडेन की ओर ही एक संकेत नहीं है, वह और भी गहरे जाता है, योरोप की अस्मिता तक, उसके विघटन तक। १८८६ में नीत्शे ने कहा था : ''ईश्वर मर चुका है'', १९१९ में पाल वैलरी ने घोषणा की : ''हम अन्य, सभ्यताएँ, हम जानते हैं कि हम नश्वर हैं'', १९४६ में मैलग़ो ने जोड़ा : ''एक समस्या, जो आज हम सब के सामने है, यह प्रश्न है कि पुरानी, योरोपीय ज़मीन पर मनुष्य मरा था या नहीं (...) इस दुनिया में दुख इस क़दर था कि वह स्वयं को हमारे समक्ष न सिर्फ़ नाटकीय ढंग से पेश करता है बल्कि आधिभौतिक ढंग से भी पेश करता है, और आज के आदमी को न सिर्फ़ उस चीज़ के लिए जवाबदेह होना ज़रूरी है जो वह करना चाहता था, न सिर्फ़ उस चीज़ के लिए जो वह करना चाहेगा, बल्कि उसके अपने विश्वास के मुताबिक़ जो कुछ वह है उसके लिए भी उसको जवाबदेह होना ज़रूरी है''। बाद में, १९४९ में यासपर्स ने कहा : ''मनुष्य न-कुछ की ओर पहुँचता लग रहा है''।[३४] 'उनके पास (आश्वित्ज़-२)' कविता की अन्तिम पंक्ति का ''काला 'नहीं'' यास्पर्स के अनुमान से मिलता-जुलता है (कम-से-कम मिलता-जुलता लगता है)। वह संकट की पृष्ठभूमि को दर्शाता है, कविता की जगह को नियत करता है। इस तरह की चुनौतियाँ महत्त्वाकांक्षी लेखकों को हमेशा से आकर्षित करती आयी हैं। ''उपनिषदों के ज़माने से ही भारत एक ही बड़ी समस्या से गम्भीर से रूप से ग्रस्त रहा है – मानव परिस्थिति की संरचना''[३५]। अशोक वाजपेयी ने *आविन्यों* की एक कविता में ''१ नवम्बर १९९४'' को लिखा :

कविता खोजती है
साहचर्य का बीहड़ शिल्प

– 'साथ'

इस तरह, कविता नाउम्मीदी और न-कुछपन से पार पाने की राह खोजती है? कला से होकर गुज़रती राह? कविता के कदाचित असम्भव साधनों से होकर गुज़रती राह? अदूर्नो के बिसरा दिये गये सवाल का जवाब अशोक वाजपेयी व्यावहारिक कर्म से देते हैं, और यह सर्वथा कवियोचित जवाब है :

इतिहास की कभी न साफ़ हो सकने वाली स्याह पड़ती स्लेट पर
उम्मीद की एक नयी वर्णमाला लिखना चाहता हूँ

– 'अगर हो सके (आश्वित्ज़-२)', वही

बोधगम्य "लिखना चाहता हूँ" पर यह बलाघात इस जवाब को एक गहराई भी प्रदान करता है और सार्वभौमिक अर्थ भी। और इस तरह ये योरोपीय संयोग – जो पाठ में मौजूद भूमध्यसागरीय संस्कृति की कश्मकशों के संकेतों से भी स्पष्ट हैं – अशोक वाजपेयी के काव्य-संसार की संरचना के अन्तर्भूत अणु बन गये।

।। एक : ८ ।। कला-कौशल (आर्टिस्ट्री) के मॉडल

कला-कौशल का अर्थ है ऐसी चारित्रिकताओं का समूह जो किसी साहित्यिक कृति की ख़ासियत होते हैं, जो सम्प्रेषण की एक सजातीय व्यवस्था रचते हुए उस कृति को परिभाषित करते हैं, और जो किसी पाठ को कलाकृति का दर्ज़ा प्रदान करते हैं। अशोक वाजपेयी की कविता के सन्दर्भ में चारित्रिकताओं के इस समूह को उनके द्वारा ख़ास तरह की विषय-वस्तुओं और संरचनाओं को दी गयी विशेष प्राथमिकता के माध्यम से पहचाना जा सकता है। अक्सर कवि ने तीन तरह के पाठीय संयोजनों का प्रयोग किया है : ऐसी कविता जिसमें वक्ता 'मैं' पाठ के बाहर है, ऐसी कविता जिसमें वक्ता 'मैं' की स्पष्ट तौर पर उजागर पहचान की वजह से कविता का विषयी

पहचाने जा सकने योग्य है, और कविता-मिनियेचर[३६] जिसे एक एकल रूपक की ख़ातिर गढ़ा गया है।

उपर्युक्त मॉडलों को कवि जिस तरह गढ़ता है उसे देखते हुए अशोक वाजपेयी की ज़्यादातर कविताएँ हिन्दुस्तानी शास्त्रीय संगीत के रचना-विधान से काफ़ी मेल खाती हैं। इसलिए, अपने विश्लेषण की दिशा में आगे बढ़ने से पहले इस संगीत की पृष्ठभूमि और इसके मुख्य सिद्धान्तों का संक्षिप्त वर्णन आवश्यक है। भारतीय शास्त्रीय संगीत, ख़ासतौर से वह जो उत्तर भारत में विकसित हुआ और जिसे हिन्दुस्तानी शास्त्रीय संगीत कहा जाता है, मुख्यतः उपज (इम्प्रोवाइजेशन) पर विश्वास करता है। ये एकध्वनिक (मोनोफ़ोनिक) है और एकल राग पर आधारित है। कोई भी रचना किसी एक चुने हुए राग और ताल पर खड़ी होती है। हिन्दुस्तानी संगीत की रचना विलम्बित लय के साथ शुरू होती है, जो चुने गये राग की पहचान (उसके अन्वेषण) का उद्यम जैसी होती है। कलाकार रचना के पहले हिस्से के समग्र को प्रस्तुत करता है और पाठ के मुताबिक़ राग की उपज[३७] करता है। ''एक कलाकार गा रहा (रही) है'' कहने का मतलब यह नहीं होता कि वह किसी पहले से तैयारशुदा राग को गा रहा (रही) है। इसका केवल इतना मतलब होता है कि वह मौजूदा रचना का इस्तेमाल करते हुए उस राग का विस्तार कर रहा (रही) है जिसे अगली उपज के आधार के तौर पर पहले हिस्से में प्रस्तुत किया जा चुका है। इस विलम्बित, ध्यानस्थ (अक्सर उदास, अवसादमय) शुरुआत के बाद संगीतकार रचना के दूसरे हिस्से पर आता है जिसका पाठ उपज से हासिल किये गये राग के साथ संगति बिठाता है। यह क्षण सांगीतिक उपज का प्रस्थान-बिन्दु होता है। और इसी बिन्दु पर उपज को समाप्त करने के बाद कलाकार लौटेगा। लेकिन इस बिन्दु पर लौटने के बाद भी उपज कुछ और समय तक जारी रहती है। यह ताल पर आधारित होती है और चुनी गयी ताल के अन्तर्गत गणितीय विभाजनों को उजागर करती है। ताल के सघन होने के साथ लय द्रुत होती जाती है। कलाकार के पास उपज की पूर्ण स्वतन्त्रता होती है, लेकिन वह चुने गये राग और ताल की सीमा में बने रहते हुए ही इस स्वतन्त्रता का उपयोग कर सकता (सकती) है। धीरे-धीरे द्रुत होती ताल अन्त में पराकाष्ठा पर पहुँचती है। ताल की इस पराकाष्ठा के बाद रचना का समापक अंश आता है जिसमें संगीत और भी मुक्त, और भी वैविध्यपूर्ण हो उठता है। सामान्य तौर पर

कहा जाए तो, हिन्दुस्तानी शास्त्रीय संगीत के रहस्य और सिद्धान्तों में एक कलाकार की भूमिका को सख़्त कलात्मक अनुशासन के भीतर रहते हुए भी सृजनात्मक स्वतन्त्रता का आनन्द मनाने के रूप में देखा जा सकता है।

अब हिन्दुस्तानी शास्त्रीय संगीत के साथ इस रिश्ते के कलात्मक नतीजों को पहचानना और उनका वर्णन करना ज़रूरी है[३८], क्योंकि अशोक वाजपेयी की कविता इस परम्परा से अतिरिक्त आर्थी ख़ूबियाँ (या मूल्य) हासिल करती है। भले ही पाठ का मूल भाव सामान्यतः मानसिक उद्बोधनों (जैसे कि चिन्तन, सचेत ढंग से अनुभव की गयी मनोवैज्ञानिक या अस्तित्वपरक अवस्थाओं का चित्रण आदि) से रचा गया होता है, जो एक साथ स्वतन्त्र शब्दों की अभिव्यंजक शक्ति और उन पदों के माध्यम से चित्रित होते हैं जो विषय-वस्तु के बुनियादी माध्यम की रचना करने के साथ ही साथ कल्पित पाठक के साथ साहित्यिक संवाद रचते हैं - कविताओं की समूची ध्वन्यात्मक सतह, उनका ध्वनिमूलक क्षेत्र, उस मुख्य शाब्दी सन्देश के परे स्थित है जहाँ से उसका उद्गम होता है। समकालीन कविता के अनेक अध्येता दावा करते हैं कि "भाषा का जादू अपने को किसी कविता की श्रव्यात्मक शक्ति में प्रगट कर सकता है, और तब भी वह अपने आपको एक ऐसे आवेग में भी दर्शा सकता है जो शब्दों से आता है और जो कविता का मार्गदर्शन करता है[३९]। अशोक वाजपेयी की अनेक कविताओं में ये दोनों निर्धारक नियमित और दृश्य (या शायद श्रव्य) हैं। ध्वनियों के संयोजन, जो वाजपेयी की कविता में पाठ की ध्वन्यात्मक परत को तैयार करते हैं, सम्भवतः अनुप्रास से आते हैं जिसका भारतीय परम्परा में प्रथम उल्लेख भामह (सातवीं-आठवीं सदी के आसपास के संस्कृत के काव्यशास्त्री) ने अपने *काव्यालंकार* में किया था। यह अलंकार बुनियादी तौर पर दोहराव पर आधारित है, लेकिन अनुप्रास के मामले में "ये ध्वनिग्राम या ध्वन्यात्मक लक्षण हैं जिनका दोहराव होता है, छन्द पंक्ति या छन्द के हिस्सों का नहीं," इसलिए यह अलंकार तालपरक इकाइयों से रचा गया होता है, जैसाकि नीचे अंकित उदाहरण में दर्शाया गया है (जिसमें समरूप इकाइयों को <u>अधोरेखांकित</u>, इटैलीसाइज़ या **बोल्ड** कर दिया गया है) :

मु**झे** सुनने दो,
सीढ़ियों **के** पास
अपने लि**ए** खिला वसन्त-सुमन[४०]

अपनी ह**री** उँग**लि**यों से बुलाता है।
मेरी **शि**राओं में ह**रा र**क्त बहने लगा है।[४१]

किसी आत्मीय आकाश में दीप्त **हो**कर **ह**मारे चेह**रे**[४२]

जल की वाष्प-शिथिल आँख
लज्जा से **लाल** पड़ी आँख
चकाचौंध हुई **जल** की आँख[४३]

फूल शा**खा** छोड़कर **खि**ल जाता है हवा में
आकाश **खिड़की के काँ**च की धुन्ध पर **लिख**ने लगता है[४४]

रीतती-*छीज*ती *थ*की-*हा*री **कवि**ता
अप**नी नीर**व उदासी में[४५]

आश्चर्यच**कित** जल **की** लगातार ब**हती** मुस्कुराहट **उठाती** है
*पीली पड़ी वीर*गाथाओं के शिथिल शौर्य से[४६]

उन**के** *स*धे-**सोचे**-*सम*झे क़दम[४७]

उसकी त्वचा में भरा है
*प*हली **धू**प का **उल्ल***ास* और **उज***ास* [४८]

विभिन्न कविताओं से चुने गये ये नौ उदाहरण एक काव्यात्मक पाठ में सम्भावित श्रव्य प्रभावों को दर्शाते हैं। ये सांगीतिक साहचर्यों के साथ वाजपेयी के स्वीकृतिपरक रुख़ का भी परिणाम हैं, जिसका मतलब है कि उन्होंने उनको अपनी काव्यात्मक शब्दावली में शामिल किया है। ये सम्बद्धताएँ उनकी कविता की रचना में सहायक हैं और वे उनके कला-कौशल में अपने स्वायत्त गुणों का समावेश करती हैं।

सन्दर्भ

१. इन दोनों कथनों को व्यक्ति और परम सत्ता के बीच के सम्बन्ध की अभिव्यक्ति के रूप में देखा जाता है। पहला कथन *बृहदारण्यक उपनिषद* (ई.पू. ७००) से है और दूसरा कथन *छान्दोग्योपनिषद* (ई.पू. ६००) के छठवें अध्याय में बारबार दोहराया गया है जिसमें गुरु उद्दालक अपने पुत्र को परम सत्ता की प्रकृति के बारे में उपदेश करते हैं।

२. स्थूलतावाद पोलैण्ड के दार्शनिक तादयूज़ कोतारबिन्स्की का दार्शनिक सिद्धान्त है। सत्तामीमांसात्मक अर्थ में यह दो अभिगृहीतों में संघनित था : १/ कि हर वस्तु एक निकाय है, यानी, तमाम अमूर्त अवधारणाओं को ठोस वस्तुओं में संकुचित किया जा सकता है; २/ कोई भी वस्तु अवस्था या सम्बन्ध, या गुण नहीं है। दृष्टव्य : *स्टेन्फ़ोर्ड एन्साइक्लोपीडिया ऑफ़ फ़िलॉसॅफ़ी* में यान वोलेन्स्की का *रीइज़्म*। http:èèplato.stanford.eduèentriesèreismè (accessed : 19.07. 2016).

३. अष्टाध्यायी (ई.पू. ७००-६००)

४. दृष्टव्य : *Mircea Eliadé, Traité d'histoire des religions*, Paris: Bibliotheque Scientifique Payot, 1989, Chapitre VIII. *La Végétation. Symboles et rites du renouvellement, § 97. Arbre microcosme.*

५. हूगो फ़्रीड्रिख़, *द स्ट्रक्चर ऑफ़ मॉडर्न पोएट्री*, इवान्स्टोन, II: नॉर्थवेस्टर्न यूनिवर्सिटी प्रेस, १६७४, पृ. २६.

६. उदाहरण के लिए दृष्टव्य : पॉल रिका, *इण्टरप्रिटेशन थ्योरी : डिस्कोर्स एण्ड सर्प्लस ऑफ़ मीनिंग*, फ़ोर्ट वर्थ : टैक्सास क्रिश्चियन यूनिवर्सिटी प्रेस, १६७६, पृ. १-२४.

७. रोमन इन्गार्डेन, *O dziele literackim* ('साहित्यिक कृतित्व पर') वारसॉ : पीडब्ल्यूएन, १६६०, पृ. ५३.

८. ऑक्टावियो पॉज़, *इन लाइट ऑफ़ इण्डिया*, अनु. ई. वेनबर्गर १६६७, ऑर्लेण्डो-ऑस्टिन-न्यू यॉर्क-सेन डियागो-लन्दन : हाकोर्ट आईएनसी., १६६७, पृ. १३८.

६. वही।

१०. सभी कविताएँ *दुख चिट्ठीरसा है* से।

११. आनन्द के. कुमारस्वामी, *एस्सेज़ इन नेशनल आयडियलिज़्म*, नयी दिल्ली : मुंशीराम मनोहर लाल पब्लिशर्स, १६८१, २१.

१२. संस्कृत साहित्य में फूलों के प्रतीकों पर और अधिक जानकारी के लिए दृष्टव्य : देवापूपथी नडराजह, *लव इन संस्कृत एण्ड तमिळ लिटरेचर। अ स्टडी ऑन कैरक्टर्स एण्ड नेचर (ई.पू. २००-५०० ई.)*, दिल्ली : मोतीलाल बनारसीदास, १६६४.

१३. नन्दकिशोर आचार्य, वैष्णव संवेदना की आधुनिकता, *अशोक वाजपेयी पाठ*

कुपाठ, सम्पा. सुधीश पचौरी, नयी दिल्ली : प्रवीण प्रकाशन, 1९९९, पृ. ३०२

१४. दृष्टव्य : पॉल रिका, इण्टरप्रिटेशन थ्योरी : *डिस्कोर्स एण्ड सर्प्लस ऑफ़ मीनिंग*, फ़ोर्ट वर्थ : टैक्सास क्रिश्चियन यूनिवर्सिटी प्रेस १९७६, पृ. १-२४

१५. मॉग़ीस मेग़्लोपौंती, *प्रोज़ ऑफ़ द वर्ल्ड*, अनु. जॉन ओ'नील, इवेन्स्टॅन : नॉर्थ-वेस्टर्न यूनिवर्सिटी प्रेस, १९७३, पृ. ४५.

१६. वही, पृ. ३६

१७. *अभी मेरे पास / सिर्फ़ तेरी आँखों की चमक है- / वाद्यगीतों और गूँजती आवाज़ों के बीच / मुझे सुनने दो / सीढ़ियों के पास / अपने लिए खिला वसन्त-सुमन! // उत्सव की लपटों में / मेरा नगर जल रहा है, / मेरे मित्रों की आँखें सूखकर / चट्टानों के काले टुकड़े बनती जा रही हैं - / और एक छूँछा आकाश मेरे सिर पर लदता जा रहा है! // सिर्फ़ मेरे हाथ हैं / - जो भाषा सँभाले हैं / सिर्फ़ मेरे होंठ हैं / - जो गान थामे हैं / धुएँ से आग से मुझे बचाने दो / वह सुलगी हुई भाषा और / वह पिघलता संगीत! // मुझे छूने दो वह पीला आलोक वेग / वे पत्तियों की हरी रचनाएँ / वह खिलखिलाता हरा दृश्य! / मुझे भेंटने दो, वह वसन्त / वह मेरा रक्त-सुमन! // ओ खोते हुए वाद्यकारो, ओ मिटते हुए उत्सवनगर, / ओ गूँजती हुई आवाज़ोंवाले लोगो, / मुझे सुनने दो / सीढ़ियों के पास बनती / अपने लिए, रक्ताभ धुन / - वह वसन्त-सुमन!*

१८. माल्गोर्ज़ाटा साशा-पिएक्लो, *Tam gdzie pustka staje sie Swiatlem* ("जहाँ शून्यता प्रकाश में बदल जाती है"), क्रैकोव : नोमोस, १९९९, पृ. ८४.

१९. ऋग्वेद X. 18.10, *The Hymns of Rigveda,* अनु. राल्फ़ टी.एच. ग्रिफ़िथ, खण्ड IV, बनारस : ई.जे. लेज़ारॅस एण्ड कम्प., १८९२

२०. "कल्पना का व्याकरण" (*Gramatyka wyobrazni*) मेरे द्वारा पोलिश भाषा में अनूदित और २००८ में प्रकाशित अशोक वाजपेयी की चुनी हुई कविताओं के संग्रह का शीर्षक है।

२१. 'ख़याल' और 'वचन' तकनीकी पद भी हैं : पहला हिन्दुस्तानी शास्त्रीय संगीत की एक शैली का नाम है और दूसरा मध्ययुगीन कन्नड़ कविता का एक काव्य-रूप है।

२२. 'एक लम्बी अधूरी कविता' (*अभी कुछ और*) की एक पंक्ति।

२३. 'क्या चाहिए' (*कुछ रफ़ू कुछ थिगड़े*) से।

२४. हालाँकि यहाँ ऐसी कई कृतियों का उल्लेख किया जा सकता है जिनमें अशोक

वाजपेयी के काम पर चर्चा की गयी है, मसलन, *अशोक वाजपेयी पाठ कुपाठ*, सम्पा. सुधीश पचौरी : प्रवीण प्रकाशन, १९९९; डॉ. धर्मवीर, *अशोक बनाम वाजपेयी*, नयी दिल्ली : वाणी प्रकाशन, २००५; प्रकाश, *कविता का अशोक-पर्व*, नयी दिल्ली : वाणी प्रकाशन, २०१५।

२५. उस रास्ते वह एक युवा दम्पति आ रहा था : वे मेरे बेटा-बहू भी हो सकते थे, थे नहीं। जो हो सकता है और जो है उसके बीच एक पगडण्डी बनी रहती है। उसी पर डगमग चलते हुए हम जीते हैं। बहरहाल, उनके साथ एक बच्चा भी था : ज़रूरी नहीं कि वे दम्पति ही हों, युगल भी हो सकते हैं। वे जो भी थे, तीनों संग-साथ, जा रहे थे। मैं उस शुद्ध संयोगवश दूसरी ओर से आ रहा था। मैं वहाँ न भी होता तो दृश्य पूर्ण था। मेरे वहाँ उस वक़्त उन्हें क्रास किये बिना भी वे तीनों जा रहे होते। उनका वहाँ जाना मेरे वहाँ से निकलने पर किसी भी तरह निर्भर नहीं था। पर, अकस्मात और अनिच्छित ही सही, मैं वहाँ था। उन्होंने मेरे वहाँ होने की न कल्पना की थी और न ही उसे विशेषतः लक्ष्य भी किया होगा। बग़ल से गुज़रते राहगीरों को, अगर वे रोज़मर्रा के पड़ोसी आदि न हों, कौन भला लक्ष्य करता है? असलियत तो यह है कि मैंने भी उन्हें कोई ख़ास लक्ष्य न किया होता अगर वह बच्चा न होता।बच्चे सब खुशनुमा ही लगते हैं। सोये हों तो सभी देवशिशु जैसे दीख पड़ते हैं। यह बच्चा, संयोगवश, सोया हुआ नहीं था। उसकी आँखों में चमक थी जैसी कि सपनों में या ताज़ा खिले फूलों में होती है। उसे यों सामने टुकुर-टुकुर ताकते देखना अच्छा लगा। एक नये शुभारम्भ का कोमल आघात था वह। बिना चाहे भी, उस दृश्य के केन्द्र में, पल भर के लिए, वही बच्चा था। वह न होता तो शायद उस दृश्य में स्मरणीय कुछ भी न होता। हम पल भर में ही एक दूसरे के पास से गुज़र गये। उसने यकायक दृश्य में इतनी खुशी भर दी थी कि मैंने एक पल ठिठककर पीछे किंचित् कृतज्ञता के भाव से उसकी ओर फिर देखा। मुझे अचरज हुआ कि वह बच्चा भी पलटकर देख रहा था : ज़ाहिर है मुझे नहीं जब तक कि मैं अपनी वेशभूषा से उसे बिल्कुल अजूबा न लगा होऊँ। वह पलटकर देख रहा था : प्रसन्नता का एक संक्षिप्त बाल-अनन्त पलटकर देख रहा था – क्या देख रहा था यह जानना अनावश्यक है। अपना पिछला जन्म, मेरा भविष्य, संसार की कभी भी न चुकने वाली निरन्तरता, जीवन की अपार सम्भावनाएँ उन सबको शायद वह अबोध देख रहा था। मुझे ठीक से पता नहीं, पर हो सकता है वह देवशिशु था जो पलटकर प्रलय देख रहा था। क्या यह सम्भव है कि कविता में उस बच्चे जैसा पलटकर मैं अपने को, संसार को और भाषा को वैसे ही निश्छल-निष्कलंक भोली आँखों से देख पाऊँ?

२६. उदाहरण के लिए 'अनुपस्थिति' (*आविन्यों*) में।

२७. २० मार्च २००४ को दिल्ली में आयोजित एक साक्षात्कार में।

२८. साथ : *वह साथ है / हवा है आग के साथ / ठण्ड के साथ गरमाहट भरी रौशनी / गरमाहट दूध के साथ ताज़ी-पकी रोटी / सुनसान के साथ हरे-भरे शब्द // वह साथ है / समय कभी सुबह जल्दी कर देता है / कभी दोपहर को देर तक असलाने देता है / कभी रात कर देता है बेहद लम्बी // वह साथ है / शब्द जागते हैं प्रथम आश्चर्य के आघात से / कविता खोजती है / साहचर्य का बीहड़ शिल्प / मन जीना-चाहने-पाने की सरलता / देवदूत ईर्ष्या से ताकते हैं / प्रार्थनाएँ कोनों में जालों सी अलक्षित लटकती हैं // सिर्फ़ ईश्वर / साथ-साथ खोलता है द्वार / लाता है फूल / गाता है अपने भूले-बिसरे प्रेमगीत // वह साथ है...*

२९. विन्यास से बाहर : *खिड़की के पन्द्रह में से दरक गया एक काँच / उसने कहा कि बारिश तेज़ है बाहर और उसे कपड़े बदल लेना चाहिए / समय के अँधेरे पर खिंच गयी विद्युल्लता / नींद में गला सूखने पर / सपने से आ गया पानी का अधभरा ग्लास / प्राचीन स्मारक पर सुबह-सुबह जीर्णोद्धार में जुटे कारीगर // मृत्यु आराधना का संगीत सुनसान / नयी पुस्तक का बिसर गया समर्पण / विदेशी सिक्कों की चमकती धातु का निष्करुण प्रलोभन / सुबह से ही एक निराश दिन की छाया / -इतनी सारी असम्बद्धताओं को / किसी अर्थातीत वास्तु में विन्यस्त करते हुए / कविता कहती है / कि जीवन में कुछ भी बेतरतीब नहीं / भाषा में सबके लिए जगह है - // फिर भी यह जो सिर्फ़ होने की / ठीक इस समय इस जगह / उसकी अवसन्न सी आभा / क्यों बाहर ही रह जाती है / शब्द-विन्यास से?*

३०. आकाश पहले भी था : *इस चैम्बर के ऊपरी हिस्से में, जहाँ मैं इन दिनों काम करता हूँ और सोता हूँ, तीन खिड़कियाँ हैं। ईसाई सन्त अपने समय में इन्हीं से बग़ल के चैपल के शिखर को, बाहर को और आकाश को देखते होंगे। हालाँकि इस कमरे में इस समय बज रहा पश्चिमी शास्त्रीय संगीत उस समय कम-से-कम इस कमरे में न रहा होगा, शेष सब कुछ वैसा ही है। कम-से-कम आकाश तब भी याने पाँच-छः सदियों पहले ऐसा ही रहा होगा। कभी-कभार अब जो आवाज़ें आती हैं शायद भिन्न तरह की हैं। पर यहाँ का सुनसान और उसके ऊपर छाया आकाश वैसे ही हैं : दोनों ही ईश्वर के अपने सुनसान हैं - उसके निःस्वर और निःशब्द आँगन। ईश्वर पता नहीं अब यहाँ या कहीं भी है या नहीं। वह मर गया, जैसा कि पश्चिम में माना जाता है या अपनी ही सृष्टि छोड़कर चला गया, कहना मुश्किल है। पर उसका सुनसान, उसका आकाश अभी भी हैं : वैसे ही जैसे पहले थे। आकाश इन खिड़कियों से उन सन्तों को, उनके थोड़े-से पात्रों और पवित्र पुस्तक, पोथियों और कम्बल आदि को शायद ही लक्ष्य करता होगा। वह इतना*

ऊपर है और उसे हर खिड़की से झाँकने के लिए इतने सारे नेत्र चाहिए कि वह शायद ही यह ज़हमत उठाता हो। फिर समय भी चाहिए। आकाश के पास भला समय की क्या कमी होती होगी? उसके लिए तो समय ही समय होता होगा। आकाश के लिए न पहले, न बाद में : न आगे, न पीछे। वह देश और काल की सीमाओं से ऊपर और परे असीम और नीरभ्र। आकाश अकेला है : ईश्वर तो दिवंगत हो सकता है या छोड़कर जा सकता है। पर आकाश नहीं - वह वहीं है। वह कहीं नहीं जाता। उसके लिए कहीं नहीं है। सूर्य, चन्द्र, तारे-नक्षत्र, ग्रह सब दीखते हैं मानों आकाश में हों पर वे वहाँ नहीं हैं। आकाश उनसे भी अलग और अकेला। समय बीतता है, देवता ओझल हो जाते हैं, काल आकर अपनी गठरी में बटोर ले जाता है कई जीवन और लिप्साएँ, उल्कापात होता है, चन्द्र और सूर्य ग्रहण-ग्रस्त होते हैं, दिन-रात होते-बीतते हैं : पर आकश वैसा ही है - अव्यय, अस्पृश्य और आदि अन्तहीन। जब कोई नहीं था, आकाश था : जब कोई या कुछ नहीं रहेगा, आकाश होगा। आकाश पहले भी था : आकाश अन्त के बाद भी रहेगा। आकाश होना ही है।

३१. हेनरी बर्गसाँ, *एन इण्ट्रोडक्शन टु मेटाफ़िजिक्स*, अनु. टी.ई. हुल्मे, न्यू यॉर्क और लन्दन : जी.पी. पुत्नाम्'स सन्स, १६१२, पृ. ७६.

३२. हेनरी बर्गसाँ, *क्रिएटिव्ह इवोल्यूशन*, अनु. ए. मिशेल, लन्दन : मैकमिलन एण्ड कम्पनी लिमिटेड, १६२२, पृ. २१०-२११.

३३. अनुपस्थिति : *चौदहवीं श्ताब्दी के अपने इस कमरे की खिड़की से / जब मैं सामने की ओर झाँकता हूँ / तो सामने के चैपल की एक हमेशा खुली खिड़की से / लगता है दो आँखें एकटक घूर रही हैं - / बिना पहचाने मैं उन आँखों को / जिन्हें शायद मैं दिन-दहाड़े एक दुस्स्वप्न में ही देखता हूँ, / नाम देना चाहता हूँ : ईश्वर। // रात देर गये / जब आवाज़ें, अँधेरा और समय सब सो जाते हैं / जब मृतात्माएँ भी ऊबकर चली जाती हैं / जब नींद और मौत में फ़र्क करना मुश्किल होता है / सपने की तरह धीरे-धीरे बेआवाज़ क़दमों से चलता हुआ / जो भी कोई आता है / मैं अपने भय का द्वार खोलकर उससे पूछना चाहता हूँ : ईश्वर? // यहाँ कोई पुकार, कानाफूसी, आर्तनाद या हँसी नहीं / यहाँ कोई झलक, झाँकी नहीं / यहाँ कोई प्रार्थना, कोई शोभायात्रा, कोई विरह-मिलन नहीं / यहाँ अनुपस्थिति को नाम देते हुए / मैं एक अधेड़ पथहारा कवि, बरबस चीख़ता हूँ : / हे ईश्वर !*

३४. योरोपीय चिन्तकों के सारे उद्धरण *Panorama des idées contemporaines* (सम्पा. गेइटॉन पीकों), पैरिस, गैलीमाख़्र, १६७५ के आधार पर।

३५. मिर्सिया इलियाड, *योगा : इम्मॉर्टिलिटी एण्ड फ्रीडम*, अनु. विलार्ड आर. ट्रास्क, प्रिंस्टॅन : प्रिंस्टॅन यूनिवर्सिटी प्रेस, १९७०, पृ. XVI.

३६. काव्य-रूप जिसे प्योत्र माइक्लोव्स्की 'एक अविभाज्य इकाई', यानी एक ऐसी कविता जो "एक ख़ास तरह की अर्थीय 'अविभाज्यता' दर्शाती है" के रूप में परिभाषित करने का प्रस्ताव करते हैं। (द्रष्टव्य : पी. माइक्लोव्स्की, 'मिनिएचुरा पोएटिका' [काव्यात्मक मिनियेचर], *Pamietnik Literacky*, १९८४, खण्ड ८५९े२ पृ. ११८.

३७. गायकी में दो तरह की उपजें होती हैं : बोलबाँट ("शब्दों के साथ क्रीड़ा") और बोलतान जो तानों की रचना पर, दूसरे शब्दों में, विशुद्ध रूप से लय की ख़ातिर शब्दों के इस्तेमाल पर, आधारित होती है। (द्रष्टव्य : बोनी सी. वाडे, *म्यूज़िक इन इण्डिया : द क्लासिकल ट्रेडीशन*, नयी दिल्ली, मनोहर पब्लिशर्स, २००४, पृ. १९८.

३८. अपनी बनावट की दृष्टि से ये कविताएँ हिन्दुस्तानी शास्त्रीय संरचनओं से मेल खाती हैं। उनकी शुरुआत (संगीत रचना के पहले हिस्से की ही तरह) एक विलम्बित लय के साथ होती है, इसके बाद (उपज किये गये सांगीतिक अंश की ही तरह) विषय-वस्तु विस्तार लेती है, और इसके बाद आरम्भिक हिस्से में घोषित की गयी मुख्य विषय-वस्तु में वैविध्य की शुरुआत होती है। रचना का समापन आरम्भिक अभिप्राय की ओर संकेत करते बिन्दु के साथ होता है।

३९. ह्यूगो फ्रैड्रिक, *द स्ट्रक्चर ऑफ़ मॉडर्न पोएट्री*, इवांस्टॅन, II : नॉर्थवेस्टर्न यूनिवर्सिटी प्रेस, १९७४, पृ. ९४.

४०. 'वसन्त के लिए एक कामना' *(एक पतंग अनन्त में)*

४१. 'युवा जंगल' *(एक पतंग अनन्त में)*

४२. 'खुल गया है द्वार एक' *(एक पतंग अनन्त में)*

४३. 'वह नहाती है' *(आविन्यों)*

४४. 'बाँहें' *(आविन्यों)*

४५. 'फिर भी' *(अभी कुछ और)*

४६. 'दोपहर चार बजे की हल्की नींद की शाखा पर' *(दुख चिट्ठीरसा है)*

४७. 'गहरे अँधेरे में' *(दुख चिट्ठीरसा है)*

४८. 'आकाश में होने से पहले' *(दुख चिट्ठीरसा है)*

अध्याय दो

अनुभवकर्ता विषयी की पहचान

अनुभवकर्ता विषयी (या वक्ता 'मैं') की पहचान[४९] की धारणा से जुड़े अनेक विषयों को स्वतन्त्र विचारों के महत्त्व के सोपानक्रम के मुताबिक़ और यहाँ विश्लेषित की गयी कविताओं में उनके आवर्तन के मुताबिक़ व्यवस्थित करना आवश्यक है। इनकी सीमारेखाएँ उन दो थीमपरक क्षेत्रों से निर्धरित हैं जिनको रैखिक परिप्रेक्ष्य में रखा गया है[५०] : पृथ्वी और ब्रह्माण्ड। दोनों मिलते हैं और मिलकर एक दोहरे क्षितिज की रचना करते हैं : दृष्टि का क्षितिज और मानस का क्षितिज। पहला पर्यवेक्षण की भाषा में व्यक्त है, और बाद वाला सामान्यीकरणों की, रूपकों की, अमूर्त पदों की भाषा में व्यक्त है। भाषिक चरितार्थता के इन दो स्तरों पर हम उस सब कुछ का अध्ययन करने में सकते हैं जो वक्ता 'मैं' को चित्रित करते पहचानपरक मूल्यों के मर्म को आकार देता है। अस्तित्वपरक अनुभवों के स्थल और कलात्मक अनुभवों के स्थल - इससे निरपेक्ष कि कहाँ उनकी शुरुआत होगी और किस तरह वे परस्पर अन्तर्ग्रथित होकर एक-दूसरे को आकार देंगे - उन साहित्यिक पाठों में आपस में मिलते हैं जिसमें शब्द और शब्द में रचा गया अस्तित्व नये मूल्यों की रचना करते हैं। और प्रमुख मूल्य स्वयं दुनिया प्रतीत होती है। 'छोटी-सी दुनिया' कविता में कवि रिपोर्ट करने के-से अन्दाज़ में बात करता है, हालाँकि उसका सन्दर्भ ज़ाहिरा तौर पर आधिभौतिक है :

> यही जो छोटी-सी दुनिया हमें मिली है
> सच है, सुन्दर है
> और असह्य भी -
> (...)

छोटी-सी है तितलियों और मधुमक्खियों की दुनिया,
छोटी है दुनिया तोतों और बगुलों की,
आम और अमरूद की, इमलियों और बेरों की।

इस छोटी-सी दुनिया को कवि संसार की उसकी अपनी आकांक्षा के बरक्स रखता है। कविता की रचना के लिए अनिवार्य इलाक़े के रूप में पृथ्वी और ब्रह्माण्ड के बीच की जगह के अवबोध की ज़रूरत, उदाहरण के लिए, 'मुझे' *(तत्पुरुष)* शीर्षक इस कविता में व्यक्त है :

मुझे चाहिए पूरी पृथ्वी
अपनी वनस्पतियों, समुद्रों
और लोगों से घिरी हुई,
एक छोटा-सा घर काफ़ी नहीं है।

एक खिड़की से मेरा काम नहीं चलेगा,
मुझे चाहिए पूरा का पूरा आकाश
अपने असंख्य नक्षत्रों और ग्रहों से भरा हुआ।
(...)
थोड़े-से शब्दों से नहीं बना सकता
मैं कविता,
मुझे चाहिए समूची भाषा -
सारी हरितिमा पृथ्वी की
सारी नीलिमा आकाश की
सारी लालिमा सूर्योदय की।

यह कविता एक महत्त्वपूर्ण घोषणा है, क्योंकि अशोक वाजपेयी दिन के, उजाले के, कवि हैं। ''उजाला एक मन्दिर बनाता है'' - उन्होंने 'रचना' *(अभी कुछ और)* शीर्षक कविता में लिखा है। अँधेरा इस कृतित्व में नदियों की गहराइयों में, पेड़ों की जड़ों में, पत्थरों में, समय में बना रहता है। दुनिया के साथ कवि के मानस और कल्पना का टकराव उनकी वृत्ति मालूम पड़ती है। 'तमाशा मेरे आगे' *(समय के पास समय)* में वे घोषित करते हैं :

मेरे आगे समय है
मेरे आगे पृथ्वी है

मेरे आगे चन्द्र और दिवाकर हैं।

और यह घोषणा 'बाद में' (कुछ रफ़ू कुछ थिगड़े) में पूर्ण होती प्रतीत होती है, जिसमें महज़ ''एक नयी मात्रा'' के लिए एक भूदृश्य का विहंगम दृश्य रचा गया है :

धुन्ध में उपत्यका,
देवदारुओं के बीच
अपनी लकड़ी की तलाश में भटकते देवता,
(...)
समय के पंचांग से पिघलकर
प्रेम के पंचांग में प्रवेश करती रात,
सुबह की इबारत में शायद एक नयी मात्रा
गिरने-गिरने को।

संसार के इस विहंगम दृश्य में कवि ने वास्तविक दुनिया के टुकड़ों को मिथक और कल्पना की दुनिया के टुकड़ों से समन्वित कर दिया है, और सब कुछ ''पूरी तरह बिंधा-भरा मन'' में।

मन और कल्पना द्वारा पूरी तरह सोख लिये गये पार्थिव जगत के कायाकल्प का एक उदाहरण भाषा में चरितार्थ और नियति के रूप में बरते गये कवि के अपने कृतित्व का चित्रण है - जैसे कि प्रतीकवादी शीर्षक-युक्त कविता 'अनन्त में' *(अगर इतने से)* में। तथापि, अनन्त को अशोक वाजपेयी की कविता में कई तरह से देखा गया है। उदाहरण के लिए ''भाषा अनन्त है'' ('भाषा एकमात्र अनन्त है', *अगर इतने से*), ''चिड़ियाँ अनन्त हैं'' ('चिड़ियाँ आएँगी', *तत्पुरुष*)। भाषा को मन और व्याकरण दोनों की सम्भावनाओं के अनन्त के रूप में देखा गया है, चिड़िया को अनन्त उड़ान के प्रतीक के रूप में। उड़ान जो आकाश - ब्रह्माण्ड के दृश्य रूप - की पृष्ठभूमि में सम्भव होती है।

भौतिक वास्तविकता, जिसके बुनियादी घटक देश और काल हैं, का क्षेत्र अशोक वाजपेयी की कविता में अक्सर चिन्तन का क्षेत्र बन जाता है जिसका सम्बन्ध ऊपरी तौर पर विरोधाभास के काव्यशास्त्र से हो सकता है लेकिन जो तत्त्वतः, सत्तापरक ढंग से उचित है। 'कहीं नहीं' *(तत्पुरुष)* कविता में कवि पूछता है :

आकाश कैसे भागेगा ब्रह्माण्ड से?
कहाँ जाएगी पृथ्वी अपनी कक्षा से?
नक्षत्र कहाँ दीप्त होंगे सौरमण्डल छोड़कर?

दूसरे शब्दों में, वे भौतिक वास्तविकता के क्षेत्र को एक ऐसे दृश्य में प्रस्तुत करते हैं जो उस परम्परा का पूरक है जिसमें सृष्टि, सृजन और संहार के स्थायी और अनिश्चित चक्र से होकर गुज़रती है, जिसमें से हर चक्र का अन्त समूची सृष्टि के प्रलय में होता है, जो एक नयी सृष्टि के जन्म की ओर ले जाता है।

।। दो : १ ।। पर्यवेक्षण के क्षेत्र के रूप में एक कविता

अशोक वाजपेयी की कविता अपने को पाठ के भीतर, चरम स्वतन्त्रता और कलात्मक अभिव्यक्ति (भाव-ऊर्जा की अभिव्याक्ति, क्योंकि यही वस्तुतः लेखन की कला है) के बीच की अपरिभारिभाषित सीमाओं और रूप की कठोरता के भीतर, संघटित करती है। रचना-कौशल के बारे में कवि की आत्मसजगता 'रचना' शीर्षक कविता (*अभी कुछ और*[५१]) से ज़ाहिर है :

उजाला एक मन्दिर बनाता है -
ठण्डी हवा में काँपते पौधों और पत्तियों के बीच के
धुँधले-से अवकाश में,
मन्द होती इच्छा की कुम्हलाती-सी घास में,
प्रेम के अवसन्न आकाश में
उजाला एक मन्दिर बनाता है।

निराशा पूरती है चौक,
कोनों में अटका रह गया अँधेरा गाता है मंगलगान,
अधेड़ आयु झिझकते हुए बढ़ाती है दीपक की लौ,
उजाला एक मन्दिर बनाता है।

अपने लिए जगह तलाशते झाँकते हैं देवता,
मृत्यु-शारदा की पहाड़ी के नीचे बैठे

अपने ही संगीत में तपते हैं कुमार गन्धर्व,
उजाला एक मन्दिर बनाता है।

यातना पूजा के फूलों की तरह
समर्पित और नष्ट होने के लिए सजी है,
दुस्स्वप्न ला रहे हैं दूर्वा के तिनके,
अकस्मात आ गया दूरदेश का पक्षी
टुकुर-टुकुर देखता है...
उजाला एक मन्दिर बनाता है।

हम इस कविता के विस्तार में जाते हैं। पाठ का चौखटा दो पंक्तियों से रचा गया है, जो एक-सी और सूचनात्मक है - पहली और आख़िरी : "उजाला एक मन्दिर बनाता है"। इसी के साथ-साथ, इस सूचनात्मक वक्तव्य से कविता को निर्मित करने करने वाले चारों बन्धों का समापन भी होता है। पहले और अन्तिम बन्ध में छह-छह पंक्तियाँ हैं, और दो आन्तरिक, यानी दूसरे और तीसरे, बन्ध में सिर्फ़ चार-चार पंक्तियाँ हैं। इन आन्तरिक बन्धों में व्यापक आर्थी क्षेत्रों से सम्बन्ध रखने वाले शब्द हैं, जैसे कि "निराशा" और "देवता"। इन शब्दों के विषय का वज़न समूची कविता के अर्थ पर प्रभावी है और, इसी के साथ-साथ, वह उजाले की सृजानात्मक शक्ति के बारे में टेक के रूप में लायी गयी आवर्ती घोषणा को प्रतिसन्तुलित भी करता है। उजाले की भूमिका इस कविता में स्पष्ट है - आध्यात्मिक, पवित्र स्थल को अलगाना।

इस काव्यात्मक स्थिति के स्थल की ओर सिर्फ़ एक बार संकेत किया गया है - किसी मन्दिर के अज्ञात स्थल के रूप में। हवा है जो पत्तियों को कँपा रही है, आकाश ढँका हुआ है, अँधेरा कोनों में अटका हुआ है, घास के कुछ तिनके भी हैं - और इस स्थल में एक पक्षी प्रवेश करता है (वह भी एक अनाम-अज्ञात है)। "निराशा पूरती है चौक।" यह किस तरह की वास्तविकता है जो टुकड़ों-टुकड़ों में, संकेतों (आकाश किस चीज़ से ढँका है?, बादलों से?, धुएँ से?, शायद प्रार्थना से?) के माध्यम से और नृतात्त्विक उपमाओं (निराशा एक पार्थिव सत्ता के रूप में मन्दिर के अवकाश को भरती हुई? कविता के अवकाश को भरती हुई?) से चित्रित है? यह अटकल उचित होगी कि आँगन वास्तविक है, किसी पहाड़ी की तलहटी में (जिसके नाम का भी उल्लेख नहीं किया गया है), और यह कि मन्दिर किसी ख़ास मामूली

देवता का है। इन विवरणों से (और गायक कुमार गन्धर्व के नाम से भी) संकेतित वास्तविकता उस कल्पित वास्तविकता से अतिव्याप्त है जो भावनात्मक अवस्थाओं (इच्छा की घास, प्रेम का अवसन्न आकाश), चाक्षुष संवेदनों (काँपती पत्तियाँ, अटका हुआ अँधेरा, सजे हुए फूल), श्रव्य संवेदनों (गाता अँधेरा, और गाते हुए कुमार गन्धर्व), चेतना की अवस्थाओं (जगह तलाशते देवता, नष्ट होने के लिए फूल) के प्रतिस्थापन से रची गयी है। यह काव्यात्मक कल्पना की वास्तविकता है।

कविता के एकदम मध्य में कवि देवता और गायक को स्थित करता है। अशोक वाजपेयी की कविता में यह एक आवर्ती विन्यास है, एक स्थायी अभिप्राय, जो अलग-अलग सन्दर्भों में प्रगट होता है - संसार और कविता। इस कविता में देवता अतिक्रामी क्षेत्र का प्रतीक है, दूसरे शब्दों में : अस्ति और शाश्वतता के अर्थ का, वहीं गायक को कवि के अभिधान (लॉगॉस) की तरह देखा जा सकता है। इस केन्द्रीय (जो कि सिर्फ़ कविता के सन्दर्भ में ही केन्द्रीय नहीं है) मूर्तिविधायी चित्रण के पड़ोस में शब्दों और उनके अर्थों (जैसे कि ''इच्छा की कुम्हलाती-सी घास'', या ''अँधेरा गाता है'') के तमाम दूसरे रिश्ते बोधगम्य और तर्कसंगत हो उठते हैं। इसी के साथ-साथ ऊपरी तौर पर रूढ़ प्रतीत होते पद, जैसे कि ''प्रेम का अवसन्न आकाश'' औचित्य हासिल कर लेते हैं। इसके अतिरिक्त, यहाँ हमें भावनात्मक अवस्था का सामान्य रूपक नहीं मिलता, बल्कि हम उस स्थिति के सामने होते हैं जब सामान्य प्रतीत होता रूपक प्रेम की धारणा की असीमता के माध्यम से (अनन्तता के माध्यम से) लम्बे समय तक जारी रहता है। अर्थों के इस उच्चतर विन्यास के भीतर ही उजाला (इस तरह आध्यात्मिकता) एक मन्दिर बनाता है। यह एक मानक अभिव्यक्ति के लिए एक भिन्न, कहीं ज़्यादा उच्च अर्थ देने की कार्रवाई है। यही मामला दीपक की लौ का है। दीपक जल रहा है, इसलिए रूढ़ साहचर्य लौ के स्रोत (गोम या तेल) और स्वयं लौ के घटने की ओर संकेत करेगा। इस बीच इस वाक्य में कि ''अधेड़ आयु झिझकते हुए बढ़ाती है दीपक की लौ'' में इस अर्थ को टाल दिया गया है। लौ बढ़ती है, घटती नहीं, और तेज हो जाती है। और ''अधेड़ आयु'' संकेत करती है कि इस बिम्बनुमा विचार में हम एक महत्त्वपूर्ण आध्यात्मिक रुख़ का रूपकात्मक चित्रण देखते हैं, आत्मा के विकास का, जिसे रहस्यवादियों द्वारा हमेशा ऊर्ध्वोन्मुख रूप में चित्रित किया

गया है। कविता की एक अन्य पंक्ति में भी हम अर्थ के एक विरोध से बरतते हैं : "कोनों में अटका रह गया अँधेरा गाता है मंगलगान"। सामान्यतः अँधेरे को उजाले के विलोम के रूप में, दिन के विपरीत पक्ष के रूप में, देखा जाता है। जबकि, यहाँ अँधेरा एक भविष्य का, मांगलिक भविष्य का, गान कर रहा है, किसी उज्ज्वल और आनन्दमय चीज़ का। शब्दों और उनके अर्थों के बीच की सीमाएँ एक जगह से हटकर दूसरी जगह चली गयी हैं, या - विरोधाभासी ढंग से - धुँधला गयी हैं। आख़िरकार, मानवीय ऊर्जा के दो अहम कारक : आकांक्षा (किसी वस्तु की चाह) और स्वप्न (किसी वस्तु का मानसिक बिम्ब) इस कविता में क्षरित और अतृप्त रूप में प्रगट होते हैं, "पूजा के फूलों की तरह / समर्पित और नष्ट होने के लिए सजी है।"

अगर हम उपर्युक्त व्याख्या का सारांश पेश करें, तो फूलों की नियति के सन्दर्भ में महसूस की गयी करुणा को एक गहरे स्तर पर समझा जा सकता है। अशोक वाजपेयी की कविता में, कविता का मर्म, उसका सत्त्व, पाठ की सतह के नीचे वास करता है। फूलों के लिए महसूस की गयी करुणा अपने में प्रगीतात्मक कवि की संवेदना की एक स्थायी ख़ासियत है, लेकिन इस कविता में यह एक भिन्न संकेत की भूमिका भी निभाती है, जो एक ऐसे अर्थ की ओर निर्दिष्ट है जिसे कवि सीधे-सीधे व्यक्त नहीं करना चाहता, या कर नहीं सकता, या जिसकी ओर वह सीधे-सीधे इशारा भी नहीं करना चाहता। यह अस्पष्ट रूप से संकेतित अर्थ एक काव्य-विषयी के रूप में लेखक की पहचान है, उस प्रकृति की पीड़ा के साथ जिसका मनुष्य महज़ एक हिस्सा है। इस व्याख्यात्मक दृष्टिकोण के साथ कविता के सारे तत्त्व, बिम्ब, ध्वनियाँ और विचार सहसा अपने प्राथमिक अर्थ को खोये बग़ैर अपने भिन्न अर्थ दर्शाने लगते हैं।

किसी हद तक, इस कविता को सुमित्रानन्दन पन्त की कविता 'प्रथम रश्मि' के साथ एक पॉलिमिक्स के रूप में भी पढ़ा जा सकता है। इस कविता में पन्त लिखते हैं : "तम ने था मण्डप ताना"। यह वाक्य भूलभुलइया के, तहख़ानों के, रात और अनिष्ट के साहचर्यों को समाहित करता है। जबकि अशोक वाजपेयी की यह कविता इसके एकदम विपरीत संकेत करती है : पहाड़ी और प्रकाश दोनों के प्रतीक में ("पहाड़ी के नीचे बैठे/ अपने ही संगीत में तपते हैं कुमार गन्धर्व") अपने ध्यान के मध्य कवि अतिक्रामिता

के एक मार्ग की शुरुआत देखता है। मिर्सिया इलियाड के मुताबिक़, किसी प्रतीक के मुख्य स्वभावगत लक्षण कई अर्थों की एक साथ अभिव्यक्ति में निहित होते हैं।[५२] यहाँ भी, भारतीय संस्कृति से विशिष्ट रूप से ताल्लुक रखने वाले अनेक अर्थ-संकेतों के सहारे सन्दर्भों की एक और परत बुनी गयी है। उनका उल्लेख यहाँ ज़रूरी है क्योंकि उनमें इस कविता की विषय-वस्तु का सारतत्त्व है।

दुर्गा (यहाँ : "मृत्यु-शारदा") भगवान शिव की पत्नी काली देवी का एक नाम है। कुमार गन्धर्व (१९२४-१९९२) हिन्दुस्तानी शास्त्रीय संगीत के एक लब्धप्रतिष्ठ गायक थे, जो अपनी मौलिक शैली के लिए और संगीत के किसी घराने विशेष के प्रति समर्पित न होने के लिए जाने जाते थे। पूजा के फूल किसी देव-प्रतिमा के क़रीब कहीं सजे हुए हैं। वे वहाँ तब तक बने रहने वाले हैं जब तक कि वे मुरझाकर सूख नहीं जाते, उनको झाड़कर अलग नहीं कर दिया जाता या वे पशुओं द्वारा खा नहीं लिये जाते। दूर्वा के तिनके सम्भवतः किसी विशिष्ट प्रजाति की घास (जिसे संस्कृत में 'यवस' कहा जाता है) के तिनके हैं, जिनको पवित्र माना जाता था और जिनकी अनेक वैदिक अनुष्ठानों में महत्त्वपूर्ण भूमिका थी। उनको यज्ञ-स्थल पर बिखेरा जाता था, विशेष रूप से वेदी के इर्दगिर्द, और इसके बाद उस देवता को दी जाने वाली हवि को उनपर रखा जाता था जिसको वहाँ बैठने के लिए आमन्त्रित किया जाता था, बशर्ते कि वह (पुरोहित के आह्वान पर) आता। और कविता के समापन हिस्से में, १८वीं पंक्ति में - "अकस्मात आ गया दूर देश का पक्षी / टुकुर-टुकुर देखता है"। ये पक्षी कौन है? वह पक्षी जो शायद प्रकाश देता है? यह सवाल हर पाठक को हल करने के लिए बना रहता है।

।। दो : २ ।। एक रूपक के लिए एक मिनिएचर कविता

वर्णन की संक्षिप्तता के लिए, या चिन्तनात्मक, सुगठित निष्कर्षों के लिए प्रयत्नशील प्रगीतात्मक रचना का मिनिएचरीकरण वर्षों से व्यवहार में लायी जा रही प्रगीतात्मक कविता को उन्नत करने की पद्धति के विकास का

परिणाम प्रतीत होता है। ये लक्षण अशोक वाजपेयी के कृतित्व में धीरे-धीरे और क्रमशः प्रगट होते हैं। सबसे पहले एक पाठ में और छोटी, स्वतःपूर्ण इकाइयों में (मसलन, पाठ के भीतर क्रियाशील एक समरूप बिम्ब के रूप में गढ़ी गयी कोई पंक्ति, कोई संघनित वाक्य, एक स्वायत्त इकाई के रूप में कोई बन्ध)। दूसरे चरण में, कविताएँ और अधिक सघन होती गयी हैं, तब भी जबकि उनको एक ज़ाहिरा वर्णन का रूप दिया गया होता है, जैसे कि १९९४ में लिखी गयी यह कविता :

अभिसारिका

वह जा रही है
नदी जाती है सागर की ओर
झरने जाते हैं नदी की ओर
जल जाते हैं झरने की ओर
वह जा रही है

पृथ्वी सूर्य की ओर
शब्द कविता की ओर
प्रार्थना ईश्वर की ओर

रास्ते में काँटे हैं
अँधेरा और सर्प हैं
कामातुर देवता और अनिष्ट हैं

पर वह जा रही है
नदी पृथ्वी कविता
वह प्रिय की ओर निश्शब्द जा रही है।

वास्तव में, इस कविता का समूचा अर्थ पहले बन्ध के दो शब्दों में समाहित है : ''वह'' - ''जा रही है''। जाती नहीं, चलती नहीं, क़दम नहीं बढ़ाती, बहती नहीं, मुड़ती नहीं (उदाहरण के लिए सूर्य की ओर), बल्कि जा रही है। इस अभिव्यक्ति में सघनता का एक परिमाणक है, जो ''जाने'' और ''लक्ष्य साधने'' के अर्थों के साहचर्य से उत्पन्न होता है। यह भाषा में उपलब्ध अर्थ की लचीली स्पेसों को प्रयोग में लाने का एक ढंग है, जिसका

अशोक वाजपेयी की कविता में दक्षतापूर्वक और बारबार लाभ उठाया गया गया है। यह कविता अपनी सघन कविताओं को आकार देने की कवि की पद्धति में घटित एक ख़ास अर्थपूर्ण संघटना को भी दर्शाती है। इन कविताओं की संश्लेषणात्मक प्रकृति सामान्यतः एक दूसरे से सटे हुए वर्णन और चिन्तन - जैसे कि जल नदी के प्रवाह की ओर, जैसे कि शब्द कविता की ओर - के सन्तुलन पर आधारित है। अशोक वाजपेयी की कविता के बाक़ी सारे घटक - जो लम्बे या छोटे दूसरे पाठों में, गल्पीकृत शृंखलाओं में, शृंगारपरक कविताओं में, प्रार्थनाओं में (प्रार्थनानुमाओं में) उपस्थित हैं (लगभग सर्वव्यापी हैं) - वे सब इस कविता में आये हैं : जल, पृथ्वी, सूर्य, ईश्वर, देवता, काँटे, अँधेरा, सर्प, मौन, प्रेम। ये अर्थों का एक सघन, सारगर्भित निकाय गढ़ते हैं। इसी निकाय से सम्बन्ध रखती है ''वह'', जिसे नाम लेकर नहीं पुकारा गया है, जो बहुत सारी कविताओं का महज़ एक रेह्टॉरिकल रूप नहीं है, बल्कि एक निजी, यथार्थ का एक पार्थिव और बहुवर्णी रूप है : नदी, पृथ्वी, कविता। सांसारिक अस्तित्व के ये तीन रूप अशोक वाजपेयी की कविता के देश-काल के विशाल विश्व की रचना करते हैं। इस विश्व को एक पाठ के भीतर एकीकृत करते हुए, और उसके अर्थों का उद्‌घाटन करने के बाद (जो भारत की दार्शनिक और साहित्यिक परम्पराओं की ओर संकेत करते हैं) उस कवि को करने के लिए क्या बच रहता है जो काव्यरूप की सीमाओं के प्रति, भाषा की सीमाओं के प्रति, अवबोध की सीमाओं के प्रति सचेत है? अस्तित्व की सामान्य छवि में दरारों और अन्तरालों की खोज, कल्पना से परे के अदृश्य अर्थों की खोज।

यह खोज 'यहाँ-वहाँ' कविता (*उम्मीद का दूसरा नाम*, २००४) में देखने को मिलती है :

> वहाँ वह बेहद गर्मी में
> पानी का गिलास उठाती है;
> यहाँ मैं जानता हूँ
> कि ठीक उसी समय
> मेरी प्यास बुझ रही है।

यहाँ, अस्तित्व में दरार न तो काल द्वारा रची गयी है न देश द्वारा। एक एक भाव-संवेग के टिकाऊपन का बोध है, जो देश और काल की सीमाओं के परे बना रहता है। इस काव्यात्मक बल्कि ज्ञानात्मक स्थिति की बढ़त

एक अन्य कविता में की गयी है, जिसका शीर्षक है 'कुछ है' (*उम्मीद का दूसरा नाम*) :

> कुछ है जिसका कोई नाम नहीं,
> जो किसी रंगसूची में शामिल नहीं,
> जिसे किसी ने देखा नहीं
> जिसे छू नहीं पाया कोई –
> मैं उसे पुकारता हूँ :
> जैसे मेरी आवाज़
> उसका नाम है, रंग है,
> दृश्य है, स्पर्श है।

इसी संग्रह की कविता 'उसके लिए शब्द', जो सूक्तिपरक है, यहाँ तक कि शब्दों के वास्तविक अर्थों की सीमाओं से परे अस्तित्वपरक अन्तर्वस्तु से भरी हुई है, लेखक की (वक्ता 'मैं' की) चेतना की क्रियाशीलता को उदाहृत करती है, वहीं रचनात्मक कर्म जीवन से एकात्म है :

> जब मैं उसके लिए शब्द चुनता हूँ
> तो दरअसल अपने जीवन के कण चुनता हूँ :
> हर इबारत
> मेरे जीवन का छोटा-सा विन्यास है
> जिसका व्याकरण वह है।

इस काव्यात्मक रचना में आया रूपक त्रिस्तरीय है : अर्थ की एक तह स्वयं कविता से (या अपेक्षाकृत व्यापक अर्थ में, भाषा से) ताल्लुक रखती है, दूसरी तह, उस अस्तित्व की अवधारणा से ताल्लुक रखती है जिसे वैयक्तिक अस्तित्व की तरह देखा गया है, और तीसरी तह, पहली और दूसरी तह, जो अपने आप में आध्यात्मिकता का सत्त्व है, से सम्बन्धित सन्दर्भों की एकता की प्रकृति से ताल्लुक रखती है। इस रूपक की त्रिस्तरीय संरचना बहुध्वनिकता के उन तीन क्षेत्रों से मेल खाती है जो अशोक वाजपेयी की समूची कविता में मौजूद हैं और जिनकी चर्चा पिछले अध्याय में की जा चुकी है।

।। दो : ३ ।। 'आत्म' के आह्वान के रूप में एक कविता

२५ अक्टूबर १९९४ को फ्रांस के ऐतिहासिक नगर आविन्यों में "प्रार्थना में ख़ाली" शीर्षक से लिखे गये एक काव्यात्मक गद्यांश में अशोक वाजपेयी अपनी ख़ास शैली में, विशिष्ट विरोधाभासी ढंग से कहते हैं :

> कविता प्रार्थना नहीं हो सकती क्योंकि वह दूसरे से ख़ाली नहीं हो सकती। (...) शायद वह अकसर बिल्कुल ख़ाली हो जाने का आसक्ति भरा प्रतिरोध है। उसे भरे-पूरेपन की तलाश होती है। (...) उसे भूल-तजकर नहीं।

और तब भी, छह साल बाद उन्होंने एक कविता लिखी थी जिसका शीर्षक उन्होंने प्रशान्त ईमानदारी के साथ रखा था - 'मैंने प्रार्थना की"[५३]। यह कविता २००२ में प्रकाशित कविता-संग्रह *इबारत से गिरी मात्राएँ* में संग्रहीत है। कविता की आरम्भिक तीन पंक्तियों - "मैंने प्रेम के लिए प्रार्थना की, / संग-साथ के लिए प्रार्थना की - / मैंने पड़ोस के लिए प्रार्थना की" - जो अन्तःकरण की आत्यन्तिक गहराई से पाठक के प्रति की गयी प्रार्थना से मिलती जुलती हैं, के भावात्मक प्रभाव के बावजूद कविता यौवन के सम्भ्रमों के साथ एक बौद्धिक प्रतिशोध है। यह एक अस्तित्वपरक अनुभव का लेखा है, जिसके अन्त में विनम्र व्यावहारिकता आती है। कविता का विन्यास स्थिति के द्वैत पर टिका हुआ है : एक व्यक्ति बनाम देवता। अशोक वाजपेयी बहुवचन का इस्तेमाल करते हैं : "देवताओं", जो अनेक भारतीय देवताओं की ओर, उनके अनेक और विविध अवतारों की ओर, संकेत हो सकता है, जिनको कविता में विजड़ित प्रतिमाओं के रूप में निरूपित किया गया है। देवताओं ने न तो हमारे समय की पवित्रता को बचाने की कवि की प्रार्थना सुनी है, न शब्दों की (वाणी की) शुद्धता को बचाने के उसके आग्रह पर ध्यान दिया है। शब्द इस कविता में गिरी हुई वस्तुओं की तरह हैं : वे धूल, कीचड़, राख में गिरते हैं, लेकिन ख़ून में भी गिरते हैं। ख़ून भाषा और मनुष्य के बीच एक सहज सम्बन्ध की ओर संकेत करता है। कवि उन शब्दों को उठाता है, उनको अपने कानों के पास ले जाता है। वह "पवित्रता की खनखनाहट" सुनता है (जो किसी शंख की आवाज़ की ओर संकेत हो सकता है)। कविता की प्रति-स्तुतिनुमा शुरुआत और अन्तिम पंक्ति के एण्टीक्लाइमैक्स के बीच उसका मानसिक रूप है - नाउम्मीदी से निरर्थक देवताओं के प्रति नफ़रत के संकेत तक तना हुआ।

वर्तमान काल को क़ायम रखने की प्रवृत्ति से युक्त आत्मस्वीकृतिपरक कविता (जहाँ वक्ता 'मैं' उत्तम पुरुष में है) का एक और उदाहरण 'दूसरे नाम से' *(उम्मीद का दूसरा नाम)*[५४] है। चार बन्दों में विभाजित, दो धारणाओं (उम्मीद और कामना) और स्मृति के ठोस कलाप (कोश को पलटना) को एक चाक्षुष रूप से उचित विचार से अलगाती ग्यारह पंक्तियों की इस कविता में एक धुरी की सूक्ष्म संरचना है जहाँ "कामना का कोश" के इर्दगिर्द दो वास्तविकताएँ चक्कर लगाती हैं। इनमें से एक दो बार कहे गये "मैं चहता हूँ" से चित्रित और समय में घटित एक कृत्य "मैं पलटता हूँ" से रेखांकित है, इसलिए यह कल्पना के क्षेत्र की वास्तविकता है। दूसरी वास्तविकता की रचना एक संक्षिप्त और निर्णायक "मैं देखता हूँ" से की गयी है। इस बात पर भी ज़ोर देना ज़रूरी है कि दोनों ही वास्तविकताएँ पाठ के भीतर, कविता की एक साझा वास्तविकता में मौजूद हैं। और यह महज़ कवि का उद्देश्य है जो दोनों वास्तविकताओं को अस्तित्व में लाया है।

इस कविता में आये नदी, कामना, उम्मीद और शब्द के हवाले अशोक वाजपेयी की समूची कविता में बिखरे हुए हैं। उनको योरोपीय (हेरक्लिटस के Panta rhei) और भारतीय[५५] दोनों ही सन्दर्भों में पढ़ा जा सकता है (जल, तुम हर वस्तु और हर जीवन का स्रोत हो[५६])। कविता की अन्तिम पंक्ति पानी के अभिप्राय की एक ख़ास व्यापक व्याख्या की ओर स्पष्ट संकेत करती है। उद्धरित Traite d'histoire des religions के अनुसार जलमग्न होना उस अवस्था की ओर लौटने का प्रतीक है जो सृष्टि के पहले था, जिसका अर्थ है सम्पूर्ण पुनुरुज्जीवन और एक नया जन्म, क्योंकि जलमग्न होना सृष्टि के विघटन और पुनरेकीकरण और पूर्व अस्तित्व की एकपार्श्वीय अवस्था में लौटने के बराबर है। जबकि पानी से उभरना उस ब्रह्माण्डीय चेष्टा का दोहराव है, जो नयी सृष्टि की घोषणा करती है। समस्त विभव का (प्रत्यक्ष वास्तवकिताओं) का अवतार होने के नाते जल जीवन का प्रतीक बन जाता है। बीजाणुओं में पहुँचकर यह पृथ्वी को, पशुओं को, स्त्रियों को उर्वर बनाता है। समस्त सम्भावनाओं के संग्रह के रूप में, किसी भी वस्तु के मुक़ाबले अधिक तरल होने के नाते, सृष्टि की रचना का आधार होने के नाते जल की चन्द्रमा से प्रायः तुलना की गयी है या उसको उसी के समतुल्य माना गया है। चन्द्रमा की और पानी की लयें एक ही नियति के अधीन हैं, वे समस्त रूपाकारों के नियतिकालिक प्रगटन और लोप को

नियन्त्रित करती हैं। वे समस्त सृष्टियों को एक आवर्ती संरचना प्रदान करती हैं।[५७]

।। दो : ४ ।। घर की तिहरी भूमिका

घर अशोक वाजपेयी के नृविज्ञान में एक उदास स्मरण का स्थल है। पॉल हिका के अनुसार "देह, मकानों और ब्रह्माण्ड के बीच तिहरी अनुरूपता है, जो किसी मन्दिर के स्तम्भों और हमारे मेरुदण्डों को एक दूसरे का प्रतीक बनाती है (...)[५८]। विश्लेषण के आगामी हिस्से में मैं इस सम्बन्ध पर चर्चा करूँगी, हालाँकि इसमें मैं सिर्फ़ घर के बिम्ब द्वारा अदा की गयी भूमिका का ही उल्लेख करूँगी।

इसमें कोई सन्देह नहीं कि स्मृति और चेतना कविता में उजागर होती अशोक वाजपेयी की निजी पहचान के एक संरचनात्मक घटक की रचना करते हैं। स्मृति की जड़ें अतीत में हैं और उसमें समूचा जीवनीपरक फलक शामिल है – जिसकी शुरुआत जन्म से होती है। एक कविता[५९] में कवि कहता है कि उसकी कविताएँ बचपन के सपनों के समान हैं। 'पिता के जूते' *(एक पतंग अनन्त में)*[६०], जिसकी कुछ चर्चा पहले की जा चुकी है, खोये हुए बचपन की एक अभिव्यक्ति है। इस कविता का चिन्तन चेतना के उस इलाक़े को समेटता है जिसे सीधे-सीधे बचपन के साथ मिलाकर नहीं देखा जा सकता, क्योंकि ऐसी कोई विस्तृत छबियाँ नहीं हैं जो किसी ख़ास क्षण, किसी स्मृति, किसी चेहरे, किसी मुद्रा की ओर संकेत करती हों। वहाँ सिर्फ़ शुष्क, लगभग रिपोर्ट-नुमा सम्बन्ध है : "पैर नहीं हैं / और न ही वह आदमी / जो उन्हें उस कोने में रखकर / चुपचाप चला गया"। अतीत का भेद करने वाला एकमात्र पल है क्रियाविशेषण "चुपचाप", मानो वह व्यतीत जीवन के आख़िरी पल का श्रवणात्मक समतुल्य हो। यह कल्पित ध्वनि कविता के मध्य में रखी गयी है। लेखक बिम्बों और पर्यवेक्षणों से रचे गये अपने आख्यान को संकेन्द्रित ढंग से उसके इर्दगिर्द खड़ा करता है। शुरुआती छह पंक्तियों में वह एक "पैतृक वृक्ष" के महान दृश्य का सामना करता है, जो "नीले अनन्त के किसी ढहते हुए चबूतरे के पास /

छाया हुआ'' ''अपनी छाया से'' एक निर्जीव वस्तु - जूतों की जोड़ी - को ढँके हुए है, जो ''पसरे हुए'' हैं ''जीवित पैरों के दबाव से''। अनन्त और जूतों का, वृक्ष का, छाया का और ढहते हुए चबूतरे का यह टकराव लगता है जैसे किसी लेंस में घटित हो रहा है जो तीन वास्तविकताओं पर, तीन भिन्न समयों पर केन्द्रित है। एक वास्तविकता के ठीक आगे, कोई दूसरी वास्तविकता में बैठा होगा, ''किसी और चबूतरे पर बैठकर / आगे की यात्रा तय करने के लिए''। यह मानव अवबोध के लगातार बदलते हुए जगत का बेहद व्यंजक बिम्ब है, जिसमें ढहता हुआ चबूतरा - जिसकी निस्सन्देह एक प्रतीकात्मक भूमिका है - आंशिक रूप से उजड़े हुए जीवन के साथ एक साहचर्य जगा सकता है। केवल कविता के तीसरे हिस्से में, जो ''वृक्ष पर फुदकने वाली रंगीन चिड़ियाँ'' वाक्य के साथ शुरू होता है, वास्तविकता के आकस्मिक रूपान्तरण की शुरुआत करता है। जैसा कि अशोक वाजपेयी कहते हैं ''चिड़ियाएँ अनन्त हैं / वे अनन्त से आएँगीं / अनन्त में जाएँगी ('चिड़ियाँ आएँगी', *तत्पुरुष*) - इस तरह ''नीला अनन्त'' और ''रंगीन चिड़ियाँ'' एक ही स्पेस के घटक हैं। वहीं पैतृक वृक्ष रंगों से वंचित है, जो समझ में आने वाली बात है, लेकिन वह अनन्त (आकाश?) के रंगों और चिड़ियों के रंगों के बीच एक प्रतीकात्मक वैषम्य भी रचता है। वह दो स्पेसों को अलगाता है। वृक्ष जूतों की जो चिन्ता करता है (''रंगहीन वृक्ष डालता है / अपनी किसी शाखा की पतली छाया उन पर / धूप से उन्हें बचाने के लिए नहीं / बल्कि धीरे-से जताने के लिए / कि उसे याद है कि वे वहाँ हैं'') वह निश्चय ही एक और मानवीकरण है, तब भी इस कविता में वह एक आध्यात्मिक अर्थ भी लिये हुए है, जो उस अर्थ से मिलता जुलता है जो जूतों को स्मृति और चेतना प्रदान करने के विचार के माध्यम से व्यक्त है। यह बौद्धिक कार्रवाई पूर्वजों के साथ और जूतों के साथ आख्याता के तादात्म्य की ओर संकेत करती है, जो उस यात्रा की याद दिलाने वाला है जो आंशिक रूप से की जा चुकी है और जिसका आंशिक समापन भविष्य में होना है।

पैतृक परिवार के प्रति समर्पित चिन्तन के ऐसे ही इलाक़े से 'बच्चे' कविता *(एक पतंग अनन्त में)*[६१] ताल्लुक रखती है। इस कविता में बचपन के खेल की सामान्य प्रफुल्ल दुनिया नहीं है, बल्कि यह बचपन की ऐसी दुनिया है जो परलोकवादी मसलों में उत्कीर्ण की हुई है, उनमें उसी स्तर पर उलझी

हुई है जिस स्तर पर लेखक की सन्तप्त चेतना उलझी हुई है। अशोक वाजपेयी की कविता में इस विषय (जो समस्त प्राणियों, मृत्यु और ग़ैर-प्राणियों की संक्रान्तिक प्रकृति के मुद्दे के ही समान है) का आवेशधर्मी चरित्र आत्म-सन्ताप में मुब्तिला होने की किसी गहरी आन्तरिक ज़रूरत का प्रभाव पैदा करती है, मानो कवि स्वयं को प्रेम और सन्ताप दोनों के कलाकार के रूप में चित्रित करना चाहता हो। कविता के अन्तिम हिस्से का वाक्य, जिसमें "बच्चे खेल रहे हैं / अपने निरन्तर होने / अमर होने का एक अन्तहीन खेल / पुरखों के साथ", मुख्यतः लेखक के इस विश्वास का बहिर्वेशन है कि माँ उस पतंग में सारे खिलौने लटकाकर बच्चों को लौटा देगी और पिता गेंद को वापस फेंक देंगे। यह संयुक्त परिवार के आन्तरिक वृत्त में उसकी मानसिक उपस्थिति का चित्रण है।

यह अनवरत उलझाव 'धुँधली तस्वीर' कविता (*समय के पास समय*) में भी है। इस कविता की आत्मकथात्मक प्रकृति की विश्वसनीयता, इसकी ईमानदारी, स्मृतियों की समूची शृंखला - "माँ को अब बीस बरस होने आये", "माँ की तस्वीर", "विफलता के बेराहत ओसारे में बैठा मैं जानता हूँ" - और इस लगभग प्रचण्ड निष्कर्ष में कि "अब मुझमें ऐसा बचा ही क्या है जो उनका बेटा कहाऊँ" में व्यक्त (कविता रचने के क्षण की) इन्द्रिगम्य चेतना - यह सब कविता में कवि की संगीन नियति, एक तरह के अव्यक्त दुःख का परिणाम है जो कविता की विवरणात्मक शुरुआती पंक्तियों से लेकर पाठ में आद्यन्त मौजूद है।

हिन्दू परिवार का पैतृक रूप[६२] 'पूर्वजों की अस्थियों में' कविता *(अगर इतने से)*[६३] में भी चित्रित है, जिसके व्यापक विचार को कम से कम असामान्य तो कहा ही जा सकता है। कविता एक ही वाक्य के फ्रेम में बँधी हुई है जो पहली और अन्तिम पंक्ति में है - "हम पूर्वजों की अस्थियों में रहते हैं"। क्यों? क्योंकि यह फ्रेम हमें, हमारे पूर्वजों को, हमारे बच्चों और पोते-पातियों को, हमारे उस बोझ और हमारे समय को घेरता है, जिसे हम एक क्षितिजहीन मार्ग पर चलते हुए ढोते हैं। क्या यह कविता परिवार को उस ढंग से परिभाषित नहीं करती जिस ढंग से उसको श्राद्ध[६४] के उस प्राचीन अनुष्ठान से परिभाषित किया गया था जो दिवंगतों के लिए समर्पित होता है? इसके सिद्धान्तों के मुताबिक़ सपिण्ड के अनुष्ठान में भाग लेने की पात्रता परिवार की तीन पीढ़ियों के सदस्यों को थी : दिवंगत का पुत्र,

पौत्र और प्रपौत्र। इस अनुष्ठान में भागीदारी अतीत की विभिन्न पीढ़ियों में रहते आये परिवार के सभी सदस्यों को संगठित करना था। आज भी निष्पादित होने वाला यह अनुष्ठान वेदों के जमाने से जारी है।[६५]

'आवृत्ति' कविता *(कहीं नहीं वहीं)* भी, जैसा कि उसका शीर्षक सीधे-सीधे संकेत करता है, चिन्तन के उसी रास्ते को दोहराती है बल्कि वह उसकी पूरक भी है। इस कविता में विन्यास एक बार फिर एक फ्रेम में बँधा हुआ है। अन्दरूनी स्पेस "उथली नदी" और "पितरों का तट" के बीच है। लेकिन एक बार फिर : ये किस तरह की स्पेस है? यह किस तरह "पितृ-अस्थियों" के, "कविताओं में बारबार लौटती मातृस्मृति" के, और "पीले नीम की पुरखा-छाया" के नाटकीय दृश्य को समाहित किये हुए है? इस बार लेखक स्वयं पाठक को एक सुराग़ देता है : "जो बीत चुका है / वह समय भी / आता है वापस / चाँद की आवृत्ति-सा"। इस तरह, आवृत्तियों की संख्या के मुताबिक़ हम एक भिन्न तरह का लयबद्ध पैटर्न हासिल करते हैं। यह लय जो हमारी अपनी है, हमारी नियति की यह लय परिवर्तनीय है : "हम जल की तरह / यहाँ-वहाँ बहते"।

तथापि, कलाकार के मामले में वंश के, सम्बद्धता के, प्रश्न का एक और भी आयाम है। यह उसकी अपनी परम्परा के चुनाव की समस्या से क़रीब से जुड़ा हुआ है। इस कवि-विशेष के लिए घर की धारणा कम से कम दो आर्थी इलाक़ों को समेटती है : पारिवारिक घर और आध्यात्मिक घर।[६६] आनुवंशिक संघटन और सांस्कृतिक परम्परा का नैरन्तर्य दो समान रूप से महत्त्वपूर्ण आयाम हैं। उनके बीच या तो एकता है या वैषम्य है। इस इलाक़े के कोई तयशुदा पैटर्न नहीं हैं। उदाहरण के लिए, इस समस्या का चित्रण 'बहुरि अकेला' शृंखला की चौदहवीं कविता के नीचे अंकित अंश में किया गया है जिसमें उल्लास भी है और संवेगात्मकता भी है (जो मुख्यतः प्रस्तुत किये गये सवालों की उत्तेजित लय में उजागर है) :

> कैसा कहाँ है वह घर?
> किस मुहल्ले में,
> किस पहाड़ी के नीचे,
> किस लता-गुल्मों से घिरा?
> किसका घर?
> हमारा घर?

पूर्वजों या अनजानों की किस बस्ती में?
किस शब्द के शहर में?
(...)
शून्य के पड़ोस से
हम किस
कहीं नहीं के घर में
अग्निपथ से
भस्म होकर
रहने आते हैं?
इतनी सारी खिड़कियों,
दरवाज़ों,
आँगनों-ओसारों के
किस घर में
देवताओं-वनस्पतियों से अलक्षित
भाषा और कीड़ों से दूर
पाप-पुण्य से अस्पृश्य
अग्नि-पताकाओं से घिरे
हम प्रवेश करते हैं?

इस अंश का दूसरा (लम्बा) हिस्सा पारिवारिक और आध्यात्मिक घर के द्वैत का अतिक्रमण कर जाता है - वह अतिक्रामिता का स्पर्श करने लगता है। जिस प्रश्न के साथ इसकी शुरुआत होती है वह सम्बद्धता की समस्या की ओर संकेत करता है : "पूर्वजों या अनजानों की किस बस्ती में?"। इन दोनों संज्ञाओं ("पूर्वज" और "अनजान") के आर्थी क्षेत्र एक तरह से एक दूसरे को लाँघते हैं, मानो कवि संकेत करना चाहता हो कि दोनों एक ही समस्या की ओर इशारा करते हैं। यह समस्या कि किसे अपना समझा जाए और किसे पराया, कि हमारी अपनी विरासत कितनी उस परम्परा की सर्वनिष्ठ स्पेस से ताल्लुक रखती है जिसे हम मसलन भाषा में संचित स्मृति में विरासत में पाते हैं।

अशोक वाजपेयी प्राचीन भारत की परम्परा का सन्दर्भ देते हुए अपनी कविता में उन लोगों के साथ अपनी आध्यात्मिक सगोत्रता का स्पष्ट प्रमाण देते हैं जो उनसे पहले यहाँ थे, जो प्राचीन युगों में निवास करते थे, और

उन कलाकरों के साथ जो अब नहीं रहे। जैसे कि 'पत्थर से केलि करता है पत्थर (खजुराहो में)' *(तत्पुरुष)* 'चट्टान का एक चित्रित आकाश : कोणार्क और अजन्ता : कुछ कविताएँ' *(एक पतंग अनन्त में)* जैसे उदाहरण लिये जा सकते हैं। समकालीन कलाकारों के साथ उनके निकट सम्बन्ध 'अली अकबर का सरोदवादन' *(शहर अब भी सम्भावना है)*, 'मल्लिकार्जुन मंसूर : तीन कविताएँ' *(अभी कुछ और)*, 'अचल चिड़िया उड़ती चट्टान' *(अगर इतने से)* या 'जिस पर आकाश नहीं टिकता' *(अभी कुछ और)* (दोनों कविताएँ जगदीश स्वामीनाथन के लिए समर्पित) जैसी कविताओं में देखे जा सकते हैं।

अशोक वाजपेयी का आध्यात्मिक घर परम्परा में ही है, उन अन्य कलाकारों के साथ संवाद की स्पेस में जो मूल्यों की समान व्यवस्था में वास करते हैं, सौन्दर्यात्मक आकर्षण की स्पेस में, लेकिन इन सबसे ज़्यादा उनका घर शब्द में है, स्वतन्त्र अक्षरों में, वाक्यों और कविताओं में। १९६० की इस शुरुआती चीख़ कि "सिर्फ़ मेरे हाथ हैं / जो भाषा सँभाले हैं" और २००४ के इस वक्तव्य कि "मैंने अनन्त के पंख छुए / (...) / मैंने नामहीनों को नाम दिये, प्रेम को घर, / और कामना को फूल" के बीच की दूरी में।

।। दो : ५ ।। नज़दीकी भूदृश्यों के रूपाकार

कल्पना के उपकरण के सहारे अशोक वाजपेयी की कविता कीड़ों, जड़ों, घास, पानी, वृक्षों जैसी नितान्त सामान्य पार्थिव सत्ताओं से लेकर चन्द्रमा और सूर्य जैसी अगम्य सत्ताओं तक से विस्तीर्ण स्पेस जुटाती है। यह कविता इनके अस्तित्व के प्रति निरन्तर सजग है। जब अशोक वाजपेयी घास, पानी, पर्वतों, वृक्ष, चन्द्रमा या सूर्य के बारे में कविता लिखते हैं, तो वे उस दृष्टि के समानान्तर एक दृष्टि की ओर संकेत करते लगते हैं जो *ब्रह्मसूत्र* के व्याख्याकार शंकर ने प्रस्तुत की थी : मेरी चेतना का रूपाकार अन्तरिक्ष की भाँति अपरिभाषित है।[६७] इस तरह की सगोत्रता परम्परा के साथ कवि के आत्मतादात्म्य की परिचायक है और साथ ही वह इस परम्परा

में प्रेम या शब्द जैसे चिन्तनपरक विषयों के तानेबाने भी समेटती है। ये वानस्पतिक, जलीय या ब्रह्माण्डपरक विषय उनकी विशिष्ट पहचान का एक हिस्सा गढ़ते हैं।

वाजपेयी की कविताओं में अर्थों के दो इलाक़े एक साथ मौजूद हैं। इनमें से एक की रचना कविताओं में प्रयुक्त शब्दों के आर्थी क्षेत्र से होती है। दूसरे की रचना भारत की महान साहित्यिक परम्परा के रूपान्तरित संकेतों से होती है। ये रूपान्तरण तत्त्वान्तरणों से भरे हुए हैं। वे उनकी कविता को जड़ें प्रदान करते हैं और उसे भारत की साहित्यिक विरासत से जोड़ते हैं, और इसी के साथ-साथ वे कवि के चिन्तन को अतिरिक्त आर्थी परिप्रेक्ष्य भी उपलब्ध कराते हैं। मुख्य विषयों में, जिनमें चेतना की नृतात्त्विक संरचनाएँ शामिल हैं, सबसे महत्त्वपूर्ण हैं : प्रेम और शब्द। आदर्श विषयों में, जिनमें बाह्य वास्तविकता की संरचनाएँ शामिल हैं, सबसे प्रमुख जगह मसलन पानी, घास, या वृक्षों जैसी सत्ताओं को दी गयी है।[६८]

भौगालिकी में पानी - एक अस्तित्व के तौर पर और अस्तित्व के रूप के तौर पर - पृथ्वी के भीतर भी है और उसकी सतह पर भी है। घास भी पृथ्वी के अन्दर भी है और उसकी सतह पर भी है। इन दोनों चीज़ों के बारे में दो कविताओं को हम ग़ौर से देखते हैं। 'जल' कविता *(तत्पुरुष)*[६९] अपनी आन्तरिकता में, पानी होने के क़रीब है। हमारा ध्यान तत्काल इस कविता में क्रियाओं के इस्तेमाल की ओर जाता है, जैसे कि "खोजता है", "भागता है", "सुनता है" (एक अन्य कविता में वाजपेयी लिखते हैं : "सिर्फ़ क्रियाओं का / एक गान गाता हूँ")[७०]। हालाँकि उनका सबसे महत्त्वपूर्ण लक्षण यह है कि वे स्वतः-सम्बन्धित हैं : "जल खोजता है / जल में", "जल / भागता है / जल की गली में", "जल सुनता है / जल की कथा"। यह कुछ ऐसा है मानो अस्तित्व के इस रूप से कोई छुटकारा नहीं है। प्रपातनुमा एक-शब्दीय पंक्ति के साथ पाठ का विन्यास कुछ इस तरह का प्रभाव छोड़ता है जैसे अर्थ कविता में दूर तक प्रवाहित हो रहा हो, और 'पानी' संज्ञा की अनेक आवृत्तियाँ पाठक को सोचने पर विवश करती हैं कि पानी के बावजूद और कुछ भी नहीं है। मानवीकरण के क्षण (जल का बोलना, जल का सुनना, सहायता के लिए जल की याचना, जल की कामना से जल का थरथराना) आत्म-सम्पूरक हैं, मानो वे सारे के सारे वाक्यपरक और अर्थपरक अन्तर्विरोधों को मिटा देने के

लिए हों। जल प्राथमिक तत्त्व का प्रतीक है। समुद्र जिसपर नारायण अपनी आनन्दमय निश्चिन्त निद्रा में तैर रहे थे, वह विश्रान्ति और अद्वैत की, ब्रह्माण्डीय रात्रि का प्रतीक है।[७१] इस कविता में उस ब्रह्माण्डीय निस्तब्धता को सुन पाना भी सम्भव है, वैसी निस्तब्धता जैसी पानी की गहराइयों में होती है। उदाहरण के लिए जल का अभिप्राय उपनिषदों में आता है, जहाँ वह एक प्रश्न का रूप ले लेता है : ''क्या तू जानता है कि किस तरह पाँचवीं आहुति के हवन कर दिये जाने पर जल पुरुष संज्ञा को कैसे प्राप्त होते हैं?'' (*छान्दोग्य उपनिषद* : अध्याय ५, खण्ड ३/३)। वाजपेयी की कविता में यह 'कहीं नहीं' कविता *(तत्पुरुष)* में भी आता है : ''जल कहाँ जायेगा / नदी से, सागर से, / मेघ से प्यास से दूर?'' पानी के विषय में चिन्तन के लीन होने का विचार 'आवृत्ति' कविता *(कहीं नहीं वहीं)* में भी है : ''हम जल की तरह / (...) बहते''। इसी तरह 'बहुरि अकेला' शृंखला के चौथे भाग में भी जिसमें एक नदी का जल ''हर सर्वनाम को लीलता हुआ / आदि और अन्त से उदासीन'', या 'बेतरतीब' कविता (समय के पास समय) में भूदृश्य के टुकड़ों के साथ विन्यस्त है : ''पत्थर की अंजली में / जलोद्गम / हरी काई देखती है स्वप्न / जलपर्व का / (...) / पत्थर की पुकार में झरने का अवसाद बहता है'', ''नदी में डूबता है महल'', ''वह जल-वक्तव्य / प्यास के बहाने पानी बोलता है''। अशोक वाजपेयी की कविता में एक सर्वाधिक प्रतीकात्मक क्षण इस वाक्य में है : ''मैंने आकाश की तरफ़ हाथ उठाये / धरती को छुआ / जल की निर्मलता को देर तक निहारा'' ('प्रार्थना में नहीं प्रेम में', *इबारत से गिरी मात्राएँ*)। जल की स्वच्छता में घूरना 'शब्द नहीं गाते' *(इबारत से गिरी मात्राएँ)* कविता में आये ऐसे बिम्बों को सामने लाता है : ''शाम के रंगों के पार बहती क्षीणतोया नदी'', या 'पानी के अँधेरे में' *(इबारत से गिरी मात्राएँ)* कविता में ''टूटी हुई घिसी सीढ़ियाँ / पानी के अँधेरे में डूबी हुईं''। हालाँकि पानी की विषय-वस्तु अपनी पराकाष्ठा पर पहुँचती है 'जल के सपने' कविता[७२] में, जो 'यदि ये बोल पाते : चार कविताएँ'[७३] शृंखला *(दुख चिट्ठीरसा है)* की तीसरी कविता है।

उसी कविता संग्रह *(तत्पुरुष)* में जिसमें 'जल' कविता है, 'घास' कविता भी शामिल है, जो इतिहास (वंशावली, विरासत) की विषय-वस्तु का एक क़िस्म का कायाकल्प है। हालाँकि, इसके आन्तरिक रूपान्तरण की बहुलता पृथ्वी

और सृष्टि के बीच के समूचे अवकाश को, अतिक्रामी अवकाश को, सूर्य, आकाश, देवताओं और पूर्वजों को अपने में समेट लेती है। इस कविता को वस्तुतः इन समस्त घटकों के कायान्तरण के रूप में चित्रित किया जा सकता है।

पृथ्वी की सर्वाधिक आम वनस्पति घास अपने में सूर्य और शब्दों को छिपाये हुए है, आकाश उसमें दुबका हुआ है, उस घास में जो ''चुपचाप गाती है''। 'वृक्ष' कविता *(एक पतंग अनन्त में)* की ही तरह, इस कविता की पहली छह पंक्तियाँ गतिहीनता का एक बिम्ब रचती हैं : घास ठहरी हुई है, और बाक़ी तमाम चीज़ें उसमें छिपी हुई हैं – लगभग समूची सृष्टि। ''ब्रह्म से लेकर घास के तिनके तक समूची सृष्टि उसका रूप है'', महानिर्वाण-तन्त्र[७४] में कहा गया है। कविता के पहले आधे हिस्से में वाक्यविन्यास और आर्थी व्यंजनाओं के सहारे अशोक वाजपेयी दो वास्तविकताओं को आपस में टकराते हैं : एक संकेत (एक शब्द) को एक संकेत (जो स्वयं भी एक शब्द है) से और एक संकेत (एक शब्द) को एक भौतिक सत्ता (घास) से। यह रचना-विधान पाठ के भीतर दो स्पेसों की रचना में फलित होता है : संकेतों के अर्थों की स्पेस, और कल्पना की स्पेस – एक अतिरिक्त आर्थी क्षेत्र। दोनों स्पेसें एक दूसरे को काटती हैं और एक दूसरे को अतिव्याप्त करती हैं, कभी-कभी एक अन्तर्विरोध रचती हुई, और कभी-कभी एक समन्वयात्मक एकता रचती हुई (जैसे मसलन, ''घास से ढँकी हैं चट्टानें'')। कविता के मध्य में तीन चमत्कृत करने वाली पंक्तियाँ आती हैं : गाते हुए देवताओं और गाती हुई घास के बीच पुरखे रहते हैं (''घास में गाते हैं देवता / घास में बसे हैं पुरखे / घास चुपचाप गाती है'')। पुरखों को दो गाती हुई विपरीत सत्ताओं के बीच रखने को दिवंगतों के प्रति सम्मान की एक प्रतीकात्मक अभिव्यक्ति के रूप में, सतत स्मृति के एक प्रतीक के रूप में, देखा जा सकता है।

चुपचाप गाती घास के बारे में दिये गये वक्तव्य के साथ कविता का दूसरा हिस्सा शुरू होता है। यहाँ से घास की भूमिका और भी गतिशील हो जाती है, वह दरअसल मुख्य भूमिका में आ जाती है : ''घास मेरा प्रेम लेकर / तुम्हारे घर तक जाती है''। और इसके बाद, यह अभिचारपरक अंश : ''घास / धूप की तरह / शब्द की तरह / आकाश की तरह / तुम पर मुझ पर / छाती है''। इस कविता का तर्क इसके शब्दों के अभिधार्थों से

परे की व्यंजनाओं के सन्दर्भ में और भी स्पष्ट होता है, संसार को लेकर अशोक वाजपेयी के पूर्णतावादी अवबोध के सन्दर्भ में, जिसमें प्रेम को एक सबसे प्रमुख जगह दी गयी है। अपने इस अध्ययन में आगे (अध्याय तीन में) मैं इस विषय पर विस्तार से सोदाहरण चर्चा करूँगी ताकि यह दर्शाया जा सके कि किस तरह प्रेम के लिए समर्पित वाजपेयी की कविता सर्वाधिक महत्त्वपूर्ण है : तमाम सत्ताओं, तमाम स्पेसों, और तमाम विरुद्धों को एकीकृत करने की प्रेम की संघटक शक्ति। आकाश, सूर्य और एक शब्द – उन सत्ताओं का सर्वाधिक महत्त्वपूर्ण विन्यास है जो उस प्रेम के अधीन हैं जिसे आन्तरिक अग्नि के स्रोत के रूप में देखा गया है। इसलिए, इस तरह के रुख़ का एक स्वाभाविक परिणाम, अगर हम कविता को इस तरह समझें तो, प्रेमी युगलों को घास से ढँकना होगा, वैसे ही जिस तरह से सूर्य से, शब्द से, या आकाश से। इस तरह, लेखक का प्रयोजन जो भी हो, स्वयं कविता से जो कुछ पढ़ा जा सकता है वह यही है कि घास को यहाँ प्रेमियों के मित्र की तरह, और सृष्टि के आविर्भाव की तरह भी, चित्रित किया गया है।

।। दो : ६ ।। उपस्थिति और चेतना के प्रतीक-चिह्न

अशोक वाजपेयी ने ऐसी बहुत-सी कविताएँ लिखी हैं जिनमें पत्थर[७५] और पक्षी आते हैं। वे अस्तित्व के दो रूपों में चित्रित हैं : उनकी उपस्थिति (मनुष्य के सन्दर्भ में) न सिर्फ़ केन्द्रीय है बल्कि – बुद्धि और कल्पना दोनों के आत्माभिमुखी निष्पादन के सहारे – वे वैयक्तिक 'मैं' की सत्तापरक हैसियत में उलझ जाती हैं। पत्थर और पक्षी इस कविता में आनुभविक और प्रतीकात्मक वास्तविकता दोनों के दो प्रतिलोम प्रतीक-चिह्नों की भूमिका निभाते हैं। पत्थर और पक्षी के स्वभाव के अनुरूप ये प्रतीक-चिह्न दो परस्पर विरोधी लक्षणों को प्रतीकीकृत करते हैं : गतिहीनता और गति, अचल सुस्ती और गत्यात्मकता। ये दो विरोधी सत्ताएँ दो शक्तियों को भी संकेतित करती हैं : अकर्मक प्रतिरोध की शक्ति और देश-काल में गतिशील होने की शक्ति। वे अस्तित्व के दो प्रतीकात्मक और प्रतीक-चिह्नात्मक

पैटर्नों को संकेतित करती हैं।

भारतीय बौद्धिक परम्परा में पत्थरों की भूमिका प्रागैतिहासिक युगों से देखने को मिलती है। मिर्सिया इलियाड की दृष्टि से, यह कहना मुश्किल है कि लोगों ने कभी भी पत्थरों को पत्थरों की तरह पूजा होगा। उनके मुताबिक़, आदिम मनुष्यों की उपासना-पद्धति हमेशा किसी ऐसी चीज़ की ओर संकेत करती है जिसको पत्थर रूपायित या व्यक्त करते हैं। इसका एक अच्छा उदाहरण उनको भारत के उन प्रागैतिहासिक समाजों में मिलता है जो विशाल खोखली चट्टानों को योनि के प्रतीक के रूप में बरतते थे और उनके मुताबिक़ उस छिद्र से होकर गुज़रने का कृत्य नारी के ब्रह्माण्डीय तत्त्व की शक्ति के साथ मिलकर पुनरुत्पादन करने के समान था।[७६] एक जीवनीपरक सन्दर्भ के रूप में पत्थर का अभिप्राय, उदाहरण के लिए, नीचे अंकित पंक्तियों में है। पहला उद्धरण 'समय की किस खोह में' कविता *(आविन्यों)* से लिया गया है :

याद नहीं किस जन्म या सदी में
समय की एक अँधेरी खोह में मैं रख आया था
(...)
बीज-पत्थर।

एक अन्य उदाहरण बाद की एक कविता 'उसने कहा-४ *(कुछ रफ़ू कुछ थिगड़े)* में पाया जा सकता है :

मुझे कहाँ पता था
कि मेरे रास्ते इतना अँधेरा, इतनी चट्टानें आ जाएँगी?
(...)
मैं जिस चट्टान पर थककर टिक गया हूँ
वही मेरा प्रेम है।

हालाँकि पत्थर की तात्त्विकता को कई कविताओं में परिभाषित किया गया है, जैसे कि 'पत्थर' *(तत्पुरुष)* में :

पत्थर अचल है
समय है
(...)
अभय है।

और 'दिगम्बरा-८ *(अभी कुछ और)* में :

चट्टान ने
सदियों की करवट ली

आगे भी 'पत्थर से केलि करता है पत्थर' नामक कविता *(तत्पुरुष)*[७७] में इसपर बढ़त की गयी है। अशोक वाजपेयी की बौद्धिक व्यवस्था में पत्थर को संवेदना भी प्रदान की गयी है, वह सहानुभूतिशील हो सकता है - जैसे कि 'बेतरतीब' कविता *(समय के पास समय)* के दूसरे हिस्से में :

पत्थर की अंजली में
जलोद्गम
हरी काई देखती है स्वप्न
जलपर्व का
किनारे बैठी चट्टान में
घिरता जाता है स्वप्न
पत्थर की पुकार में
झरने का अवसाद बहता है।

इस तरह की व्यवस्था में पत्थर विरोध में भी मुब्तिला हो सकता है। 'आकाश ने कहा' कविता (कुछ रफ़ू कुछ थिगड़े) में सहसा "बच्चे द्वारा बग़ीचे में किसी पेड़ के नीचे छुपाकर रखे पत्थर" प्रगट होते हैं, और इसी संग्रह की एक अन्य कविता 'छब्बीसवीं बरसी' में एक पत्थर अपनी ही तात्त्विकता की ओर लौटता है :

रास्ते पर जड़े पत्थरों को कुछ भी याद नहीं,
अपना वहाँ इस तरह जड़े होना तक,
या घिसते जाना।
पत्थरों का जीवन लम्बा होता है मनुष्यों के जीवन से
लेकिन स्मृतिहीन,
उनकी शिराओं में कभी कोई स्पन्दन नहीं होता
जो याद रख सके कुछ भी।

अशोक वाजपेयी की बौद्धिक व्यवस्था में पत्थर का उपयोग मनुष्य की सत्तापरकता के सन्दर्भ में भी किया गया है। यह 'प्रतीक्षा करते हैं पत्थर' कविता *(आविन्यों)* के शीर्षक वक्तव्य में शामिल है। चिन्तनात्मक कल्पना

का विनियोग करते हुए पत्थर की भावनाओं का चित्रण किया गया है, जो सह-अनुभूति के नियम का अनुसरण करता है (यह इस उपमहाद्वीप की धार्मिक संस्कृति की भी विशेषता है) :

किसी देवता या काल की नहीं
पता नहीं किसकी प्रतीक्षा करते हैं पत्थर -
(...)
एक बेहद्दी चौगान में खड़े रहते हैं पत्थर।
बिना माथा झुकाये प्रार्थना करते हैं पत्थर,
बिना पसीजे कामना करते हैं पत्थर,
बिना शब्द कविता लिखते हैं पत्थर।
पता नहीं किसकी प्रतीक्षा करते हैं पत्थर -।

''पता नहीं'' का दोहराव कविता को चिरस्थायित्व की अपरिभाषित स्पेस की मनःस्थिति में रख देता है - चिरस्थायित्व अपने आप में होने का, बिना किसी लक्ष्य के प्रतीक्षा करने का, प्रार्थना, कामना, लिखना जैसे निर्धारक 'भावनात्मक' अनुभवों के बावजूद। दृष्टि का इस क़िस्म का द्वैत - बाहर से लक्ष्य किया गया चिरस्थायित्व और अन्दर से देखे गये 'मनोवैज्ञानिक' अणु - अशोक वाजपेयी के काव्यशास्त्र में लगातार मौजूद है। यह पत्थर और व्यक्ति के बीच रिश्ते की ओर संकेत करता है, जैसे कि 'दिगम्बरा-४' कविता *(अभी कुछ और)* में :

वह झरना है
ससंकोच पत्थरों के बीच
बहता हुआ।

छह साल बाद, 'वह है' *(उम्मीद का दूसरा नाम)* कविता में यह रिश्ता सम्पूर्ण तादात्म्य के बिन्दु की ओर ले जाता है :

इस पानी में
वह गहरे डूबी अविचल चट्टान है।

इस तादात्म्य की पृष्ठभूमि में ''शाप से ठिठके देवता'' हैं, और ''खुले आकाश तले धुर दोपहर में चट्टान पर की गयी केलि'' ('बहुरि अकेला-७') है, और ''पत्थर के समय में / थरथराता हुआ / एक देवोपम पागलपन'' ('चट्टान का एक चित्रित आकाश। कोणार्क और अजन्ता : कुछ कविताएँ',

एक पतंग अनन्त में), और "खजुराहो में मूर्तिमिथुनों के उद्दाम आलिंगन में" (*'स्वरलिपि', कुछ रफ़ू कुछ थिगड़े*) की स्मृति है। लिहाज़ा, इसी कविता में कवि मुक्त ढंग से, बिना किसी संकोच के यह कह सकता है :

> मैं सुन सकता हूँ उनकी अन्तर्ध्वनियाँ :
> पत्थरों के अन्दर
> शिराओं की तरह कसमसा रहा है कुछ
> और वृक्षों में कुछ धीरे-धीरे पथरा रहा है।

और यह एक विश्वासप्रद आत्मस्वीकार है क्योंकि इस तरह के बोध का सम्बन्ध कल्पना के क्षेत्र से है, यह काव्यात्मक चेतना का प्रतीक-चिह्न है जो एक खनिज की आकांक्षा के साथ तदात्म होने की गुंजाइश देता है। इसी तरह, चित्रकार जगदीश स्वामीनाथन के लिए समर्पित कविता 'अचल चिड़िया उड़ती चट्टान' (*अगर इतने से*) में :

> चट्टान चाहती है
> कि वह भी उड़ सके
> आसमान में।

पत्थर की निश्चलता के ठीक विपरीत है पक्षी की उड़ने की सामर्थ्य। 'पत्थर बनाम पक्षी' के इस विरोध में एक प्रतीक-चिह्नात्मक आयाम है। भारत में, प्राचीन काल में शासकों और नायकों की स्मृति में पत्थर के स्मारक-स्तम्भ खड़े करने की परम्परा हुआ करती थी। रहस्यमय पत्थरों को आमलक या अमरशिला के नाम से भी जाना जाता था। वहीं पक्षी को देवदूतों के रूप में देखा गया है और अन्तरिक्ष में उड़ने की उनकी सामर्थ्य पक्षियों को उस सत्य को जानने की सम्भावना प्रदान करती थी जो लोगों से छिपा होता था। भारतीय परम्परा में खग-विद्या की कल्पना की गयी है। पतंजली के समय में वायसविद्या (कागविद्या) नामक ज्ञान की एक शाखा हुआ करती थी। माना जाता था कि किन्हीं रातों में पक्षियों की भाषा लोगों के लिए बोधगम्य हो जाती थी। कई आख्यान हैं जो इस सम्भावना को इस तरह बयान करते हैं : एक नायक किसी वृक्ष के नीचे सो गया। इस वृक्ष में पक्षियों का एक नर-मादा जोड़ा रहता था जिनके बीच की बातचीत से उस नायक को अपने भविष्य का पता चल गया। इसके अलावा, *रामायण* में मिथकीय पक्षी ने रावण को सीता का हरण करने से रोका था। रावण ने

जटायु को सांघातक रूप से घायल कर दिया, लेकिन मरने से पहले उसने किसी तरह राम को यह सूचना दे दी कि सीता का हरण रावण ने किया था। भारत के क्लासिकी साहित्य में, विशेष रूप से क्लासिक संस्कृत कविता में पक्षी एक महत्त्वपूर्ण भूमिका निभाते रहे हैं। पक्षियों की विशिष्ट प्रजाति पाठ में अधिपाठीय सूचना का समावेश करती है, उदाहरण के लिए वर्ष या दिन के समय के बारे में, नायक के चरित्र के बारे में, उसकी भावनात्मक अवस्था के बारे में आदि। इनमें आमतौर से जिन प्रजातियों का ज़िक्र आता है वे हैं - चकोरा, जो भारतीय परम्परा के अनुसार चन्द्रमा की किरणों से पोषण प्राप्त करता है और जब वह ज़हरीला भोजन देखता है तो उसकी आँखों में धुँधलका छा जाता है; कौआ को प्रज्ञा के प्रतीक के रूप में देखा गया है क्योंकि वह तीन लोकों के रहस्य को जानता है, हालाँकि कभी-कभी उसे अपशकुन के रूप में भी देखा गया है; तीसरा पक्षी है, सारस जिसके बारे में भारत में यह विश्वास है कि बादलों की गर्जना इस प्रजाति की मादा को गर्भवती बना देती है, इसलिए वर्षा ऋतु को इस पक्षी का मैथुन-काल माना जाता है; सारस को भाग्य का प्रतीक भी माना जाता था; बक पक्षी को वर्षा के आगमन का प्रतीक माना जाता था, प्रेमी और विवाहित युगलों के मिलन-काल का प्रतीक; कोकिला की कूक संस्कृत कविता में वसन्त के आगमन की सांगीतिक पृष्ठभूमि रचती है; चातक सम्मोहन और प्रेम का प्रतीक है; सारिका गोपनीयता का प्रतीक थी; मोर अपने चीत्कार और नृत्य के साथ वर्षा ऋतु के आगमन और आवेगमय प्रेम का ऐलान करता है (साहित्य में मोर सामान्यतः जोड़े में प्रगट होता है)।

अशोक वाजपेयी की कविता में प्रायः आने वाला पक्षी किसी प्रजाति-विशेष का नहीं है। कवि द्वारा पक्षियों को विशिष्ट नाम न दिया जाना एक तरह से उस परम्परा के विपरीत जाती चीज़ लगती है जिसमें पक्षी उस परिपाटी का अंग थे जो उनको विशिष्ट नामों के साथ विशिष्ट भूमिका प्रदान करती थी।[७८] अगर किसी प्रजाति का नाम कविता में आता है तो वह तोता (उदाहरण के लिए, 'अली अकबर खाँ का सरोदवादन-२', शहर अब भी सम्भावना है, 'छोटी-सी दुनिया', *तत्पुरुष,* 'देवता लौटते हैं गोधूलि में', *कहीं नहीं वहीं,* 'बहुरि अकेला-१९')। इसके अलावा, ''रोज़ की पीली चिड़िया'' ('प्रेम', *एक पतंग अनन्त में*) है। 'उसने कहा' *(आविन्यों)* कविता में अशोक वाजपेयी पक्षियों की स्थायी उपस्थिति को लक्ष्य करते हैं

(''सुबह बहुत देर बाद चहचहाती चिड़ियाँ''), वहीं एक दूसरी कविता ('रहस्य', अगर इतने से) में वे मनुष्य की दुनिया में पक्षी की भूमिका का वर्णन यूँ करते हैं :

चिड़िया
रोशनी के चौखट को
खिड़की की तरह खोलती है
या धूप को
उड़ान की तरह ले आती है अन्दर!

वे ('पूर्णिमा', *तत्पुरुष* में) पक्षी की भूमिका का प्रकृति की दुनिया में भी चित्रण करते हैं :

पानी में सोता है चन्द्रबिम्ब
वृक्ष को घेरती है छाल
चिड़िया के चहकने से फूलता है अमलतास।

इन्हीं नामहीन पक्षियों को समर्पित है कविता 'चिड़ियाँ आएँगी' *(तत्पुरुष)*।[७६] कविता शुरू होती है 'चिड़ियाँ' शब्द के साथ और 'अनन्त' पद को समाहित करते पद के साथ समाप्त होती है। इन दो शब्दों के बीच कवि ने बचपन को, किसी और समय के घोंसलों को, सपनों को, पुरखों के क़िस्सों को, छन्दों को, मृत्ये को रखा है – वे सब जिनको पक्षी गाते हैं। इस बात को देखना मुश्किल नहीं है कि ये सारी चीज़ें उनके काव्यशास्त्र के स्थायी घटक हैं, जिनको चिड़ियों के प्रतीक के माध्यम से रचे गये अनन्त के परिप्रेक्ष्य में देखा गया है। समूचे पाठ का अभियोग-नुमा लहज़ा, और विशेष रूप से उसकी अन्तिम तीन पंक्तियों का लहज़ा, उस निदान की स्पष्ट प्रकृति को भी निर्धारित करता है जो चिड़ियों को अनन्त के साथ एकाकार करता है, और पक्षियों की सृजनात्मक क्षमता को भी निर्धारित करता है। यह कविता दूसरी एकविषयात्मक कविताओं से अपने उन पर्यवेक्षणों की वजह से भिन्न है जो बाहर की ओर निर्देशित हैं, जबकि इसी कोटि की अन्य कविताओं (जैसे कि 'वृक्ष' या 'घास') की चारित्रिक बनावट ऐसी है कि वे पूरी तरह से अपनी तात्त्विकता की अन्दरूनी स्पेस पर केन्द्रित हैं। इस बीच, कविता 'चिड़ियाँ आयेंगी' अपने पर्यवेक्षणों को उन पक्षियों की दिशा में लक्ष्य करती है जो आकाश में कहीं पर हैं (हम नहीं जानते कि वे कहाँ

से आएँगे)। ये पक्षी बचपन को धारण करने में भी सक्षम हैं (''हमारा बचपन / धूप की तरह अपने पंखों पर / लिये हुए'')। (इस नुक़्ते पर लेखक की स्मृति समय की स्पेस और सृष्टि की स्पेस के साथ एकाकार हो जाती है)। जब अन्तिम पंक्ति को इन कविताओं की पक्षियों की अन्य 'उपस्थितियों' से जोड़कर देखते हैं, जहाँ मसलन वक्ता 'मैं' जानता है कि ''यह सब मेरे हाथ में नहीं है : / यह पक्षियों का / पूर्वजों की तरह / घर के आसपास रखवाली करते हुए घूमना'' ('हाथ में', *तत्पुरुष*) - तो यह अन्तिम पंक्ति कि ''चिड़ियाँ अनन्त हैं'' एक तार्किक औचित्य हासिल कर लेती है। इसी के साथ-साथ, कविता में एक संवेगात्मक स्वर को भी सुना जा सकता है, जो बहुत सम्भव है कि अस्पष्ट अवचेतन का परिणाम है, उत्प्रेरणा के उन उद्गमों से आता हुआ जो भारतीय सांस्कृतिक परम्परा के सन्दर्भ में पक्षी के सचेतन मिथकीकरण से रूपान्तरित है और जो कवि की अपनी शैली और उसकी अपनी स्वायत्त कल्पना के माध्यम से पाठ में स्थानान्तरित है। अशोक वाजपेयी की कल्पना में उदाहरण के लिए ''प्रतीक्षा धूप में चिड़ियों का स्पन्दन है'' ('प्रतीक्षा', *उम्मीद का दूसरा नाम*), और उसके साथ आता है ''उसके आकाश में कोई अतीत पक्षी'' ('उसने कहा-२', *दुख चिट्ठीरसा है*), ''उसके हाथ पक्षियों की तरह'' ('हाथ-३', *कहीं नहीं वहीं*), ''पक्षियों का अपने पंखों पर / लाना एक समूचा आकाश'' ('उसने कहा-४', *दुख चिट्ठीरसा है*)। उनकी उपस्थिति संसार की सममिति को बदल देती है, जैसे कि 'कुछ उलटबाँसियाँ' *(कुछ रफ़ू कुछ थिगड़े)* में :

थोड़ी देर वृक्ष के ऊपर चिड़िया बैठी थी
थोड़ी देर चिड़िया अपने पंख पर वृक्ष को ले जा रही थी
थोड़ी देर आकाश नीचे था
चिड़िया और वृक्ष के बहुत नीचे।

तीन बार दोहराया गया ''थोड़ी देर'' समय के प्रवाह में पक्षी की उड़ान के बिम्ब को व्यंजित करता है। वह कल्पना को शब्दों में आरोपित करता है। काव्यात्मक रूप से मनोरम पक्षी का यह बिम्ब एक और व्यंजना से मिलता है जो 'मृत्यु' कविता (*कहीं नहीं वहीं*) में है :

एक पक्षी की तरह
सहज भाव से

और लगभग अनदेखा
आयेगा एक दिन
यमदूत

हमें पता भी नहीं चलेगा
पता चलेगा घर के पास
अदृश्य पक्षियों की तरह मँडराते पूर्वजों को।

एक अन्य कविता 'वापसी' *(कहीं नहीं वहीं)* में एक पक्षी और समय अनन्त से तदात्म हो जाते हैं :

हो सकता है हम लौटें
पक्षी की तरह
और तुम्हारी बगिया के किसी नीम पर बसेरा करें
(...)
हालाँकि घर, बगिया, पक्षी-चिड़िया
हरियाली-फूल-पेड़, वहीं रहेंगे
हमारी पहचान हमेशा के लिए गड्डमड्ड कर जायेगा
वह अन्त
जिसके बाद हम वापस आयेंगे
और पहचाने न जायेंगे।

इस परिप्रेक्ष्य में कविता 'चिड़िया की प्रार्थना' *(दुख चिट्ठरसा है)* को एक आत्मकथात्मक कविता की तरह पढ़ा जाना चाहिए। हालाँकि पुनर्जन्म में आस्था के इस घोषणापत्र का एक और भी अर्थ है जो 'पक्षी बनाम पत्थर' के प्रतीक-चिह्नात्मक विरोध से सम्बन्धित है। गतिहीनता और गति का यह द्वैत एक संरचनात्मक एकत्व के रूप में प्रगट होता है। यह एकत्व दो शब्दों-धारणाओं में चित्रित और क्रियान्वित है : आकांक्षा और स्वप्न। ''चट्टान चाहती है / कि वह भी उड़ सके / चिड़िया की तरह / आसमान में''। और छायाचित्रात्मक शीर्षक से युक्त कविता 'दोपहर चार बजे की हल्की नींद की शाखा पर' *(दुख चिट्ठीरसा है)* में ''एक पत्ती (...) अपनी हरी स्फूर्ति में'' ''हतप्रभ पक्षियों के पंखों में'' ''दुबकी उड़ान के सपनों को'' आविष्कृत करती है। और इस तरह दोनों सत्ताओं के विरोध का निरसन हो जाता है।

।। दो : ७ ।। कविता के स्वर के रूप में सृष्टि

२००१ की एक कविता 'शब्द नहीं गाते' *(इबारत से गिरी मात्राएँ)* में अशोक वाजपेयी अपनी निजी दार्शनिक घोषणा को प्रतिपादित करते हैं : ''शब्द नहीं गाते, गाता है सारा ब्रह्माण्ड''। गाने के कृत्य का एक ध्वन्यात्मक रूप होता है। अगर कोई इस कविता में ''ब्रह्माण्ड के गाने'' की पड़ताल करे तो वह देखेगा कि यह किसी क़दर परस्पर विनिमेय रूप में 'बिम्बों के संगीत' के रूप में और 'दस्तक' की आवाज़ के रूप में है। ''समय दे रहा है दस्तक उस घर के दरवाज़े पर'' ('बहुरि अकेला-१९'), ''जड़ें चट्टान पर दस्तक देती हैं'' ('शब्द', *अगर इतने से*), ''अपनी निर्जनता के घर में हम बन्द न रहें हम इसलिए जब-तब एक दस्तक सुनते हैं जो दरसल कहीं नहीं होती, न ही कोई देता है। हम स्वयं अपने एकान्त पर दस्तक देते हैं। इसलिए दस्तक होती है पर कोई नहीं होता दरवाज़े के बाहर। कभी-कभी हम अपने से ही मिलने अपने बाहर आना चाहते हैं'' ('दस्तक है : कोई नहीं है दरवाज़े के बाहर', *आविन्यों*)। ऐसे स्थल इस कविता में अनेक हैं जिनमें ध्वन्यात्मकता उसके चित्रण का उद्देश्य पूरा करती है जो नहीं है। कभी-कभी वे एक प्रकृतवादी रूप ले लेते हैं, जैसे उदाहरण के लिए, ''दस्तक देने पर'' ('एक पंक्ति की तीस कविताएँ', *इबारत से गिरी मात्राएँ*) में, या उनको किसी ध्वनि-बिम्ब के माध्यम से व्यक्त किया गया है, जैसे ''एक भर्राती बस'' ('शब्द नहीं गाते', इबारत से गिरी मात्राएँ) में, या ''पत्थर के समय में / थरथराता हुआ / एक देवोपम पागलपन'' ('चट्टान का एक चित्रित आकाश। कोणार्क और अजन्ता : कुछ कविताएँ', *एक पतंग अनन्त में*)। हम याद करें कि ''चट्टान पर दस्तक देती हैं'' ('शब्द', *अगर इतने से*) और ''पत्थर के हृदय में / गूँजता है / शताब्दियों से अनहद / एक पुरातन राग'' ('चट्टान का एक चित्रित आकाश। कोणार्क और अजन्ता : कुछ कविताएँ', *एक पतंग अनन्त में*)। अशोक वाजपेयी यह भी स्वीकार करते हैं :

> मैं प्राचीनों के शब्द नबेरता हूँ,
> बिना व्याकरण समझे
>
> – 'स्वरलिपि' *(कुछ रफ़ू कुछ थिगड़े)*

वहीं कविता 'जिस पर आकाश नहीं टिकता' *(अभी कुछ और)* में ये

आदिम शब्द एक लिपि के रूप में पर्यवेक्षकों की हैसियत हासिल कर लेते हैं :

प्राचीन लिपि
अनन्त की धूसर सतह के नीचे से
चुपचाप झाँकती है।

इसी भूदृश्य से जो उस आकाश जितना ऊँचा है जो गाता है ("गाता है [...] आकाश") मानों वह "नक्षत्रों के बियाबान पर चँदोबे की तरह" ('शब्द नहीं गाते', इबारत से गिरी मात्राएँ) तना हुआ है, मैं सिर्फ़ उस एक सम्भावित रास्ते के के हिस्से को चुनती हूँ जो अशोक वाजपेयी की कविता की सम्भावित समझ की ओर जाता है। पृथ्वी के अँधेरे में जड़ें हैं, और एक प्राचीन लिपि है जो अनन्त की ऊँचाई से नीचे झाँक रही है। यह काव्यात्मक व्योम का एक सृष्टिशास्त्रीय ढाँचा है। कविता 'सीढ़ियों पर' *(इबारत से गिरी मात्राएँ)* इस व्योम का सजीव और इसी के साथ-साथ प्रतीकात्मक चित्रण है, जहाँ देवता अनन्त की ओर जाते हैं और कीड़े नहीं जानते कि उनको कहाँ जाना है ("देवता को अनन्त में जाना था / कीड़ों को पता नहीं था कि कहाँ")। इसी व्योम में और भी थोड़ा-सा नीचे :

पत्थर के नीचे दबा रह गया सोते का उद्गम
चट्टान पर पड़ी रह गयी हृदय की दरार
जूते में दबा रह गया
कभी कील की तरह गड़ता सच

–'समय नहीं है' *(इबारत से गिरी मात्राएँ)*

इसी के साथ सबसे निचली सतह पर, जहाँ पृथ्वी के अँधेरे में जड़ें एक चट्टान पर दस्तक देती हैं, "सोते का उद्गम है"। क्या है यह सोता? अलंकार हमें सुराग़ उपलब्ध कराते हैं : "चट्टान पर पड़ी रह गयी हृदय की दरार" और "जूते में दबा रह गया कभी कील की तरह गड़ता सच"। "हृदय" और "जूते" कवि की यात्रा (जीवन और कविता की यात्रा) के दौरान उसके व्यक्तित्व की ओर संकेत करते हैं, वह व्यक्तित्व जो पूरी तरह दृश्य न होते हुए भी प्रत्येक कविता के पीछे, प्रत्येक पंक्ति, प्रत्येक अक्षर के पीछे मौजूद है। "रिभु को पता नहीं बाबा शब्दों से क्या करते हैं" – 'एक पंक्ति की तीस कविताएँ' *(इबारत से गिरी मात्राएँ)* की चौदहवीं कविता

में कवि अपने पोते और अपने बारे में लिखता है। इस क़िस्म का छिपा हुआ या उजागर तादात्म्य अशोक वाजपेयी की कविता में अक्सर दिखायी देता है, वह उनके काव्यशास्त्र का स्थायी घटक बन जाता है।

।। दो : ८ ।। दस्तक के रूपक

विषय-वस्तु के एक ध्वनिपरक घटक के रूप में दस्तक देने का कृत्य अशोक वाजपेयी की कविता में एक दोहरी भूमिका निभाता है। वह समय में ध्वनि का भी रूपक है और एक ऐसा रूपक भी है जो दस्तक देने के कर्म को एक अस्तित्वपरक अर्थ प्रदान करता है। अपने स्वभाव के अनुरूप रूपक सत्तापरक घटनाओं को ज्ञानात्मक अर्थों से जोड़ता है। अशोक वाजपेयी के कवि-कर्म में यह भूमिका विषम बाह्य जगत और कवि की आन्तरिक दुनिया को, आध्यात्मिक स्वतन्त्रता के उसके स्वायत्त लोक को, एकीकृत करती है। बाहर से, लगभग समूची सृष्टि कवि की चेतना पर दस्तक देती लगती है – अन्यथा दस्तक में सिमट गयी ''आवाज़'' को और कैसे समझा जा सकता है, जैसे कि नीचे अंकित अंश में:

> एक आवाज़ जो उजली और निश्छल है
> जिसका अपने अतिरिक्त कोई और अर्थ नहीं
> जो दस्तक देती है
> सम्भावना के एक अदृश्य द्वार पर।
>
> –'कोई पुकारता है' *(दुख चिट्ठीरसा है)*

इस सूचना को पूरा करता है समय से परे (''पता-नहीं-कब'') का एक बिम्ब, सृष्टि की एक अनुमानित संरचना :

> क्या होता है आधी रात, या उसके बाद, या सुबह से पहले,
> पता-नहीं-कब,
> दस्तक होने पर किसी को न बताना, किसी को न पुकारना।
>
> –'क्या होता है' *(अभी कुछ और)*

सृष्टि सांसारिकता के विवरणों के माध्यम से भी दस्तक देती है : ''दोपहर

की दस्तक'' ('अकस्मात-१', अभी कुछ और), ''समय दे रहा है दस्तक'' ('बहुरि अकेला-१६')। हम ''देवताओं की व्यग्र दस्तक'' ('एक से पाँच, पाँच से एक', आविन्यों) सुन सकते हैं। तमाम तरह की दस्तकों की इस व्यवस्था में अनुपस्थिति भी शामिल है :

कोई आहट या दस्तक नहीं है,
लोलुप देवताओं और उत्तेजित पुरखों का भी
कोई आभास नहीं।

–'दिगम्बरा-६' (अभी कुछ और)

इस अनुपस्थिति के अस्तित्वपरक बोध को अशोक वाजपेयी ने 'दस्तक है : कोई नहीं है दरवाज़े के बाहर' शीर्षक काव्यात्मक गद्यांश (आविन्यों) में भी समाविष्ट किया है :

हम चाहते हैं कि अपनी निर्जनता के घर में हम बन्द न रहें हम इसलिए जब-तब एक दस्तक सुनते हैं जो दरसल कहीं नहीं होती, न ही कोई देता है। हम स्वयं अपने एकान्त पर दस्तक देते हैं। इसलिए दस्तक होती है पर कोई नहीं होता दरवाज़े के बाहर। कभी-कभी हम अपने से ही मिलने अपने बाहर आना चाहते हैं। क्या कविता आत्मा के सघन एकान्त पर ऐसी ही दस्तक है?

यह ध्यान देने वाली बात है कि केन्द्रीय स्थल, जिस पर ''कोई'' दस्तक देता है, निर्जनता का घर है – देह; देह में एक आत्मा है, अपारदर्शी ढंग से अकेली। मानव अस्तित्व की संरचना को यहाँ एक दोहरे एकाकीपन के रूप में चित्रित किया गया है : सृष्टि में देह, और देह में आत्मा। अनाम बाह्य जगत, जिसे कवि नाम अर्पित करता है (जैसा कि उसने इसी संग्रह के एक अन्य गद्यांश, 'हर पत्ती का नाम नहीं', में लिखा है), आन्तरिक जगत से भावनाओं के क्षेत्र में मिलता है।

दस्तक के अभिप्राय के भीतर 'स्त्रीवाचक वह-पुरुषवाचक वह' की विषय-वस्तु पर एक समूचे आख्यान को आरेखित किया जा सकता है, जैसे कि मसलन नीचे उद्धृत अंशों में :

पहला उदाहरण (प्रत्यक्ष)

उसने दस्तक होने पर
दरवाज़ा खोला।

–‘अमर मेरी काया’ *(एक पतंग अनन्त में)*

दूसरा उदाहरण (पूरक; उसके दरवाज़े पर दस्तक के अपेक्षाकृत ज़्यादा मनोवैज्ञानिक ढंग से पूर्वग्रह-युक्त क्षण) :

उस गहरे नीले अँधेरे में से
आलोक-स्फुरित होकर आने से पहले
एक दस्तक सुख के द्वार पर।

–‘चटक विलसित’

तीसरा उदाहरण (अन्तिम; दस्तक का प्रभाव - एक अमूर्तिमान वह के साथ की मुलाक़ात एक प्रतीक में रूपान्तरण, भूतकाल में स्थानान्तरित (वह थी) :

वह शाम के अँधेरे पर उजाले की एक हल्की-सी दस्तक थी

–‘उसने कहा-२’ *(दुख चिट्ठीरसा है)*

समय-समय पर दस्तक का रूपकात्मक कर्म उन संघटनाओं का कारण बन जाता है जो मानवीय दृष्टि की अवबोधात्मक क्षमताओं से सम्बद्ध हैं, जैसे कि उदाहरण के लिए :

एक रंग अपनी जगह से अदृश्य पर दस्त देता है।

–‘रज़ा का समय’ *(इबारत से गिरी मात्राएँ)*

अक्सर कवि दस्तक के कर्म में जलीय या वानस्पतिक जगत के अ-मानवीय तत्त्वों को मुब्तिला करता है :

ओस देती है दस्तक
हरी दूब की नोक पर।

–‘रहस्य’ *(अगर इतने से)*

अँधेरे में जड़ें
चट्टान पर दस्तक देती हैं।

–‘शब्द’ *(अगर इतने से)*

इस कर्म में वह मृत्यु की संघटना को भी शामिल करता है, होने और न होने के बीच के इस चरम क्षण को, जैसा कि ‘एकदम से नहीं’ कविता

(तत्पुरुष) के इस नाटकीय वक्तव्य में लक्ष्य किया जा सकता है :

एक बार तो दस्तक होगी
दरवाज़े खुलने के पहले
आवाज़ रुँधने के पहले।

दोहराये गये "के पहले" में कवि मृत्यु के भय को, अन्त के पहले चेतना के आख़िरी पल को, अभिव्यक्त करता है, उस पल को जब सुनी जा सकेगी–

जैसे खुले दरवाज़े पर भी
(...)
अदृश्य एक हल्की-सी दस्तक।

–'कितना अच्छा हो' *(कहीं नहीं वहीं)*

संघटना अदृश्य है, क्योंकि यह मृत्यु का लक्षण है, उसकी कल्पना लोप की उपमा के माध्यम से एक रूपक में ही की जा सकती है। "अदृश्य" दस्तक के सन्दर्भ में उत्प्रेरित विचार यह प्रश्न है कि क्या यह अदृश्यता अपने आप में मृत्यु की धारणा नहीं है। अदृश्यता तब इस धारणा का पर्याय बन जाएगी, जैसे कि "खुला दरवाज़ा" पार्थिव अन्त के विनम्र स्वीकार का पर्याय है। दरवाज़ा 'होने-न होने' पर केन्द्रित कविता 'दस्तक' *(तत्पुरुष)* का भी मुख्य रूपक है, जो कि एक कविता में अर्थ के सचेतन संग्रहण का एक उदाहरण भी है।

दस्तक के रूपक का एक दिलचस्प उदाहरण 'एक हरी बिल्ली' कविता *(अभी कुछ और)*[८०] में भी पाया जा सकता है, जहाँ एक बिल्ली, जो कि एक बिल्ली-कविता भी है, कवि और पाठक दोनों के ख़ामोश दिल पर दस्तक दे रही है ["कविता (...)/ चुप्पी पर दस्तक दे रही है"] यह कविता-बिल्ली पाठ की समूची स्पेस को भर देती है, जैसे कि वह अशोक वाजपेयी की उस समूची चिन्तनात्मक स्पेस को भी भरती प्रतीत होती है, जिसे उन्होंने इस कविता में चित्रित किया है, जिसमें उनके काव्य-कौशल के सारे गुण समाविष्ट हो गये लगते हैं, जैसे कि : उनके काव्यशास्त्र के संघटक शब्द की अभिव्यंजकता, और उनकी लेखन तकनीक का सौन्दर्यशास्त्र और रणनीति।

क्या कविता आत्मा के सघन एकान्त पर ऐसी दस्तक है? (...) वह समय की, सचेत करने की (...) दस्तक नहीं है। (...) वह होने की दस्तक है : वह अन्दर को बाहर की याद दिलाने की दस्तक है। वह स्थिति को उपस्थिति से जोड़ने की दस्तक है। जब हम कविता की दस्तक अनसुनी करते हैं या वह हमें सुनायी ही नहीं देती तो या तो किसी देवता या सन्त की तरह हमारे भीतर-बाहर में अटूट एकतानता आ चुकी होती है या फिर हमने अपने एकान्त में रहना छोड़ दिया होता है।

–'दस्तक है : कोई नहीं है दरवाज़े के बाहर' शीर्षक यह काव्यात्मक गद्यांश कवि ने आविन्यों में २६ अक्टूबर १९९४ को सुबह १०.३० बजे लिखा था, जो बाद में इसी शहर के नाम के शीर्षक से प्रकाशित संग्रह में शामिल किया गया।

।। दो : ६ ।। हाथों का प्रतीक-विधान

'घास' *(तत्पुरुष)*, 'वृक्ष' *(तत्पुरुष)*, 'पत्थर' *(तत्पुरुष)*, 'शब्द' *(अगर इतने से)* जैसी एकविषयात्मक कविताओं के बीच आविन्यों संग्रह की 'हाथ छूते हैं पृथ्वी आकाश' शीर्षक से नौ खण्डों में विभाजित अट्ठाईस पंक्तियों की एक कविता है। हाथों का अभिप्राय अशोक वाजपेयी की अन्य अनेक कविताओं में भी है, लेकिन यह कविता अपनी संरचना और विषय-वस्तु दोनों ही दृष्टियों से विशेष महत्त्व की है। ये अशोक वाजपेयी की तकनीक का नियमित प्रयोग है। इस तरह की संरचना से वे एक गतिहीन खाके में एक गतिशील बिम्ब की रचना करते हैं – मानों वह क्षितिज से (भ्रम से) घिरा हुआ कोई भूदृश्य हो, या भाषा द्वारा आलिंगित कोई शब्द हो, या किसी देह में बन्द कोई विचार हो। इस प्रयोग का एक संकेतलिपीय लक्ष्य है : कविता के भीतर (कवि की अपनी कल्पना के प्रकाश में देखे गये) संसार के गतिशील सारतत्त्व का चित्रण करना। इस तकनीक के इस्तेमाल से रची गयी कविता अनुभवकर्ता 'मैं' की दो परतों को मुख्यतः उजागर करती है : योजनापरक परत (चेतना के स्तर पर) और अन्तर्भूत परत (अवचेतन की उत्प्रेरणाओं के साथ मिलकर) :

हाथ छूते हैं पृथ्वी
हाथ छूते हैं आकाश

हाथ खिलाते हैं वनस्पतियाँ
लोकते हैं पर्जन्य
गहते हैं उदग्र पुष्प
हाथ खोजते हैं हाथों को
हाथ तपते हैं अपनी ही धूप में
हाथ पर पड़ती कोजागरी दिगम्बर है

हाथ खोलते हैं गवाक्ष को अनन्त की तरह
हाथ बाँधते हैं समय को गठरी की तरह
हाथ सिखाते हैं काल को चलने की रीति

हाथ खोलते चलते हैं
परदों की तरह दिशाओं को
हाथ लपकते हैं नक्षत्रों और फलों को
हाथ चुनते हैं कलियाँ, शब्द और संशय
हाथ गूँथते हैं चन्द्र, दिवाकर और मंगल
हाथ घूमते हैं अन्तरिक्ष में
शाश्वत के स्थापत्य गढ़ते हैं
हाथ सहेजते हैं आँसुओं, हँसी और दीपशिखाओं को

हाथ लुटाते हैं आश्चर्य
भेदते हैं रहस्य
देते हैं राहत
अभय और वरदान

अपने ही एकान्त में रह जाते हैं
अकेले हाथ
किसी विस्मृत देवता के भेद की तरह-
हाथ छूते हैं पृथ्वी
हाथ छूते हैं आकाश-

इस कविता के हाथों के प्रतीक-विधान को उन अनेक हेतुक क्रियाओं से

जोड़कर देखा जा सकता है जिनके बारे में समूचा पाठ एक योजनाबद्ध घोषणा-पत्र होने का प्रभाव देता है। लेकिन अशोक वाजपेयी के काव्यशास्त्र में हाथों का प्रतीक विधान महज़ एक सांस्कृतिक अनुष्ठान या पारम्परिक मुद्रा होने से कहीं ज़्यादा दूर तक जाता है।[८१] हथेलियों और अँगुलियों से निर्मित, बाँहों के पाँच अँगुलियों से युक्त चरम हिस्से के रूप में हाथ कविता में अपने प्राथमिक जैविक कार्यकलाप - पकड़ने के कार्यकलाप - में चित्रित हैं। उनका प्रतीकात्मक कार्य गौण रूप में चित्रित है। तथापि, पृष्ठभूमि का यह कार्य - विरोधाभासी ढंग से - कहीं ज़्यादा दृश्यमान है। जब 'अपनी अंजलि में' कविता *(तत्पुरुष)* में वाजपेयी कहते हैं -

मैं अपनी अंजलि में उठाता हूँ पूरा संसार-
असंख्य देवता, वनस्पतियाँ, नक्षत्र,
झरने में डूबी चट्टानें

-तो 'अंजलि' का बिम्ब उस एक आनुष्ठानिक मुद्रा की ओर संकेत करता है जो आदर और स्वागत के भावों को व्यंजित करती है। लेकिन यहाँ यह मुद्रा उस एक प्रतीकात्मक कार्य पर सीधे-सीधे आरोपित हो जाती है जिसमें अनुष्ठान स्वयं ही अपना सामान्य उद्देश्य पूरा करता है, हालाँकि वह एक व्यापक वास्तविकता की ओर, मनुष्य के निजी विश्व की ओर, संकेत करता है। अन्तर्भूत 'मैं' और चेतना के स्तर का 'मैं' एक ही कविता में एक और पूर्ण हो जाते हैं :

मैं उठाता हूँ,
अपनी कविताएँ, अधूरी चिट्ठियाँ,
पुराने प्रेम, पुरातन भाषाएँ
मेले की रंगबिरंगी छबियाँ
भोर का धीरे-धीरे चहकता मौन
अवसान की प्रतीक्षा में स्थिर बूढ़ा।

और भोर के मौन की सुकुमारता ''रोज़ की पीली चिड़िया'' ('प्रेम', *एक पतंग अनन्त में*) की महिमा का बखान करने वाले कवि की सौन्दर्य-संवेदना का उदाहरण प्रस्तुत करती है।

।। दो : १० ।। समय का प्रश्न

समय के प्रश्न पर अशोक वाजपेयी ने विभिन्न कविताओं में अनेक पंक्तियाँ लिखी हैं और इस थीम पर पूरी तरह केन्द्रित कविताओं में 'समय के पास समय' *(समय के पास समय)*, 'पास' और 'दूर' – दोनों आविन्यों संग्रह से, या एकल थीम पर केन्द्रित कविता 'बहुरि अकेला-२१' शामिल हैं। लेकिन इस पर ध्यान देना महत्त्वपूर्ण है कि अनभिव्यक्त समय, जिसका नाम से ज़िक्र नहीं है, लगभग सभी कविताओं में बुनियादी तन्तु के रूप में, स्थितिपरक या धारणात्मक विवक्षितार्थ के रूप में मौजूद है – वह न सिर्फ़ स्वतन्त्र कविताओं के आर्थी क्षेत्र की रचना में भागीदारी करता है बल्कि, एक व्यापक अर्थ में, वाजपेयी के समूचे कृतित्व की रचना में भागीदारी करता है। १९९८ में कवि ने "आयु का प्याला" रूपक ('एक लम्बी-अधूरी प्रेमकविता', अभी कुछ और) का प्रयोग किया था, लेकिन १९९५ में ही वह "पवित्र समय" ('वह बैठी है', *आविन्यों*) के एक विशिष्ट नाम का प्रयोग कर चुका था। इन दो वर्णनों के बीच उनके काव्यात्मक क्षेत्र में समय की तीन परतें मौजूद हैं। उनको इस तरह वर्गीकृत किया जा सकता है : क/ मिथकीय समय, ख/ काव्यात्मक शब्द का समय, ग/ रोज़मर्रा जीवन का समय। इनका विश्लेषण इनके प्रतीकात्मक सोपानक्रम के मुताबिक़ नीचे किया जा रहा है।

क/ मिथकीय समय

इस कोटि का सबसे अच्छा चित्रण 'बहुरि अकेला' शृंखला की पाँच बन्धों की इक्कीसवीं कविता[८२] में है, जो "समय" शब्द के चौखटे में निबद्ध है, और हर बन्ध की शुरुआत भी इसी शब्द के साथ होती है। यह कविता समय के सत्त्व पर एक काव्यात्मक उपान्तरण है और वह उसकी संरचना को लेकर कवि के रुख को भी परिभाषित करती है। यह एक ऐसे समय के बारे में कविता है जो जीवन के अनुभवों को समय की आवर्ती प्रकृति से, समय के बिन्दु से और उसकी धारणा से जोड़ता है। समय पदार्थ का रूप है, स्पेस की ही भाँति। अशोक वाजपेयी की कविताओं में यह क्षणों के रूप में भी उपस्थित है, और इस नाम से प्रगट भी होता है। यह

कविता-विशेष समय के लक्षणों, उसकी सृजनात्मक शक्ति (वह शुद्धीकरण करता है [“अभिषेक का समय”]), उसकी विश्व-रचना-शक्ति (जो हवा के हल्केपन में रूपान्तरित होती है [“हवा की तरह हल्के होने का” समय]), और मानस को समान स्तर पर लाने (भूलने [“भूलने का / समय”]) के बारे में चिन्तन से निर्मित है, लेकिन यह रोज़मर्रा गतिविधियों का समय भी है (“छाता और लाठी कोने में धरने” का समय), और अन्ततः यह वह समय भी है जो अपना ही आरम्भ और अपना ही अन्त होते हुए समूचे मानव-अस्तित्व को अपने में घेर लेता है। दूसरे शब्दों में, यह अनन्त की कल्पना है। कविता मिथकीय समय का उत्सव मनाती है लेकिन इसे लक्ष्य न करना मुश्किल होगा कि रोज़मर्रा जीवन की सामग्री को सम्बद्ध करते हुए यह साथ ही साथ पार्थिवता का, जीवन की भौतिकता का, भी जश्न मनाता है। इसी तरह ‘समय’ कविता *(आविन्यों)* में अशोक वाजपेयी कहते हैं :

समय अब यहाँ नहीं आता
आता है सिर्फ़ काल
अपनी भारी पदचापों से
शताब्दियों पुराने लम्बे गलियारों में।

वे ‘यही हमारा समय है’ *(अभी कुछ और)* और ‘समय पृथ्वी बन जाता है’ *(दुख चिट्ठीरसा है)* में पूरक वक्तव्य भी जोड़ते हैं :

यह कविताओं और प्रेम में बार-बार लौटता अनन्त
ऊपर जा रही नसैनी पर फिसलता पाँव
क़िले की दीवार की दरार में उग आयी घास
यही हमारा समय है।

❑ ❑

समय एक वाद्यवृन्द है
जो पृथ्वी और आकाश के
जल और पवन और पावक के संगीत को
एक साथ गूँथकर भजता है इस तरह
कि अन्त में सिर्फ़ वही बचता है।
झंकृत अनुगुंजित अनहद।

समय का यह रहस्यमय वाद्यवृन्द चेतना में, अवचेतन में, सदा जोड़ते हुए, मिथकीय समय के अस्तित्व को प्रतिबिम्बित करता है, तब भी जब "हम रचते हैं / अपनी जिजीविषा और अपना समापन" ('उसे लगता है', *अभी कुछ और*)। क्योंकि अशोक वाजपेयी की कविता में "क्षण बाहर हो जाते हैं दिन की परिधि से" ('बाँहें', *आविन्यों*)। ऐसे स्थल जो क्षणों के समय और आन्तरिक अनुभवों (प्रेम) के समय को 'पवित्र', 'सर्वव्यापी', 'सार्वभौम' समय से जोड़ते हैं, अशोक वाजपेयी की कविता में बारबार आते हैं। समय मनुष्यों का आलिंगन करता है लेकिन अन्य सत्ताओं का भी करता है, समय जो कि शब्द में बसता है - जैसे कि 'सुबह' कविता *(आविन्यों)* के इस पहले हिस्से में :

यहाँ ठहरे समय को पता नहीं
सुबह कब होगी
सामने के ऊँचे पाषाण-शिखर को
धूप आने के पहले पता ही नहीं चलता कि
क्या समय है।

एक प्राचीर पर बैठी काली-लाल चिड़िया
सहमकर ठण्डे उजास में

या 'ईश्वर के घर में' कविता *(आविन्यों)* के चौथे हिस्से में :

उसके घर में कीड़ों की पंक्तियाँ
लिखती हैं इबारत जीने की
समय झरता है दीवार से गारे की तरह।

शब्द में (शब्द के घर में) रहने वाला समय कवि की चेतना का समय है - उसकी कविता का देश-काल।

ख/ काव्यात्मक शब्द का समय

'बहुरि अकेला-२१', जोकि अन्ततः समय की भक्ति है, के चौथे बन्द में कवि उस समय के बारे में बात करता है जो शब्दों के लिए अज्ञात सृष्टि की व्यवस्था के भीतर से प्रगट होता है। इस व्यवस्था में मानव जीवन,

सांसारिक समय में, अगणित क्षणों की शृंखला से निर्मित होता है, जो जीवनीपरक तिथियों से परिसीमित है। 'एक बार जो' कविता *(कहीं नहीं वहीं)* में अशोक वाजपेयी लिखते हैं :

अभी बचाने या सहेजने का अवसर है
अभी बैठकर साथ
गीत गाने का क्षण है।
अभी मृत्यु से दाँव लगाकर
समय जीत जाने का क्षण है

''अभी'' की तिहरी आवृत्ति उस चीज़ पर जोकि एक गीत है सोचने, एकाग्र होने, उत्सव मनाने के आन्तरिक संकल्प को व्यक्त करती है। जिस विषय-वस्तु का उत्सव मनाया गया है गीत उसकी ध्वन्यात्मक सतह बन जाता है। कवि एक सामान्य गीत में भागीदारी करता है, हालाँकि अन्दर से वह अकेला है, अपने मनो-दैहिक व्यक्तित्व की बनावट के साथ अकेला। 'कविता के हरे-गझिन वृक्ष से' कविता *(इबारत से गिरी मात्राएँ)* में वह अपनी आकांक्षा के बारे में इस तरह बात करता है :

मैं (...) जोड़ना चाहता हूँ
एक हरा-भरा क्षण
एक सम्भावना की द्युति,
एक निश्शब्द प्रार्थना।

लगभग इसी तरह के आन्तरिक एकाकीपन का चीत्कार हमें 'गोधूलि में' (कहीं नहीं वहीं) में सुनायी देता है :

चाहत में हमेशा की तरह अकेले
हिम्मत में अकेले
गोधूलि में
अकेले!

इस कविता में वर्णित गोधूलि भारतीय वास्तविकता का बेहद सजीव बिम्ब है। यह 'गो' और 'धूलि' से मिलकर बना शब्द है जिसका शाब्दिक अर्थ होगा 'गाय की धूल', या दिन का वह समय जब गायें चरागाह से लौटती हैं और उनके खुरों से धूल उड़ती है। इस तरह कविता में हमारा साक्षात्कार

एक काव्यात्मक क्षण से होता है जिसमें "समय अपनी अँधेरी उँगलियों से / अँधेरे के पानी में रोशनी टटोल रहा है" ('दरवाज़े सब बन्द हैं', दुख चिट्ठीरसा है), क्योंकि "समय" "प्राचीन शब्दों से घिरा हुआ है" ('धीरे-से', तत्पुरुष), और "शब्द अँधेरे में वाक्य-च्युत" ('आख़िरी शाम की प्रार्थनाएँ', आविन्यों) भाषा के साथ-साथ एक भूदृश्य को एकीकृत करते हैं, रचते हैं। अशोक वाजपेयी ने 'समय के पास समय' (समय के पास समय) में लिखा है, "समय फेंकता है हाशिये पर कविता को / घायल करता है शब्द को", और आगे वे जोड़ते हैं, "समय के पास / सबके लिए समय है", जबकि कविता की भूमिका को वे इस सन्दर्भ में इस तरह देखते हैं : "समय को रुकना होगा / ताकि अनन्त / अपनी राह जा सके" ('स्थगन', उम्मीद का दूसरा नाम), और समय के लिए वे एक कल्पित भूमिका भी प्रदान करते हैं :

> मैं चाहता हूँ कि थमकर
> समय पर एक गाँठ और बाँधूं :
> पर कौन जानता है
> स्वयं समय गाँठ भर हो अनन्त में।
> –'पेरिस में आठ दिन (छठवाँ दिन) : गाँठ' *(कुछ रफ़ू कुछ थिगड़े)*

समय को थमा देने की इस अनिवार्यता को कवि ने इस वक्तव्य के माध्यम से भी जतलाया है :

> समय ठिठकता है
> समय चाहता है अपनी कक्षा से बाहर आना,
> समय ऊबता है अपने समय होने से।
> –'समय के पास समय'

ग/ रोज़मर्रा जीवन का समय

समय की संरचना – उन कविताओं में चित्रित जो उसकी उपस्थिति को रोज़मर्रा जीवन में दर्शाती है – विषमांगी प्रकृति की है। कभी वह "ढाल पर ताक में बैठा" "काल की आँख में चुभता समय" ('बेतरतीब-चार', *समय के पास समय*) हो सकता है, तो कभी "समय के चूहे" हो सकते

हैं जो "छोटी-सी चादर" को कुतर रहे होंगे, और इससे भी ज़्यादा यह कि "पीठ पर रेंगती हैं" ('फिर भी', *अभी कुछ और*), अन्यत्र ये समय है जो "भरता है अपना घर, अपना आँगन, अपना ओसारा" ('अकस्मात-१' *अभी कुछ और*)। ऊपर वर्णित समय के रूपों में पहले दो पर्यवेक्षण की भाषा में व्यक्त चाक्षुष और यथार्थवादी शक्ल लेते हैं (ढाल, चादर), जबकि तीसरा उदाहरण सादृश्यों की भाषा में व्यक्त मिथकीय समय को चित्रित करता है। चाक्षुष और सादृश्यपरक दोनों ही तरह के रूप कवि की विचारणा में समान रूप से भागीदारी करते हैं। हालाँकि ये विचारणाएँ गूढ़ ढंग से एक तरह के आद्य-समय में गुँथी हुई हैं, जैसे कि पूर्वोद्धृत कविता 'समय की खोह में' के इस अंश में :

याद नहीं किस जन्म या सदी में
समय की एक अँधेरी खोह में मैं रख आया था
(...)
बीज-पत्थर।

वे गुँथी हुई हैं, भले ही समकालीन क्षणों की ओर या विशिष्ट स्थलों की ओर इशारा करती हों, जैसे कि मसलन कविता 'तीन कायर गीत : कौन झंझट में फँसे' *(दुख चिट्ठीरसा है)* में :

मैं ग़लत जगह, गन्दे वक़्त,
झगड़ालू पडोस,
ख़ूंख्वार लोगों के बीच फँस गया हूँ।

जिन नकारात्मक कोटियों से कवि अपने समकालीन युग को चित्रित करता है वे किसी अर्थ में समय की ओर भी इशारा करती हैं। कविता 'मैंने प्रार्थना की' (इबारत से गिरी मात्राएँ) में अशोक वाजपेयी किसी धर्मान्तरित व्यक्ति के-से खुलेपन के साथ स्वीकार करते हैं :

मैंने प्रेम के लिए प्रार्थना की,
संग-साथ के लिए प्रार्थना की -
मैंने पड़ोस के लिए प्रार्थना की।
मैंने अज्ञात देवताओं से आग्रह किया कि
वे बचाएँ पवित्रता को
हमारे समय में घसीटे जाने से

कीचड़ में।

उनका धर्मान्तरण इस तथ्य में निहित है कि पहले वे जानते थे कि समय ख़ामोश रोता है (''मूक रुदन करता समय'' ('आविन्यों-१', *अभी कुछ और*), ''समय कुछ न कुछ बिना दीखे या प्रगट हुए / नष्ट होता रहता है'' ('अब अगर', इबारत से गिरी मात्राएँ)। इसलिए, ''हम यमद्रुम के नीचे / (...) समय से पूछते हैं'' ('बहुरि अकेला-१६), या 'समय से अनुरोध' *(तत्पुरुष)* में कवि स्वयं ही याचिका दायर करता है :

समय, मुझे सिखाओ
कैसे भर जाता है घाव? - पर
एक अदृश्य फाँस दुखती रहती है
जीवन-भर।

इस तरह के निवेदन के बाद क्या बच रहता है? ''आयु के प्याले में (...) / प्रतीक्षा है'' ('एक लम्बी-अधूरी प्रेमकविता', अभी कुछ और)। ''समय के प्याले'' का रूपक प्रतीक्षा के नाटक को लाघव प्रदान करता है, उस सच के नाटक को भी जो 'धूल की तरह सच' *(तत्पुरुष)* में है :

अपने समय का सच,
अपने समय में आदमी के धीरे-धीरे
ग़ायब हो जाने का सच।

और यह ठीक इसलिए है क्योंकि-

हम अपने समय की हारी होड़ लगायें
और दाँव पर लगा दें
अपनी हिम्मत, चाहत, सब कुछ।

क्योंकि यह लोप सिर्फ़ उस चेतना में घटित होता है जिसके बारे में अशोक वाजपेयी 'एक लम्बी कविता : शताब्दी के अन्त के कगार पर' शृंखला की 'कुँजड़े' कविता *(समय के पास समय)* में बात करते हैं :

सदी तो हमारे लिए बीत रही है
गाजर, अदरक, धनिया और ककड़ी आदि
इस सदी से, किसी भी सदी से बाहर हैं :
उनका अगर इतिहास नहीं तो उनका समय भी नहीं है।

यह मूल्यांकन समय के एक और भी ज़्यादा लघु रूपान्तरण का कारण बनता है जिसे 'थोड़ी देर और' नामक कविता *(इबारत से गिरी मात्राएँ)* में मानो पीछे से लक्ष्य किया गया है :

थोड़ी देर और
तो समय किसी चींटी की तरह
ग़ायब हो जाता
दीवार की दरार में।

और "चींटी का समय लम्बा न होता होगा : / जितना होता है उसमें वह उस समय से परेशान होती है / इसका कोई ज्ञात प्रमाण नहीं है" ('चींटी', *इबारत से गिरी मात्राएँ*)। चींटी की आत्मचेतना[८३] को कवि की चेतना के तुल्यरूप देखा गया है। इस तथ्य को देखते हुए कि "समय के पिछवाड़े / याद खेलती है नटखट / बच्चों का खेल" ('आविन्यों-२, *अभी कुछ और*) समय की इस तरह की युक्ति चेतना के द्वारा नियन्त्रित है, जैसे कि कविता 'क्या इतना काफ़ी है?' *(आविन्यों)* में :

हमने समय की कई इबारतें भुला दीं
घास और चट्टानों के बीच खोज लिये कुछ फूल।

जबकि यह खोज "समय के उद्यान की नारंगी आभा" ('नेत्र', *आविन्यों*) में होनी चाहिए थी, जहाँ "सदियों की क्यारी में खिला अभी का गुलाब" ('हर पत्ती का नाम नहीं', *आविन्यों*) है। समय-उद्यान का दृश्य, एक सृजनात्मक उत्प्रेरणा के रूप में कवि के साथ उसके पहले कविता-संग्रह के समय से ही बना हुआ है। अपने पहले कविता-संग्रह, *शहर अब भी सम्भावना है* की कविता 'प्रार्थना और चीख़ के बीच' में अशोक वाजपेयी लिखते हैं :

समय और कामना में -
पहली बार मैं पहचानता हूँ;
शब्दों के अवसाद में
प्रार्थना और चीख़ के बीच स्थगित
कविता
जो कहीं नहीं रखी जा सकती।

क्योंकि वह कवि के बौद्धिक देश-काल में है : उसकी कल्पना में।

।। दो : २ ।। सामाजिक संवेदना का क्षेत्र

जिन कविताओं की विषय-वस्तु और संरचना समकालीन भारत की सामाजिक-राजनैतिक वास्तविकता की ओर संकेत करती हैं और पाठक को इस वास्तविकता के बारे में न सिर्फ़ अपने विषय के माध्यम से बल्कि कविता में समाहित सूचना के माध्यम से बताती हैं, उनमें भावना के विभिन्न स्तरों और कलात्मक मूल्य के विभिन्न स्तरों की कविताएँ शामिल हैं। इन कविताओं के विषयों को वर्गीकृत किया जा सकता है, और उनकी विषय-वस्तु के स्वतन्त्र घटकों को वर्गीकृत करना भी सम्भव है। पहले वर्ग में तीन पाठ हैं जो इतिहास और राजनीति के मुद्दों को उठाते हैं, दूसरे में, वे हैं जो अज्ञात नागरिकों की साधारण वास्तविकता पर केन्द्रित हैं, और तीसरे वर्ग में वे कविताएँ हैं जो अपने आन्तरिक विन्यास में अज्ञात नागरिकों की तात्त्विकी, कवि की आवाज़, और सांस्कृतिक सन्दर्भ को एकीकृत करती हैं। ये तीनों वर्ग मिलकर उन कविताओं के व्यापक समूह को तैयार करते हैं जो वाजपेयी के पहले कविता-संग्रह से लेकर समूचे कृतित्व में बिखरी हुई हैं। उनकी कुल संख्या लगभग दो सौ है। उनका साहित्यिक रूप विविध है : निरूपणों, अभियोगों, घोषणापत्रों से लेकर काव्यात्मक समाधिलेखों, दार्शनिक स्पर्श से युक्त अधोलेखों तक, और, उदाहरण के लिए, समय के एकालापों तक।

इस विश्लेषण की शुरुआत 'देवता लौटते हैं गोधूलि में' *(कहीं नहीं वहीं)* के इस निरूपण के साथ होनी चाहिए :

> शताब्दी उठाती है
> बिसरा दी गयी भूलों का गट्ठर
> और अपने ख़ून-सने हाथों से माँगती है
> जवाब!

इतिहास के अनिवार्य पहलुओं का एक जवाब कवि कुछ पहले ही दे चुका है, जो 'अब वक़्त आ गया है' *(एक पतंग अनन्त में)* की काव्यात्मक घोषणा में भावनात्मक जुबान में व्यक्त है :

> अब वक़्त आ गया है
> कि मैं भी कोई पैग़म्बराना हरक़त करूँ।

(...)

वक़्त आ गया है कि मैं
कहीं भी ढेर में से
हाथ बढ़ाकर उठाऊँ एक मुट्ठी राख
जली हुई हरिजन हड्डियाँ
कोकाकोला की टूटी हुई अधबोतलें
और अपने साल-भर के बेटे के पास
ले जाकर
चालू मुहावरे में कहूँ : यह है
मेरा देश (...)

अब वक़्त आ गया है
कि कचरा, कामना
बस की पुरानी टिकटों
और जुलूस को गड्मड्ड कर
एक अलगण्ट नारा बनाऊँ
और बेवकूफ़ों और गधाचेहरा लोगों को
बारबार धिक्कारता दुत्कारता हुआ प्रजातन्त्र की ओर निकल जाऊँ।

एक दोहरी प्रकृति का वक्तव्य - निरूपण और घोषणा से युक्त - कवि ने 'देवता' कविता *(कहीं नहीं वहीं)* में दिया है :

उधर शिवरात्रि पर
मेले में जाती हुई भीड़
गुज़रती है उसी ढर्रे से
देवता को लगभग भूलते हुए
बड़े देवता की भक्ति से सराबोर
और उसी वक़्त
सालों के कचरे से ऊपर आ जाता है
कैप्टेन कम्बरलैण्ड का फेंका हुआ
पुराना विक्टोरयन टूथब्रश
जो उसने उन्नीसवीं सदी के
किसी दिन

घोड़े पर जाते हुए इधर फेंका था।

पाठ अपने आप में औपचारिक, यहाँ तक कि रूखा, वस्तुनिष्ठ बनाने वाला है, और वह सहसा खिलन्दड़े समय को एक ऐतिहासिक समय में बदल देता है - एक रोज़मर्रा वस्तु, टूथब्रश, के विवरण से। इस दृश्य में निहित यथार्थवाद से विचारधारात्मक अमूर्तन की भाषा पर्यवेक्षण की भाषा में बदल जाती है, इसमें भाषा को यथार्थ के समानान्तर बनाने की कोशिश है। कवि एक सांस्कृतिक नृतत्त्वशास्त्री की तरह व्यवहार करना शुरू कर देता है। और एक सांस्कृतिक नृतत्त्वशास्त्री की भाँति ही वह एक प्रणालिपरक समस्या में फँस जाता है, जिसे वह 'भले लोग' कविता (*कुछ रफ़ू कुछ थिगड़े*) में इस तरह व्यक्त करता है :

उन्हें पहचानना और याद रखना मुश्किल होता है
वे इतने साधारण और अज्ञातकुलशील होते हैं,
जो थोड़ी देर आपके साथ भलमनसाहत कर
फिर अपनी नामहीनता में लौट जाते हैं,
आपकी कृतज्ञता की प्रतीक्षा किये बिना।

इसका फ़ैसला करना मुश्किल है कि यह मुद्दा किस हद तक कवि के अपने जीवन-सम्बन्धी और प्रत्यक्ष अनुभवों से जुड़ा हुआ है और किस हद तक 'बहुसंख्यकों पर हुकूमत' से उत्पन्न मुश्किलें भारतीय जनसंख्या को प्रभावित कर रही हैं। अशोक वाजपेयी के समूचे कृतित्व के सन्दर्भ में इस कविता के समापक हिस्से के नैतिक लहज़े को उनके रवैये के प्रतिनिधि लहज़े की तरह देखा जा सकता है :

अँधेरे में आदमी होने की काँपती लौ
आपके हाथों थमाकर गुमनामी में
वापस चले जाते हैं वे लोग।
जब तक ऐसे लोग हैं
हमें देवताओं की कोई ज़रूरत नहीं पड़ती।

इन पाँच पंक्तियों में हाथ हैं, लौ है, वापसी है, और देवता हैं - इस तरह यहाँ ऐसे अनेक प्रतीक-चिह्न हैं जो अशोक वाजपेयी की कविताओं में बार-बार आते हैं। यहाँ तक कि उनके प्रगट होने का क्रम भी उस मापदण्ड की व्यवस्था का परिणाम है जो उनकी दार्शनिक विचारणाओं में प्रयुक्त है।

बीसवीं सदी के योरोपीय साहित्य में, ख़ासतौर से १९३० के दशक में तथाकथित सामान्य आदमी का मिथक बहुत लोकप्रिय था, मुख्यतः इसलिए कि हांस फालादा के उपन्यास वाइमाग़ रिपब्लिक में बेरोज़गारी के मुद्दे पर केन्द्रित थे। वाजपेयी के यहाँ साधारण मनुष्य इस तरह चित्रित है :

वह जा रहा है
सड़क पर
एक आदमी
अपनी जेब से निकालकर बीड़ी सुलगाता हुआ
धूप में -
इतिहास के अँधेरे
चिड़िया के शोर
पेड़ों में बिखरे हरेपन से बेख़बर।

-'सड़क पर एक आदमी' *(तत्पुरुष)*

एक नामहीन मनुष्य के रोज़मर्रा जीवन को कवि अनेक तात्त्विक सन्दर्भों में देखता है। "तात्त्विक प्रश्नों का सरोकार उन चीज़ों से होता है जिनको आप सामाजिक जीवन की कैफ़ियत के लिए जगाये गये कारकों के रूप में पहचानेंगे।" इन कविताओं में तात्त्विकता, क़रीब-क़रीब गल्पकृत स्थलों में, लगभग साधारण रूप में प्रगट होती है : "बूढ़े मिलने पर एक-दूसरे से करते हैं / मुहल्ले की रसभरी गप्पें" ('बहुरि अकेला-२०'); "सरनाम सिंह एक शव था, / ग्यारह पचीस बजे रात, / राममनोहर लोहिया अस्पताल के मुर्दाघर में", "पोस्टमार्टम के बाद उसके शरीर को सी कर ठीक कर दिया गया" ('सरनाम सिंह की मृत्यु पर', *इबारत से गिरी मात्राएँ*); यात्री दूर क्षितिज पर एक घर देखते हैं और "उम्मीद करते हैं कुछ गुड़-पानी मिलेगा" ('तलाश', *तत्पुरुष*); एक बूढ़ा मुसलमान "नयी कॉलोनी के किसी दफ़्तर" का "चौकीदार" है, उसकी आँखों में उस आदमी आदमी का भाव है "जैसे उसे हर हालत में अपने आदमी होने की पूरी ख़बर है", "पंखुरियों के एक चकत्ते पर सोई आदिवासी मज़दूरिन" ('वह बूढ़ा मुसलमान', *कहीं नहीं वहीं*)। 'स्तुति' कविता *(दुख चिट्ठीरसा है)* में, जो इस स्वीकारोक्ति के साथ आरम्भ होती है कि

मैं स्तुति करना चाहता हूँ
उसकी जो दस्तक दे रहा है हर दरवाज़े पर

सुबह-सुबह दूध के पैकेट और अख़बार देने के लिए।

-कवि मज़दूरों की एक लम्बी फ़ेहरिस्त देता है : घर की साफ़-सफ़ाई करने वाली, समोसे बनाने वाला, रसोइया, डाकिया जो 'कई शहरों से न्यौते और चिट्ठियाँ'' इकट्ठे कर दूसरों के पतों पर लाता है, सिर पर ईंट-गारा ढोने वाला, दूकानदार, फुटपाथ पर सोता बेघर इंसान, दूसरों की इमारतों पर पहरा देने वाला चौकीदार, वह घरेलू मज़दूर स्त्री ''जो आकर मसाला कूटकर बरनियों में भरकर रख जाती है'', और जो ''चावल-दाल से कंकड़ बीनकर साफ़ कर जाती है'', एक बूढ़ा ''जो पार्क की बेंच पर भूखा सोता है''। यह 'स्तुति' इन शब्दों के साथ समाप्त होती है : ''मेरी कविता उन सबके सामने सिर झुकाती है'', ''आज मेरी कविता सिर्फ़ उनकी स्तुति है''।

सामाजिक जीवन के इन आशुचित्रों के पीछे 'कैमरामेन की निगाह'' के रिपोर्टर जैसे यथार्थवाद के साथ एक भिन्न वास्तविकता भी छिपी हुई है। इसका निरूपण 'एक लम्बी कविता : शताब्दी के अन्त के कगार पर' शृंखला की दो कविताओं 'कुम्हार' और 'मछुआरा' *(समय के पास समय)* में किया गया है। कुम्हार अपने काम के बारे में बताता है :

> (...) मैं तो अपने चके पर मिट्टी चढ़ाता हूँ
> और अपनी उँगलियों से उसे गुदगुदाता हूँ
> और कोई रूप गढ़ता हूँ।
> मेरे हाथ मेरे सपने मेरी बेचैनी,
> मेरी रोज़ी, मेरा चढ़ता-उतरता दिन
> (...)
> मेरा हुनर मिट्टी के साथ चलने का
> उसे वहाँ ले जाने का है, जहाँ वह न गयी हो

वह उस समय पर भी टिप्पणी करता है जिसमें उसका काम किया जा रहा है :

> समय मेरे हिस्से में अधिक नहीं आया है
> पर जितना मुझे मिलता है
> उसे मैं घूमते चके पर मिट्टी के लौंदे-सा रखकर
> मनचाहा आकार देता हूँ
> कभी उसके शरीर में एक खिड़की खोल देता हूँ

कभी उसे आकाश की तरह नक्षत्रों से सजा देता हूँ।

और फ़ुरसत के समय पर भी

मुझे फ़ुरसत कम मिलती है
पर जब मैं थक जाता हूँ तो चका थामकर
अपने ओसारे से
कभी-कभी सोचता हूँ कीचड़ में धँसे चके के बारे में।

कुम्हार जो कुछ भी सोचता है उसे वह साधारण बोलचाल की जुबान में व्यक्त करता है, वाक्यों की कभी धीमी तो कभी तेज़ लय में, हालाँकि संगतियों के किंचित् असमान्य स्वरग्राम में – कुम्हार के चके की मिट्टी से लेकर, उस मिट्टी से होता हुआ जिसमें मरे हुए लोग आर्तनाद करते हैं, शवभक्षी पक्षियों की क्रूर हँसी तक :

मिट्टी का कीचड़ होता तो फिर भी रास्ता निकालता
इस कीचड़ में तो ख़ून, नफ़रत, ज़िन्दगी की कई वहशतें,
विलाप, आँसू और बदले एक-दूसरे में सने हुए हैं,
और कभी-कभी ऐसा लगता है कि पता नहीं कितने मरे हुए लोग
इस कीचड़ में से आर्तनाद कर रहे हैं,
एक रिरियाती-सी आवाज़ में बेसुरा कुछ गा रहे हैं
और उसे बारबार दबोचती-सी है एक क्रूर हँसी।
ऐसे कीचड़ में फँसे चके का हुमस पाना नामुमकिन है :
मानों इस कीचड़ ने ही अपने लिए यह धँसा हुआ चका रचा है।

क्या एक कुम्हार, एक कारीगर, इस तरह सोचेगा? या कहीं यह कवि है जो एक कुम्हार के काम को इस रूप में पेश करता है? उपयोग में लायी गयी सामान्य अभिव्यक्तियाँ वक्ता की सामाजिक हैसियत की ओर संकेत करती हैं, लेकिन विचार के संरचनात्मक संघटन की ओर नहीं। समूचा पाठ इस तरह रचा गया है कि इसके आरम्भ और अन्त में – मानो वे कुम्हार के सृजन का फ्रेम हों – सौम्य और धीमे वाक्य हैं, जबकि बीच के हिस्से में छोटे और क्षिप्र वाक्य हैं, मानो वे कुम्हार के चके की उस गति पर निर्भर हों, जिसे कविता की सिर्फ़ अन्तिम पंक्ति ही विराम देती है।

यही स्थिति 'मछुआरे' कविता में देखने को मिलती है। इस कविता में भाषा एक अनौपचारिक संवाद का रूप ले लेती है, और मछुआरे का कर्म

अस्तित्वपरक सन्दर्भों के समूचे ढाँचे को विकसित करने का निमित्त बन जाता है, जैसा कि नीचे उद्धृत अंश में है :

अब अगर पता चले कि
आकाश एक बहुत बड़ा जाल है
जिसे किसी ने अन्तरिक्ष के अदृश्य जल में
सूर्य, चन्द्र, तारों-नक्षत्रों, पृथ्वी और ग्रहों को
पकड़ने के लिए फेंक रखा है
और जिसकी जाल फेंककर आँख लग गयी है
तो क्या उसे आप मछुआरा ही कहेंगे?
हो सकता है कि उसका कोई अच्छा-सा नाम रहा हो
जो अब न उसे या किसी और को याद रह गया है
हमें भी नहीं हालाँकि हो सकता है कि वह हमारा पूर्वज हो।

क्या मछुआरा ख़ुद से बतिया रहा है, या कवि मछुआरे से बातचीत कर रहा है, या कहीं कवि ही एक काव्यात्मक विषयी के रूप में ख़ुद से, या अनुभवकर्ता लेखक के रूप में ख़ुद से बतिया रहा है? कविता इन सारे सवालों को बिना जवाब दिये छोड़ देती है, बातचीत में मुब्तिला 'शख़्सियतों' के बीच की सीमारेखा धुँधलायी हुई है, और उनमें से प्रत्येक अन्य भी हो सकता है। यह अशोक वाजपेयी के यहाँ अक्सर होता है कि वे कविता में बोल रहे व्यक्ति की पहचान को छिपा देते हैं, वे उसको न सिर्फ़ व्याकरण के सहारे बल्कि समय के प्रयोग के माध्यम से भी अस्पष्ट बना देते हैं। पहली पंक्ति का "अब अगर पता चले कि" परिकल्पनात्मक वाक्यांश काव्यात्मक स्थिति को (समूची बातचीत को) दूसरे समय में स्थानान्तरित कर देता है, जाल फैलाती 'किसी सत्ता' (मानो, लेखक के प्रतिरूप) के मिथकीय समय में, संवाद के सम्बोधियों (कम से कम औपचारिक सम्बोधियों) के समय में, और अन्ततः वक्ता के समय में। समूची स्थिति एक अन्तर्क्रियात्मक रूपक की छाया में आकार लेती है। एक सरल-सा सादृश्य है : जाल उस भाषा के समतुल्य है जिसमें कवि "शब्दों को फँसाता है", अदृश्य जल समय के समतुल्य है, और मछुआरा - स्वयं कवि है। रूपक पाठ को संघटित करता है। इस कविता की विषय-वस्तु, अगर विमर्शात्मक भाषा में कहें तो, लेखक के आत्मबोध से आती है। यह निरा संयोग नहीं है कि स्मरण के निकट "हम" सर्वनाम, इस तरह लेखक भी, मौजूद है जो विस्मृति और

स्मृति के बीच सन्तुलन बनाता है। स्मृति बनाम विस्मृति का विरोध, होना बनाम न होना के विरोध के समानान्तर है, जो कवि की दार्शनिक व्यवस्था का मुख्य परिमाणक है। और देवता-पूर्वज की सम्भावित उपस्थिति पाठक को एक अन्य कविता की याद दिलाती है, जो इस 'न-होने' को लगभग महाकाव्यात्मक ढंग से 'होने' की सम्भावना के रूप में चित्रित करती है। यह 'विलाप'[८४] कविता *(कुछ रफ़ू कुछ थिगड़े)* है, एक लम्बी बावन पंक्तियों की कविता जो खोये हुए स्वर्ग के सांसारिक रूप पर विलाप करती है।

इस कविता की विषय-वस्तु के साथ कवि एक कल्पित घर और कल्पित नगर के, और - हालाँकि प्रत्यक्ष तौर पर नहीं - एक कल्पित समाज के भी, अपने स्वप्न को पूरा करता है। जैसा कि मिर्सिया इलियाड कहती हैं, शहर हमेशा एक जगत की छवि (imago mundi) है और घर एक सूक्ष्म जगत है। दहलीज़ इन दोनों स्थलों को अलगाती है, एक चूल्हा संसार का केन्द्र बन जाता है। एक घर को निर्मित करने की प्रक्रिया संसार के केन्द्र में है और किसी अर्थ में यह विश्वोत्पत्ति का दोहराव है।[८५] कवि समाज को एक सूक्ष्म-समाजशास्त्रीय वैविध्य में चित्रित करता है : अनेक पीढ़ियों का पारिवारिक दायरा, बाबा की स्मृतियाँ, छायावादी कवि निराला, और एक सुप्रसिद्ध साहित्येतिहासकार रामचन्द्र शुक्ल, एक अनाम शिक्षक - धार्मिक ग्रन्थों का एक भाष्यकार, और ज़्बीग्न्येव हर्बेर्त का अनुवाद करता लेखक स्वयं। स्पष्ट तौर पर देखा जा सकता है कि यह जीवनरपरक परिप्रेक्ष्य से रचा गया वैविध्य है। रोज़मर्रा जीवन के मामूली ब्यौरे : रसोई सम्बन्धी, सामाजिक, वाणिज्यिक, स्थलाकृतिक - सब के सब भारतीय समाज के इस सूक्ष्म अंश को एक स्थानीय रंगत प्रदान करते हैं। लेकिन इसे एक व्यापक पृष्ठभूमि के बरक्स, सांस्कृतिक परिप्रेक्ष्य में, अनेकानेक समयों के परिप्रेक्ष्य में रखने के चलते ही यह कविता एक लघु अध्ययन में बदल जाती है। ये दोनों ही परिप्रेक्ष्य आरम्भिक हिस्से में मौजूद हैं, ''कम से कम एक सदी होती / आँगन की तरह चौड़ी-खुली'' पद के साथ, तब भी दूसरे और तीसरे हिस्से में ही वास्तविकताओं और समयों का बिखराव आरम्भ होता है। यह बिखराव, हालाँकि, समूची रचना के चौखटे में अचूक ढंग से किया गया है।

यह कविता एक पुनरुक्ति पर टिकी हुई है : ''मैं विलाप करता हूँ'', जिसका चार बार प्रयोग किया गया है। इस उक्ति का भावुक लहज़ा अपने आप

में इस पुनरुक्ति में एक रहस्यमय असाधारणता का प्रभाव उत्पन्न करता है: क्योंकि यह कैसे मुमकिन है कि उस चीज़ के लिए विलाप किया जाय जिसका कभी अस्तित्व ही नहीं था? आंशिक रूप से साधारण बोलचाल की और आंशिक रूप से आत्मस्वीकृतिपरक उक्ति (मैं विलाप करता हूँ) अर्थों के साथ क्रीड़ा के निमित्त बरती गयी है, शब्द-कौतुक के निमित्त, नैसर्गिक व्यवस्था और नैसर्गिक चीज़ों को उलटने के लिए। आरेखीय तौर पर, चार बार दोहरायी गयी यह उक्ति समय की चार परतों की ओर संकेत करते निशान की तरह प्रतीत होती है। या, शायद, यह कविता में चार स्तम्भों के रूप में रखा गया एक जादुई सूत्र है - समूची स्पेस की रक्षा के लिए। उसी तरह जैसे 'कुम्हार' कविता में, जिसमें कारीगर मिट्टी को कोई भी आकार दे सकता है, एक शृंखला का आकार, ग्रहों का आकार, या वह एक खिड़की भी खोल सकता है - मिट्टी में ही (जो *समय के पास समय* की कविता 'कवि' की ओर संकेत भी हो सकता है)।

विश्लेषित कविता में, पहले हिस्से में ही, मण्डल के प्रतीक-विधान की ओर भी संकेत हैं। क्योंकि वह सदी और क्या हो सकती है, सिवा एक मण्डल की संरचना के जो "आँगन की तरह चौड़ी-खुली" "कम से कम एक सदी होती"? "मण्डल, इलियाड के मुताबिक़, एक वर्गाकार के भीतर अंकित अनेक वृत्तों से निर्मित होता है, जो ज़रूरी नहीं कि संकेन्द्रित ढंग से रखे गये हों।"[८६] दूसरे और तीसरे हिस्से में साहचर्यों का क्षेत्र संरचना को पूरा कर देता है। केवल चौथी बार आया "मैं विलाप करता हूँ" स्मृति की पुनर्रचना की समूची प्रक्रिया को कविता में अध्यारोपित करता है, इसलिए, एक जादुई और सामाजिक क्षेत्र में भी। कल्पना की इन सारी प्रक्रियाओं में उपस्थित समय, अधियथार्थ की अपनी प्रकृति के सामंजस्य में, ख़ामोश बना रहता है लेकिन कविता के समूचे अन्तरंग को "अदृश्य जल" के सत्त्व से भर देता है।

अशोक वाजपेयी की कविता भाषा में दर्ज़ की गयी संवेदना और चेतना के निस्सरण के रूप में समय के अतिक्रमण[८७] का इस्तेमाल करती है जो कि सीधे-सीधे अभिव्यक्त नहीं है, सामाजिक ज्ञान के विविध पक्षों के चित्रण के लिए कविताओं में प्रयुक्त है। समय की इस 'सामाजिक' भूमिका का चित्रण, उसको तात्त्विक हैसियत प्रदान करते हुए, 'ईश्वर के चार विलाप' *(समय के पास समय)* में किया गया है :

कभी-कभार मुझे लगता है कि
क्यों मैंने आदमी को समय दे दिया
जिसे उसने इतिहास में
संहार में बदल दिया :
समय का अर्थ ही अत्याचार हो गया।
किसी अँधेरे कोने में
या किसी सड़कबत्ती की धीमी रोशनी में
जब बदहवास भीड़ें, नृशंस सैनिक और वहशी दंगाई जा चुके होते हैं
तब (...) मैं सिसकता हूँ।

अभियोगात्मक, चेतना के द्वारा नवायी हुई, समय की आवाज़ कवि की आवाज़ है जिसका ज्ञान कविता के शब्दों को नियन्त्रित करता है।

सन्दर्भ

४९. काण्ट अतिक्रामी विषयी (ट्रांसेण्डेण्टल सब्जैक्ट) और अनुभवकर्ता विषयी (एम्पिरिकल सब्जैक्ट) के बीच भेद करते हुए अतिक्रामी विषयी को अनुभवकर्ता विषयी की चेतना के रूप में देखते हैं। अतिक्रामी विषयी अनुभव की सम्भावना के लिए चरम शर्त है, और हम अगर अनुभवकर्ता विषयी को एक अन्य और तब भी अनुभव के एक अत्यन्त अनूठे और विशिष्ट लक्ष्य के रूप में लें तो हमें मानना होगा कि विशुद्ध अवबोध या अवबोध का अतिक्रामी एकत्व अनुभवकर्ता विषयी के अस्तित्व की सम्भावना की भी शर्त होगी।

५०. यहाँ मैं अपने में पहचान की किसी धारणा की परिभाषा की ओर संकेत नहीं कर रही हूँ, बल्कि पुस्तक के इस हिस्से में प्रस्तुत कविताओं की व्याख्याओं के योग की ओर संकेत कर रही हूँ; व्याख्याओं का योग जो "कवि की पहचान की" एक विशिष्ट "छवि" रचता है, जो सारे पाठों द्वारा तैयार की गयी सीमाओं के भीतर मौजूद बिम्बों और विचारों से रचित है।

५१. यह शीर्षक अज्ञेय की कविता 'जो कहा नहीं गया' की ओर संकेत करता है, जिसकी शुरुआती पंक्ति है : "है अभी कुछ और जो कहा नहीं गया"।

५२. द्रष्टव्य : Mircea Eliadé, *Traite d'histoire des religions*, Paris:

Bibliotheque Scientifique Payot, 1989, Chapitre XII. *La structure des symbols*; § 167. *Dégradation des symbols*, § 170. *Cohérence des symbols*, § 171. *Fontion des symbols*, § 172. *Logique des symbols*.

५३. *मैंने प्रार्थना की : मैंने प्रेम के लिए प्रार्थना की, / संग-साथ के लिए प्रार्थना की- / मैंने पड़ोस के लिए प्रार्थना की। / मैंने अज्ञात देवताओं से आग्रह किया कि / वे बचाएँ पवित्रता को / हमारे समय में घसीटे जाने से / कीचड़ में, / संग-साथ को रोटी की क़ीमत में बदले जाने से, / पड़ोस को दूसरों के कचरे का घूरा बन जाने से। // देवता अपनी प्राचीन मूर्तियों में विजड़ित / उदासीन देखते रहे निश्चेष्ट - / मैं उन्हें समझा नहीं सका कि / जिन शब्दों से मैं प्रार्थना कर सकता हूँ / उनसे कविता नहीं बना पाता : / मुझे लगा कि देवता और लोग / दोनों ही / प्रार्थना और कविता से दूर हो गये हैं। // अब मैं धूल-धक्खड़, ख़ून-कीचड़, राख से / शब्द उठाता हूँ - / अभी भी जलने या भस्म होने से बचे हुए - / और कान लगाकर सुनता हूँ / उनमें पवित्रता की खनखनाहट / जिसे छोटी-छोटी क्रियाओं में / अभी भी समोया जा सकता है, बिना किसी देवकृपा के।*

५४. *मैं उम्मीद को / दूसरे नाम से पुकारना चाहता हूँ। // मैं इस गहरी कामना को / एक उपयुक्त संज्ञा देना चाहता हूँ। // मैं पलटता हूँ / कामना का कोश / एक नया शब्द पाने के लिए। // मैं देखता हूँ / सारे नाम पानियों की तरह / बहते, लय होते / उसके नाम की नदी में।*

५५. जल हिन्दू चिन्तन में लगातार अहम भूमिका निभाता रहा है। इसे प्रकृति के पाँच में एक तत्त्व के रूप में देखा गया है (चार अन्य तत्त्व हैं पृथ्वी, अग्नि, वायु और अन्तरिक्ष), और प्राचीन हिन्दू मिथक-विद्या में इसे जीवन का आधार, अमरता की ओषधि और समस्त जगत की बुनियाद कहा गया है। बाद के युगों में जल को चरम आरोग्यसाधक, जीवन के प्रतीक, शक्ति और शाश्वतता के आधान, चरम शुद्धिकारक, जीवनदायी, और जीवन-पोषक के रूप में देखा गया है। उदाहरण के लिए दृष्टव्य है वेण्डी डोनिजर, 'गंगा रिवर', *मेरियम-वेब्स्टर्स एन्साइक्लेपीडिया ऑफ़ वर्ल्ड रिलीजन*, स्प्रिंगफ़ील्ड, एम.ए.: मार्टिन वेब्स्टर, १९९९, पृ. ३६६-७; वसुधा नारायणन, *अण्डरस्टेण्डिग हिन्दूइज़्म : ओरिजिन्स, बिलीफ़्स, प्रैक्टिसेज़, होली टैक्ट्स, सेक्रेड प्लेसेज़*, लन्दन : डंकन बेयर्ड पब्लिशर्स, २००४.

५६. दृष्टव्य : मिर्सिया इलियाड, Mircea Eliadé, *Traite d'histoire des religions*, Paris: Bibliotheque Scientifique Payot, 1989, Chapitre V. *Les eaux et le symbolisme aquatique*; § ६०. *Les Eaux et les Germes*.

५७. वही।

५८. पाल रिका (Paul Ricoeur), *इण्टरप्रिटेशन थ्योरी : डिस्कोर्स एण्ड सर्प्लस ऑफ़ मीनिंग*, फ़ोर्ट वर्थ : टैक्सास क्रिस्चियन यूनिवर्सिटी प्रेस, १६७६, पृ. ६२.

५६. 'सबकुछ छोड़कर नहीं' (*कहीं नहीं वहीं*)

६०. *पिता के जूते : एक पैतृक वृक्ष है / नीले अनन्त के किसी ढहते हुए चबूतरे के पास / छाया हुआ जड़हीन, / और उसके नीचे रखे हैं वे काले जूते / मरे हुए चमड़े के, / कुछ पसरे हुए जीवित पैरों के दबाव से / जो अब नहीं हैं। // पैर नहीं हैं / और न ही वह आदमी / जो उन्हें उस कोने में रखकर / चुपचाप चला गया / किसी और चबूतरे पर बैठकर / आगे की यात्रा तय करने के लिए। // वृक्ष पर फुदकने वाली रंगीन चिड़ियाँ / अलक्ष्य करती हैं / उन ख़ाली जूतों को / पर रंगहीन वृक्ष डालता है / अपनी किसी शाखा की पतली छाया उनपर / धूप से उन्हें बचाने के लिए नहीं / बल्कि उन्हें धीरे-से जताने के लिए / कि उसे याद है कि वे वहाँ हैं। // जूते कोशिश करके भी याद नहीं कर पाते / उन पैरों को जो उनमें थे। // वे सपना देखते हैं नन्हें पैरों का / जिनके लिए वे हमेशा बड़े साबित होंगे।*

६१. बच्चे : *बच्चे गा रहे हैं / चट्टान के पार से / नीले के परे / आराम करते पुरखों को पुकारते-जगाते हुए // बच्चे फेंक रहे हैं / एक गेंद / मृत्यु के पार / इस उम्मीद में कि पिता / वापस भेजेंगे // बच्चे उड़ा रह हैं एक पतंग / अनन्त में / जानते हुए कि माँ / उसमें खिलौने लटकाकर लौटायेगी // बच्चे खेल रहे हैं / अपने निरन्तर होने / अमर होने का एक अन्तहीन खेल*

६२. "मुझे याद आता है कि बीसवीं सदी की हिन्दी कविता के एक महत्त्वपूर्ण कवि गजानन माधव मुक्तिबोध ने कहा था कि संयुक्त परिवार का विघटन भारतीय समाज की सबसे बड़ी त्रासदी रही है। मैं समझता हूँ कि संयुक्त परिवार व्यवस्था के अपने कुछ प्रतिबन्धों और परिवार के सदस्यों पर उसकी दमनकारी जकड़बन्दियों के बावजूद, यह मानवीय घनिष्टता, पारस्परिक सहयोग और अवलम्ब की गारण्टी के मामले में एक महान व्यवस्था रही है। और ज़रूरत पड़ने पर नैतिक और मनोवैज्ञानिक चिकित्सा तथा इमदाद के मामले में भी।" अशोक वाजपेयी, 'द ज्वाइण्ट फैमिली,' द *लिटिल मैगज़ीन*, III/1, २००२, पृ. १२.

६३. पूर्वजों की अस्थियों में : *हम अपने पूर्वजों की अस्थियों में रहते हैं - //*

हम उठाते हैं एक शब्द / और किसी पिछली शताब्दी का वाक्य-विन्यास / विचलित होता है, / हम खोलते हैं द्वार / और आवाज़ गूँजती है एक प्राचीन घर में कहीं - // हम वनस्पतियों की अभेद्य छाँह में रहते हैं / कीड़ों की तरह। // हम अपने बच्चों को / छोड़ जाते हैं पूर्वजों के पास / काम पर जाने के पहले। // हम उठाते हैं टोकनियों पर / बोझ और समय। / हम रूखी-सूखी खा और ठण्डा पानी पीकर / चल पड़ते हैं, / अनन्त की राह पर / और धीरे-धीरे दृश्य में / ओझल हो जाते हैं / कि कोई देखे तो कह नहीं पायेगा / कि अभी कुछ देर पहले / हम थे। // हम अपने पूर्वजों की अस्थियों में रहते हैं

६४. श्राद्ध की परम्परा के लिए दृष्टव्य : बेंजामिन वाकर, द *हिन्दू वर्ल्ड : एन एन्साइक्लोपीडिक सर्वे ऑफ़ हिन्दूइज़्म*, खण्ड २, नयी दिल्ली : मुंशीराम मनोहर लाल, १९८३, पृ. ४२७.

६५. ऑर्थर एल. बाशम, द *वण्डर दैट वाज़ इण्डिया। अ सर्वे ऑफ़ द कल्चर ऑफ़ इण्डियन सब-कॉण्टिनेण्ट बिफ़ोर द कमिंग ऑफ़ द मुस्लिम्स*, १९५४, लन्दन : सिजविक एण्ड जैक्सॅन, १९५४ पृ. १५६.

६६. "यह परिवार लगभग खुद-ब-खुद फैलता गया, उसमें दोस्त, कलाकार और लेखक जुड़ते गये, जिनमें कइयों ने मुझे उनपर लिखने को उत्प्रेरित किया - संगीतकार पण्डित कुमार गन्धर्व, पण्डित मल्लिकार्जुन मंसूर और उस्ताद अली अकबर खाँ, और चित्रकार जे. स्वामीनाथन और सैयद हैदर रज़ा आदि। इस परिवार के विस्तार में न सिर्फ़ शब्द, कविता और साहित्य जुड़ते गये बल्कि रंग और रूपाकार, चित्र, ध्वनियाँ और लयें, संगीत, मुद्राएँ और ताल, नृत्य भी जुड़ते गये। साझेदारी और संग-साथ का परिवार, सृजनात्मकता का परिवार, उसके अनेक उद्विग्नताओं और ज़िन्दादिली का, उसके साहस और अतिचारों का परिवार।" अशोक वाजपेयी, 'द ज्वाइण्ट फैमिली,' द *लिटिल मैंगज़ीन*, III/I, २००२, पृ. १३.

६७. यह सन्दर्भ *Filozofia Wschodu. Wybyr tekstyw* (पूरब का दर्शन। पाठों का एक चयन), Krakow: Wydawnictwo Uniwersytetu Jagielloskiego, 2002, पृ. १८३ में मार्ता कुदेल्स्का के पोलिश अनुवाद पर आधारित है।

६८. "मुझे लगा (...) मेरे दो परिवारों के परे एक और बड़ा परिवार भी है, जिसके साथ भी मेरा समबन्ध था, और जो हमारे क़स्बाती अस्तित्व को नियन्त्रित करता था। बहुत बाद में, मुझे अहसास हुआ कि महान भारतीय काव्य परम्परा के सन्दर्भ में हमारे परिवार में पक्षी, वृक्ष, फूल, आकाश, नक्षत्र, सूर्य और चन्द्रमा

और निश्चय ही समूची पृथ्वी भी शामिल है (...)", अशोक वाजपेयी, 'द ज्वाइण्ट फैमिली', द *लिटिल मैंगज़ीन,* III/I, २००२, पृ. १२.

६९. *जल / खोजता है / जल में / हरियाली का उद्‌गम / कुछ नीली स्मृतियाँ / और मटमैले चिह्न // जल भागता है / जल की गली में / गाते हुए / लय का / विलय का उच्छल गान // जल देता है / जल को आवाज़, / जल सुनता है / जल की कथा, / जल उठाता है / अंजली में / जल को, / जल करता है / जल में डूबकर / उबरने की प्रार्थना // जल में ही / थरथराती है / जल की कामना।*

७०. 'स्वरलिपि' (*कुछ रफ़ू कुछ थिगड़े*)।

७१. दृष्टव्य : मिर्सिया इलियाड, *Traite d'histoire des religions*, Paris: Bibliotheque Scientifique Payot, 1989, Chapitre V. *Les eaux et le symbolisme aquatique*; § 61. *Cosmogonies aquatiques*.

७२. जल के सपने : *बहुत पहले से सच हूँ, / सच का उद्‌गम हूँ : / बहुत बाद का सपना हूँ, / अन्त का सपना हूँ। // सब कुछ का कारण हूँ - / मैं हूँ इसलिए सब कुछ है : / पता नहीं कि / ईश्वर ने कभी मेरा आचमन किया / या मुझे लेकर नहाया है - / मैं उस पर यह बोझ नहीं डाल सकता ईमानदारी से / कि उसने मुझे रचा है। / कई बार सोचता हूँ कि / क्या बिना किसी के रचे / मैं नहीं हो सकता? // सब कुछ को बहा ले जाता हूँ / कचरा, शव, इतिहास, भूगोल, शहर : शब्द के अलावा / सब कुछ को डुबा देता हूँ।*

७३. सीधे अशोक वाजपेयी से प्राप्त सूचना के मुताबिक़ इस शृंखला का शीर्षक हिन्दी की एक पाठ्यपुस्तक से लिया गया है जिसे उन्होंने छठवीं कक्षा में पढ़ा था। मौन "सत्ताओं" को उनके अपने स्वर में बोलने देने का विचार भी इसी पाठ्यपुस्तक से आया, जिसमें नदी, या ताजमहल जैसी अनेक "सत्ताएँ" स्वतन्त्र रूप से बोलती हैं।

७४. *महानिर्वाण तन्त्र। तन्त्र ऑफ़ ग्रेट लिबरेशन* (II.46), अनुवाद : आर्थ एवालॉन (सर जॉन वुड्रॉफ़), ह्वाइटफ़िश, एमटी : कैसिंजर पब्लिशिंग, २००४, पृ. १७८.

७५. अशोक वाजपेयी की कविता में पत्थरों के महत्त्व के लिए दृष्टव्य : मनोज श्रीवास्तव, 'नयी शैली का कवि', *राष्ट्रीय सहारा,* नयी दिल्ली, १०.२.२००८.

७६. दृष्टव्य : मिर्सिया इलियाड, *Traite d'histoire des religions*, Paris: Bibliotheque Scientifique Payot, 1989, Chapitre VI. *Les Pierres sacrees: epiphanies, signes et forms;* § 74. *Kratophanies lithiques,* § 78. *Pierres trouees, "pierres de foudre".*

७७. पत्थर से केलि करता है पत्थर (खजुराहो में) : *पत्थर चूमता है / पत्थर को // पत्थर को बाँहों में भींचता है / पत्थर // पत्थर भरता है पत्थर को // पत्थर करता है मर्दन / पत्थर का // पत्थर होता है उत्तेजित / पत्थर देखता है मुग्ध / पत्थर देता है निमन्त्रण / पत्थर को // पत्थर उठाता है भुजाएँ / पत्थर तोड़ता है जंघाएँ / पत्थर कुसमित होता है उरोज में // पत्थर काँपता है / पत्थर पसीजता है / पत्थर धार-धार बहता है // पत्थर करता है / पवित्र / पत्थर को // पत्थर से केलि करता है पत्थर।*

७८. सम्भवतः यह नीति किसी रूप में बीसवीं सदी की योरोपीय कविता (विशेष रूप से अँग्रेज़ी कविता) से प्रभावित है जिसमें 'पक्षी' को किसी नाम या प्रजाति से नहीं पुकारा जाता। वह अक्सर आता है और प्रतीकात्मक भूमिका निभाता है।

७९. *चिड़ियाँ आएँगी / हमारा बचपन / धूप की तरह अपने पंखों पर / लिये हुए। // किसी प्राचीन शताब्दी के / अँधेरे सघन वन से / उड़कर चिड़ियाँ आएँगी, / और साये की तरह / हम पर पड़े अजब वक़्त के तिनके / बीनकर बनायेंगी घोंसले। // चिड़ियाँ लायेंगी / पीछे छूट गये सपने, / पुरखों के क़िस्से, / भूले-बिसरे छन्द, / और सब कुछ / हमारे बरामदे में छोड़कर / उड़ जायेंगी। // चिड़ियाँ न जाने कहाँ से आयेंगी / चिड़ियाँ न जाने कहाँ जायेंगी। // नीम और अमरूद के वृक्षों की शाखाओं पर / हरी पत्तियों, निबौलियों और गदराते फलों के बीच / चिड़ियाँ समवेत गान की तरह / हमारा बचपन हमारा जीवन / हमारी मृत्यु / सब एक साथ / गायेंगी। // चिड़ियाँ अनन्त हैं / अनन्त से आयेंगी, / अनन्त में जायेंगी।*

८०. एक हरी बिल्ली : *एक हरी बिल्ली जिसके हरेपन पर एक भूरा धब्बा है / पूर्ण सूर्यग्रहण के पार से / खोजती है अन्तरिक्ष में अँधेरी हो गयी पृथ्वी को // हरी घास निकलती है घूमने आकाश में / आकाश निकलता है डूबने चन्द्रोदय में / चन्द्रमा निकलता है / शब्द की निर्मल नीलिमा में // हरी पत्तियों पर गिरती है बारिश / बारिश फिसलती है हरी काई पर / काई में दुबकते हैं कई पद्य-स्वप्न // समय को रौंदता हुआ चल रहा है हरा / हरे से लगातार अथक गप लगा रहा है भूरा / कविता अपने अनुराग में / चुप्पी पर दस्तक दे रही है...*

८१. उदाहरण के लिए, अभिसामयिक संकेतों (हस्तक, मुद्रा) की भाषा भारत के अनेक शास्त्रीय नृत्यों में 'आख्यानात्मक' कथाओं को बयान करने के लिए प्रयुक्त

की जाती है।

८२. बहुरि अकेला-२१ : *यह अभिषेक का समय है / जीने के धूल-धक्कड़ / मैल-कलुष को तजने का / समय // समय हवा की तरह हल्के होने का / जो कुछ किया-धरा / उसे ज्यों का त्यों / उतारने का / समय। // पल्लव कुसुम को / पककर गिरने को / मधुसंचय / प्रस्फुटन को / भूलने का / समय। // शब्द को / सुघर विन्यास को / छन्द-प्रास को / प्रणति की तरह / अज्ञात के सामने अर्पित करने का / समय। // निछान प्रतीक्षा का समय / प्रार्थना के बाद यति का समय / साँकल खोलने / कीचड़-सने जूते उतारने / छाता और लाठी कोने में धरने / गुनगुनाते / यात्रा पर निकलने का / समय। // अनन्त का समय / आरम्भ का समय।*

८३. इस कविता का चींटी का बिम्ब चींटियों के उस मिथकीय जुलूस की ओर संकेत हो सकता है जिसे देखकर सर्वशक्तिमान इन्द्र पाते हैं कि उनमें से प्रत्येक चींटी कभी-न-कभी इन्द्र रह चुकी थी, जो जीवन-मरण के चक्र से गुज़रते हुए अन्ततः एक चींटी बन गयी थी। द्रष्टव्य : हेनरिक ज़िमर, *मिथ्स एण्ड सिम्बॅल्स ऑफ़ इण्डियन आर्ट, एण्ड सिविलिजेशन*, सम्पा. जोसेफ़ कैम्पबेल, प्रिंस्टन, एनजे : प्रिंस्टन यूनिवर्सिटी प्रेस, १९७४, पृ. ४-८.

८४. विलाप : मैं विलाप करता हूँ : / बना नहीं पाया ऐसा घर / जिसमें रहते दिदिया-काका, अम्मा-दादा, बाबा / रिभु के साथ, / जिसमें कई सदियाँ न सही, कम से कम एक सदी होती / आँगन की तरह चौड़ी-खुली; / जिस पर लगे कठचन्दन या बकौली के नीचे / सब जमा होते भोजन के लिए; / जिसमें मलाई की बरफ़ और लँगड़े आमों के साथ / कटहल का अचार, दलभजिया, भरे करेले होते / मटर-पनीर, छोले नान के साथ; / जिसमें परछी में कभी मिरज़ापुर के पण्डितजी / रामचरित मानस पर प्रवचन करते / और कोई लैम्प के नीचे बैठा करता रहता / ज़्बीग्न्येव हर्बेर्त की कविताओं का हिन्दी अनुवाद; / जिसके भारी लकड़ी के दरवाज़े सुबह पाँच बजे से / रात ग्यारह बजे तक लगातार खुले रहते / और जिसका होता न कोई चौकीदार; / जहाँ एक किनारे बैठकर / मैं आनन्दमोहन दादा से सुनता रह सकता / निराला और रामचन्द्र शुक्ल के संस्मरण। // मैं विलाप करता हूँ : / रह नहीं पाया ऐसे मोहल्ले में / जिसमें सुबह-सुबह पार्क में टहलते मिल जाते / कई पिछली अगली सदियों के लोग, स्त्रियाँ और बच्चे; / जिसमें परचूनी की दूकान, महादेव मिठया की मिठाइयाँ, / कहवाघर, मिल्कवार, आइसक्रीम की दूकानें होतीं; / और दरज़ी बारहवीं सदी की पोशाकें रफ़ू करते हुए; कुँजड़ा तेईसवीं सदी की ताज़ी सब्ज़ियाँ पानी में धोकर सजाते हुए; जिसमें शमशेर मिलते एक मौजूँ शब्द की खोज में भटकते हुए /

और व्याकरण की परवाह किये बिना / असम्बद्ध कविता-पंक्तियों से उपन्यास लिखता हुआ एक स्कूली बच्चा; / जिसमें दौआ बाबा की बैलगाड़ी खेतों की तरफ़ जाती हो / तो उसकी बग़ल से जाती जूनू की ज़ेन आगे न जाना चाहती। // मैं विलाप करता हूँ : ऐसा शहर नहीं खोज पाया / जिसके चारों ओर परकोटा हो बर्बरों को रोकने के लिए, / जिस पर उपहारस्वरूप खिली हों / फूलों की रंगारंग क्यारियाँ, / जिसके बाज़ार में बगदाद की कीमख़ाब बेचते हों सौदागर / अमरीकी सैनकों को; / जहाँ लाहौर के कबाबों और गोश्त दो प्याज़ा के कॉर्नर के बग़ल में हो / थाई फ़ास्टफूड और ग्रीक खाने की दूकानें / जड़ी-बूटियाँ तुर्की से ; / बीच चौक में पुस्तकालय हो किसी राजप्रासाद से अधिक भव्य / जिसमें बटन दबाते ही / कबीर और शेक्सपीयर की पंक्तियाँ आ जाएँ / कम्प्यूटर के परदों पर असंख्य भाषाओं में। // मैं विलाप करता हूँ / सिर्फ़ कविता में / क्योंकि उसके बाहर विलाप और स्वप्न दोनों के लिए / अब कोई जगह नहीं बची।

८५. दृष्टव्य : मिर्सिया इलियाड, *Traité d'histoire des religions*, Paris: Bibliotheque Scientifique Payot, 1989, Chapitre XI. *Le Temps sacré et le mythe de l'Eternel Retour*; § 151. *Répétition du temps non périodique,* § 152. *Régénération du temps*§ 153. *Répétition annuelle de la cosmologie*, § 154. *Répétition contingente de la cosmogonie.* इसी तरह इमेन्युअल लेविनास : "जगत में पैठ उस क्षण में होती है जिसकी शुरुआत आवास के कल्पना-लोक के साथ होती है और जो एक आद्य पकड़ का प्रभाव उत्पन्न करने के लिए, झपटने और ले भागने के लिए, एक स्पेस को लाँघ जाता है। मूल तत्त्व का अनिश्चित भविष्य स्थगित हो जाता है। मूल तत्त्व घर की चार दीवारों के बीच नियत हो जाता है, आधिपत्य में शान्त हो जाता है। वह वहाँ एक वस्तु के रूप में प्रगट होता है, जिसे शायद अक्षोभ के रूप में परिभाषित किया जा सकता है - एक 'स्टिल लाइफ़' के रूप में।" दृष्टव्य : वही, *Totality and Infinity. An essay on exteriority,* अनु. अल्फांसो लिंगिस, डॉर्ड्रेश्ट : क्लुवर एकेडेमिक पब्लिशर्स, १९९१, पृ. १५८.

८६. दृष्टव्य : मिर्सिया इलियाड, *Traité d'histoire des religions*, Paris: Bibliotheque Scientifique Payot, 1989, Chapitre X. *L'Espace sacré: Temple, Palais, "Centre du Monde";* § 142. *"Construction" de l'espace sacré.*

८७. समय के अतिक्रमण का इस्तेमाल अशोक वाजपेयी के काव्यशास्त्र को मिशेल फूको के विचार के क़रीब ले जाता है, जो, अपने *प्रिफेस टु ट्रांसग्रेशन* में, एक

''ऐसे अनुभव'' के बारे में लिखते हैं ''जिसमें वक्ता विषयी स्वयं को अभिव्यक्त करने की बजाय अनावृत होता है, अपनी सीमाबद्धता का सामना करता है और, अपने प्रत्येक शब्द के अधीन अपनी ही मृत्यु की वास्तविकता में वापस लौटा लाया जाता है...'' (देखें : *लैंग्युएज, काउण्टर-मैमोरी, प्रैक्टिस। सिलेक्टेड एस्सेज़ एण्ड इण्टरव्यूज़,* सम्पा. डोनाल्ड एफ़. बूशा, अनु. डोनाल्ड एफ. बूशा और शेरी सिमोन, न्यू यॉर्क : कार्नेल यूनिवर्सिटी प्रेस, १९७७, पृ. ५१)। वहीं अपने निबन्ध 'मेन एण्ड हिज़ डबल्स' में वे कहते हैं : ''मनुष्य की सीमाबद्धता ज्ञान की निश्चयात्मकता में घोषित है - और गर्वपूर्वक घोषित है; हम जानते हैं कि मनुष्य सीमित है, जैसे कि हम कि मस्तिष्क की बनावट को, उत्पादन मूल्य की प्रक्रिया को, या भारोपीय संयोजन की पद्धति के बारे में जानते हैं; या इन तमाम ठोस, सकारात्मक और पूर्ण रूपों से होकर गुज़रते हुए वाटरमार्क से हम उनके द्वारा आरोपित सीमाओं को पहचानते हैं, मानो उनके रिक्त पिछली तरफ़ हम वह सब महसूस करते हैं जिसे वे असम्भव बनाते हैं (...)। निश्चयात्मकता के साथ पूर्वघोषित मनुष्य की सीमाबद्धता अन्तहीन के विरोधाभासी रूप में आरेखित है; सीमाबद्धता की सख़्ती की बजाय यह उस यात्रा की एकरसता की ओर संकेत करती है जिसका हालाँकि सम्भवतः कोई अन्त नहीं है, पर तब भी वह नाउम्मीदी से भरी नहीं है।'' (देखें : *द ऑर्डर ऑफ़ थिंग्स। एन आर्कियॉलॉजी ऑफ़ द ह्यूमन साइंसेज़,* लन्दन, राउटलेज, २००४, पृ. ३४२)।

अध्याय तीन

प्रेम का सृष्टिवैज्ञानिक रूप

प्रेम के लिए अशोक वाजपेयी की कविता में विशेष जगह प्राप्त है, हर दृष्टि से - संख्या की दृष्टि से, जगह को घेरने की दृष्टि से, या अर्थ की दृष्टि से। जिस तादाद में शब्द, वाक्य, कविताएँ और लम्बी कविताएँ प्रेम के लिए समर्पित हैं वह इस विषय को केन्द्रीय स्थान प्रदान करती है। प्रेम पर केन्द्रित पाठ एक बहुस्तरीय विषयपरक क्षेत्र की रचना करते हैं, जो लिखित शब्दों के, धारणाओं और बिम्बों की भाषा के, परे तक फैला हुआ है। एकसाथ अनेक अलग-अलग समयों में व्याप्त यह मण्डलाकार क्षेत्र स्मृति, अनुभव और कल्पना के एक मनोवैज्ञानिक और सृष्टिवैज्ञानिक वृत्त को रचता है, जिसमें कवि प्रेम के काव्यात्मक पवित्रीकरण का अनुष्ठान सम्पन्न करता है। वह वाणी में, भाषा में, भारतीय परम्परा के संविलयन को हासिल करता है और स्मृति, अनुभव और कल्पना के विषयपरक वृत्त को देश-काल के एक कलात्मक सातत्य में बदल देता है। वाजपेयी अपनी समूची कविता में प्रेम का एक सौन्दर्यपरक कोटि और एक प्रत्यय के रूप में, एक मूर्तिमान सत्ता के रूप में, और एक कल्पित सत्ता के रूप में, जश्न मनाते हैं। प्रेम का मूर्तिमान रूप प्रगट होता है, मसलन, (मनुष्य देह की, आँखों के भाव की, किसी भंगिमा की) दिगम्बरता के बिम्बों में, और प्रेम को एक कल्पित सत्ता के रूप में कवि प्रेम की सृजानात्मक शक्ति, उसकी उस ऊर्जा के माध्यम से प्रस्तुत करता है - जो अपने को किसी दूसरे व्यक्ति के साथ, नैसर्गिक जगत के साथ, या अन्तरिक्षीय मण्डलों के साथ जोड़ सकती है। १९९० में कहीं नहीं वहीं की कविता 'शेष' (जिसका अर्थ है 'वह जो बच रहता है', और शायद वह भी जो शाश्वत है?) में कवि प्रेम की दिव्यता को एक घोषणात्मक तथा एक चाक्षुष बिम्ब के रूप में प्रस्तुत करता है :

शेष

सब कुछ बीत जाने के बाद
बचा रहेगा प्रेम
केलि के बाद शय्या में पड़ गयी सलवटों-सा,
मृत्यु के बाद द्रव्य स्मरण-सा,
गर्मियों में सूख गये झरने की चट्टानों बीच
जड़ों में धँसी नमी-सा
बचा रहेगा
अन्त में भी
प्रेम।

कविता की घोषणात्मक शैली, इसका घोषणापत्र-नुमा रूप पाठक को विश्वासप्रद लगता है, और महज़ इसलिए नहीं कि अन्त में, ''अन्त में भी'' पर दिये गये बलाघात के साथ, इसका रेह्टॉरिक कविता को एक स्तुति-नुमा संरचना में बदल देता है, जो इस विषय को वैशिष्ट्य प्रदान करती है, उसको ऐतिहासिकता के विधानों के ऊपर, भौतिकी के नियमों के परे, स्थापित कर देती है, बल्कि इसलिए भी कि पहली दो पंक्तियों का विरोधाभास निरपेक्ष ''अन्त में भी'' और उम्मीदपरक वक्तव्य ''बचा रहेगा'' - एक ऐसा वक्तव्य जो मानव मस्तिष्क के भेदाभासों के बोझ से लदा हुआ है - के बीच भाषा के परे की स्पेस को, एक आधिभौतिक स्पेस को खोल देता है। यह विरोधाभास वाचिक सम्प्रेषण की स्पष्टता से जुड़ाव का परिणाम है। क्योंकि अगर हर चीज़ नष्ट हो जाने वाली है, तो फिर किसी भी चीज़ का बने रह पाना कैसे मुमकिन है? 'प्रत्येक-वस्तु-पन' अनूठेपन को नेस्तनाबूत कर देता है, प्रत्येक स्वतन्त्र प्रकरण को, प्रत्येक 'मैं' को। वाक्य-विन्यास के भीतर अभिप्रायों के साथ कवि का कौतुक यहाँ एक नये, भिन्न तरह के अर्थ की सृष्टि करता है, अतिक्रामिता की धारणा की ओर संकेत करते अर्थ की। अगर यह कौतुक न होता, तो कविता एक भावुक और उल्लसित तस्वीर भर होती। लेकिन अशोक वाजपेयी के सौन्दर्यात्मक मापदण्डों में न तो करुणा (पैथॉस) के लिए और न ही उसके विपरीत विद्रूपता के लिए कोई जगह है (विद्रूपता के निकट पड़ने वाली विडम्बना उनकी कविता में वहीं दिखायी देती है जहाँ आधुनिक सभ्यता के सामाजिक परिणामों का

चित्रण किया गया है, या किसी युद्ध का, या राजनेताओं के पाखण्ड का)।

स्पष्ट तौर पर 'प्रेम' शीर्षक से लिखी गयी एक अन्य कविता *(एक पतंग अनन्त में)* इस विषय के प्रति कवि के रुख़ को स्पष्ट तौर पर उजागर करती है :

प्रेम

मैं उस पर ध्यान लगाए हूँ
जैसे मोची लगाता है अपने अधसिले जूते पर।
मैं पूरी तरह तैयार हूँ
कील-काँटे के साथ।
मैं अपने दूसरे कामों,
बातचीत, सुख और चिन्ताओं से
फुरसत लेकर आया हूँ।

बच्चे अपने खेलों में व्यस्त हैं
और रोज़ की पीली चिड़िया फुदककर
नीली चाहत में दूर जा चुकी है।

मैं आकाश को
धीरे-धीरे नाप के हिसाब से काटता हुआ
उसके लिए आरामदेह जूते की शक्ल में बदल रहा हूँ।

यह एक पेड़ है हरी घास के ऊपर तना हुआ
और उसके नीचे मैं हूँ
बिना किसी ख़बर के इन्तज़ार में
अधीरता से अपने चमड़े को गूँथता हुआ...

यह कविता ऊपर उद्धृत 'शेष' शीर्षक कविता से बारह साल पहले १६७८ में लिखी गयी थी। दो कविताओं के बीच के ये वर्ष दृष्टिकोणों, शैली, काव्य-तकनीक के रूप धारण करने का वक्फ़ा रहे हैं। यह प्रक्रिया सम्भवतः दो परम्पराओं के बीच अन्योन्यक्रिया पर आधारित रही है : एक ओर भारतीय परम्परा और दूसरी ओर योरोप की आधुनिक कविता, विशेष रूप से अँग्रेज़ी में लिखी गयी कविता, जिसकी जड़ें छायावाद के समय से हिन्दी

की कविता परम्परा में जम चुकी थीं। यह ज़ाहिरा तौर पर आह्लाद-विरोधी कविता अपने में, अपने अस्तित्वपरक सन्देश में, वह गुह्य करुणा, आनुष्ठानिक करुणा समेटे हुए है जो रोज़मर्रा जीवन की वास्तविकता से ली गयी है - शब्दों की दस्तूरी, रूढ़ ध्वनियों (अर्थों की ध्वनियों) से कहीं ज़्यादा पैनी। यह एक प्रतीकात्मक वस्तु - जूते - को, और चरम व्यवसाय बुद्धि के परिचायक मोची के व्यवसाय को, आकाश को एक आरामदेह जूते की शक्ल में काटने से जोड़ता है ("आकाश को / (...) नाप के हिसाब से काटता हुआ उसके लिए आरामदेह जूते की शक्ल में बदल रहा हूँ"), जिसमें 'उसके' स्वर्गिक उद्‌गम का अर्थ व्यंजित है, जिसके लिए जूता बनाया जा रहा है। इस कविता में, जैसे कि दूसरी कविताओं में भी, अशोक वाजपेयी पश्चिम के काव्यात्मक पैटर्नों को अपनी ज़रूरतों के मुताबिक़, उनको आत्मसात करते हुए, बाकायदा रूपान्तरित करते लगते हैं, उसी तरह जैसे वे भारतीय परम्परा को भी आत्मसात करते हैं - एक समन्वयात्मक, पच्चीकारी-नुमा ढंग से। पश्चिमी दुनिया की आधुनिक कविता में विषयों को गद्यात्मक ढंग से बरतने की एक सदी से भी लम्बी परम्परा रही है : वाल्ट ह्विटमेन ("मैं वास्तविकता का कवि हूँ") से लेकर सेण्डार्से ("मैं सन्दूक़ों पर सोया और बहुत ख़ुश था") तक, पाउण्ड ("एक किसान के झुके हुए कन्धों द्वारा गले लगायी गयी एक स्वप्न की महान त्रासदी") से लेकर ईलियट ("मैंने उपनगरों की यात्राएँ कीं") तक, मीशो ("भारतीय धर्म न सिर्फ़ मानवीय कमज़ोरी को बल्कि शक्ति को भी मुक्त करते हैं") से लेकर ब्रेख़्त, क्रोलोव या गिंसबर्ग तक। बीसवीं सदी की हिन्दी कविता ने पश्चिम की कविता के अन्य विशिष्ट लक्षणों के साथ-साथ विषयों के गद्यात्मक बर्ताव की प्रवृत्ति को भी आत्मसात किया है। हालाँकि इस प्रवृत्ति की जड़ें योरोप से बाहर, उन्नीसवीं सदी के अमेरिकी व्यवहारवाद के दार्शनिक प्रवाह में हैं। इस प्रवाह को जारी रखने वाले जॉन डेवी ने कला को मानवीय अनुभव के एक रूप के तौर पर जूते बनाने या कृषि करने की तरह ही लिया। उसने चिन्तन की प्रक्रिया को एक व्यावहारिक कर्म की तरह देखा, और सौन्दर्यात्मक मूल्यों को उन तथ्यों की तरह जो हमारे अनुभवों की रचना करते हैं। उसने संस्कृति के उत्सों में अन्य चीज़ों के साथ-साथ प्रकृति और एक नयी प्राकृतिक स्थिति की रचना के बीच सम्बन्ध को भी रखा, उसको चिन्तन और कल्पना की प्रक्रिया से जोड़ा। उसने चिन्तन और कर्म के एकत्व के सिद्धान्त को स्वर दिया। इस तरह, अशोक वाजपेयी की कविता

में उसके सुदूर सन्दर्भों के तौर पर, भले ही काव्यात्मक ढंग से रूपान्तरित, अमेरिकी व्यवहारवाद के तत्त्व भी हो सकते हैं।

इस कविता में, ब्रह्माण्डीय व्यंजनाओं को समेटते लगते, पृथ्वी से उगते और इस तरह अधोलोक को पृथ्वी से और पृथ्वी को आकाश से जोड़ते, एक वृक्ष (यह एक मिथकीय अश्वत्थ या पीपल का वृक्ष भी हो सकता है, कवि उसका कोई नाम या विशेषण नहीं बताता) के नीचे एक मोची-कवि है, एक ऐसे क्षण में जब ''रोज़ की पीली चिड़िया'' ''नीली चाहत में दूर जा चुकी है'', इसलिए यह शाम का वक़्त है, जब वक्ता 'मैं' उसके जूतों के लिए ''आकाश को / धीरे-धीरे नाप के हिसाब से'' काट रहा है (इस तरह उसकी कामना कर रहा है)। यह एक कल्पित भूदृश्य है, मोची का कारखाना नहीं है। वृक्ष शायद किसी देवता का प्रतीक है, दिन का पीला रंग उसकी पवित्रता का (लेकिन ऐन्द्रियता का भी, क्योंकि हल्दिया रंग पीले के साथ याज्ञिक और वैवाहिक भोजन को रँगा जाता है, और स्त्रियाँ पीली-सुनहरी आभा की ख़ातिर हल्दी का उबटन लगाती हैं), घास का हरापन प्रकृति का प्रतीक है, इसलिए यह स्वयं ईश्वर का प्रतीक है, वह एक नयी शुरुआत और सुख को भी संकेतित करता है। उत्सर्ग का क्षण घटित हो रहा है : ''मैं उस पर ध्यान लगाए हूँ / जैसे मोची लगाता है अपने अधसिले जूते पर''। वह एकाग्रता का, ध्यान का क्षण है, क्योंकि इस कविता की समूची स्पेस सिर्फ़ एक ही विचार से रंजित है। मोची अपने मन में क्या कहता है? ''मैं पूरी तरह तैयार हूँ / कील-काँटे के साथ। / मैं अपने दूसरे कामों,/ बातचीत, सुख और चिन्ताओं से / फुरसत लेकर आया हूँ''। कविता में इस पल से समय चिन्तन की स्पेस में बदल जाता है। औज़ार उपयोगी जूतों को तैयार करने के उपकरण का संकेत देंगे। लेकिन कविता का बारीकी के साथ अध्ययन करने पर इस सन्देह की गुंजाइश निकलती है कि ये उकरण संकल्प और मानस गुण-धर्मों के सिवा और कुछ नहीं हैं। दूसरे शब्दों में : ध्यान को अनुभव करने की मनोभौतिक स्पेस, और स्वयं ध्यान की स्पेस। जूते इन स्पेसों में दूसरे 'मैं', यानी 'तुम' की आकांक्षा का रूपायन हैं। प्रेम का तत्त्व[८८] 'मैं' और 'तुम' के मिलन की आकांक्षा में निहित है। ''आरामदेह जूते'' कविता में समर्पण के, प्रतिबद्धता के, व्यतिक्षेप के रूप में प्रगट होते हैं। जूते, सड़क, एक चिड़िया से युक्त भूदृश्य, आकाश - ये वास्तविकता का क्षैतिज, पार्थिव वृत्त है। वक्ता 'मैं' को एक

मोची के स्तर पर, भारतीय जाति-व्यवस्था के अनुसार एक सबसे निम्न स्तर के व्यवसाय के स्तर पर, लाकर (जिसमें हम एक अन्त्यज के प्रति एक अव्यक्त करुणा को भी लक्ष्य कर सकते हैं[८९]) उसमें कवि की भूमिका को संकुचित करने में एक परिष्कृत विकृति भी है, जो प्रेम के सामान्य अनुभव[९०] को व्यक्त करने की इच्छा भी प्रतीत होती है। कविता में, मोची के यथार्थवाद के काव्यशास्त्र में हम समय का एकीभाव को (मैं देता हूँ, मैं हूँ, मैं बदलता हूँ, इन्तज़ार में), भावनात्मक तनावों के बदलावों को (ध्यान देने लेकर अनिश्चय तक), बिम्बों (जूते, चिड़िया, वृक्ष, घास, चमड़े की गुँथाई) की एक लगभग घनवादी पच्चीकारी को, और हर चीज़ को एक तरह की ठहरी हुई गति में, सम्बन्धों में, सहसम्बन्धों में, साहचर्यों में देखते हैं। "काया उस चीज़ से मिलती-जुलती है जिसे तिब्बती मण्डल की शब्दावली में आधार कहते हैं, जो कि दैवीय दीप्ति के लिए एक भौतिक सहारा है। काया उस पात्र के समान है जो उन दैवीय शक्तियों के कार्य-व्यापार से जन्मी है जो उसके भीतर वास करती हैं और जो अपने रूपायन से दिक् में विस्तार का और काल में अनुक्रम का निर्धारण करती है।[९१]

प्रेम की संरचना का रूप आध्यात्मिक मण्डल का होता है जो अन्य की आकांक्षा से भरे शब्दों में विन्यस्त होता है। पहली पंक्तियों की सामान्य बोलचाल की शैली से लेकर अन्तिम पंक्ति की मार्मिकता तक : पीली हल्दी, नीलिमा, हरितिमा, और - अदृश्य, किन्तु पाठ के समूचे अन्तरंग को अपनी आभा प्रदान करती - लालिमा, उस सब कुछ के साथ जिसे यह रंग संकेतित करता है, जिसके लक्षण वह बताता है।

।। तीन : १ ।। दिगम्बरता की कोटियाँ

अभिव्यक्ति की एक कोटि के रूप में दिगम्बरता - देह की, अस्ति की, जीवन की प्रतिरक्षात्मक पद्धति की, अस्तित्व की, सौन्दर्यात्मक आनन्द की अभिव्यक्ति की एक कोटि के रूप में दिगम्बरता - एक नारी देह की दिगम्बरता का यह एकदम पहला कार्य-व्यापार अशोक वाजपेयी की कविता

में या तो नाम से या बिम्ब के माध्यम से चित्रित है। चूँकि 'दिगम्बरा' शब्द अपने आप में कामरक विभावों को जगाता है, यह तुरन्त ही नैतिक और सामाजिक सन्दर्भों में उलझ जाता है, तमाम तरह की वर्जनाओं, लोकाचार के कूटों, धार्मिक और राजनैतिक व्यवस्थाओं में। और जब कविता में दिगम्बरता का - कामपरक से लेकर रहस्यमय तक का - अर्थ स्पष्ट तौर पर प्रगट होता है, तो दिगम्बरता सामाजिक स्वीकृति या तिरस्कार का मुद्दा बन जाती है, उसी तरह से जिस तरह कविता का पाठ कविता के प्रकाशित होने के बाद एक समाजिक तथ्य बन जाता है।[६२] प्रस्तुत विश्लेषण का सरोकार केवल वाचिक और बिम्बात्मक रूप में दिगम्बरता की धारणा की अभिव्यक्ति की कोटियों से है, जिसके लिए सांस्कृतिक सन्दर्भ को लेखे में लिया गया है - प्रमुखतः भारतीय सांस्कृतिक सन्दर्भ को, हालाँकि दूसरी संस्कृतियों के भी कुछ हवाले शामिल किये गये हैं।

सबसे पहले हम संज्ञात्मक दिगम्बरता पर चर्चा करेंगे। १९६८ में अशोक वाजपेयी ने 'दिगम्बरा' शीर्षक से नौ कविताओं की एक शृंखला *(अभी कुछ और)* लिखी। 'दिगम्बरा-१' में वे लिखते हैं :

वह शिखा थी
निष्कम्प नहीं स्पन्दित -
काँपती हुई।
किसी कातरता से नहीं,
अपनी ही स्वयंप्रभा कामना से।

रेह्टॉरिक की सीमाओं का यहाँ बिम्बों के माध्यम से अतिक्रमण किया गया है : आवेग से सिहरती हुई एक लौ - ये दिगम्बरता का सत्त्व है। ठीक जैसे अगली कविता 'दिगम्बरा-२' में :

उसे ढाँकने के लिए कुछ नहीं रहा
न आकाश
न समय
न धूप।

इन तीन सम्भावित 'आवरणों' में से सिर्फ़ दो, आकाश और धूप, ही दृश्यमान हैं, उनका अपना रूप है, रंग है, जबकि तीसरा, समय, अमूर्त है, वह बिम्ब का विकल्प है, जो 'दिगम्बरा-३' में दर्पण के एक प्रतिबिम्ब

के रूप में आता है :

वह दर्पण है
वह नहीं, उसकी दिगम्बरता –
उसमें वह स्वयं ही
प्रतिबिम्बित है...

अब योजना की परिकल्पना घटित होती है। जहाँ पहली दो कविताओं का अन्त बिम्ब के विकल्प, "दिगम्बरा" शब्द (जिसे दोनों कविताओं के अन्त में दोहराया गया है) से होता है, वहीं इस तीसरी कविता में कल्पना का एक खेल घटित होता है, जो "दिगम्बरा" शब्द को दर्पण की स्पेस में प्रस्तुत करने पर आधारित है, जहाँ – जैसा कि लगता है – एक अनाम 'उस' की दिगम्बरता एक अनुकृतिपरक आयाम हासिल कर लेती है, लेकिन कहीं "रात के अँधेरे में" ('दिगम्बरा-३) जहाँ वह "अपना ही दर्पण है"। कल्पना का यह विदग्ध कौतुक, जो कविता को स्याह, अनुमानपरक बना देता है, इस सिलसिले के अगले हिस्से में उन उपमाओं से चमक उठता है जो "उसको" चन्द्रमा, महासागर, शय्या, जलप्रपात के तुल्यरूप बना देती हैं – "वह" इन उपमाओं के बीच "दिगम्बरा" बनी रहती है। दिगम्बरता यहाँ एक अभिधान है, बिम्ब नहीं। अन्य सत्ताओं के साथ तुल्यरूपता (मसलन, "वह एक शब्द है / अपने विन्यास में सम्पूर्ण") दिगम्बरता की धारणा को गहरा देती है, लेकिन वह उसको उजागर नहीं करती।

एक अलग ढंग से भी कविताओं में दिगम्बरता चित्रित है जहाँ उसकी ओर किसी कृत्य के माध्यम से संकेत किया गया है, जैसे उदाहरण के लिए 'प्रेम के लिए जगह-१' *(अगर इतने से)* में :

उसने अपने प्रेम के लिए जगह बनायी

बुहार कर अलग कर दिया तारों को
सूर्य-चन्द्रमा को रख दिया एक तरफ़
वनलताओं को हटाया
उसने पृथ्वी को झाड़ा-पोंछा
और आकाश की तहें ठीक कीं

उसने अपने प्रेम के लिए जगह बनायी

जहाँ से 'कृत्य' घटित होते हैं, उस जगह का भूदृश्य स्थिर, गतिहीन है;

संसार को प्रेम के आह्लाद के समय के लिए ग्रहण कर लिया गया है। तारे झिलमिलाना बन्द कर देते हैं, दिन और रात एक हो गये हैं, जंगल एक हरी वस्तु बन गया है, पृथ्वी को 'झाड़-पोंछ कर' उसकी अराजकता से मुक्त कर दिया गया है, और आकाश को एक नाजुक हाथ द्वारा मुलायम बना दिया गया है, जैसे वह कोई दिव्य चादर थी। यहाँ एक अनुरागपूर्ण स्त्री, एक प्रेयसी या पत्नी की दिगम्बरता को कामना से समीकृत कर दिया गया है और उसको तमाम कृत्यों में छिपा दिया गया है, लेकिन उसको भूदृश्य में प्रतिबिम्बित होते देखा जा सकता है, स्पेस को चमकाती रोशनी की तरह।

वर्णन की इस पद्धति का अनुसरण 'वह दिगम्बरा आकाश की शय्या पर' *(अगर इतने से)* में भी किया गया है, जो आख़िरी पंक्ति का विस्तार भी हो सकती है :

> वह दिगम्बरा आकाश की शय्या पर
>
> उसकी कंचुकी उतारकर
> ले गया है चन्द्रमा
> उसका अधोवस्त्र
> हर ले गया सूर्य
> उसके अनावृत उरोज
> दिपते हैं ताराओं से
>
> उसे लेता है
> हरी दूब की सौंधी गन्ध से
> महकता अँधेरा
>
> उसे बेधता है
> ताजे दूध की तरह धारोष्ण आलोक
>
> वह दिगम्बरा आकाश की शय्या पर...

यहाँ हर चीज़ उलट गयी है। यहाँ 'वह' है जो अचल है, और सृष्टि गति से, कृत्यों से भरी हुई है, और एक प्रेयसी है जो रतिकर्म में उद्यमरत है। चन्द्रमा और सूर्य ने उसके वस्त्र खोलकर, छीनकर उसको निरावरण कर दिया है, और नक्षत्र वह बन गये हैं जो वे हैं : झिलमिलाता सौन्दर्य। अँधेरे

से उन्मत्त, जो घास की तरह गन्धाता है, कामना से भरी हुई...प्रेम के "आकाश में दिगम्बरा"।

दोनों ही कविताएँ *अगर इतने से* संग्रह (१९८६) से हैं, पहली १९८६ की है और दूसरी १९८५ की, इसलिए दोनों सृजनात्मकता के परिपक्व समय में लिखी गयी हैं, जिसमें आविन्यों के कवि का काव्यशास्त्र पर्याप्त रूप से आकार ले चुका था। इसलिए, हम मानकर चल सकते हैं कि दिगम्बरता को उजागर करने का यह ढंग कवि द्वारा इरादतन चुना गया है, उसके अपने काव्यशास्त्र और शैलीगत झुकावों के ढाँचे के भीतर। प्रेम कविताएँ लिखने की इस तरह की रणनीति के परिणामस्वरूप दिगम्बरता को आलोचनात्मक स्थितियों के माध्यम से चित्रित किया गया है, उन क्षणों के माध्यम से जब मनोविज्ञान अन्योक्ति को छूने लगता है, जैसा कि 'ईर्ष्या कविताएँ' *(अभी कुछ और)* के इस अंश में :

उसकी दिगम्बरता एक आकाश है
जिसमें उसका भी आकाश छिपा है,
उसकी धूप में गरमाहट है
उसकी आँच की
उसके सुख में घुला है
उसका भी हर्ष।

जब 'वह' एक पुरुष, प्रगट होता है, तो दिगम्बरता एक सौन्दर्यात्मक कोटि से कामपरक कोटि में बदल जाती है। गति ध्यान की जगह ले लेती है। दो देहों का चित्रमय क्षण, जो १९९८ की एक कविता 'दिगम्बर' *(अभी कुछ और)* में जिसे धारणाओं द्वारा, चिन्तन द्वारा अपनाया गया है :

जो दिगम्बर है
शब्द नहीं है।

और स्वयं दिगम्बरता का वर्णन बहुत सारे भटकावों, जो सब के सब मनोवैज्ञानिक तौर पर तर्कसंगत होते हैं (अनूठेपन की उस अवस्था से जो तमाम प्रेमियों की ख़ासियत होती है) गुँथ जाता है, जिसकी वजह से बिम्ब, उपमाएँ और टिप्पणियाँ ("मनोरम दग्धता") देह की दिगम्बरता को ढँक देती है, और उसको केवल काव्यात्मक व्याख्याओं के परे ही उजागर करती है, जैसे कि नीचे उद्धृत अंश में :

वह अपूर्व उपस्थिति
वह दमकती लुनाई, वह कोमल आभा, वह अंगों का ईंगुर,
वह लपक, वह शान्त विकलता, वह दीपशिखा की रोशन जलन,
वह हरी घास, वनस्पतियों का स्पन्दित एकान्त,
वह मनोरम दग्धता,
वह लज्जा से नहीं, गोरोचन से नहीं
कामना से अरुणाभ हुआ शरीर,
वह जगमगाता, वह निर्धूम उज्ज्वलन,
वह संकोच को रौंधता हुआ अचानक-सा खुल गया
इच्छा का गुनगुनाता हुआ चौगान।
वह शब्द के आकाश से दूर और शब्द-अच्युत
एक दिगम्बर अन्तरिक्ष, एक प्रफुल्लाकाशा वसुधा।

हम दो चीज़ों पर ध्यान दें : देह की दिगम्बरता अन्तरिक्ष की, आकांक्षा के अन्तरिक्ष की दिगम्बरता बन जाती है। धुआँ-रहित आग का बिम्ब (''निर्धूम उज्ज्वलन'') एक शब्द के अभिप्राय की अभिव्यंजकता और अनअभिव्यंजकता दोनों के क्षेत्र से जुड़ी एक समस्या विशेष को उद्‌बुद्ध करती है, जिसपर भारतीय दर्शन में चर्चा की गयी है। अरस्तू के न्यायशास्त्र में धुआँ कार्य है। भारतीय न्यायशास्त्र के अनुसार विषय, यानी कारण, और कार्य के बीच के सम्बन्ध को संकेन्द्रित ढंग से विन्यस्त वृत्तों में चित्रित किया जा सकता है।[६३] अग्नि देह को संकेतित करती है, उसे संकेन्द्रिक बिम्बों में चित्रित किया गया है – ''कोमल आभा'', ''ईंगुर'', ''वह जगमगाहट''। प्रेम की अग्नि अग्नि के प्रज्ज्वलन की पूर्ववर्ती है। कारण और कार्य का वृत्त समापन पर पहुँच जाता है। कविता के चौथे हिस्से में जाकर ही रति-कर्म को एक बिम्ब के माध्यम से प्रस्तुत किया गया है, शब्दों के अस्तित्व के निषेध के रूप में, और तब भी शब्दों में ही और शब्दों के बीच :

वह बाँहों के घेरे में, शब्दों के नहीं –
उसके कत्थई कुचाग्र, उसके ओंठों के बीच, शब्दों के नहीं-
वह उसपर मदनारूढ़, शब्दों पर नहीं –

ऊपर रेखांकित काव्यात्मक रणनीति भारतीय साहित्यिक परम्परा के अनेक अभिप्रायों की ओर संकेत करती है, और इस कविता को, जैसे कि प्रेम पर

केन्द्रित वाजपेयी की ज़्यादातर कविताओं को, इस परम्रा में निमग्न रूप में चित्रित किया जा सकता है। हालाँकि समूचा रचना-विधान बीसवीं सदी की योरोपीय कविता से लिया गया प्रतीत होता है, उदाहरण के लिए एज़रा पाउण्ड की कविता से जिन्होंने दूसरी ओर पौर्वात्य विचारों के प्रशंसक के तौर पर विभिन्न परम्राओं के अवयवों पर निर्मित विन्यासों की रचना की थी।

।। तीन : २ ।। प्रेम का अचूक व्याकरण

विश्लेषित कविताओं में तीन तरह की प्रेम कविताओं को अलगाया जा सकता है जिनमें विषय-वस्तु का निचोड़ उस पराकाष्ठा पर पहुँच जाता है मानो स्वयं विषय-वस्तु ने शब्दों की सीमा हासिल कर ली हो, या, मानो चरम सन्देश - अर्थ - शब्दों की सीमा से परे हो। चिन्तन के क्षण का उत्सव मनाना, जो अशोक वाजपेयी की लम्बी कविताओं (किसी एक विषय पर कन्द्रित कविता-शृंखला) की ख़ासियत है, वह अपेक्षाकृत अधिक सघन बुनावट वाली छोटी कविताओं में भी प्रायः देखने को मिलती है। ये कविताएँ तीन मुख्य समूहों में बाँटी जा सकती हैं : १/ वर्णनात्मक कविताएँ जो इतनी अर्थ-सघन हैं कि उनमें शब्द लगभग पारदर्शी हो जाते हैं, २/ सूक्तिपरक संक्षेप वाली कविताएँ, और ३/ सूक्ष्म नक़्क़ाशी वाले सूत्र-वाक्य। हालाँकि उन सभी में एक बुनियादी लक्षण सर्वनिष्ठ है : वे भाषा और उसके व्याकरण से सम्पन्न हैं। वे प्रेम कविता की संस्कृत परम्परा (यानी, भर्तृहरि और अमरु की कविता) की ओर संकेत करती हैं, लेकिन योरोपीय कविता के इतिहास से परिचित पाठक के लिए उनमें प्राचीन ग्रीक कविता के प्राचीनतम रूपों के साथ समानताएँ भी देखने को मिलती हैं, वे कथित सूक्तिपरक कविताएँ जिनकी रचना सबसे पहले सम्भवतः हीसियॉड द्वारा की गयी थी।

अशोक वाजपेयी की कविता के इन तीनों समूहों को नीचे अंकित उदाहरणों के माध्यम से देखा जा सकता है। पहले समूह की सबसे अधिक प्रतिनिधि कविता का उदाहरण है 'रूपक' जो १९९४ में प्रकाशित संग्रह *कहीं नहीं वहीं* में शामिल है, हालाँकि वह १९८६ में लिखी गयी थी :

तुम मेरा रूपक हो
वह शब्द
जो मुझे मुक्त करता है
अपने जन्म, अपनी मृत्यु से –

देवता उठाते हैं रूपक
और ले जाते हैं
अपने दिव्य शब्दकोष में।

अपनी पृथ्वी पर
हम बचे रहते हैं
अर्थ की तरह दग्ध और दीप्त
और भाषा के विन्यास में
अकेले।

कविता इतनी पारदर्शी है कि शब्द उसकी विषय-वस्तु को ढँकते नहीं हैं। यह ''अर्थ की तरह दग्ध और दीप्त'' कविता है। इसकी विषय-वस्तु, जो अत्यन्त नाटकीय है, अपने को शब्दों के माध्यम से प्रकट करती है, लेकिन अर्थ की अभिव्यंजकता अर्थविज्ञान के परे है। जबकि ''भाषा के विन्यास में'' अकेलापन कवि की दुनिया में मूर्त एकाकीपन के अर्थ का वहन करता है।

वहीं २००४ में प्रकाशित संग्रह *उम्मीद का दूसरा नाम* की कविता 'उसके लिए शब्द' सूक्तिपरक संक्षेप वाली कविताओं के समूह से ताल्लुक रखती है :

जब मैं उसके लिए शब्द चुनता हूँ
तो दरसल अपने जीवन के कण चुनता हूँ :
हर इबारत

मेरे जीवन का छोटा-सा विन्यास है
जिसका व्याकरण वह है।

अन्तिम दो पंक्तियों को भारतीय संस्कृति की महान कृति, पाणिनी द्वारा रचित प्रथम संस्कृत व्याकरण, *अष्टाध्यायी* के प्रति एक सूक्ष्म ढंग से प्रच्छन्न श्रद्धांजलि के रूप में पढ़ा जा सकता है। और समूची कविता को लेखक की आध्यात्मिक जीवनी के हवाले के तौर पर, क्योंकि यह उसकी चेतना का एक बहिर्वेशन है। जीवन के स्फटिकों के रूप में शब्द, और कविता

जीवन के विन्यास के एक अंश के रूप में – यह जीवन के साथ कविता की कला का खुलेआम घोषित तादात्म्य है। कविता भारतीय परम्परा के साथ एक गहरे दार्शनिक रिश्ते को उदाहृत करती है, हालाँकि उसको कलात्मक ढंग से आधुनिक तरीक़े से व्यक्त किया गया है – भाषा का इस तरह इस्तेमाल करते हुए कि वह कवि के जीवन की पर्यायवाची हो जाती है। भाषा और प्रेम-जीवन इस कविता में समान हो जाते हैं।

तीसरे समूह में एक तीन पंक्तियों की २००४ की कविता 'अपना विलोम भी' *(उम्मीद का दूसरा नाम)* आती है :

वह सच है
और सच की तरह
अपना ही विलोम है।

कविता का शीर्षक एक आन्तरिक असंगति की ओर संकेत करता है : वह अपना ही विलोम है – और ज़बरदस्त अचूकता के साथ कविता सूत्रात्मक अन्तर्विरोध का चित्रण करती है। इसके अतिरिक्त, "सच" शब्द विषय-वस्तु में दार्शनिक सन्दर्भों का एक व्यापक सम्भावना को भी उद्घाटित करता है। वह एक अन्य कविता के अभिप्रायों को भी ले आती है, एक काव्यात्मक बहुफलक, २००५ में लिखी गयी 'उसने कहा-३ : चार कविताएँ' *(दुख चिट्ठीरसा है)* के एक अंश को :

अगर सच हमारे बीच नहीं है,
अगर यह आँच सच की नहीं है,
अगर यह स्पर्श सच का नहीं है,
अगर यह सच नहीं है जो
हमारे बीच गुनगुना रहा है,
तो मुझे उसकी दरकार नहीं।
हो सकता है कि सच से पिण्ड छुड़ाने पर ही
प्रेम मिलता है
और उसके मिलने के बाद सच की ज़रूरत नहीं रह जाती।

ऊपर उद्धृत पाठों में स्पष्ट तौर पर 'श्रव्य' मनोवैज्ञानिक चिन्तन और दार्शनिक सन्दर्भ दोनों, के उत्स हैं : कवि का काव्यात्मक अनुभव (जिसका मतलब है अस्तित्वपरक अनुभव भी) और उसका परम्परा-बोध। दार्शनिक

सन्दर्भ में क्षण का उत्सव[६४] जो सच है उसपर बौद्धिक चिन्तन, सत्य के तात्त्विक अर्थ पर चिन्तन, के उत्सव में रूपान्तरित हो जाता है। इस तरह के चिन्तन के बहुत से निहितार्थ हैं। पहला, यह अशोक वाजपेयी की कविता के बुनियादी विभाजन की ओर संकेत करता है। सांसारिक अस्तित्व की ओर संकेत करने वाले उनके कृतित्व के सारे अवयवों में स्वीकार्य का अनुमोदन है। जबकि देवताओं की स्पेस को कवि द्वारा ज़ाहिरा विडम्बना के साथ, असम्मान के साथ, यहाँ तक कि गुस्से के साथ (देवता कूच कर चुके हैं, वे मौन हैं, वे ले भागते हैं...इत्यादि) बरता गया है। कवि भारतीय अतीत के इन व्यक्तित्वों, जैसे कि रामानन्द, कबीर या नानक, से आध्यात्मिक स्तर पर निकट है, जिन्होंने धर्म के प्रति अन्धे रवैये से उपजती दिमाग़ी गुलामी का प्रतिकार किया है।

"एक दैवीय क्रियाविधि ने विचार की संघटनाओं को विस्तार की संघटनाओं के तुल्यरूप बना दिया, प्रत्येक से प्रत्येक के, गुणों से गुणों के, आत्माओं से देहों के समतुल्य।"[६५] *क्रिएटिव्ह इवोल्यूशन* का लेखक कहता है : "एक वस्तु से दूसरी वस्तु तक जाने के लिए बना शब्द दरसल स्वभाव से ही स्थानान्तरणीय और मुक्त है। इसलिए न सिर्फ़ एक अनुभूत वस्तु से दूसरी अनुभूत वस्तु तक उसका विस्तार किया जा सकता है बल्कि एक अनुभूत वस्तु से उस वस्तु की स्मृति तक, स्पष्ट स्मरण से एक अपेक्षाकृत चंचल बिम्ब तक, और अन्ततः एक चंचल, यद्यपि तब भी देखे गये, बिम्ब से उस कृत्य, यानी प्रत्यय, तक भी उसका विस्तार किया जा सकता है जिसके द्वारा बिम्ब को उकेरा गया है।"[६६] इस बिन्दु पर हम अशोक वाजपेयी की कविता की सम्भवतः एक सर्वाधिक महत्त्वपूर्ण दुविधा का सामना करते हैं : सत्य और स्वातन्त्र्य के बीच चुनाव, दो मूल्यों के बीच चुनाव। सत्य (बल्कि सत्य की धारणा) की परिभाषा, योरोपीय चिन्तन के इतिहास में, अवबोध के दर्शन की एक बुनियादी कोटि है। जबकि "भारतीय दर्शन का इतिहास न तो किसी विश्वसनीय कालक्रम से परिचित है और न ही ऐसे व्यक्तित्वों से जिनको जीवनियों में समेटा जा सके", गेहार्ड ओबरहेमा दावा करते हैं, जिन्होंने "प्रारूपिक डॉक्सोग्राफ़ी की भारतीय प्रवृत्ति" के बारे में तक लिखा है।[६७] भारतीय चिन्तन में मौजूद तमाम धर्मशास्त्रीय पद्धतियाँ अशोक वाजपेयी की कविता में प्रतिबिम्बित हैं, लेकिन एक विन्यास के बिखरे हुए अंशों ("इबारत से गिरी मात्राएँ") की तरह। और इस तरह का एक

दार्शनिक सन्दर्भ उनकी कविताओं के लिए पर्याप्त है, न कि "देश-काल के परे प्रत्यय"[६८] के रूप में सत्य की प्लेटो की समझ। योरोपीय सौष्ठव उनकी कविता में हैं, साहित्यिक और दार्शनिक दोनों ही, लेकिन एक उच्चतम मूल्य के रूप में स्वतन्त्रता का वरण और भी गहरे निहितार्थों से जुड़ा है : भाषा के दर्शन से। ये मुख्य निहितार्थ, एक ओर, भारतीय संस्कृति के इतिहास में दूर तक और गहराई तक जाते हैं, दूसरी ओर, सोपानक्रम की दृष्टि से सर्वाधिक महत्त्वपूर्ण मुद्दे के तौर पर वाक् से ताल्लुक रखने वाले बीसवीं सदी के आधुनिक सिद्धान्तों तक जाते हैं। और शब्द, उसके फलन, उसके अर्थ, उसके तात्त्विक अभिप्राय, आध्यात्मिक अभिप्राय, अशोक वाजपेयी के उन नृतात्त्विक काव्यात्मक चिन्तनों के केन्द्र में बने रहते हैं जो एक ही साथ सौन्दर्यपरक भी हैं और दार्शनिक (या धारणात्मक) भी हैं। इस सन्दर्भ में उनकी कविता दरअसल सभ्यताओं के बीच स्थित है (देखें अध्याय एक.५)।

अशोक वाजपेयी की कविता पढ़ते हुए प्राचीन भारतीय चिन्तन की महानता और महत्त्व दोनों प्रगट होते हैं। ये "संरचना के तत्त्व" ऐतिहासिक लिखित स्रोतों में तो हैं ही, साथ ही साथ स्थापत्यों के स्मारकों (और उनके प्रतीक-विधान), चाक्षुष कलाओं (जैसे कि मूर्तिशिल्प), नाट्य परम्परा, संगीत और नृत्य की परम्परा में भी हैं। अशोक वाजपेयी की कविता में ये प्राचीन समय, अनुगूँजों और अभिप्रायों के रूप में, अनेक तरह से प्रतिबिम्बित होते हैं, चार वेदों से लेकर उपनिषदों तक। वैदिक ऋचाएँ या औपनिषदिक चिन्तन उनकी कविता में चित्रित हैं (चक्रीय रूप, संवाद, भौतिक वास्तविकता के अनुभव की प्रक्रिया में निहित ऐन्द्रियता, शब्दों में व्यक्त अनुभूत सत्य और आध्यात्मिक सत्य को थामने की कोशिश)। उदाहरण के लिए *ऋग्वेद* की एक *ऋचा* (१.१६४) में एक वाक्य है : "एकं सद् विप्रा बहुधा वदन्ति" (जो एक है कवि उसको अनेक नामों से पुकारते हैं), जो समय के भीतर और समय से परे, अशोक वाजपेयी की कविता भी जुड़ी बात है। नाम, शब्द, अभिधान - ये अशोक वाजपेयी के काव्य-देश में सर्वत्र बिखरे हुए अर्थ मुहावरे हैं (इनमें से कुछ संस्कृत कृतियों के प्रत्यक्ष अभिप्रायों की ओर पहले अध्याय में संकेत किया जा चुका है)। ऐतिहासिक तौर कुछ ज़्यादा निकट के अभिप्रायों की जड़ें आधुनिक हिन्दी कविता में हैं, छायावाद से लेकर पहले तीन सप्तकों से होते हुए नई कविता तक जो भाषिक तौर पर

अनुशासनबद्ध, बौद्धिक कविता है, और जिसके अशोक वाजपेयी उत्तराधिकारी भी हैं और एक प्रतिनिधि भी हैं।[९९]

बौद्धिक क्षितिज की रेखा – समकालीन चिन्तन की धारा – इन कविताओं में एकदम स्पष्ट है जिसमें बीसवीं सदी का भाषिक ज्ञान समायोजित किया गया था। जिस जगह से यह क्षितिज सही-सही दिखायी देता है वह कवि के तथाकथित सृजनात्मक पथ का वह बिन्दु (या क्षण) है जहाँ वह अपने नाटकीय सत्य को अभिव्यक्ति देता है, यह स्वीकार करते हुए कि जीवन के स्फटिक क्या हैं, उसका विन्यास कैसा है, उसकी भाषा का व्याकरण क्या है। तात्त्विक संकेतों का यह स्नायुजाल उस आन्तरिक तनाव के विशाल पैमाने के माध्यम से रूपायित है, जो शब्दों को नियतिपरक (एस्चेटोलॉजिकल) अनुगूँजें प्रदान करता है, मधुर और कड़वे विषाद का गम्भीर स्वर, और उदासी की एक अपरिभाषेय पुकार। इन शब्दों के माध्यम से कवि (अनुभवकर्ता विषयी, वक्ता 'मैं') अपने आपको शब्द से (अपने ही काव्यात्मक कृतित्व से) तदात्म कर लेता है, जबकि अपने शब्द को वह भारतीय परम्परा की संरचनाओं के तत्त्वों से एकाकार कर देता है। हालाँकि, इस निजी सत्य को अभिव्यक्त करते हुए वह सत्य की उस सामान्य अवधारणा को भी व्यक्त करता है जिसे उसी तरह से समझा गया है जिस तरह समकालीन विज्ञान में 'मैं' की समस्या को समझा गया है, यानी दुनिया, विचार, समय, तथ्यात्मक और सम्भाव्य स्पेस, अस्तित्व और उस अस्तित्व के सत्य की अभिव्यक्ति के रूप में वाणी के दृष्किोण से काया के साथ – इसलिए, भौतिकता और आध्यात्मिकता का संश्लेष (उदाहरण के लिए इस तरह का कविता-संश्लेष ऊपर उद्धृत कविता 'रूपक' है)। दो प्रश्नों – अभिव्यक्ति और सत्य – को कविता में रखने का यह ढंग अशोक वाजपेयी की कविता को अस्तित्व के अवबोध की दो परतों पर स्थित करता है : ज्ञानात्मक और अतिक्रामी। दोनों ही परतों पर, जैसे कि मार्टिन हाइडेग्गर के चिन्तन में, हमारी दुनिया "शब्द होती जाती है", क्योंकि "कविता शब्द में अस्तित्व का संस्थापन है"।[१००] इसलिए, कविता स्वयं वह एकमात्र जगह है जिसमें अस्तित्व पर प्रश्न उठाना सम्भव है।

भाषिक रूप से संघनित, सारगर्भित कविता के ऊपर उद्धृत उदाहरणों का काव्य-कौशल भारत की काव्यात्मक और दार्शनिक परम्पराओं को जोड़ने में सक्षम होने के गुण को उजागर करता है, और साथ ही साथ यह भाषा

के आधुनिक ज्ञान की, और ख़ासतौर से कलात्मक भाषा के ज्ञान की, अपेक्षाओं को भी पूरा करता है। अत्यन्त संघनित काव्यात्मक पाठों के प्रकरण में (जिनके अर्थ spatial हैं), इस तरह ये कविताएँ काव्यात्मक स्थिति को अस्तित्वपरक ढंग से परिभाषित करती हैं – अशोक वाजपेयी की कविता हाइडेग्गर के विचार को चरितार्थ करती है : भाषा में रहना, साहित्यिक कृति में घटित होते अस्तित्व के खुलेपन के भीतर खड़े होना।

।। तीन : ३ ।। अशोक वाजपेयी की प्रेम कविताएँ और भारतीय साहित्यिक परम्परा : प्रस्तावना

अशोक वाजपेयी की कविताओं संघटित करने में स्मृति की एक प्रमुख भूमिका है। 'उसने कहा' *(अभी कुछ और)* में वे लिखते हैं : "शरीर कुछ नहीं भूलता", वहीं 'ऐसी है कथा' *(इबारत से गिरी मात्राएँ)* में "एक पुराण से अकस्मात झरता एक शब्द वहाँ / (...) / थोड़ी देर जलमग्न शब्द छटपटाया / थोड़ी देर कसमसायी उसकी पुराणस्मृति"। इन संकेतों के साथ कवि भारतीय परम्परा के साथ अपने लगाव को उजागर करता है, क्योंकि "चक्राकार समय की कल्पना में एतिहासिक कर्म विश्व की लम्बी गोल कविता का महज़ एक बन्द है।"[१०१] जबकि "कविता एक वाचिक प्रक्रिया है जो महज़ उस एक पाठक या श्रोता की वजह से अर्थ को उत्पन्न करती है जो उसको गतिशील बनाता है। कविता का अर्थ वह नहीं है जो कवि कहना चाहता था, बल्कि वह है जो कविता के माध्यम से पाठक कहता है"[१०२]। समय में तितीक्षा, भाषा में तितीक्षा, ध्यान में तितीक्षा – इसे अशोक वाजपेयी ने 'अपना सारांश बन गयी चट्टान' *(समय के पास समय)* नामक नैदानिक और वर्णनात्मक कविता में व्यक्त किया है :

> हम पास आ गये हैं
> क्योंकि दूर आना पास आना है दूरी के
> क्योंकि ओझल होना ग़ैब के पास जाना है
> क्योंकि नाम खोजना आवाज़ का रंग पहचानना है
> हम पास आ गये हैं पवित्र नाद के

हम निकट खड़े हैं बिन्दु के
हम किसी शून्य त्रिभुज में आवृत हैं

निकटता के इस सुदूर स्थापत्य में
बीज के पड़ोस में
तहों में
स्फुरित होता सीधा-सरल सच

ये कविता का अन्तिम हिस्सा है, जो अस्तित्व के बारे में ज्ञान का सार प्रस्तुत कर रहा है। ''हम पास आ गये हैं'' का बहुवचनात्मक रूप पाठक के लिए, आंशिक रूप से उपदेशात्मक क़िस्म का, सन्देश है, लेकिन वह एक संयुक्त सर्वनिष्ठ पहचान भी पेश करता है। इसलिए पवित्र ध्वनि के निकट आने को लेकर ''हम'' के बारे में दिया गया वक्तव्य (''हम पास आ गये हैं पवित्र नाद के'') का अर्थ अस्तित्व के सत्य को प्राप्त कर लेना हो सकता है, और पवित्र काव्य-स्वर के सत्य को भी। ऐसे ही निदान को कवि ने 'मल्लिकार्जुन मंसूर' कविता *(अभी कुछ और)* में भी स्वर दिया है, और इस तरह इस संगीतकार के साथ अपनी सगोत्रता और आध्यात्मिक एकता को उजागर किया है :

वे धीर समय हैं
अविचल काल हैं
(...)

वे फूल की तरह
अक्षत-दूर्वा की तरह
पवित्र जल की तरह

(...)
करते हैं आराधना
होने के आश्चर्य और रहस्य की।

''पवित्र जल'' काल का पर्याय प्रतीत होता है (यहाँ हमें इस अध्याय के पहले परिच्छेद में उल्लिखित ''जलमग्न शब्द'' को याद करना चाहिए), इसलिए एक पाठक के रूप में हम दार्शनिक परम्परा, प्रतीक-विधान और काव्य-कौशल के साइनिस्थेसिया को बरत रहे हैं। काव्य-कौशल का स्रोत आकांक्षा में है (जिसके बारे में कवि ने अपने पहले संग्रह की कविता

'वसन्त के लिए एक कामना' में लिखा है, और उसके बाद उसने जैव-वृत्ति, कलात्मक उत्प्रेरणा के स्रोत के रूप में आकांक्षा का कई बार उल्लेख किया है)। परम्परा के साथ सम्बन्ध को, परम्परा का विरोध करते हुए उसके नैरन्तर्य (जो विरोधाभासी ढंग से परम्परा की एकता की पुष्टि भी करता है) को वाजपेयी ने, उदाहरण के लिए, 'बेतरतीब' कविता *(समय के पास समय)* में व्यक्त किया है :

प्यास का अपना व्याकरण है
सारे अर्धविरामों विस्मयादिबोधकों को रौंदती
प्यास अपना वाक्य पूरा करती है
असंख्य यतियों के बीच
वह जल-वक्तव्य
प्यास के बहाने पानी बोलता है...

भारतीय चिन्तन के इतिहास में एक समूचा, बहुस्तरीय थीमपरक क्षेत्र मौजूद है जो अशोक वाजपेयी की प्रेम कविताओं के लिए सन्दर्भों के एक सघन तानेबाने के रूप में काम आ सकता है। इस परम्परा में अनेक विहित साहित्यिक कृतियाँ, दार्शनिक सम्प्रदायों के विचार, सांस्कृतिक मानक, मिथक, और अनुश्रुतियाँ शामिल हैं। वे सब मिलकर आधुनिक हिन्दी साहित्य के ऐतिहासिक परिप्रेक्ष्य की रचना करते हैं। उनकी प्रतिध्वनियाँ समकालीन कविता में, प्रत्येक स्वतन्त्र 'मैं' के भीतर, कवियों की चेतना के स्तर पर और अवचेतन के स्तर पर सुनायी देती हैं। अशोक वाजपेयी के कृतित्व में प्रेम के मामले में यह परम्परा तब बहुत महत्त्वपूर्ण हो उठती है, जब हम न सिर्फ़ इसकी कलात्मकता और अर्थों के विस्तार को परिभाषित करते हैं बल्कि उन विशिष्ट ऐतिहासिक अभिप्रायों की व्यावहारिकता को भी परिभाषित करते हैं जिनकी ओर कवि सचेतन ढंग से (कई तरीक़ों से) संकेत करता है, और जब हम अन्तर्वैयक्तिक, सामाजिक और स्वतः-स्थापित (अद्वितीय रूप से, कवि द्वारा स्थापित) अवबोध में इस कविता की परिप्रेक्ष्यपरक स्थिति को परिभाषित करते हैं। यानी, साहित्यिक कृति और उसके गृहीता के बीच सम्प्रेषण की स्पेस में। क्योंकि ऊपर उल्लिखित वजहों से, पुस्तक के इस हिस्से में, वाजपेयी की प्रेम कविता के सम्यक् पठन के लिए, इन ऐतिहासिक परम्पराओं की प्रयोजनीयता की दृष्टि से इनकी रूपरेखा प्रस्तुत करने की एक पद्धतिगत अनिवार्यता प्रतीत होती है। एक

ऐसा पठन जिसमें, मसलन, विभिन्न कालों की भारतीय आध्यात्मिक परम्पराओं और समकालीन भारत की आध्यात्मिकता के बीच के वे प्रतिमानपरक सम्बन्ध शामिल होंगे जो इस कविता में शब्द के माध्यम से, बिम्बों के माध्यम से, सामाजिक ब्यौरों के माध्यम से, सौन्दर्यात्मक संवेदना के माध्यम से, और यहाँ तक कि वाक्य-विन्यास, व्याकरण या ध्वनि के माध्यम से चित्रित हैं।

।। तीन : ४ ।। व्याख्याओं के साथ एक ऐतिहासिक रूपरेखा

प्रेम की कला पर भारत में कामसूत्र से पहले से प्रबन्ध मौजूद रहे हैं, हालाँकि अब उनमें से ज़्यादातर बचे नहीं हैं। माना जाता है कि कामसूत्र की रचना वात्स्यायन द्वारा पाँचवीं सदी के मध्य के आसपास कभी की गयी थी। इसके बाद इस विषय पर कई लेखकों ने ग्रन्थों की रचना की।[१०३] संस्कृत में प्रेम की कला पर केन्द्रित ज्ञान की शाखा कामशास्त्र नाम के अन्तर्गत आती है। यह व्यवस्थित अध्ययनशील दृष्टिकोण उन साहित्यिक कृतियों की रचना के रूप में सामने आया जिनमें प्रेम को, विशेष रूप से उसके दैहिक आयाम को, कोटियों में, विकास के सोपानों आदि में विभाजित किया गया। इनमें से कई अवधारणाओं का प्रयोग ईश्वर के प्रति मनुष्य के प्रेम की अभिव्यक्ति के लिए भारतीय रहस्यवाद द्वारा भी किया गया, जिसमें इस विचार की स्वीकृति और प्रचार था कि मनुष्य ईश्वर को न सिर्फ़ उस तरह से प्रेम कर सकता है जिस तरह एक बच्चा अपनी माँ को करता है बल्कि उस तरह भी कर सकता है जिस तरह प्रेमी-युगल एक दूसरे को करते हैं। प्रेम के लक्षणों को सावधानीपूर्वक चित्रित और व्यवस्थित किया गया (जिनमें से कुछ को निश्चय ही विस्तृत मनोवैज्ञानिक विश्लेषण के बाद), हालाँकि इनमें से ज़्यादातर लक्षणों को तत्सम्बन्धी प्रभावों के साथ चित्रित किया गया, जो किसी मनुष्य या देवता की उपासना के परिणामस्वरूप आत्मा के क्षय की ओर ले जाते हैं। यह तथ्य कि प्रेम के ये तत्सम्बन्ध सरल तर्क की बजाय अतिरंजित रूप में प्रस्तुत किये गये थे, न तो इनकी मंशा पर प्रभाव डालते हैं न ही इनकी योजनापरक हठधर्मिता पर प्रभाव

डालते हैं। लड़कियाँ, नौजवान, पत्नियाँ, रखैलें, पति, बूढ़े और प्रेमी – सभी के लिए उनके लिंग, आयु और अनुभव के अनुसार कामभाव की विशिष्ट कोटि से जोड़ा गया था। भारतीय संस्कृति के अध्येताओं ने यौनपरकता के पहलू को मानव अस्तित्व के सत्य के परिप्रेक्ष्य में देखा।

प्राचीनतम भारतीय साहित्यिक कृतियों में, वेदों के समय की कृतियों में, प्रेम को बरतने के बारे में एम. के. बेरस्की लिखते हैं : "भारत ने प्रेम के मसलों को उच्चतम स्तरों पर, कोई चाहे तो कह सकता है नियतिपरक स्तरों पर, रखते हुए एक ऐसी हैसियत प्रदान की जिसने किसी तरह की अतिलज्जा या किसी तरह के अचरज में डालने वाले संकोच को ख़ारिज़ कर दिया। (...) इसलिए ये आश्चर्य की बात नहीं है कि अनुभवों के इस क्षेत्र पर बहुत शोध हुआ और उसका वैज्ञानिक ढंग से चित्रण किया गया। अगर वैदिक यज्ञों का वर्णन सूक्ष्मतम ब्यौरों के साथ किया गया, तो इस तरह का यज्ञ भी वैसे ही सूक्ष्म वर्णन, और उसके अपने भाष्य के योग्य है। (...) स्त्री और पुरुष के संसर्ग को एक यज्ञ-कर्म की तरह बरता गया (...)। और यह इस मान्यता का एक और प्रमाण है कि मनुष्य रूपी सूक्ष्म ब्रह्माण्ड एक ऐसा प्रिज़्म है जिसमें समूचा ब्रह्माण्ड संकेन्द्रित है (...)।"[१०४] इसी तरह मिर्सिया इलियाड ने कहा है : "पूर्व-आधुनिक समाजों में मानवीय यौनपरकता को, तमाम दूसरे जैविक कार्यकलापों की ही तरह, एक पवित्र आयाम प्राप्त था। इस क्षेत्र ने जीवन और प्रजननशीलता से सम्बन्धित मुख्य अनुष्ठानों में भागीदारी की सम्भावना को जन्म दिया।"[१०५]

संस्कृत कविता के एक विशेषज्ञ जॉन ब्रॉफ़ तत्कालीन कवियों की स्थिति को इन शब्दों में दर्शाते हैं : "भारतीय कवियों और उनकी शिक्षा को लेकर उम्मीदों ने एक ऐसी स्थिति पैदा की जिसमें कवि की अपनी भावनाओं को व्यक्त करने की धारणा पूरी तरह अनुपस्थित प्रतीत होती है, लेकिन यह लगभग निश्चित है कि प्रेम के मामले में यह धारणा कभी चरितार्थ नहीं हुई (...)। यह स्थित कई तरह से इस बात का परिणाम हो सकती है कि कवि ने अपनी कृतियों को विज्ञान की कुशल, और कई रूपों में कृत्रिम, भाषा का प्रयोग करते हुए रचा जो सम्भवतः 'हृदय से सीधे निकले' उद्गारों को व्यक्त करने का आदर्श माध्यम नहीं था। लेकिन इससे भी ज़्यादा महत्त्वपूर्ण तथ्य यह है कि निजी, वैयक्तिक कविता की रोमानी अवधारणा उस युग की मुख्य प्राथमिकताओं में शामिल नहीं थी। सामान्य तौर पर यह

कहा जा सकता है कि संस्कृत की प्रेम कविताएँ प्रेम के बारे में लिखे गये छन्द हैं न कि प्रेमियों के बारे में।"[१०६]

भक्ति काल की रहस्यवादी धार्मिक कविता में ईश्वर ऐन्द्रियता से, ऐन्द्रिय प्रेम से जुड़ हुआ था। दासगुप्त कहते हैं : "*भागवतपुराण* या *शाण्डिल्यसूत्र* भक्ति को कर्तव्यबोध से या ईश्वर के महज़ ध्यान से, या महज़ उसके नाम-जाप से उपजी उपासना के रूप में चित्रित नहीं करता बल्कि गहरी अनुरक्ति के रूप में चित्रित करता है। यही कारण है कि भक्ति न तो ज्ञान है और न ही कर्म, वह एक भाव है।"[१०७] व्यक्ति की अपनी जैविक बनावट पर पड़ने वाले बाह्य संवेगों के प्रभाव से उपजी प्रतिक्रिया के रूप में प्रगट एक मानसिक अवस्था या मानसिक प्रक्रिया से उपजा भाव, एक ठोस वस्तु (प्रस्तुत प्रकरण में एक ठोस व्यक्ति) पर पड़ता बाह्य जगत का एक भावनात्मक प्रतिबिम्ब भी है। भाव एक शारीरिक अनुभव भी हो सकता है, जैसे कि पीड़ा, भूख या ठण्ड की अनुभूति। वह एक मानसिक अनुभव भी हो सकता है, जैसे कि अरुचि, जैसे कि आहत या अकेले होने की अनुभूति। भाव की अवधारणा में अनुभूतियों का एक व्यापक फलक शामिल है - उन अनुभतियों में, जो माता-पिता अपने बच्चों के प्रति और बच्चे अपने माता-पिता के प्रति महसूस करते हैं, प्रेमी एक दूसरे के प्रति महसूस करते हैं, जो वैवाहिक प्रेम में महसूस की जाती हैं, से लेकर देशभक्ति की भावनाओं तक। लेकिन प्रेम की अवस्था के आर्थी क्षेत्र में कामावेग शामिल है, जो अनुभव और कर्म का सम्भवतः सबसे अधिक स्फूर्त कारक है। और कामावेग निश्चय ही आकांक्षा का एक रूप है। इसलिए, इस पर आश्चर्य नहीं होना चाहिए कि भक्ति के सम्प्रदाय में "आकांक्षाओं के पूर्ण परित्याग और सम्पूर्ण आत्म-निग्रह का स्थान, ईश्वरीय आनन्द को चित्रित करने तथा मानवीय आकांक्षाओं को सिर्फ़ ईश्वर के ही सन्दर्भ में चरितार्थ करने के लिए, सहभागिता (समागम) ने ले लिया। आकांक्षाओं का भेद नहीं किया गया है, बल्कि उनकी दिशा को बदलने का सुझाव है।"[१०८] कृष्ण के लिए समर्पित साहित्य और प्रतीकों (जोकि भक्ति कविता का एक महत्त्वपूर्ण विषय है) के अपने अध्ययन में ली सीगल ने इस दिशा को बदले जाने की वजहों की ओर ठीक ही संकेत किया है : "ईश्वर में विश्वास सौन्दर्यात्मक आस्था की अपेक्षा करता है - रूपकों की वैधता में विश्वास, एक ऐसी प्रतिमा के अर्थ में विश्वास जो भावनात्मक अनुभव को मिथकीय संरचना के रूप में

प्रस्तुत करती है। वह प्रतिमा प्रेम की अवधारणा को विशिष्ट, ठोस आकार देती है।''[१०९]

रीति काल की कविता में, ''स्त्री की देह मर्दवादी ढाँचे में परिभाषित है, लेकिन चूँकि 'पवित्रता' की तलाश का, मर्दवादी ढाँचे के भीतर भी, कोई प्रश्न ही नहीं है, इसलिए देह कभी-कभी जगह घेर लेती है।''[११०] परुषता का यह वर्चस्व सूफ़ी कविता परम्परा में उस संघटना के माध्यम से और भी जटिल रूप ले लेता है जिसका ताल्लुक साहित्यिक सम्प्रेषण से है, क्योंकि ''यह जान पाना मुमकिन नहीं भी हो सकता है कि उसकी (कवि की) प्रेयसी मानवीय है या दैवीय - सचमुच, यह प्रश्न कि क्या वह ख़ुद भी जानता है ऐसा प्रश्न है जिसे प्राच्य रहस्यवाद के विद्यार्थी असंगत मानकर नहीं चल सकते।''[१११] हमें यहाँ यह भी जोड़ देना चाहिए कि अशोक वाजपेयी की कविता में, अलग-अलग कविता में, यह प्रश्न वैध बना रहता है, क्योंकि कवि अक्सर कोई सुराग़ नहीं देता। इसलिए, उनकी कविता, जब उसको एक थीमपरक और संरचनात्मक समग्र के रूप में पढ़ा जाता है तब, इस व्याख्यात्मक प्रश्न का जवाब देती है : आलम्बन यहाँ वह स्त्री है जो प्रेम-पात्र है, वह, किसी दिव्य शक्ति से तदात्म्य, इस तरह ज्ञानात्मक स्तर पर समस्या एकार्थकता की कतई नहीं है। कदाचित अशोक वाजपेयी की कविता में हमारा सामना एक ख़ास क़िस्म की नयी शृंगारिक मूर्तिपूजा से (चूँकि अन्य, ऐतिहासिक देवता निषेधात्मक कोटियों के रूप में उल्लिखित हैं) या काव्यात्मक और वैश्विक दार्शनिक प्रकल्प से होता है। सम्भवतः इस प्रश्न को सकारात्मक या नकारात्मक रूप से हल किया जा सकता है, लेकिन इसे हल करना प्रस्तुत विश्लेषण के दायरे में नहीं है। जो बात यहाँ किसी हद तक आत्मविश्वासपूर्वक कही जा सकती है वो ये है कि अशोक वाजपेयी की प्रेम कविता में हमें स्त्री देह का एक स्पष्ट मिथकीकरण देखने को मिलता है।

रीति काल के दौरान, कवियों ने, क्लासिक, पारम्परिक संस्कृत कविता के, भरत, दण्डी, भामह जैसे प्राचीन काव्यशास्त्रियों के ग्रन्थों पर आधारित पैटर्नों को भी जारी रखा। इस विषय के एक विशेषज्ञ के अनुसार ''संस्कृत की दरबारी कविता आमतौर से निर्वैयक्तिक, पण्डिताऊ, कृत्रिम और इस सबसे ऊपर अभिसामयिक है, जो काव्यरूढ़ियों का दक्ष और क्रीड़ामय प्रयोग करती है। कवियों का अनुसरण करते हुए अलंकारशास्त्रियों द्वारा और फिर

अलंकारशास्त्रियों का अनुसरण करते हुए कवियों द्वारा सौन्दर्यात्मक अनुभव की प्राणशक्ति का बारीक़ी से अध्ययन किया गया था और उसको व्यवस्थित ढंग से परिभाषित किया गया था। काव्यशास्त्र और कविता के बीच, सिद्धान्त और व्यवहार के बीच, ऐसे निकट सम्बन्ध ने अत्यन्त शैलीबद्ध और परिष्कृत साहित्य को जन्म दिया। कविता के लिए कविता – सौन्दर्यात्मक सत्य ने अन्तरात्मिक, धार्मिक, सामाजिक और वस्तुपरक सत्य को पीछे धकेल दिया; और यह सत्य आलंकारिक साहित्य में विस्तार से चित्रित और कूटबद्ध किया गया।''[११२]

आधुनिक युग में, जैसा कि मदन सोनी का ठीक ही कहना है, रीति काल के समाप्त होने के पहले सौ सालों के दौरान कविता से की जाने वाली अपेक्षाएँ उत्तरोत्तर बदलती गयीं, और उसमें दार्शनिक, तात्त्विक और आध्यात्मिक विषयों का आग्रह बढ़ता गया, इसी के साथ-साथ मानववाद, सर्वहारा, दलित, समाज में स्त्रियों की दशा आदि का आग्रह भी।[११३] यह लेखक यह भी कहता है कि समकालीन कविता देहिकता (''देह की भाषा'') को व्यक्त करने में अक्षम है, और इस सामर्थ्य का हिन्दी कविता में इसलिए लोप हुआ है क्योंकि ''आधुनिकता'' की शुरुआत के साथ ही देह और देह-भाषा दोनों को अपवित्र, अमंगलकारी, अपमानजनक, और भद्दा माना गया, और इसलिए इनको प्रेत-बाधाओं की तरह देखा गया। इसी के साथ यह अमंगलकारी छाया समकालीन हिन्दी आलोचना की शुरुआत से भी जुड़ी हुई है, जिसने आत्यन्तिक देहनिष्ठता और शृंगारप्रियता को इतिहास के सबसे अस्पृश्य हाशिये पर धकेला और बनाये रखा है।[११४] सुधीश पचौरी, जिनको पहले भी उद्धृत किया जा चुका है, यह भी जोड़ते हैं कि ''यह सचमुच विडम्बना ही है कि हिन्दी में प्रसव और प्रजनन हमेशा दृष्टि-केन्द्र से बाहर रहे हैं। क्यों? सिर्फ़ इसलिए कि 'रचनाकार' सारे के सारे मर्द रहे हैं जिन्होंने गोपनीय स्पेस को सार्वजनिक करना गरिमा के विपरीत पाया।''[११५] और उन्होंने यह भी कहा है : ''ऐन्द्रियता को हिन्दी कविता में कमतर नज़रों से देखा गया। वह चाहे शमशेर की ऐन्द्रियता रही हो या अशोक वाजपेयी की – ब्रह्मचारी और तपस्वी उससे नफ़रत करते हैं।''[११६]

इस तरह के ऐतिहासिक परिप्रेक्ष्य में पैदा होने वाला सवाल साहित्य से परे का है, बल्कि वह नृतात्त्विक या समाजशास्त्रीय है : क्या कारण है कि भारतीय लेखकों, आलोचकों और पाठकों का कविता में देहिकता, ऐन्द्रियता

और शृंगार के प्रति विमुख रवैया रहा? यह प्रश्न तब और भी विचलित करने वाला हो उठता है जब हम इसको दैहिकता और ऐन्द्रियता की उस असाधारण रूप से समृद्ध परम्परा के परिप्रेक्ष्य में रख देखते हैं, जो वैदिक युग से लेकर रीति काल तक, यानी बीसवीं सदी की लगभग शुरुआत तक, और इस तरह हिन्दी साहित्य की आधुनिकता की शुरुआत तक जारी रही। ऐन्द्रियता एक वर्जना क्यों बन गयी?

भारतीय संस्कृति के इतिहासकारों के बीच यह धारणा सर्वाधिक लोकप्रिय रही है कि ऐन्द्रिय प्रेम, आकांक्षा, आवेग और शृंगारिकता में जीवन्त दिलचस्पी, जो आरम्भिक युगों से लेकर रीतिकाल की विशेषता रही, वह भारत के पहले एडवर्डीय और फिर विक्टोरियाई मूल्यों के सम्पर्क के नतीजे में आने की वजह से ख़त्म हो गयी। ब्रितानियों ने भारत में शिक्षा का अपना आदर्श प्रस्तुत किया, जिसकी वजह से शैक्षणिक संस्थानों ने मूल्यों की औपनिवेशिक व्यवस्था का प्रचार किया। इस प्रक्रिया का एक नतीजा तथाकथित मध्यवर्ग का उदय है जिसमें सरकारी कर्मचारी, दफ़्तरी बाबू, अध्यापक, वकील, डॉक्टर, राजनेता आदि शामिल थे। और इसी वर्ग से अधिसंख्य समकालीन भारतीय लेखक आये। विदेशी पद्धति से शिक्षित अभिभावकों के बच्चों के रूप में उन्होंने विदेशी सौन्दर्यात्मक और नैतिक मूल्यों से जुड़े सामाजिक आचरण के विदेशी तौर-तरीक़ों का अनुसरण किया। उनमें से सिर्फ़ थोड़े-से लोगों (अक्सर बुज़ुर्गों) ने ही भारतीय सौन्दर्यशास्त्रीय परम्रा की ओर मुड़ना पसन्द किया। अशोक वाजपेयी अपनी प्रेम कविताओं में ऐसे ही लेखकों में से एक हैं।

यह धारणा कि भारतीय साहित्य में ऐन्द्रियता की वर्जना सामाजिक व्यवहार के ब्रितानी औपनिवेशिक मानकों का नतीजा है बेशक सही है, लेकिन शायद पूरी तरह से नहीं। समकालीन हिन्दी कविता पर, उसकी उत्पत्ति, विकास, विषयों के उसके चुनाव, और उसके अभिग्रहण पर शोध करते हुए मैं इस नतीजे पर पहुँची हूँ कि ऐन्द्रियता को स्वीकार करने की समस्या काव्यात्मक अभिव्यक्ति के ढंग में आये एक अविश्वसनीय रूप से महत्त्वपूर्ण रूपात्मक परिवर्तन से जुड़ी हुई है - यानी छायावादी विद्रोह के परिणामस्वरूप काव्य-विषयी, उत्तमपुरुष वक्ता 'मैं' को प्रस्तुत करने से। जैसा कि हिन्दी साहित्य के सर्वाधिक प्रभावशाली इतिहासकार राम अवध द्विवेदी का आकलन है, ''पहले के युग के कवि बाह्य तथ्यों तथा वस्तुनिष्ठ वास्तविकता में

तल्लीन थे, जबकि इस धारा के प्रतिनिधियों ने अपना ध्यान लगभग पूरी तरह से आन्तरिक विचारों और भावनाओं पर केन्द्रित किया, और चरम व्यक्तिनिष्ठता तथा निजी अनुभव छायावाद के विशिष्ट लक्षण बन गये।''[११७] यह भी कहा जा सकता है कि छायावाद की नवीनता तीन विशुद्ध साहित्यिक मूलगामिताओं पर विकसित हुई थी : अभिव्यक्ति के अनिवार्य माध्यम के रूप में खड़ी बोली का चुनाव, विषयों का अबाध चयन, और लेखक की निजी रुचि के अनुसार निजि काव्यशास्त्र का अनुप्रयोग। इसलिए, हिन्दी कविता के एक पोलिश अध्येता की यह धारणा काफ़ी सटीक है, विशेष रूप से इसलिए भी कि यह एक ऐतिहासिक दूरी साधकर बनायी गयी है, कि ''छायावाद अपने काव्यशास्त्र के साथ, जो हिन्दी की तब तक की कविता में किसी भी चीज़ के मुक़ाबले अधिक धारदार और नाटकीय था, कल्पना तथा भावनाओं के अपने महिमामण्डन के साथ, और अपने आडम्बरपूर्ण आदर्शवाद के साथ, प्रचलित प्रभावी परम्परा में एक बहुत बड़ा नवोन्मेष था।''[११८] ऊपर उद्धृत विचारों को देखते हुए सम्भ्वतः यह स्थापना की जा सकती है कि जिस क्षण से हिन्दी कविता में काव्य-विषयी 'मैं' आया, ऐन्द्रियता और दैहिकता, जिनको अब एक निजी आत्मीय अनुभव के तौर पर देखा गया, ने एक नया न केवल निजी बल्कि - इससे भी बढ़कर - 'वास्तविक' ('अ-वस्तुनिष्ठ', 'अन-अमूर्त') - आयाम हासिल कर लिया, जो पिछले युग से भिन्न था। और जिनको - दूसरे 'आतंकपूर्ण' मुद्दों के साथ-साथ - वर्जना के रूप में देखा जाता था।

विरोधाभास हालाँकि यह है कि औपनिवेशिक अतिसुशीलता के सख़्त मानक तथा काव्य-विषयी 'मैं' की आमद बीसवीं सदी की हिन्दी कविता में पश्चिमी प्रभाव के अधीन आकार लेती प्रक्रियाएँ थीं : नियामक नैतिकता के प्रकरण में - हिन्दी कविता के मामले में उपनिवेशवाद के एक प्रभाव के रूप में - पश्चिम की साहित्यिक परम्पराओं, विशेष रूप से अँग्रेज़ी रोमाण्टिक कविता, से आ रहे प्रभावों के रूप में (यह दृष्टिकोण दरअसल एक पिष्टोक्ति बन गयी, जिसे आधुनिक हिन्दी कविता के बारे में लिखने वाला हर कोई दोहराता रहा है)।

बीसवीं सदी में, निराला के साथ, हिन्दी कविता कला का एक निजी, आत्मीय रूप बन गयी। व्यवस्थित ढंग से उत्तरोत्तर आत्मकथात्मक तत्त्व शामिल होते गये, और उनके साथ व्यक्तिनिष्ठ अनुभवों के तत्त्व, अवचेतन

का मनोविज्ञान, चेतना का मनोविज्ञान, सहज-बोध, चाक्षुषता और रूपकीकरण जुड़ते गये।

।। तीन : ५ ।। नर्तकी

भारतीय संस्कृति में नृत्य अखिल विश्व के साथ मनुष्य के ऐन्द्रिय और आध्यात्मिक दोनों तरह के एकत्व को संकेतित करता है।[११९] "सदियों के अन्तराल में भारतीय नृत्य में मामूली परिवर्तन आये हैं, और श्रेष्ठ भारतीय नर्तक-नर्तकियाँ (...) अभी भी भरत के *नाट्यशास्त्र* के नियमों का अनुसरण करते हुए नाचते हैं (...) भारतीय नृत्य में सिर्फ़ पैर और हाथ ही नहीं समूचा शरीर हिस्सेदारी करता है। एक-एक हस्तक या भृकुटि-विक्षेप का अपना अर्थ होता है (...) मुद्राएँ और भंगिमाएँ विधिपूर्वक वर्गीकृत हैं। भारतीय नृत्य का सबसे चौंकाने वाला पक्ष निश्चय ही हस्त-मुद्राएँ हैं। एक सुन्दर और जटिल कूट के माध्यम से हाथ अकेला न सिर्फ़ भावों के व्यापक विस्तार को चित्रित कर सकता है, बल्कि देवताओं, पशुओं, मनुष्यों, नैसर्गिक दृश्यों और गतिविधियों को चित्रित कर सकता है (...)।"[१२०]

नृत्य का विषय अशोक वाजपेयी की कविता में उदाहरण के लिए 'एक लम्बी अधूरी प्रेमकविता' *(अभी कुछ और)* के इस अंश में है, जो भारतीय नृत्य की परम्परा का समवर्ती है : "अपनी लय और दीप्ति में / अपनी ही कोमल सकलता में / संयमित शरीर"। इसी कविता में वाजपेयी अपनी शैली के मुताबिक़ यह सवाल पूछते हैं : "नाचते हुए क्या उसके अंग उसके बस से बाहर हो जाते हैं?" प्रेम की मूर्तिमान छवि को उन्होंने १९८९ में प्रकाशित संग्रह *तत्पुरुष* की 'नर्तकी' शीर्षक कविता में चित्रित किया है। इस कविता को उस समूचे विषयात्मक समूह के केन्द्रीय बिन्दु की तरह देखा जा सकता है जिसके नैरन्तर्य में दो लम्बी कविताएँ 'ग्यारह प्रेम कविताएँ' *(दुख चिट्ठीरसा है)* और 'अनुपस्थिति : ग्यारह कविताएँ' *(दुख चिट्ठीरसा है)* हैं। ये कविताएँ भारत के साभ्यतिक इतिहास को सुन्दरता के निजी सौन्दर्यपरक अनुभव से और उस सब कुछ से भी जोड़ती हैं जो नृत्य की सुन्दरता में, उसके अर्थों और अभिप्रायों में रूपायित होता है :

१

फूलों-भरी डाल झुककर
जैसे बहते पानी से बतियाती है
और फिर हवा के झोंके में डोलकर
वापस हो जाती है स्थिर

२

उसके पैरों में घुँघरू बजते हैं
जैसे नक्षत्र गाते हों
आकाश में

३

वह अपने एकान्त को भरती है
अपने शरीर की लय से
लालित्य से,
उसकी आत्मा
उसे अपलक निहारती है
जैसे पक्षी देखता है
आँधी में तिनके-तिनके उड़ता
घोंसले के लिए जमा सारा का सारा सामान

४

वह छू आती है आकाश
वह घूम आती है अन्तरिक्ष
वह दूसरों का प्रेम व्यक्त करते लजाती है
वह दूसरों की कथा कहती है अपने शरीर से
वह कहीं नहीं जाती
वह रहती है
अपनी आत्मा के अँधेरे में जड़

दूसरों को पल्लवित-कुसुमित करती हुई

५

चौंधियाते प्रकाश में
अनगिनत आँखों के घेरे में
सबके बीचोंबीच
वह अकेली नाचती है
अकेलेपन से खोजती है
अपने लिए जगह

६

वनप्रान्तर में
एक अनाम वृक्ष की डाल पर
एक हरी पत्ती को ठेलकर
खिलता है एक अदृश्य पुष्प
और हवा समझती है
कि थिरक रहा है
छिटककर भी
वनदेवी के चरणों से
एक नूपुर।

कविता एक स्पष्ट और प्रच्छन्न दोनों ही तरह के अन्तर्विरोधों से रची गयी है, गति से और उस चीज़ से जो गति को व्यक्त करती है, देह, मुद्राओं, और गतिहीनता के लक्षणों से। गति नर्तकी में साकार है ("फूलों-भर डाल झुक कर"), लेकिन गति का क्षेत्र परिसीमित है देह की क्षमताओं से, वैसे ही जैसे डाल वृक्ष से जुड़ी रहती है, इसलिए वह किन्हीं सीमाओं तक ही विस्तार पा सकती है। नर्तकी अपनी गतियों में इतनी सुकुमार है कि एक "हवा का झोंका" भी उसको उड़ा ले जा सकता है, या उसको स्थिर कर दे सकता है। घुँघरुओं की खनक के साथ नक्षत्रों की ध्वनि का साहचर्य न सिर्फ़ सौन्दर्य-परम्परा से रचा गया गुण है, बल्कि यह 'दो दुनियाओं' की समक्षणिकता का प्रतीकात्मक चित्रण भी है।

इस कविता में जो चीज़ सबसे महत्त्वपूर्ण लगती है वह नर्तकी की भावनात्मक अवस्था (''अपने एकान्त'') है, और तब भी, इसी के साथ-साथ वह ''छू आती है आकाश'' और ''घूम आती है अन्तरिक्ष'' - उस ऐसे एक परिप्रेक्ष्य से ''वह दूसरों का प्रेम व्यक्त करते लजाती है''। अनन्त के परिप्रेक्ष्य में नर्तकी की छवि का इस तरह का चिह्नांकन अशोक वाजपेयी की प्रेम कविताओं के सन्दर्भ में महत्त्वपूर्ण है। नर्तकी को ''चौंधियाते प्रकाश में / अनगिनत आँखों के घेरे में / सबके बीचोंबीच'' रखा गया है। इस प्रकाश का अर्थ ज़रूरी नहीं कि मंचीय प्रकाश ही हो, इसका अर्थ रहस्यमय प्रकाश भी हो सकता है। अनगिनत आँखें मनुष्यता का पर्याय हो सकती हैं (ख़ासतौर से इसलिए कि यह कवि लगभग हमेशा ही मानक अभिव्यक्तियों का प्रयोग श्लेषार्थक ढंग से करता है), और उसके एकान्त को कवि के एकान्त की तरह देखा जा सकता है। कविता की दूसरी पंक्ति ''जैसे बहते पानी से बतियाती है'' एक रूपक है जो नृत्य को दिये गये सारे अर्थों को एकीकृत करता है। नर्तकी की तुलना बजते घुँघरुओं से की गयी है - जो शब्दों का घुँघरू भी हो सकता है, कविता का महज़ ध्वन्यात्मक आयाम नहीं।

।। तीन : ६ ।। लम्बी कविता का द्विफलक

अपने तेरहवें कविता संग्रह *दुख चिट्ठीरसा है* में अशोक वाजपेयी ने दो लम्बी कविताओं को सम्मिलित किया है - दोनों ही कविताएँ प्रेम पर हैं। ऊपरी तौर पर वे दो शृंखलाएँ हैं जिनमें से प्रत्येक में ग्यारह चिन्तनपरक और प्रगीतात्मक कविताएँ हैं। लेकिन विषय-वस्तु की दृष्टि से दोनों ही शृंखलाएँ, एकल किन्तु ज्ञेय शिक्षात्मक व्यंजना के साथ, अपने को लम्बी कविताओं में विन्यस्त करती हैं, जबकि आख्यानपरक व्यापार दोनों में रूपकों और बिम्बों द्वारा निष्पादित है, और रोज़मर्रा बोलचाल के निर्देशात्मक वाक्यों द्वारा। मुख्य आख्यानपरक तन्तु मुख्य विषय के विश्लेषणात्मक विस्तार से निर्मित है।

इन लम्बी कविताओं के शीर्षक - 'ग्यारह प्रेम कविताएँ' और 'अनुपस्थिति : ग्यारह कविताएँ' - पहले ही उस एक बुनियादी विसंगति की ओर संकेत

करते हैं जो इस कवि के समूचे लेखन में मौजूद है। विसंगति एक अन्तर्विरोध पर आधारित : उपस्थिति बनाम अनुपस्थिति, एक ऐसा विभाजन जो अशोक वाजपेयी की प्रेम कविता के बुनियादी स्थितिपरक विपर्यास पर आधारित है, बावजूद इसके कि वह कलात्मक अभिव्यक्ति के अनुप्रयुक्त साधनों में किसी मूलगामी परिवर्तन का कारण नहीं बनता। उदाहरण के लिए, उपस्थिति और अनुपस्थिति के बीच आवाजाही में किसी भी तरह के भाव उजागर नहीं होते क्योंकि वह पंक्तियों की लयात्मक तान में किसी तरह का परिवर्तन नहीं लाती। यह भी है कि इन दो अवस्थाओं के बीच अन्तरण बिम्ब-विधान के स्तर पर नाटकीयता की वजह नहीं बनता। कवि परिणामतः अपने प्रिय एकालापों के समूचे रजिस्टर का इस्तेमाल करता है। दो अस्तित्वपरक अवस्थाओं को संकेतित करती विपर्यस्त काव्यात्मक स्थितियों को समान रूप से बरतने की यह रणनीति दरसल इस कविता को पेचीदा बनाती है, इसको समझना मुश्किल बनाती है, बावजूद इसके कि इसका साहित्यिक रूप भ्रामक स्तर पर सरल है, और सामान्य विषयात्मक संरचनाओं के स्तर पर पारदर्शी प्रतीत होता है।

इस परिप्रेक्ष्य में संख्याओं की समानता इन कविताओं में निरा संयोग नहीं लगती, उपस्थिति और अनुपस्थिति दोनों की दृष्टि से, ग्यारह कविताएँ, ग्यारह विषय। यह समानता कम से कम दो व्याख्यात्मक धारणाओं की ओर संकेत कर सकती है : या तो एक ख़ास तरह के संरचनात्मक खेल की ओर, या फिर दक्षतापूर्वक छिपायी गयी एक दार्शनिक चुनौती की ओर। एक सामान्य प्रयोग के नतीजे में पहली प्रेम कविता के विभिन्न हिस्सों के स्वतन्त्र शीर्षक संरचनात्मक खेल के पक्ष में बोलते हैं :

आकाश में होने से पहले
उससे पूछो
इतनी देर से क्यों
जागरण का दूसरा नाम
वह
उसके छूने से
वह है
वह जब चाहती है तब
सारे ब्रह्माण्ड को

वह आती है
उसी में

इस तरह की संक्षिप्त कविता पदों के न्यूनीकरण के सहारे विषय-वस्तु के संघनन के उद्देश्य से प्रयोग कर रहे किसी भी कवि के द्वारा लिखी जा सकती है। तथापि, इन शीर्षकों में छिपी हुई सम्भाव्य कविता - इससे फ़र्क नहीं पड़ता कि वह सजग ढंग से रची गयी है, या कवि के कलात्मक अवचेतन का परिणाम है - *आविन्यों* (१६६५) के लेखक की लेखन तकनीक को स्पष्ट करने के लिए काफ़ी है। एक इरादतन की गयी संरचनात्मक क्रीड़ा की तरह देखने पर, यह साहित्यिक अवाँगार्द (और उसे निरन्तर जारी रखने वालों) की विरासत के साथ एक चतुराईपूर्वक छिपाकर की गयी पॉलिमिक्स भी हो सकती है। अवचेतन प्रक्रिया के नतीजे के तौर पर, सहज बोध के नतीजे के तौर पर, पढ़ने पर, यह काव्य-सामग्री को बरतने की कवि की गहरे मूलबद्ध समकालिकता को प्रमाणित करती है। इससे भी बढ़कर यह न सिर्फ़ इन स्वतन्त्र कविताओं के बल्कि अशोक वाजपेयी के अब तक प्रकाशित तेरहों संग्रहों में निहित काव्य-दृष्टि के अर्थों के बहुआयामी चरित्र को भी प्रमाणित करती है।

।। तीन : ७ ।। प्रेम के नाम

'ग्यारह प्रेम कविताएँ' की पहली दो पंक्तियाँ एक सशक्त काव्यात्मक बिम्ब रचती हैं :

आकाश में होने से पहले
सूर्योदय उसकी आँखों में होता है

यहाँ एक स्त्री की आँखों को संसार के दर्पण की तरह चित्रित किया गया है। आँखें, सूर्य - ये आनन्द के प्रतीक हैं। दर्पण के रूप में आँखों को देखना अनुभव में, स्मृति में प्रतिबिम्ब की ओर, यथार्थ की छवि की ओर, संकेत करता है। अगली दो पंक्तियाँ संसार के इस अनुभव का खुलासा करती हैं :

संसार में पहले-पहल सूर्योदय का आश्चर्य
उसकी पलकों के नीचे अभी तक ठहरा हुआ है

एक आध्यात्मिक अवस्था की तरह देखी गयी प्रेम की सर्वव्यापकता एक प्रगीतात्मक स्थिति को उत्पन्न करती है, जिसमें 'प्रथम सूर्य' उदित होता सूर्य है, जिसे प्रेम में डूबी स्त्री द्वारा पहली बार देखा गया है। इसलिए यह उसके प्रेम के संसार में होता प्रथम सूर्योदय भी है। विस्मय की अवस्था, जो कविता के उत्स में निहित है, इस स्थिति को वैयक्तिक सत्य की स्थिति प्रदान करती है। आगे की पंक्तियाँ ख़ुद को एक तरह स्त्रोत की तरह विन्यस्त करती हैं :

उसकी त्वचा में भरा है
पहली धूप का उल्लास और उजास :
उसे देखना
इतने कुछ को पहली बार होते देखना है।

दूसरी कविता में उन आदेश-सूचक कथनों के माध्यम से प्रस्तुत प्रश्नवाचक वाक्य हैं, जिनको तीसरी और पाँचवी पंक्तियों में दोहराया गया है :

हवा से नहीं, उससे पूछो :
वह शब्दों से अब तक अदृश्य क्यों रही है?
शब्दों से नहीं, उससे जानो :
वह शब्दों की पकड़ में क्यों नहीं आती?
मौन से नहीं, उससे पता करो :
उसका ठिकाना आवाज़ों से दूर
कितनी दूर और कहाँ है?

तीसरी कविता दूसरी का विस्तार है : "वह शब्दों की पकड़ में क्यों नहीं आती" को यहाँ पहली और अन्तिम पंक्ति में आये प्रश्न से पूरा किया गया है : "वह इतनी देर से क्यों आयी है?" कवि की कल्पना में अटकी हुई वह तब भी वास्तविक है। उसकी उपस्थिति की लगभग ऐन्द्रिय आकांक्षा, कामना एक ऐसी स्थिति को जन्म देती है जहाँ, मानो प्रतीक्षा के बिम्ब को गति प्रदान करने, समूचे संसार के परिप्रेक्ष्य को तलब किया जा रहा है। प्रतीक्षा के समय को सूर्य की परिक्रमा करती पृथ्वी के माध्यम से चित्रित किया गया है :

इस बीच पृथ्वी अपनी धुरी पर रहते हुए

सूर्य की कितनी परिक्रमाएँ कर चुकी।

और पृथ्वी के ख़ामोश निवासियों के माध्यम से भी :

कितनी वनस्पस्तियाँ विजड़ित होकर चट्टान बन गयीं,
पत्थरों के कितने सारे सपने
रेत-रेत होकर बिखर चुके -

तथ्यात्मक, आसपास की दुनिया उस रेखा के परे भी प्रतीक्षा के समय से भरी हुई है जिसमें :

और भूरी पड़ चुकी है सारी प्रतीक्षा,

और इसी के साथ-साथ :

चिड़ियाँ चहकने और गाने के बाद
थककर अपने घोंसलों में लौट गयी हैं,
शब्द मौन की ओर बढ़ने लगे हैं, धीरे-धीरे उभर रहा है मृत्यु का आवाहन-संगीत -

एक स्त्री के लिए प्रतीक्षा का समय एक जीवनपरक समय में बदल जाता है। वह, जो शब्दों से बच निकलती है, उन शब्दों द्वारा परित्यक्त की जा रही है जो उस ''मौन की ओर'' बढ़ रहे हैं, जिसमें ''मृत्यु का आवाहन-संगीत'' सुनायी देता है। यह एक निष्फल प्रतीक्षा का संक्षिप्त बिम्ब है, जिसकी निष्फलता इस प्रकरण में उन दो एक जैसे प्रश्नों में मढ़ी हुई है जिनको कविता के आरम्भ और अन्त में पूछा गया है : ''वह इतनी देर से क्यों आयी है?''

क्या यह कविता किसी ऐसी चीज़ के बारे में नहीं है जो प्रेम के विषय से परे है? या यह इस विषय का मानव वास्तविकता के समग्र की तक विस्तार करती है, सिर्फ़ तथ्यात्मक या ऐतिहासिक वास्तविकता नहीं बल्कि सबसे ऊपर आध्यात्मिक वास्तविकता? और इसे क्या एक ख़ास दूरी के माध्यम से हासिल नहीं किया गया है, वह दूरी जिसे 'वह' सर्वनाम के बाह्य आवरण के अधीन रचा गया है?[१२१] दूरी को इस कविता में परोक्ष ढंग से भी व्यक्त किया गया है, वक्ता की विदग्धता के माध्यम से। 'वह' शब्द के पीछे एक व्यक्ति छिपा हुआ है, एक स्त्री, लेकिन शायद स्वयं एक विशुद्ध

आकांक्षा भी? आख्यान उत्तम पुरुष में किया गया है, शब्दों के आवरण में लिपटे लेखक द्वारा। हो सकता है खुद उसको भी उसके साथ तदात्म माना जा सकता हो जिसको शब्दों में नहीं पकड़ा जा सकता? आदेशात्मक कथनों, ''उससे पूछो'', में क्या ये खुद से बात करता हुआ लेखक ही नहीं है? क्या ये, तमाम अलंकारों के पीछे छिपी हुई, विषाद की सर्वाधिक मुखर अभिव्यक्ति नहीं है?

वैविध्य के नियमों का अनुसरण करती हुई अगली कविता 'वह' के अभिप्राय में और बढ़त करती है। नीचे अंकित पंक्तियाँ सीधे-सीधे शृंखला की पहली कविता की पहली दो पंक्तियों की ओर संकेत करती हैं :

उसकी आँखों में
नदियों के जल पर छाया
सघन हरा अँधेरा है।

उसकी हथेलियाँ पसीजती हैं
वन-प्रान्तर में चुपचाप बहते झरनों के पानी से।

उसके ओंठों पर
रात देर गये गिरने वाली ओस की छापें हैं।

उसके हाथ छूते हैं
तो रंग जागते हैं
आकार जागते हैं
स्पन्दन के असंख्य रूपाकार जागते हैं

वह जागरण का दूसरा नाम है।

यथार्थवादी ब्यौरे, आँखें, हाथ, होंठ, उन असंख्य ''रूपाकारों'' का सामना करते हैं जिनको वे जगाते हैं : नदी, सघन हरियाली, वन-प्रान्तर से बहते झरने का पानी। ये ब्यौरे 'उसकी' उपस्थिति को वास्तविक बनाते हैं। ऐसे ही काव्यात्मक प्रक्रिया अगली कविता में घटित होती है।

वह रोशनी की रोशनी है
और उसमें कुछ बहुत अन्दर
रोशनी की गाँठ-सा ठिठका हुआ है।
वह अँधेरों का अँधेरा है

और उसमें अँधेरा कहीं अपने को टटोलता है।

वह जलों का जल है
और उसके रक्त में कहीं
जल का उद्‌गम डूबा हुआ है।

'ग्यारह प्रेम कविताएँ' के ऊपर उद्धृत अंश को एक लाक्षणिक शीर्षक दिया गया है : 'वह'। मानो वह किसी व्यक्ति की उपस्थिति और उसके अस्तित्व के क्रियात्मक परिणामों की ओर संकेत हो। चौथी और पाँचवीं पंक्ति में हमारा सामना एक सीधी-सादी तुल्यरूपता से होता है, जो वास्तव में एक बौद्धिक संकेत है। 'वह' महज़ अँधेरा नहीं है, बल्कि वह "अँधेरों का अँधेरा है", अँधेरे का संश्लेषण, उसका सत्व, जो "अपने को टटोलता है"। कविता के इस हिस्से में हम एक ऐसी चीज़ का सामना करते हैं जो अशोक वाजपेयी द्वारा, शब्दों के माध्यम से व्यक्त कलात्मक सहजीविता में, प्रेम के मसले को, प्रेम के उनके अपने बौद्धिक और भावनात्मक अवबोध को बरतने का, बुनियादी नियम हो सकता है। "मनुष्य में कम से कम ये तीन होते हैं : वनस्पति स्तर, प्राणी स्तर और आध्यात्मिक स्तर। प्रेम इन तीनों में से प्रत्येक स्तर पर घटित हो सकता है। लेकिन सम्पूर्ण प्रेम में ये तीनों स्तर एक साथ शामिल होते हैं।"[१२२] प्रेम की यह समझ रूढ़ अवधारणाओं के परे जाती है। यह मानवीय अनुभव के समस्त विश्व को समाविष्ट कर लेता है। "आवेगमय प्रेम में सम्मोहन का गुण होता है जो अपनी तीव्रता में धार्मिक हो सकता है। दुनिया की हर चीज़ अचानक ताज़गी से भरी लगने लगती है, तब भी इसी के साथ-साथ वह शायद व्यक्ति की उस रुचि को पकड़ने में नाकामयाब होता है, जो प्रेम के विषय से इस क़दर जुड़ी होती है। आवेगमय प्रेम कमोबेश सार्वभौम संघटना है।[१२३] इस परिप्रेक्ष्य में सारी गणनाएँ समझ में आने लगती हैं - वह है : "रोशनी की रोशनी", "अँधेरों का अँधेरा", "जलों का जल"। लेकिन इसी के साथ-साथ हमें एक विशिष्ट पहचान की ओर भी ध्यान देना चाहिए : "उसमें कुछ बहुत अन्दर/ रोशनी की गाँठ-सा" है जो एक स्वायत्त, सम्प्रभु व्यक्ति (या व्यक्तित्व के निस्सरण) की ओर संकेत करता है। इसी के साथ कविता के इस हिस्से में कवि एक प्रच्छन्न ऐतिहासिक सन्तुलन को भी अंजाम देता है। "भारत में न सिर्फ़ दर्शन बल्कि की ज्ञान की लगभग सभी शाखाएँ और कौशल आनुष्ठानिक जादू से विकसित हुए हैं।"[१२४] और अगर हम इस

धारणा को स्वीकार करें कि "जादू की भाषा की एक सर्वाधिक ज़ाहिर-सी विशेषता, अगर हम आज कहें तो, यह होती है कि इसका भौतिक चरित्र, यानी इस भाषा के सारे नाम स्थलपरक होते हैं"[१२५] – तो अशोक वाजपेयी की प्रेम कविता के सजीव उपकरणीकरण स्पष्ट और बोधगम्य हो जाते हैं। शृंखला का अगला हिस्सा काव्यात्मक चरित्र *(वह)* की संश्लिष्ट और प्रतीकात्मक उपस्थिति के और भी ब्यौरे पेश करता है :

उसके छूने से नहीं खिलते फूल
लेकिन लगता है कि उसने छुआ
तभी खिले फूल।

उसके हाथ हरी पत्तियों की तरह काँपते हैं
और लगता है हरियाली उससे पूछकर
फैलती है घास में, पेड़ों और पर्वतों पर।

सातवें हिस्से में हम पहली, चौथी और पाँचवीं कविता के विशेषणों में और भी इज़ाफ़ा लक्ष्य कर सकते हैं। विषयों को विस्तार देने की यह तकनीक सूचनात्मक स्तर के वर्गीकरण पर आधारित है। इस वर्गीकरण में स्वतन्त्र कविताओं के शीर्षकों ('वह', 'उसके छूने से', 'वह है') के साथ-साथ विषय-वस्तु का विकास भी शामिल है। इस तरह के रचना-विधान का कलात्मक प्रभाव सूचनात्मक स्तरों को आपस में जोड़ने की सांगीतिक तरलता का प्रभाव रचता है। प्रेम के विषय का रूपान्तरण समूची लम्बी कविता को शब्दों के परे एक स्थलपरक आयाम प्रदान करता है। यह तकनीक बेशक न केवल सांगीतिक वैरिएशन (उदाहरण के लिए जे. एस. बाख़ का गोल्डबर्ग वैरिएशन) की याद दिलाती है बल्कि इस शब्द (variatio) की लैटिन व्युत्पत्ति की भी याद दिलाती है जिसका इस्तेमाल (सूर्य के क्षोभ से उत्पन्न) चन्द्रमा की गति की अनियमितता को दर्शाने के लिए किया जाता है। ये व्यंजनाएँ अशोक वाजपेयी की कविताओं से बहुत दूर नहीं हैं, ख़ासतौर उनकी प्रेम कविताओं से, जिनमें सारी प्रकृति, चन्द्रमा, सूर्य से इस तरह व्यवहार कराया जाता है जैसे वे काव्य-कल्पना के व्योम में काव्य-विषयी के साथ मिलकर सक्रिय हों। इस लक्षण में हिन्दुस्तान की सांगीतिक और साथ ही साथ दार्शनिक परम्पराओं के गहरे मूलबद्ध सूत्र भी समाहित हैं।

कविता के अगले हिस्से में हमें पाठ का एक स्तोत्र-नुमा, गतिशील हिस्सा देखने मिलता है, कुछ और विशेषणों द्वारा प्रवृत्त प्रेम की ऊर्जा का दैवीकरण। 'वह है' :

वह पत्थर की सख़्त-बन्द परिधि में
एक स्वप्न है कसमसाता किसी उरोज की तरह,

वह आकांक्षा की एक नाभि है
आकाश की काया में ओझल,

वह एक छटपटाहट है
बाहर को अन्दर ले जाने की
जहाँ सुख की गुफा का द्वार खुलता है।

इस स्तोत्र-नुमा दैवीकरण में लम्बी कविता के अन्ति हिस्से भी शामिल हैं – आठवाँ, नौवाँ, दसवाँ और ग्यारहवाँ। यह वास्तविक और सम्भाव्य कृत्यों का दैवीकरण है, जो केवल इच्छाशक्ति द्वारा अनुकूलित है।

वह जब चाहती है तब
आकाश को
एक चादर की तरह ओढ़ लेती है।
ग्रह-नक्षत्र उसके शरीर में
यों समा जाते हैं
जैसे उनका यों विलय
उनकी नियति है।
पृथ्वी उसे ईर्ष्या से देखती है।
वह किसी से नहीं करती
प्रार्थना स्वयं बन जाती है
और आकाश उसके शरीर पर
स्पन्दित होता है
एक प्रार्थना-शाल-सा।

संकल्प, प्रेम की शक्ति, के लिए वास्तविक और कल्पना की दुनिया उपलब्ध है, अनुभव और आह्लाद उपलब्ध है :

वह सारे ब्रह्माण्ड को

अपनी ओर बुलाती है -
आकाश को, देवताओं को,
वनस्पतियों और नदियों को,
हरियाली, बारिश और जुगनुओं को,
पक्षियों को, पुस्तकों को,
सुतलियों और रस्सियों को :
फिर वह सबको क़रीने से
रख देती है
और उसके छूने से सम्भव होता है संसार।

बाद में संसार से, मानव-चेतना से, गुज़रता हुआ आता है प्रेम - आती है वह :

वह आती है
तो लगता है हो रही है सुबह -
आती है
फूलों में खिलखिलाहट
चिड़ियों में चहचहाहट।
वह आती है
तो क्षण-भर में हो जाता है पूरा
एक ऋतुसंहार।

वह आती है तो
लगता है सबका आना थम गया है
सिर्फ़ वही आ रही है।

'ग्यारह प्रेम कविताएँ' शृंखला विपुल प्रणय-सम्मोहनों, आकारों, रंगों, भाषा और विचारों के घटकों के लघु दृश्य के साथ समाप्त होती है। अब पाँचवें हिस्से के सुन्दर दृश्य का उपसंहार आता है : ''उसके रक्त में कहीं / जल का उद्गम डूबा हुआ है'' - एक ऐसा दृश्य जो पानी (शाश्वतता) के जीव (रक्त) में बदलने का, पानी के नीले-स्याह वर्ण के रक्त के मूँगिया रंग में बदलने की ओर संकेत करता है।

प्रेम के पवित्रीकरण की पूर्ति यहाँ रोज़मर्रा जीवन के ब्यौरों से - शायद इसलिए कि प्रेम की मुख्य चारित्रिकता निहायत साधारण वस्तुओं को

असामान्य बना देने की होती है – और परम्परा की स्मृति से की गयी है। पाठ इस तरह भावुकता से बचा हुआ है, इसके अलावा लेखक इस बात के प्रति भरपूर सजग प्रतीत होता है कि आधुनिक कविता की एक विशेषता आधुनिक सभ्यता की साधारण चीज़ों के बारे में, तमाम तरह के कचरे के बारे में, औद्योगीकरण की प्रक्रिया से उत्पन्न समूची कुरूपता के बारे में एक भावुक दृष्टि रही है। इस लम्बी कविता का समापन एक बहुध्वनिक फ़्यूग से मिलता-जुलता है :

उसी में हैं
पत्तियाँ और फूल,
उसी में
किसलय और पराग,
उसी में सब कुछ को हरा-भरा रखने का रसायन,

उसी के हाथों में सुतलियाँ
काँच के टुकड़े, कीलें
उसी के हाथों में रंग, आकार, रेखाएँ –
उसी में
तज दी गयीं इबारतें
लुप्त लिपियाँ और गीतियाँ
उसी में
भंग स्वरलिपियाँ
उसी में
सपनों के सहमे हुए अक्षर
उसी में...

कविता की अन्तिम (अधूरी छोड़ दी गयी) पंक्ति पदलोप के चिह्न के साथ समाप्त होती है। कवि क्रम को इस तरह तोड़ता है, मानो वह कहना चाहता हो – बस इतना भर नहीं है, यही अन्तिम नहीं है। प्रेम के अर्थों के नाम अन्तहीन हैं। उनको परिभाषित करने का काम भी अभी पूरा नहीं हुआ है। जब तक जीवन है, जब तक भाषा का वजूद है, और जब तक शब्द सर्वाधिक सटीक ढंग से किसी विचार को दर्ज़ करने में सक्षम हैं...

।। तीन : ८ ।। अनुपस्थिति के नाम

'अनुपस्थिति : ग्यारह कविताएँ' शीर्षक लम्बी कविता उसके लिए एक निर्णायक पुकार है जो अनुपस्थित है। सम्बोधव्य निश्चय ही एक वह है। यह रहस्यमय वह सम्भवतः सौन्दर्य का एक सत्व है, कवि के विचार का केन्द्र। इस सबके लिए यह लम्बी कविता दृष्टान्तों का एक व्यापक वर्णपट लाती है। 'ग्यारह प्रेम कविताएँ' – जो उन पारिभाषिक लक्षणों पर केन्द्रित है जो, वह के काव्यात्मक चरित्र से संकेतित, प्रेम की सृजनात्मक शक्ति की विशेषताएँ हैं – के विपरीत यह कविता एक बहुत बड़ी शिकायत है, एक कीर्तननुमा विलाप। मानसिक तौर पर आकांक्षा, अनुपस्थिति, उदाहरण के लिए कुरूपता, अन्याय, झूठ या किसी अन्य नकारात्मक अनुभव के मुक़ाबले कहीं अधिक प्रभावशाली, कहीं अधिक अप्रिय प्रतीत होती है। अनुपस्थिति शून्यता का, अनस्तित्व का, ख़ालीपन का एक रूपक है।

समूची कृति आत्मा का एक असाधारण गीत प्रतीत होती है, इसलिए 'एक कीर्तननुमा विलाप' पद का प्रयोग इरादतन किया गया है। इसका प्रत्येक हिस्सा एक ख़ास विषय को गुनगुनाता है, जोकि एक खोयी हुई वास्तविकता का अनुस्मरण है। निश्चय ही इस आधिभौतिक और लम्बी-चौड़ी कविता की जड़ें समय के तीन रूपों – अतीत, वर्तमान और भविष्य – को एक साथ समझने की भारतीय परम्परा में फैली प्रतीत होती हैं। अशोक वाजपेयी की लेखन-पद्धति में समय की धारणा का इस तरह का बोध एक नयी अभिव्यक्ति पाता है। ये तीनों समय कवि के शब्द में स्थित हैं – शब्द जो इस कवि का प्रमुख जुनून है। शब्द सिर्फ़ अभिव्यक्त नहीं करता, वह जोड़ता है, वह अस्तित्व को जारी रखता है, यहाँ तक कि अनुपस्थिति की शक्ल में भी। शब्द देश और काल पर विजय प्राप्त करता है। "शाश्वतता कविता है। और चेतना, जोकि अन्ततः अस्तित्व है, अत्यन्त काव्यात्मक प्रकृति की होती है।"[१२६] अशोक वाजपेयी की साधना, जैसे कि उनकी सृजनात्मकता, उनकी साहित्यिक तकनीक, शब्दों की स्पेस के साथ कल्पना की स्पेस को जोड़ने का उनका ढंग, उस एक उपस्थिति को रचने के सिवा और कुछ नहीं है, जो भविष्य में टिकी रहने वाली है। "कविता क्योंकि सर्वाधिक टिकाऊ प्रतीकात्मक रूप, यानी शब्द को अभिव्यक्ति की विपुल शक्ति प्रदान करती है, इसलिए वह समय के समुच्चयन को ठोस से द्रव में स्थानान्तरित

करती है।''[१२७]

समूची लम्बी कविता 'शब्दों' से आरम्भ होती है और 'शब्दकोश' पर समाप्त होती है। 'शब्द हमारे बीच' शीर्षक इसका पहला हिस्सा इस तरह है :

शब्द हमारे बीच
सुलगते, जलते, राख होते हैं :
बरसात के अकारथ बहते पानी की तरह
शब्द चले जाते हैं
दरारों, गड्ढों, गलियारों में
जैसे हमसे कुछ बहकर
सदा के लिए लीन हो गया हो।
शब्द तुम्हें ले आते हैं पास
एक झिलमिल उपस्थिति :
शब्द करते हैं विलाप
कि तुम नहीं हो,
कि तुम होकर भी नहीं हो,
कि तुम हो, नहीं हो।

समूची कविता उपस्थिति और अनुपस्थिति की एक लगभग सांगीतिक आवाजाही से व्याप्त है। शब्द आग पर आते हैं और राख में बदल जाते हैं। शब्द तेज़ धारों की तरह बहते आते हैं और हमेशा के लिए ग़ायब हो जाते हैं। शब्द व्यक्तियों के बीच उपस्थित होते हैं, लेकिन क्षण भर के लिए, कल्पना के समय के एक अन्तराल, विचारों के अन्तराल भर के लिए। हम इस तथ्य पर ध्यान दें कि न तो कविता के इस हिस्से में न ही समूची लम्बी कविता में कहीं भी 'वह' सर्वनाम नहीं आता। वह हालाँकि इस समूची रचना के दौरान मौजूद है, लेकिन वह कवि के विचार की महज़ एक छाया के रूप में है, मुख़्तसर तौर पर एक सत्व के रूप में। समूची कविता उस पिछली कविता का प्रतिबिम्ब, उसका एक अनुपूरक, द्विफलक का दूसरा हिस्सा, बन जाती है जिसकी चर्चा हम अभी कर चुके हैं।

''शब्द तुम्हें ले आते हैं पास'', ''शब्द विलाप करते हैं'', क्योंकि वह (जिसका उल्लेख नहीं किया गया है) ''एक झिलमिल उपस्थिति'', एक छाया है। इसीलिए, इस ज़ाहिरा अन्तर्विरोध को समझना आसान लगता है : ''कि

तुम होकर भी नहीं हो।'' यह कथन पहली और दूसरी पंक्ति की ओर संकेत करता है : ''शब्द हमारे बीच / सुलगते, जलते, राख होते हैं'' – जैसे कि मसलन टेलिफ़ोन पर होने वाली बातचीत में, वे देश और काल द्वारा जला दिये जाते हैं। शब्द कवि की चेतना, उसकी कल्पना हैं। अन्तिम तीन पंक्तियाँ उस मानसिक अवस्था का काव्यात्मक निस्सरण हैं, जिसका चित्रण काव्यात्मक स्थिति के अनुरूप अशान्त दोहरावों के माध्यम से किया गया है। अनिवार्यतः वास्तविक नहीं, शायद तात्त्विक? अगली कविता पहली का नैरन्तर्य है। 'तुम्हें पढ़ता हूँ':

> मैं तुम्हें पढ़ता हूँ
> किसी प्राचीन स्मारक में एक अबूझ प्रतीक :
> जैसे तुम एक लुप्त लिपि में लिखी इबारत हो
> जैसे तुम न होने के वितान पर
> होने की निराश सम्भावना हो।

''एक अबूझ प्रतीक'' क्यों? और यह ''प्राचीन स्मारक'' भी ठीक-ठीक क्या है? अगर हम इस बात पर सहमत हों कि स्मारक परम्परा की, सभ्यता की, संस्कृति की स्मृति को चित्रित करता है, तो सब कुछ स्पष्ट हो जाता है, प्रतीक की अबूझता भी। यह इस पुराने ख़याल की ओर ज़ाहिर संकेत लगता है कि तार्किक कोटियों के भीतर न तो सौन्दर्य को, न स्त्री को और न ही संसार को समझा जा सकता है। जबकि दोहराया गया ''जैसे'' अर्थों के एक विविक्त आरोह-अवरोह को प्रस्तुत करता है। दोनों ही बार यह तुलना को तनु बनाता है, उसको कमज़ोर करता है, लेकिन हर बार किंचित् भिन्न ढंग से। पहला ''जैसे'' उन संयोजकों के क़रीब है जो एक कृत्य के पूरे होने की सम्भावना की ओर संकेत करता है, वह बोलचाल के मुहावरे से ताल्लुक रखता है। पंक्ति के आरम्भ में प्रयुक्त इसका अर्थ है शक्यता, सम्भाव्यता, अनुमान, सम्भावना। दूसरा ''जैसे'' भी ज़ाहिरा तौर पर तुलना की अभिधात्मकता को कमज़ोर करता है। दो अभिव्यक्तियों के बीच यह सूक्ष्म भेद – संगीत की तरह – दो समयों, यानी अतीत और भविष्य, को अलगाने को व्यंजित करता है। और चूँकि जो बोल रहा है, यानी इस लम्बी कविता का आख्याता, उसको किसी बिन्दु पर शब्द के समतुल्य माना गया है, उपलक्षित वह ''लुप्त लिपि में लिखी इबारत'' भी हो सकती है। और इस तरह वह परम्परा के साथ एक हो जाती है, जो हमेशा स्पष्ट नहीं है,

जो ऐतिहासिक समय के विविध सन्दर्भों में उलझी हुई है। यही कारण है कि कवि कहता है, "जैसे तुम"। भिन्न ढंग से वह उसी प्रत्यय में मौजूद, लेकिन यहाँ एक अलग ढंग से प्रयुक्त, एक अन्तर्निहित सम्भावना को बरत रहा होता है – "जैसे तुम न होने के वितान पर / होने की निराश सम्भावना हो।" यहाँ सम्भवतः आख्याता परोक्ष ढंग से सर्वास्तिवाद सम्प्रदाय की परम्परा की ओर संकेत कर रहा हो सकता है, जो "दो धरातलों की पृथकता" का प्रस्ताव करती है "जिन पर धर्म खड़ा हुआ है : अतिक्रामी शाश्वत सत्ता *(स्वभाव)* और दैवाधीन, क्षणिक सत्ता *(लक्षण)*[१२८]।

तीसरी कविता 'यहाँ नहीं' दूसरी कविता के विषय को आगे बढ़ाती है :

तुम यहाँ नहीं हो
लेकिन मैं तुम्हें नाम लेकर बुलाता हूँ
कि किसी ओझल दरवाज़े से
तुम आओगी उत्तर की तरह।
मैं तुम्हारा नाम बदल देता हूँ
कि किसी अदृश्य खिड़की से झाँकते हुए
तुम कहोगी कि मैं हूँ पर मेरा नाम यह नहीं है।
तुम अपने नामों की शय्या पर लेटी हुई आओगी
दिगम्बर
जिसे कोई नाम ढाँप नहीं पाएगा।

दस पंक्तियों की यह कविता शब्दों के, बिम्बों के, स्मृतियों के अर्थों के साथ एक बौद्धिक बाजीगरी है। एक वाचिक सन्तुलनकारी कर्म पहली पंक्ति के निषेधात्मक वक्तव्य ("तुम यहाँ नहीं हो") के साथ शुरू होता है और दिगम्बरता के बिम्ब तक जारी रहता है, जिसके बाद नाम (जो प्रस्तुत प्रकरण में शब्द के बराबर है) के ऊपर दिगम्बरा की श्रेष्ठता का निर्णयात्मक वक्तव्य है। कविता एक तथ्यात्मक पर्यवेक्षण के साथ शुरू होती है, "तुम यहाँ नहीं हो", लेकिन समग्रतः, चरम वाक्य ("तुम अपनी नामों की शय्या पर लेटी हुई आओगी") तक वह कल्पना के क्षेत्र में बनी रहती है, और एक स्वप्न की सीमारेखा पर भी। इस तरह की एक तिर्यक् अवस्था, स्पष्ट तौर पर संकल्प की पूर्वापेक्षा की ओर संकेत है, और इसी के साथ-साथ इसमें दोनों ही समयों के एक साथ होने की भी व्यंजना है : एक वह समय जिसमें कविता घटित है, और जो हो सकता है उसका प्रत्याशित समय।

इसके अतिरिक्त, ''तुम यहाँ नहीं हो'', ''लेकिन मैं तुम्हें नाम लेकर बुलाता हूँ'' और ''मैं तुम्हारा नाम बदल देता हूँ'' के तीन कथनों द्वारा निर्दिष्ट कविता के तीन स्तर तीन भिन्न समयों के विचार से संगत हैं। यह स्वप्न-नुमा काव्यात्मक स्थिति ''कि'' के सांगीतिक दोहराव से, खिड़की के कल्पित बिम्ब (जिसे कविता में ''अदृश्य'' कहा गया है) से, और काव्य-विषयी 'मैं' द्वारा उसको दिये गये नाम पर प्रश्न उठाती खिड़की से आती उसकी उस आवाज़ के माध्यम से उद्‌बुद्ध है। अन्तिम तीन पंक्तियों में एक स्वप्नाकांक्षा की कल्पित चरितार्थता है। 'वास्तविक' और 'अवास्तविक' की सीमारेखा पर घटित अर्थों का द्वैध भारतीय दार्शनिक चिन्तन की परम्पराओं की अनुगूँजों को जगा सकता है। मसलन कविता मण्डल की संरचना को प्रतिध्वनित कर रही हो सकती है[१२९], बौद्ध धर्म की ''कारणों की शृंखला'' को, उपनिषदों की शाश्वत आत्मा (''समस्त प्राणियों की आत्मा एक है, वह समस्त प्राणियों में मौजूद है; वह एक भी है और बहुल भी, समुद्र में प्रतिबिम्बित चन्द्रमा की भाँति।'')[१३०] के सिद्धान्त के चिह्नों को। बहुत गहराई में जाकर विचार करने पर पाठक इसे भी लक्ष्य कर सकता है कि कवि ने एक क़िस्म का काव्यात्मक न्याय रचा है जिसमें दो उच्चारण (''तुम यहाँ नहीं हो'' और ''तुम आओगी'') दो निरपेक्ष कथनों की भूमिका निभाते हैं, जिनमें आकांक्षा की मानसिक अवस्था उभयनिष्ठ है, और वे उस तीसरे सूचक वक्तव्य तक ले जाते हैं जिसे सुन्दर रूपक में व्यक्त किया गया है : ''तुम आओगी (...) / दिगम्बर / जिसे कोई नाम ढाँप नहीं पाएगा।'' यह रूपक, कविता का अन्तिम हिस्सा, एक ऐसी उपस्थिति का अभिकथन है जो शब्दों से बड़ी है। इसी के साथ-साथ यहाँ चित्रित विचार-शृंखला योरोपीय कविता की अर्थध्वनियों को जगाती है, जैसे कि मसलन 'फ़ोर क्वार्ट्रेट्स' के पहले छन्द की इन पंक्तियों की : ''वर्तमान और अतीत / दोनों ही शायद उपस्थित हैं भविष्य में, / और भविष्य निहित है अतीत में। / अगर समूचा समय शाश्वत रूप से उपस्थित है (...) / जो रहा हो सकता है वह एक अमूर्तन है / अवशिष्ट एक निरन्तर सम्भावना / केवल परिकल्पना के जगत में।''

अगली तीन कविताएँ रोज़मर्रा जीवन में अनुपस्थिति - 'नहिंयों में होना' - का चित्रण करती हैं :

तुम उस मोड़ पर नहीं हो

उस बेंच पर तुम नहीं बैठी हो
उस बस स्टॉप पर तुम इन्तज़ार नहीं कर रही हो
बरसते पानी में छाते के नीचे तुम नहीं जा रही हो
अचानक बढ़ गयी ठण्ड में शरीर में आयी गरमाहट तुम नहीं हो
ओंठों पर अपने आप बुदबुदा उठा नाम तुम्हारा नहीं है :
इतने सारे नहिंयों में
फिर किसका होना अंकित है?

अन्तिम प्रश्न इस लम्बी कविता में एक रहस्यमय स्थल की याद दिलाता है : होंठ दोहराते हैं किसी का नाम। कौन दोहराता है वह नाम? यह स्पष्ट नहीं है। कवि, नाम का रचयिता? या अनुपस्थिति के भीतर छिपा हुआ कोई और, क्योंकि प्रश्न किसी की उपस्थिति के बारे में है? हम इन प्रश्नों को उत्तर दिये बिना छोड़ देते हैं। अनुपस्थिति अपने आप में रहस्य है। प्रश्न रहस्य का एक अंश है, लेकिन यह छन्द की निर्जीव छवि में बदल सकता है। मानो वह अगली कविता से दीवार में बदल रहा है :

दो बग़ीचों के बीच एक दीवार है
उस दीवार पर उगा है एक हरा पौधा
क्योंकि उसमें दरार है :
हम दोनों के बीच दीवार है
दरार है
और नहीं है।

पहली पंक्ति के दो बग़ीचे सांसारिक सुख के स्वर्ग के रूप में प्रेम की एक छवि से संगत हैं, स्वर्ग का बग़ीचा, सुख का आदि रूप, एक खोया हुआ और अभीप्सित मिथक। दीवार देश और काल और अलगाव को चित्रित करती है लेकिन इसी के साथ एक आध्यात्मिक द्विविधा को भी चित्रित करती है। अकेलेपन का एक पर्याय। वह हरा पौधा क्या है जिसके तले दीवार में दरार है? उम्मीद का बीज? प्रेम का पौधा? चूँकि प्रेम अपने आप में समस्त मानव प्राणियों में मौजूद और अवचेतन से उद्भूत होती एक गुप्त ऊर्जा है, क्या यह बिम्ब, वनस्पतियों के साथ दिगम्बर देवियों (जो यक्षिणियों से मिलती-जुलती हैं) से युक्त आर्य-पूर्व सभ्यता की एक अनुगूँज हो सकता है, जिसकी अंजीर के वृक्ष से टिकी हुई आकृतियाँ मोहनजोदड़ो के पुरातात्त्विक उत्खनन से सामने आयी हैं?[१३१]

अगली कविता भौतिक संसार की छवियों को चित्रित करती है जिसमें वह अनुपस्थित है। 'वही नहीं है' :

तपती हुई रेत है
दहाड़ मारता हुआ समुद्र है
पत्ती होने के पहले ठिठका हुआ किसलय है
ऊँचे चढ़ता जाता पर्वत है
नीचे बहती जाती नदी है
बादलों के पीछे छिप गया आकाश है :
वही नहीं है।

'अनुपस्थिति : ग्यारह कविताएँ' का यह हिस्सा किसी तूफान के समय में, या उससे ठीक पहले के समय में, तत्त्वों की दुनिया का चित्रण हो सकता है। समुद्र दहाड़ता है (जो अशान्त रूप में प्रतीत होता है क्योंकि वह अशान्ति समुद्र को मनुष्य के लिए दुर्गम बना देती है)। आकाश बादलों से ढँका है। रेत अभी भी गर्म है। पत्ती का जन्म रूका हुआ है। यह वो समय है जब प्रकृति अपने कार्यकलापों में उतनी ही अकेली है जितना आदमी है, जब "वह नहीं है"। केवल अगली कविता ही काव्य-विषयी 'मैं' की हताशा और निश्चय को व्यक्त करती है :

मैं शब्द से गढ़ता हूँ उसकी काया
शब्द से उसे पहनाता हूँ परिधान
शब्द से उसे लेता हूँ बाँहों में
मैं शब्द से करता हूँ उससे केलि।

यहाँ शब्द के उपकरण से वक्ता विषयी सब कुछ पर विजय पाना चाहता है : अस्तित्व और अनस्तित्व के आत्यन्तिक सत्व पर, स्वयं आकांक्षा पर, स्पेस पर, शब्दों की भंगुरता पर, समय पर। यह ग्यारह हिस्सों वाली कविता का निर्णायक क्षण है। यहाँ सर्वनाम (एनाफॅर) का इस्तेमाल इरादतन किया गया है। अलंकार को शब्द की शक्ति के गुणगान में बदल दिया गया है। अनुपस्थिति का नाटक आध्यात्मिक साहस के बिम्ब में बदल गया है। चार पंक्तियों की इस कविता की पृष्ठभूमि शब्द से, जो अशोक वाजपेयी के समग्र कृतित्व का मुख्य विषय है, रची गयी है, उसकी सृजनात्मक सामर्थ्य से, उसकी भंगुरता के बावजूद उसके टिकाऊपन से, तीनों अलग-अलग समयों

में उसके अर्थ से। शब्द - कवि का लोगोज़।

> इस समय
> जो भी कहीं भी किसी को भी पुकारता है
> मेरी ओर से तुम्हें पुकारता है :
> ब्रह्मारण्य में भटक गया देवता,
> डार से बिछुड़ गयी बलाका,
> अपनी कविता के सुनसान में बैठा अधेड़ कवि,
> फूलों की चकाचौंध में दब गयी पत्तियाँ,
> आधी रात को रेगिस्तान में आया अन्धड़,
> बारिश में भीगता सही-सलामत घर लौटने की दुआ माँगता बूढ़ा,
> आराधना के बीच सही मन्त्र भूल गया पुरोहित,
> अपने अकेले होने की ऊब से उकताया हुआ ईश्वर -
> सब मेरी ओर से तुम्हें पुकारते हैं।

इस हिस्से का शीर्षक है 'मेरी ओर से सब'। पहचान की समस्या, और विशेष रूप से शब्द में व्यक्त पहचान की समस्या, यहाँ सबसे महत्त्वपूर्ण लगती है। ''पुकारता'' से लेकर ''ईश्वर की ऊब'' तक सारा बिम्ब-विधान मनुष्य को समझने की भारतीय परम्परा की ओर प्रत्यक्ष संकेत करता लगता है। स्टानीस्लाफ़् शायेर कहते हैं : ''हिन्दुस्तान में एक व्यक्ति का अर्थ एक विषयी के पक्ष से पर्यवेक्षित विश्व जितना होता है।''[१३२] अल्बर्ट श्वेट्ज़र ने इस समस्या को और भी स्पष्ट ढंग से रखा है। बुद्ध के चिन्तन पर चर्चा करते हुए वे कहते हैं कि मनोगत 'मैं' की वहाँ कोई स्थायी पहचान नहीं है। जिन घटनाओं और कर्मों से मनुष्य का अस्तित्व निर्मित है, वे अपने को निरन्तर नवीकृत करती जिजीविषा से उत्पन्न तथ्यों की एक शृंखला मात्र हैं।[१३३] दूसरी पंक्ति से ग्यारहवीं पंक्ति तक को एक समकालीन कवि द्वारा आध्यात्मिक (और शायद ऐतिहासिक) पहचान की ऐसी ही समझ के पुनस्मरण की तरह देखा जा सकता है, जिसे सिर्फ़ ''इस समय'' के आधुनिक चिन्तन के खाके में भर रख दिया गया है। साथ ही ये बिम्ब प्राचीन परम्परा और आधुनिक सामाजिकी (बूढ़ा, पुराहित, कवि) से, ऐतिहासिक और आधुनिक निषेधात्मक सौन्दर्यशास्त्र (भटक गया देवता, दब गयी पत्तियाँ, अकेले होने की ऊब) से भी ताल्लुक रखते हैं। तब भी इस संहति को आधुनिक शाब्दिक उपकरण और सामंजस्यपूर्ण संरचना के

माध्यम से अभिव्यक्त किया गया है। चेतना का विषयी और विषय में विभाजन इस तरह स्पष्ट काव्यात्मक अभिव्यक्ति हासिल कर लेता है।

इस लम्बी कविता के 'अनुपस्थिति का नाम' शीर्षक नौवें हिस्से की बनावट पिछले हिस्से जैसी ही है, इस फ़र्क के साथ कि इसमें बिम्बों के उपकरण अधिक तथ्यात्मक (जैसे कि "स्थगित समय"), अधिक साधारण हैं :

यह खिली हुई चटख़ धूप,
यह ठण्डक, यह ठण्डाती हवा,
यह धूप में गरमाते बैठे कबूतरों का जोड़ा,
यह दूर हरे पेड़ की असंख्य पत्तियों का चमकना-काँपना,
यह सड़क पर आवाज़ों का लगातार चलता हुजूम,
यह मुझ पर बार-बार घिरता विषाद,
यह डरावना-सा लगता बढ़ता हुआ सुनसान,
यह स्थगित हो गया समय,
यह ऊपर खिड़कियों पर लटके गमलों में फूलों की प्रसन्न लापरवाही :
इस सबको तुम्हारी अनुपस्थिति का नाम देता हूँ।

अर्थपूर्ण बिम्ब-रूपक ("चटख़ धूप", "आवाज़ों का हुजूम"), और विशेष रूप से चार शब्दों - विषाद, सुनसान, समय, प्रसन्नता - की सोपनक्रमिक निकटता, अगले परिवर्तन की शब्दावली की घोषणा करती है। विरोधालंकारी अभिधान, जैसे कि "प्रसन्न लापरवाही", अगली सात पंक्तियों की कविता के वैषम्य में है :

किससे कहूँ घर में हो, मैं आ रहा हूँ?
किससे कहूँ देर हो गयी है, मैं जा रहा हूँ?
किससे कहूँ प्यास लगी है?
किससे कहूँ यह ऐन दोपहर में नींद आ रही है?
किससे कहूँ शाम कहीं चलना है?
किससे कहूँ बहुत दिन हो गये, अच्छा संगीत नहीं सुना?
किससे कहूँ कि मैं हूँ और नहीं हूँ?

एक दोहराया गया सर्वनाम इस स्तोत्र-नुमा उपालम्भ को कविता के रूप में एक विलाप की शक्ल देता है। प्रत्येक पंक्ति की आरम्भिक बोलचाल की अभिव्यक्ति समूचे बन्ध को एक गद्य-नुमा नीतिकथा में बदल देती है, जो

निस्सन्देह अत्यन्त कष्टदायी है। इस परिष्कृत ढंग से यह नीतिकथा अनुपस्थिति और सुनसान का पर्याय बन जाती है। कठोर, रोज़मर्रा जीवन के स्तर पर ले आया गया, मनुष्य (कवि?) का अस्तित्व। यहाँ कोई विश्व नहीं है, न देवता, न समुद्र, न सूर्य, न वृक्ष, न पक्षी - शब्दों से परे दुःख के अव्यक्त सन्दर्भ से युक्त एक आध्यात्मिक एकाकीपन का भूदृश्य है। इसलिए, इस बन्ध का विरोधाभास इस तथ्य में निहित है कि यह काव्यात्मक स्व-व्याख्या के व्यापक दायरे को समेटे हुए है, जिसका समापन एक लगभग त्रासद आत्मस्वीकृति से होता है - "मैं हूँ और नहीं हूँ"।

अन्तिम कविता की संरचना एक रोंदेउ (rondeau)[१३४] की है, विषय-वस्तु के दोहराव की वापसी होती है, और जो विषम या चमकीले बिम्बों से विभाजित है। कविता का लाक्षणिक शीर्षक है 'फिर नाम' :

> मैं फिर नाम खोज रहा हूँ :
> नाम जो हँसे, खिल जाए,
> पुकारे, मचल जाए,
> नाम जो उजाले के कन्धों पर चढ़ जाए,
> अँधेरे में ठिकाने पर पहुँच जाए।
> नाम जो पंखुरी-सा हलका हो,
> ओस-सा द्रवित हो,
> किसलय-सा कोमल हो,
> और सिर्फ़ तुम्हारा हो, किसी शब्दकोष में न हो।

इस कविता की अन्तिम चार पंक्तियाँ एक बार फिर बलपूर्वक एक वैयक्तिक सत्ता की पुष्टि करती हैं - सिद्धान्तों और शब्दों से परे। अकेली दिगम्बर सत्ता।

सन्दर्भ

८८. अपनी कृति *Kühnheit der Liebe* में ज़ीकफ्रीड योहानिस हम्बोगा प्रेम को "तमाम आद्य वास्तविकताओं में सर्वाधिक आद्य वास्तविकता" के रूप में परिभाषित

करते हैं; उद्धृत : ईथ्रिख़् फ़ोन हिल्डेब्राण्ड, *ऑन द नेचर ऑफ़ लव*, अनु. जॉन एफ़. क्रॉस्बी, साउथ बेण्ड आइएन : ऑगस्टाइन्स प्रेस, २००६, पृ. ३७४.

८६. २००५ में डॉ. धर्मवीर ने *अशोक बनाम वाजपेयी पुस्तक* लिखी थी। इसमें लेखक (जोकि एक दलित है) ने विषय-वस्तु के स्तर पर अशोक वाजपेयी की कविता का कबीर की कविता के साथ (और इस तरह भक्ति कविता के साथ) रिश्ता प्रमाणित करने का प्रयत्न किया है। इस सिलसिले में उनके द्वारा दिये गये उदाहरणों में एक उदाहरण 'एक लम्बी कविता : शताब्दी के अन्त के कगार पर' (*समय के पास समय*) का है, जिसमें शामिल कविताएँ शारीरिक श्रम करने वाले लोगों, जैसे कि मछुआरा, लोहार, या कुम्हार, पर केन्द्रित हैं (या वैसी प्रतीत होती हैं)। दृष्टव्य : प्रस्तुत पुस्तक का भाग दो : १०.

६०. "प्रेम जगत की सर्वाधिक सार्वभौम, सर्वाधिक अद्भुत और सर्वाधिक रहस्यमय शक्ति है। (...) सामाजिक तौर पर, विज्ञान में, व्यापार और सार्वजनिक मामलों में मनुष्य इसको न समझने का बहाना करते हैं, लेकिन सतह के नीचे वह हर कहीं मौजूद होता है। विराट, सर्वव्यापी और सर्वदा अनियन्त्रित – इस वनैली शक्ति ने इसको समझने और नियन्त्रित करने की सारी उम्मीदों पर पानी फेर दिया लगता है। इसीलिए इसे हमारी सभ्यता के तले हर कहीं दौड़ते रहने की गुंजाइश मिल गयी है।" देखें: पियेख़् तेइयाख़् दे शाख़्दाँ, *ऑन लव एण्ड हैप्पीनेस*, सैन फ्रांसिस्को : हार्पर एण्ड रो पब्लिशर्स, १८१७, पृ. ३.

६१. जोज़ेप्पे तोची, *द थ्योरी एण्ड प्रैक्टिस ऑफ़ मण्डल। विद स्पेशल रेफ़रेंस टु द मॉडर्न साइकोलॉजी ऑफ़ अनकांशस*, अनु. एलेन हॉगटॅन ब्रॉड्रिक, मिनेओला न्यू यॉर्क : डोवर पब्लिकेशन्स, २००१, पृ. १११.

६२. अशोक वाजपेयी के कृतित्व पर केन्द्रित, सुधीश पचौरी द्वारा सम्पादित और नयी दिल्ली से प्रकाशित पुस्तक *अशोक वाजपेयी पाठ कुपाठ* में प्रेम के सम्बन्ध में कवि के दृष्टिकोण पर कई वक्तव्य हैं जिनमें वागीश शुक्ल का 'शृंगारी कवि अशोक', सुधीश पचौरी का 'प्रेम यानी केलि यानी कविता', मदन सोनी का 'प्रेम-कविता अब भी सम्भावना है', आनन्द चतुर्वेदी का 'देह को प्रकट करती देह ही' और नन्दकिशोर आचार्य का 'शब्दों की लौ जगाते हुए' शामिल हैं।

६३. स्टानिस्लाव शायेर द्वारा *O filozofowaniu Hindusow. Artykuly wybrane* (ऑन द फ़िलॉसॅफ़ाइज़िंग ऑफ़ हिन्दूज़ : सिलेक्टेड आर्टिकल्स), सम्पा. मारेक मेजॅर, वारसॉ : पीडब्ल्यूएन, १६८८, पृ. ७७. में दी गयी उपमा।

६४. 'क्षण के उत्सव' के कविता की तथाकथित पाश्चात्य सांस्कृतिक परम्परा में अनेक हवाले मौजूद हैं (गेटे : "सुन्दर क्षण, मरते नहीं!"; पाउण्ड : "निश्चेष्टता

के आयाम''; ईलियट : ''निश्चेष्टता, एक निश्चेष्ट चीनी सुराही के रूप में / गतिशील होता है निरन्तर निश्चेष्टता में''; या चेहोवीच : ''बिना समयहीन एक क्षण / नामहीन एक क्षण'')।

९५. हेनरी बर्गसाँ, *क्रिएटिव्ह इवोल्यूशन*, अनु. ऑर्थर मिशेल, लन्दन : मैकमिलन एण्ड कम्पनी, १९२२, पृ. ३७०.

९६. हेनरी बर्गसाँ, *क्रिएटिव्ह इवोल्यूशन*, अनु. ऑर्थर मिशेल, लन्दन : मैकमिलन एण्ड कम्पनी, १९२२, पृ. १९७-१९८.

९७. गेहार्ड ओबरहेमा, *Wstep* (प्रिफ़ेस), एरिक फ्राउवालनर, *Historia filozofil indyjskiej* (हिस्टरी ऑफ़ इण्डियन फ़िलॉसॅफ़ी), वारसॉ : पीडब्ल्यूएन, १९९०, पृ. 10.

९८. स्टानिस्लाव शायेर *O filozofowaniu Hindusyw. Artykuly wybrane* (ऑन द फ़िलॉसॅफ़ाइज़िंग ऑफ़ हिन्दूज़ : सिलेक्टेड आर्टिकल्स), सम्पा. मारेक मेजॅर, वारसॉः पीडब्ल्यूएन, १९८८, पृ. १४०.

९९. भारतीय साहित्य के आलोचक समकालीन कविता के सन्दर्भ में अशोक वाजपेयी को इसी रूप में प्रस्तुत करते हैं।

१००. देखें : मार्टिन हाइडेग्गर, 'होल्डरलिन एण्ड एस्सेंस ऑफ़ पोएट्री', *इल्यूसिडेशन्स ऑफ़ होल्डरलिन्'स पोएट्री*, अनु. और भूमिका, एम्हर्स्ट, न्यू यॉर्क : ह्यूमिनिटी बुक्स, २००, पृ. ५८.

१०१. ऑक्तावियो पाज़, *Levi-Strauss o el Nuevo festin de Esopo*, बार्सिलोना : सेईस वेग्रल, २००८, पृ. ७७.

१०२. ऑक्तावियो पाज़, *Levi-Strauss o el Nuevo festin de Esopo*, बार्सिलोना : सेईस वेग्रल, २००८, पृ. ६०.

१०३. इनमें सबसे महत्त्वपूर्ण लेखक हैं दामोदरगुप्त (*कुट्टनी-माता*), आठवीं सदी; *समय-मातृक* के लेखक क्षेमेन्द्र (९९०-१०६५); ज्योतिश्र (लगभग १३२०) जिनको कविशेखर के नाम से भी जाना जाता है (*पंच शायक*)।

१०४. एम. क्रिस्तोफ़ बेरस्की, *kamasutra czyli traktat o milowaniu* (कामसूत्र, अ ट्रीटाइज़ ऑन लव), अनुवाद, भूमिका और सम्पादन : एम. के. बेरस्की, वारसॉ : पीआईडब्ल्यू, १९८५, पृ. ७-८ में Wstêp (प्रिफ़ेस)।

१०५. मिर्सिया इलियाड, *राइट्स एण्ड सिम्बॅल्स ऑफ़ इनिसिएशन – द मिस्ट्रीज़ ऑफ़ बर्थ एण्ड रिबर्थ*, न्यू यॉर्क : स्प्रिंग पब्लिकेशन्स, १९६३, पृ. २५.

१०६. जॉन ब्रॉफ़, *इण्ट्रोडक्शन : पोएम्स फ्रॉम संस्कृत, हार्मण्ड्सवर्थ* : पेंग्युइन बुक्स, १६६८, पृ. ४०.

१०७. सुरेन्द्रनाथ दासगुप्त, *हिन्दू मिस्टीसिज़्म,* न्यू यॉर्क : फ्रेड्रिक उंगर, १६५६, पृ. १४५.

१०८. सुरेन्द्रनाथ दासगुप्त, *हिन्दू मिस्टीसिज़्म,* न्यू यॉर्क : फ्रेड्रिक उंगर, १६५६, पृ. १४३.

१०६. ली सीगल, *सेक्रेड एण्ड प्रोफ़ेन डायमेंशन्स ऑफ़ लव इन इण्डियन ट्रेडिशन एज़ एक्ज़ेम्प्लीफ़ाइड इन द गीतगोविन्द ऑफ़ जयदेव,* दिल्ली : ऑक्सफ़ोर्ड यूनिवर्सिटी प्रेस, १६७८, पृ. ७२.

११०. सुधीश पचौरी, 'स्टेपिंग इन हर ओन बीइंग : टू वीमन पोइट्स इन हिन्दी', *इण्डियन पोएट्री : मॉडर्निज़्म एण्ड आफ़्टर,* सम्पा. के. सच्चिदानन्दन, नयी दिल्ली : साहित्य अकादेमी, २००१, पृ. २५०.

१११. रेनॉल्ड ए. निकोल्सॅन, *स्टडीज़ इन इस्लामिक मिस्टिसिज़्म,* कैम्ब्रिज यूनिवर्सिटी प्रेस, १६२१, पृ. १६३-१६४.

११२. ली सीगल, *सेक्रेड एण्ड प्रोफ़ेन डायमेंशन्स ऑफ़ लवइ न इण्डियन ट्रेडिशन एज़ एक्ज़ेम्प्लीफ़ाइड इन द गीतगोविन्द ऑफ़ जयदेव,* दिल्ली : ऑक्सफ़ोर्ड यूनिवर्सिटी प्रेस, १६७८, पृ. ३१.

११३. मदन सोनी, *प्रेम के रूपक : आधुनिक हिन्दी की प्रेम-कविताएँ,* नयी दिल्ली, वाणी प्रकाशन, २००६, पृ. १४.

११४. मदन सोनी, *प्रेम के रूपक : आधुनिक हिन्दी की प्रेम-कविताएँ,* नयी दिल्ली, वाणी प्रकाशन, २००६, पृ. १३.

११५. सुधीश पचौरी, 'स्टेपिंग इन हर ओन बीइंग : टू वीमन पोइट्स इन हिन्दी', *इण्डियन पोएट्री : मॉडर्निज़्म एण्ड आफ़्टर,* सम्पा. के. सच्चिदानन्दन, नयी दिल्ली : साहित्य अकादेमी, २००१, पृ. २५३.

११६. सुधीश पचौरी, 'स्टेपिंग इन हर ओन बीइंग : टू वीमन पोइट्स इन हिन्दी', *इण्डियन पोएट्री : मॉडर्निज़्म एण्ड आफ़्टर,* सम्पा. के. सच्चिदानन्दन, नयी दिल्ली : साहित्य अकादेमी, २००१, पृ. २५३-२५४.

११७. राम अवध द्विवेदी, *अ क्रिटिकल सर्वे ऑफ़ हिन्दी लिटरेचर,* नयी दिल्ली : मोतीलाल बनारसीदास, १६६६, पृ. १८६.

११८. अग्नेश्का कोवाल्स्का-सोनी, *Wspolczesna poezja hindi a rodzima tradycja literaca* (समकालीन हिन्दी कविता और देशज साहित्यिक परम्परा), "Prazeglad orientalistyczny" १९६८, nr 1 (६५), पृ. २८.

११९. "(...) अंग-विक्षेपों की एक सुन्दर और सम्पूर्ण भाषा के माध्यम से भारतीय नृत्य आन्तरिक अवस्था और दृष्टि का ठोस प्रत्यक्षीकरण उपलब्ध कराता है। कविता, संगीत और शिल्प की ही तरह, नृत्य भी वैश्विक निर्वैयक्तिक भावों को सम्प्रेषित करने का प्रयत्न करता है, और मानवीय रूप के माध्यम से वह भौतिक धरातल का अतिक्रमण कर जाता है; अपनी तकनीक में वह तमाम कलाओं की तकनीकों का निवेश करता है और इस कला-रूप की स्थापत्यपरक संरचना को उन दूसरी कलाओं की जटिल तकनीकों के प्रति सजग हुए बिना समझना असम्भव है जिनका वह निरन्तर और निष्ठापूर्वक निवेश और संश्लेषण करता है।" (देखें : कपिला वात्स्यायन, *भरत : द नाट्यशास्त्र*, नयी दिल्ली : साहित्य अकादेमी, १९९६, पृ. १११-११२.)

१२०. ऑर्थर एल. बाशम, *द वण्डर दैट वाज़ इण्डिया : अ सर्वे ऑफ़ कल्चर ऑफ़ इण्डियन सबकॉण्टिनेण्ट बिफ़ोर द कमिंग ऑफ़ मुस्लिम्स*, १९५४, लन्दन : सिज्विक एण्ड जैक्सॅन, पृ. ३८५.

१२१. आत्मपरक 'मैं' का स्पष्ट निर्देश न करना अशोक वाजपेयी की कविता का एक ख़ास लक्षण है।

१२२. योज़ेफ़ मारिया बोखेंस्की, *Sto zabobonow* (सौ अन्धविश्वास), Paryzz: Instutut Literacki, १९८७, पृ. ७०.

१२३. एन्थॅनी गिडन्स, *द ट्रांसफ़ॉर्मेशन ऑफ़ इण्टीमेसी : सैक्सुअलिटी, लव एण्ड इरॉटिसिज़्म इन मॉडर्न सोसायटीज़*, स्टेण्डफ़ोर्ड, : स्टेण्डफ़ोर्ड युनिवर्सिटी प्रेस, १९९२, पृ. ३८.

१२४. स्टानीस्लाफ़ शायेर, *O filozofowaniu Hindusyw. Artykuly wybrane* (ऑन द फ़िलॉसॉफ़ाइज़िंग ऑफ़ हिन्दूज़ : सिलेक्टेड आर्टिकल्स), सम्पा. मेरेक मेजॅर, वारसॉ : पीडब्ल्यूएन, १९८८, पृ. १३९.

१२५. स्टानीस्लाफ़ शायेर, *O filozofowaniu Hindusyw. Artykuly wybrane* (ऑन द फ़िलॉसॉफ़ाइज़िंग ऑफ़ हिन्दूज़ : सिलेक्टेड आर्टिकल्स), सम्पा. मेरेक मेजॅर, वारसॉ : पीडब्ल्यूएन, १९८८, पृ. १३९.

१२६. रिसार्थ सिब्लिस्की, *Wdzieczny gosc Boga* (ईश्वर का एक कृतज्ञ अतिथि), Paryz: Instytut Literacki, १९८०, पृ. १५९.

१२७. रिसार्थ सिब्लिस्की, *Wdzieczny gosc Boga* (ईश्वर का एक कृतज्ञ

अतिथि), Paryz: Instytut Literacki, १९८०, पृ. ११५.

१२८. स्टानीस्लाफ़ शायेर, *O filozofowaniu Hindusow. Artykuly wybrane* (ऑन द फ़िलॉसॉफ़ाइज़िंग ऑफ़ हिन्दूज़ : सिलेक्टेड आर्टिकल्स), सम्पा. मेरेक मेजॅर, वारसॉ : पीडब्ल्यूएन, १९८८, पृ. १६९-१७०.

१२९. मिर्सिया इलियाड, *योगा, इम्मॉर्टिलिटी एण्ड फ्रीडम,* प्रिंस्टॅन : प्रिंस्टॅन यूनिवर्सिटी प्रेस, २००९, पृ. २१९.

१३०. अल्बर्ट श्वेट्ज़र, *Les grands penseurs de l'Inde: étude de philosophie comparée,* पेरिस : पेऑट, १९६२, पृ. ३२.

१३१. दृष्टव्य : मिर्सिया इलियाड, *Traité d'histoire des religions*, Paris: Bibliotheque Scientifique Payot, 1989, Chapitre VIII. *La Végétation, Symboles et rites du renouvellement;* § 103 *Grandes Déesses et Végétation.*

१३२. स्टानीस्लाफ़ शायेर, *O filozofowaniu Hindusow. Artykuly wybrane* (ऑन द फ़िलॉसॉफ़ाइज़िंग ऑफ़ हिन्दूज़ : सिलेक्टेड आर्टिकल्स), सम्पा. मेरेक मेजॅर, वारसॉ : पीडब्ल्यूएन, १९८८, पृ. १००.

१३३. अल्बर्ट श्वेट्ज़र, *Les grands penseurs de l'Inde: étude de philosophie comparée,* पेरिस : पेऑट, १९६२, पृ. ७७.

१३४. 'रोदेऊ' एक फ्रांसीसी कविता-रूप है जिसमें पन्द्रह पंक्तियाँ और आद्यन्त दो तुकें होती हैं। पहली पंक्ति के कुछ शब्द कविता में टेक के रूप में दो बार दोहराये जाते हैं। - अनुवादक।

अध्याय चार

शब्द का यथार्थ और मिथकीय कार्य-व्यापार

अशोक वाजपेयी की कविता में शब्द की केन्द्रीय स्थिति है : यह लेखक द्वारा अपने ढंग से देखी, अनुभव की गयी और अनुप्रयुक्त भाषा के कार्य-व्यापार के परिप्रेक्ष्य में उन तीन थीमपरक संरचनाओं को प्रगट करता है जिनकी चर्चा की जा चुकी है। वाजपेयी का समूचा काव्यात्मक कृतित्व एक वृहत् बौद्धिक और भावनात्मक संरचना के रूप में प्रगट होता है, जो अर्थ की एक बहुमंज़िली बहुध्वनिक स्थापत्यीय स्पेस से मिलती-जुलती है। इस संरचना का आधार, इसकी नींव कविताओं में शब्द की क्रियात्मकता पर टिकी हुई है - शब्द अतीत की विरासत के कोषागार के रूप में, लेकिन एक सन्देश के रूप में भी।[१३५] इसी के साथ-साथ शब्द के दूसरे कार्य-व्यापार, ज्ञानात्मक या मूल्यमीमांसात्मक कार्य-व्यापार, पाठ के भीतर से सम्भावित व्याख्याओं पर रोशनी डालते हैं, और शब्दों तथा पाठों के बीच के पारस्परिक सम्बन्ध को उजागर करते हैं।

शब्द की भूमिका की समस्या इन कविताओं में एक जटिल, बहुस्तरीय विषय बन जाती है। इसकी जटिलता मुख्यतः शब्द के द्वारा निभायी गयी भूमिकाओं की बहुलता से उत्पन्न होती है, जिनमें शब्द सौन्दर्यात्मक अभिव्यंजकता, शब्द को प्रदान किये गये अर्थ, चीज़ों या धारणाओं के सन्दर्भ में शब्द के अर्थ, एक शब्द का दूसरे शब्द के साथ सम्बन्ध, और अन्त में साहित्यिक सामग्री के रूप में लिया गया तथा कवि की आत्मचेतना के वर्णपट में देखा गया शब्द शामिल हैं।

एक विषय के रूप में शब्द अशोक वाजपेयी की कविता में, एकदम शुरुआत से ही निरन्तर मौजूद है, और वह कवि के चिन्तन के एक व्यापक क्षेत्र

की रचना करता है। वह उनके समूचे कृतित्व पर न सिर्फ़ कालक्रमानुगत स्तर पर पर बल्कि स्थानिक स्तर पर भी छाया हुआ है (स्वतन्त्र कविताओं के रूप में, उनकी पुनर्व्याख्याओं के रूप में, दोहरावों, निरन्तरताओं, अनुपूरकीकरणों और सन्दर्भों के रूप में)। एकलविषयक (मोनोथीमेटिक) अभिप्राय के रूप में शब्द उनकी कविता के कई स्थलों को रोशन करता है, उनमें अनेक परिप्रेक्ष्यों, अर्थों और व्यंजनाओं का योगदान करता है। दार्शनिक समस्याओं - जो कि कविताओं में या तो अस्तित्वपरक प्रश्नों के रूप में मौजूद हैं या रूपकों और बिम्बों के रूप में, या सांस्कृतिक संकेतों के रूप में मौजूद हैं - के सोपानक्रम की दृष्टि से विश्लेषित ये कविताएँ स्पष्ट तौर इस बात को उजागर करती हैं कि कवि के चिन्तन में एक प्रमुख जगह शब्दों की अनेक भूमिकाओं में से एक भूमिका ने घेर रखी है, यद्यपि दो परस्पर जुड़े पक्षों से : कवि की चेतना के सन्दर्भ में शब्द और अस्तित्व के रहस्य के सम्मुख शब्द। ये दोनों पक्ष विहित धर्मग्रन्थों की भारतीय परम्परा में कितने गहरे उतरे हुए हैं यह (उदाहरण के लिए) नीचे अंकित सहसम्बन्धों की ओर संकेत करता है। 'जगह' शीर्षक कविता *(तत्पुरुष)* में अशोक वाजपेयी पूछते हैं, ''कहाँ है शब्दों की जगह'', और 'एक पंक्ति की तीस कविताएँ' *(इबारत से गिरी मात्राएँ)* की सत्ताईसवीं पंक्ति में वे घोषणा करते हैं : ''अगर मौन से कहा जा सकता तो शब्द की ईजाद क्यों''। हालाँकि इस कविता के भीतर भिन्न और स्पष्टतः अन्तर्विरोधी कथन भी हैं। उदाहरण के लिए : ''वह [कविता] हरेक रूप के लिए नाम खोजती है'' ('हर पत्ती का नाम नहीं', *आविन्यों*), या ''नाम देना उसे भाषा की एक चौहद्दी में / सीमित करना है'' ('किस नाम से', *आविन्यों*)। ये उद्धरण वाक् के उद्गम के बारे में वैदिक ऋचा (*ऋग्वेद* X.७१) की आरम्भ की इन पंक्तियों की ओर परोक्ष संकेत करते लगते हैं :

> जब आरम्भिक युगों में द्रष्टा ऋषि,
> नाम दे रहे थे, वाक् की पहली ध्वनि उच्चरित हुई,
> इसके बाद प्रगट हुआ उनका निष्कलुष परिग्रह
> जो छिपा था उनके हृदय में उस प्रेम के साथ जिसे वे सँजोये हुए थे।[१३६]

वहीं 'चिड़ियाँ आएँगी' कविता *(तत्पुरुष)* में अशोक वाजपेयी लिखते हैं : ''चिड़ियाँ न जाने कहाँ से आएँगी / चिड़ियाँ न जाने कहाँ जाएँगी'' और उसी में यह जोड़ते हैं कि ''चिड़ियाँ अनन्त हैं''। समस्त देवताओं को

समर्पित वैदिक ऋचा (*ऋग्वेद X* ११४) में भी पक्षी प्रतीकात्मक रूप में प्रगट होते हैं:

> अपार शक्तिशाली दो पक्षी बैठे हैं (...) जहाँ देवता अपना भाग ग्रहण करते हैं।
>
> इनमें से एक पक्षी वायु के समुद्र से होकर गुज़रा है : तदन्तर वह अपने चारों ओर ताकता है और देखता है इस जगत को। (...)
>
> शुभ्र किन्तु स्वभावतः एक पंखों वाले उसको, मनीषी गायक गढ़ते हैं, गीतों से, अनेक रूपाकारों में। [१३७]

'मैंने उसे छुआ' कविता (अगर इतने से) में कवि कहता है : "मैंने उसे छुआ / जैसे आकाश को / नक्षत्र को", और ऐसा ही मिलता जुलता कथन वैदिक ऋचा में भी है :

> पन्द्रह स्तुतियाँ उन एक सहस्त्र स्थलों पर हैं जो परिमाण में आकाश और पृथ्वी जितना है।
>
> एक सहस्त्र स्थलों में समाहित है बलशाली सहस्त्र। वाक् उतनी दूर तक फैलती है जितनी दूर तक प्रार्थना का विस्तार होता है। [१३८]

ऐसे ही अनेक और, शायद कहीं ज़्यादा गम्भीर सूत्र जुड़ते हैं, जैसे कि मसलन "देह को प्रकट करती है देह ही" ('देह को प्रकट करती है देह ही', कहीं नहीं वहीं) और "प्रेम हो या मृत्यु / ऐसी कोई पावक नहीं / जो सिर्फ़ आत्मा को जलाए / या सिर्फ़ देह को" ('सिर्फ़ नहीं', *कहीं नहीं वहीं*), और "आत्मा शरीर का अनन्त स्वप्न देखती है" ('आत्मा शरीर का अनन्त स्वप्न', *एक पतंग अनन्त में*)। ऐसे कथन समूची कविता में बिखरे हुए हैं, और इनको भारतीय परम्परा के प्रति कवि की (चेतन या अवचेतन) श्रद्धांजलि की तरह देखा जा सकता है, या मूल्यों की विधेयात्मक कोटियों पर आधारित दार्शनिक रणनीति की तरह देखा जा सकता है, जिसमें शब्द - और उतनी ही कल्पना - इन मूल्यों के वाहक की भूमिका निभाते हैं, और अर्थ तथा सन्देश के सारतत्त्व के लिए एक ही स्पेस की रचना करते हैं।

।। चार : ९ ।। घर की भाषा

लगभग भड़कीले ढंग के शीर्षक से युक्त कविता 'पृथ्वी के रहस्य' *(अगर इतने से)* में कवि पृथ्वी ग्रह की एक विशद छवि प्रस्तुत करता है, जिसे पृथ्वी और उसके क्षुद्रतम निवासी, कीड़े, के बीच आह्लादपूर्ण प्रेम के एक संक्षिप्त दृश्य के रूप में चित्रित किया गया है, हालाँकि वह एक ऐसा बिम्ब है जिसको चिन्तन के प्रशान्त काव्यशास्त्र में रखा गया है। अन्यथा यह दृश्य अस्पष्ट और अबोधगम्य हो जाता है।

जब सोती हैं वनस्पतियाँ
और देवता
तब
पृथ्वी चुपके से
खोलती है अपने मनोरम रहस्यों की तरह
कीड़ों को -

अँधेरे पर
हरियाली में
काँपती पत्तियों
पेड़ों के तनों-जड़ों में
चट्टानों के नीचे
वे धीरे-धीरे छा जाते हैं

जब कोई नहीं देख रहा होता
तो पृथ्वी को
ढँक लेते हैं
पृथ्वी के रहस्य ही।

इस कविता में दो स्थल विशेष रूप से रहस्यमय हैं : "अँधेरे पर" और "जब कोई नहीं देख रहा होता"। "अँधेरे पर" दो चीज़ों की ओर संकेत करता है : यह कि अँधेरे की सतह होती है (या अँधेरे 'पर' कुछ घटित हो सकता है या उस 'पर' कुछ रखा जा सकता है) इसलिए उसका कोई अन्दरूनी भाग भी होगा (जो सिर्फ़ कीड़ों के सामने उजागर है), और स्वयं जीवन, जो यहाँ उन पत्तियों के रूप में चित्रित है जो "हरियाली में काँपती"

हैं, ''अँधेरे पर'' घटित होता है। जबकि यह कथन कि ''जब कोई नहीं देख रहा होता'', जिसमें सम्बन्ध वाचक सर्वनाम ''जब'' और नकारात्मक सर्वनाम ''कोई नहीं'' पर बलाघात है, संकेत करता है कि जो देखता है वह स्वयं कवि है, और जिसमें इस दृश्य को शब्दों में आकार देने की विशेष सामर्थ्य है। आख़िरकार, इस दृश्य का, चीज़ों के घटित होने का, समय कविता के अस्तित्व का, विरोधाभासी रूप से कभी-कभी गति और गतिहीनता में एक समक्षणिक अस्तित्व का, समय है। इस विरोधाभास (पैराडॉक्स) का सम्बोधी कविता के अन्तिम हिस्से में है, जब यह बात स्पष्ट हो जाती है कि ''पृथ्वी को ढँक लेते हैं पृथ्वी के रहस्य ही''। 'पैराडॉक्स' (विरोधाभास) शब्द का व्युत्पत्तिपरक अर्थ होता है, विस्मय, आश्चर्य, प्रकट अन्तर्विरोध का एक अनपेक्षित प्रभाव। इस परिप्रेक्ष्य में कवि स्पष्ट तौर यह संकेत देता है कि समय को अवरोध देने की, उसको शब्दों में अचल बनाने की, और कल्पना के दृश्य को समय से परे उतना नहीं जितना उसके ऊपर चित्रित करने की सामर्थ्य केवल काव्यभाषा में ही है। तथापि, यह विरोधाभास अतिरिक्त अर्थ (कि पृथ्वी अपने ही रहस्यों से ढँकी हुई है) एक इस सादृश्यमूलक परिकल्पना को व्यंजित करता है कि भाषा खुद से ही अपने उन रहस्यों को छिपाती है जो एक कवि की कल्पना द्वारा ही उजागर किये जा सकते हैं, प्रकाश में लाये जा सकते हैं और हल किये जा सकते हैं। इसलिए कविता कवि के भाषिक विश्व में, शब्द के उसके इस्तेमाल की कला (techné) तक, उसकी तकनीक की 'जड़ों तक, उतर जाती है। क्योंकि एक अन्य कविता 'प्रेम के रूपक' *(अगर इतने से)* में वे कहते हैं : ''मैं प्रस्तावित करता हूँ / अँधेरे में जड़ों की तरह सक्रिय शब्द'', और 'शब्द कविप्रिया शताब्दी' (कहीं नहीं वहीं) में वे प्रत्येक बन्ध की शुरुआत ''जड़ें'' और ''धूप'' से करते हैं जिनको एक के बाद एक क्रम में, यहाँ तक कि बिना किसी विराम-चिह्न के, रखा गया है। जबकि 'कवि' शीर्षक कविता *(समय के पास समय)* में कवि ''जड़ों से लिपटा है प्राक्-अन्धकार'' के बारे में बात करता है, और 'अपने साढ़े छः महीने के पोते के लिए युद्धगीत' *(समय के पास समय)* में वह ''जड़ों में देवताओं और पुरखों'' का दावा करता है। कविताओं में जड़ों के पड़ोसियों के रूप में प्रकट होते ये देवता एक गुह्य पॉलिमिक प्रतीत होते हैं – क्योंकि ये देवता नहीं बल्कि कवि (शब्दों का उसका जादू) है जिसमें अस्तित्व के रहस्यों की व्याख्या करने की, उसके सत्व को चित्रित करने की, सामर्थ्य है। ऐसी व्याख्या की

सम्भावना की न सिर्फ़ परम्परा की ओर संकेत करती स्वतः परिभाषित पंक्ति "मैं प्राचीनों के शब्द नबेरता हूँ" ('स्वरलिपि', *कुछ रफ़ू कुछ थिगड़े*) से या "सब कुछ गँवा देने के बाद भी जो कुछ बचा रहता है / मैं उसका कवि हूँ" ('पथहारे के वक्तव्य', *कुछ रफ़ू कुछ थिगड़े*) जैसे कथन से संगति बैठती है, बल्कि सबसे ऊपर इसकी संगति इस तरह की काव्यात्मक अनुभूतियों में भी है जो 'सब कुछ प्रतीक्षा है' (*कुछ रफ़ू कुछ थिगड़े*) के इस वाक्य में हैं : "चिट्ठी में घसीटे में लिखा गया अपाठ्य शब्द / बिना जाने, और बिना किसी व्याकरण के" (जो बीसवीं सदी की प्रथम अर्द्धाली के अतियथार्थवादी घोषणापत्रों से मेल खाती है)। ऐसी ही काव्यात्मक स्थिति 'और अब शुरू' *(उम्मीद का दूसरा नाम)* में भी बनती है जहाँ "सितारे भटकते हैं / कामना की आकाशगंगाओं में / खोये हुए", या 'आकाश ने कहा - १' *(कुछ रफ़ू कुछ थिगड़े)* के उदात्त रूपक की शक्ल लेते इन निरपेक्ष कथनों में :

मैं असम्भव हूँ
इसलिए सारी सम्भावनाओं के ऊपर हूँ
(...)
मैं हूँ नहीं,
होने का एक कल्प-स्वप्न हूँ।

"असम्भव" और "होने का कल्प-स्वप्न" को शामिल करती कविता की सन्दर्भपरक पृष्ठभूमि वाणी के लिए समर्पित ऋग्वेद की उसी *ऋचा* (X.१२५) में प्रतीत होती है जिसका उल्लेख ऊपर किया गया है :

(...) मेरा घर है जलों में, महासागर में।
तदन्तर मैं विस्तार लेता हूँ समस्त अस्तित्ववान प्राणियों के बीच, और छूता हूँ अपने मस्तक से परे विस्तीर्ण आकाश।
मैं लेता हूँ एक भीषण श्वास पवन और आँधी की तरह, उस अवधि में संगठित रखता हूँ समूचे अस्तित्व को।
इस विराट पृथ्वी और विपुल आकाशों के परे मैं अपनी महिमा में इतना बलशाली हो गया हूँ। [१३६]

और इसी के साथ अशोक वाजपेयी की कविता 'समय नहीं है' *(इबारत से गिरी मात्राएँ)* की इस पंक्ति में :

मैं तुम समय का सपना हैं

और उनकी कविता 'मैंने उसे छुआ' *(अगर इतने से)* के इस हिस्से में :

मैंने उसे छुआ
जैसे आकाश को, नक्षत्र को
अँधेरे को, आभा को।

इसके अतिरिक्त 'अनन्त में' *(अगर इतने से)* के समापन में भी :

मैं शून्य शिखर पर
चढ़कर
(...)
मैं लुप्त होता हूँ
अनन्त में।

ये सारे उद्धरण निस्सन्देह कवि की इस गहनतम आकांक्षा को प्रमाणित करते हैं : ''दिव्यता की तलाश में भटकते शब्द'' ('खिड़की से सब कुछ नहीं', *कहीं नहीं वहीं*) का अन्वेषण। इसके अतिरिक्त, ये उद्धरण एक निर्णायक महत्त्व के, शायद एक सबसे महत्त्वपूर्ण, प्रश्न की ओर संकेत करते हैं : कवि का वास्तविक घर क्या है/कहाँ है? (इस प्रश्न का उल्लेख पहले और दूसरे अध्याय में किया जा चुका है)। घर की उनकी तलाश का साक्ष्य, उदाहरण के लिए, 'ईश्वर के घर में' कविता *(आविन्यों)* में पाया जा सकता है, जो अदृश्य को चित्रित करने की एक नटधर्मी कोशिश है :

कौन जानता है कि यह उसका घर है
यहाँ जो छूट गया लगता है
प्राचीनता, रहस्य और भय
निर्जनता
क्या उसके यहाँ रहने के अवशेष हैं?

(...)
उसे घर क्यों चाहिए?
प्रार्थना, अर्चना,
समय का इतना प्राचीन विस्तार,
शब्द, उपस्थिति और संशय,

उस निराकार निर्गुण को
घर क्यों चाहिए?

इस तरह कवि संसार को पूजता, उसका उत्सव मनाता प्रतीत होता है। वह जानता है "आग का घर / लपटों और धुएँ का घर / राख और अस्थियों का घर", "अनन्त का घर", "मुक्ति का घर / अवसान का घर / अनुपस्थिति का घर", "स्मृति का घर / सब कुछ पीछे छूट जाने का घर / न लौटने का घर" (सभी उद्धरण 'बहुरि अकेला - १५' से), इस तरह वह अस्तित्व के सारे दृश्य और अदृश्य लक्षणों से, आनुभविक और कल्पित लक्षणों से, परिचित है। यथार्थ के प्रति इस तरह के युग्मपरक दृष्टिकोण को उस 'स्वत्व' के निस्सरण की तरह देखा जा सकता है जिसका विस्तार लगभग एक प्रभुप्रकाश (इपिफ़ेनी) के स्तर तक है, "अपनी ही रची सृष्टि" के केन्द्र तक है, जिसमें "मैंने यह दुनिया बनायी है" ('ईश्वर के चार विलाप', समय के पास समय) और जिसमें "अपनी अंजली में उठाता हूँ / पूरा का पूरा संसार" ('अपनी अंजली में', तत्पुरुष)। ज़ाहिर है इस तरह की दुनिया का अस्तित्व केवल शब्दों में ही हो सकता है। 'विन्यास से बाहर' (आविन्यों) में कवि कहता है : "कविता कहती है / कि जीवन में कुछ भी बेतरतीब नहीं / भाषा में सबके लिए जगह है", और 'क्या इतना काफ़ी है' (आविन्यों) में वह स्वीकार करता है : "किया बहुत-सा प्रेम / लिखीं ढेर-सी कविताएँ / शब्दों से राहत और मदद पहुँचायी", और वह यह विश्वास भी व्यक्त करता है, पूरे निश्चय के साथ कि "एक दिन ऐसा शब्द आएगा / जो पहले कभी नहीं था" ('एक दिन', कहीं नहीं वहीं)। 'विन्यास से बाहर' कविता (जिसे पहले उद्धृत किया जा चुका है) एक प्रश्न के साथ समाप्त होती है :

फिर भी यह जो सिर्फ़ होने की
ठीक इस समय इस जगह
उसकी अवसन्न-सी आभा
क्यों बाहर ही रह जाती है
शब्द-विन्यास से?

यह प्रश्न अस्तित्व के उन रूपों पर चिन्तन के एक समूचे अवकाश को खोल देता है जिनको भाषा के नियमों के अधीन शब्दों में पकड़ पाना असम्भव है। यह शब्द का, स्वयं कविता की कला का, एक तरह का

दैवीकरण भी है, और इसी के साथ-साथ ये काव्य-शब्द को लेकर कवि के सन्देह की एक प्रतिध्वनि के रूप में मौजूद एक द्वैध का चित्रण भी है, उस शब्द के आने की उम्मीद के बावजूद "जो पहले कभी नहीं था"।

।। चार : २ ।। अर्थ के वाहक के रूप में शब्द

शब्द - जो वह काव्यात्मक सत्ता है जो कवि के चिन्तन के दैशिक जगत की रचना और संघटन करता है - उस शब्द का मुख्य उद्देश्य, रोज़मर्रा जीवन के स्तर पर, एक भाषा और एक सांस्कृतिक परम्परा के भीतर, उसका व्यवहार होता है। इस उद्देश्य में अवबोध की समस्या अन्तर्निहित है, लेकिन इसमें कलाकार की वैयक्तिक स्वतन्त्रता की समस्या भी निहित है, जिसे कभी-कभी ग्रहण करने वालों को स्वीकार कर पाना मुश्किल होता है। इसके पीछे दक्षता की कमी, विभिन्न सौन्दर्यात्मक प्राथमिकताओं को लेकर अज्ञान और विषय-वस्तु का वह अतिशय संघनन भी हो सकता है जो व्याख्या को पेचीदा बना देता है। ये चीज़ें पाठ की कलात्मक हैसियत पर असर नहीं डालतीं। अशोक वाजपेयी ने अपनी कविता के लक्ष्य को अनेक जगहों पर और अनेकशः परिभाषित किया है। इनमें से दो स्थलों (दोनों *कहीं नहीं वहीं* संग्रह में हैं जिसको साहित्य अकादेमी पुरस्कार प्राप्त हुआ है) पर उन्होंने सभ्यता की परम्परा और निजी अस्मिता के विषय में एक ख़ास पूर्वाभास को शामिल किया है। १९९० में लिखी गयी कविता 'देवता लौटते हैं गोधूलि में' में वे लिखते हैं :

भाषा में लौटते हैं
सदियों से गुम हो गये
प्राचीन शब्द।

और दूसरी (उसी वर्ष लिखी गयी) कविता में उन्होंने अपने सृजनात्मक कर्म को एक तरह के काव्यात्मक, द्विक समय में रखा है - एक ऐसे समय से निर्मित द्विक समय जिसमें न सिर्फ़ कविता का अर्थ बना रहता है बल्कि कविता के अर्थ के उत्सव का समय भी बना रहता है। क्योंकि कविता के अर्थ की जड़ें स्मृति में हैं, लेकिन वह वर्तमान में, पाठक के दिमाग़ में,

टिका रहता है, वैसे ही जैसे वह लेखक के दिमाग़ में टिका रहा था। समय का इस तरह का द्वैत भविष्य के प्रति भी खुला है - सम्भावित समय, वह समय जिसमें दशकों तक संसार को लेकर लेखक की कल्पना चरितार्थ हो रही थी। इस कविता में कवि ने इस कल्पना के आरम्भ को, इसके उद्गम को उजागर किया है - अस्तित्व और भाषा में :

समय-असमय याद आने वाली कविताएँ
बचपन (...) के सपने।

अपने लेखन के आरम्भिक वर्षों में अशोक वाजपेयी ने शब्द को एक द्व्यर्थक ढंग से बरता - एक आनन्दपूर्ण, क्रीड़ामय, लगभग बालकोचित ढंग से, लेकिन यह आनन्द स्वप्न से रंजित था, किसी धर्मान्तरित व्यक्ति के आनन्द की तरह। 'अनुपस्थिति' कविता *(शहर अब भी सम्भावना है)* में वे प्रसन्न मन से घोषणा करते हैं :

मेरे शब्द
मैं नहीं जानता
अब कहाँ हैं।

और 'कवि-वक्तव्य' *(शहर अब भी सम्भावना है)* में वे बताते हैं :

तितलियों की तरह नये शब्द लिये।

अर्थों और अभिप्रायों से बुने गये जिस जाल में कवि ने शब्दों को एकत्र किया था उसने धीरे-धीरे शब्द और उसके उद्देश्य के बोध का वज़न हासिल किया, जब तक कि वह "कभी कम न पड़ने वाले शब्दों का बोझ" ('सब कुछ छोड़कर नहीं', कहीं नहीं वहीं) नहीं बन गया। तितली-शब्दों को पकड़ने वाले जाल को लिये कवि की छवि एक मानक छवि है; शब्दों के अस्तित्व को लेकर विस्मय, जगत के सौन्दर्य को लेकर विस्मय की भाँति, समस्त सृजन की शुरुआत, समस्त सृजन का उद्गम है। वहीं जीवनानुभवों के माध्यम से कवि द्वारा हासिल किये गये ज्ञान ने अपने को एक योजनापरक आत्मस्वीकृति में विन्यस्त किया, जो संयमित वक्तव्यों के कुशल काव्यशास्त्र और आत्मस्वीकृतिपरक, उत्तमपुरुष कथन के ठेठ ढंग के अनुरूप व्यक्त किया गया है :

इन सबको सहेजकर

कविता बनाता हूँ –
संसार की नश्वरता के विरुद्ध
अपनी लड़ाई में,
शब्दों की अक्षरता से,
एक मोर्चा
कुछ देर के लिए सही
जीत जाता हूँ।

– कुछ देर के लिए', *(तत्पुरुष)*

यह 'संकल्पित' ''मोर्चा'' भविष्य के प्रति खुली कविता के कालान्तराल के बारे में पिछली परिकल्पना का औचित्य सिद्ध करता है। दशकों तक जारी रहे इस 'संकल्प' में कवि एक नतीजे तक पहुँचता है कि :

स्थगित नहीं होगा शब्द
घुप्प अँधेरे में
चकाचौंध में

– 'स्थगित नहीं होगा शब्द' *(कहीं नहीं वहीं)*

अब वह यह नहीं कहता :

मेरे शब्द
जो उसकी उदास ग़रीबी को
एक चमक-भर दे सकते हैं
कोई अर्थ नहीं

– 'अनुपस्थिति', *(शहर अब भी सम्भावना है)*

लेकिन विनम्र स्पष्टवादिता के साथ अपनी इस उम्मीद को व्यक्त करता है कि

शायद कभी किसी सपने की दरार में,
किसी भी क्षण-भर की याद में,
किसी शब्द की अनसुनी अन्तर्ध्वनि में –
हमारे होने की हल्की-सी छाप बची होगी।

– 'हम न होंगे' *(कहीं नहीं वहीं)*

क्योंकि वह पहले ही से ही जानता है कि

रीतती-छीजती थकी-हारी कविता
अपनी नीरव उदासी में
कर रही है प्रतीक्षा फिर भी
शब्द की

– 'फिर भी' *(अभी कुछ और)*

इसलिए कवि ख़ुद से (और, सम्भवतः, पाठक से) पूछता है :

(...) कविता करने के लिए क्या चाहिए?
बहुत सारा जीवन, पूर्वज,
प्रेम, आँसू, अपमान,
लोगों का शोरगुल, अरण्य का एकान्त,
भाषा का घर, लय का अन्तरिक्ष,
रोटी का टुकड़ा, नमक की डली,
पानी का घड़ा
और निर्दय आकाश।

– 'क्या चाहिए' *(कुछ रफ़ू कुछ थिगड़े)*

यही सवाल 'कहाँ से उठाऊँ शब्द' *(कहीं कोई दरवाज़ा)* की २०१२ में लिखी पंक्तियों में आता है, भले ही दूसरे ढंग से क्योंकि एक निश्चित उत्तर कविता में नहीं आता – हालाँकि कवि इस कविता में अपने काव्यशास्त्र के ज़्यादातर मुख्य शब्दों और मुख्य बिम्बों को याद करता है :

पत्तियों और फूलों की उल्लसित खिलखिलाहट से,
ईश्वर के घर में सदियों से हिलगी रह गयी
हताश प्रार्थनाओं से,
(...)
अपने निविड़ शून्य में सिसकते ब्रह्माण्ड से,
नदी-जल में असहाय डूबे पत्थरों के मौन से,
लिखी न गयीं असंख्य कविताओं से,
पुराने शहरों में अभी तक बच रह गये कुओं से
नभ में विलीन किसी अदृष्ट नक्षत्र की नियति से,
कहाँ से उठाऊँ शब्द?

एक अन्य कविता में कवि इस प्रश्न का एक उत्तर प्रस्तावित करता है

जिसमें वह चेतना के सर्वाधिक सुदूर इलाक़ों में जन्मते शब्द की सृजनात्मक शक्ति को समेटता है :

मुझे पता है कि आकाशगंगा की वीथिकाओं में बैठे हुए
वे, जो भी वे हैं, सुर या असुर,
कान लगाकर सुन रहे हैं।
बेबिलॉन के खण्डहरों में,
अंगकोरवाट के मन्दिर-अन्धकार में,
पिरामिडों की मृत्युछाया में,
खजुराहो के मूर्तिमिथुनों के उद्दाम आलिंगन में
चुप्पियाँ हैं जो एकबारगी बोलना चाहती हैं
सदियों बाद
एक शब्द, एक वाक्य, एक गान, एक चीख़, एक प्रार्थना
(...)
सिर्फ़ क्रियाओं का
एक गान गाता हूँ

–'स्वरलिपि' *(कुछ रफ़ू कुछ थिगड़े)*

उपर्युक्त उद्धरण इस परिकल्पना को उचित ठहराते हैं कि शब्द इस कवि की कविता में मुख्य भूमिका निभाता है। वह उसकी कविता के अन्तरंग को खोलता है और उसकी तात्त्विक स्थिति को उजागर करता है। इसी के साथ-साथ, वह पाठक को अवसर उपलब्ध कराता है कि वह इस कवि को घेरती विषम बाहरी दुनिया का जायज़ा ले सके, जो अपनी हाल ही की एक कविता ''भाषा सिकुड़ रही है' *(नक्षत्रहीन समय में)* भाषा के साथ अपने रिश्ते को लेकर इस तरह सोचता है :

भाषा सिकुड़ रही है

बहुत दिनों से सूर्योदय से कोई बात नहीं हुई।
धूप आती है चुपचाप
और बिना कुछ कहे चली जाती है।
पत्तियाँ काँपती रहती हैं हवा से
लेकिन अगर वे कुछ कहती हैं तो वह सुनाई नहीं पड़ता।
कबूतरों की कानाफूसी समझ में नहीं आती।

शामें आती हैं और गुज़र जाती हैं
बिना कोई धुन गुनगुनाते हुए -
मेरी भाषा सिकुड़ रही है।

यह निष्कर्ष निकाला जा सकता है, इस अध्याय में दिये गये उदाहरणों के आधार पर भी, कि अशोक वाजपेयी के शब्दों का सम्प्रेषणात्मक अर्थ तीन अवयवों से रचा गया है : स्वरवैज्ञानिक, आर्थी और रूपान्तरकारी।[१४०] क्योंकि इस कवि कि लिए हिन्दी भाषा "एक ऐसा भव्य उपस्कर है जो हमें सीमित संकेतों के सहारे असीम विचारों और वस्तुओं को अभिव्यक्त करने में सक्षम बनाता है"[१४१], या शायद ऐसा उपस्कर भी जो उसे - कल्पना में - असंख्य शब्दों के सहारे, ख़ासतौर से यह देखते हुए कि उसके लिए "भाषा एकमात्र अनन्त है", अन्तहीन विचारों को व्यक्त करने में सक्षम बनाता है। अपनी कल्पना में कवि भाषा के बाहर, भाषिक अभिव्यक्ति की स्पष्ट मरीचिका में, क़दम रखता है। और इस मरीचिका को वह अपनी विश्वदृष्टि को व्यक्त करने के साधन के रूप में बरतता है, इसलिए, वह उसको अपने साथ और पाठक के साथ संवाद के माध्यम के रूप में भी बरतता है।

।। चार : ३ ।। ज्ञानमीमांसात्मक अभिप्राय के रूप में शब्द

अशोक वाजपेयी की कविता में अर्थों की संरचना अपनी वास्तुपरक बनावट में कई सतहों को समेटती है। वे 'अनन्त में शीर्षक कविता *(अगर इतने से)* में घोषणा करते हैं, मैं "गाता हूँ (...) अनन्त में"। लेकिन जल्दी ही 'मुझे चाहिए' (तत्पुरुष) में ('पड़ोस में' - जोकि कवि का एक प्रिय पद है) वे स्वीकार करते हैं :

मुझे चाहिए पूरी पृथ्वी,
(...)
मुझे चाहिए समूची भाषा -
सारी हरितिमा पृथ्वी की
सारी नीलिमा आकाश की

सारी लालिमा सूर्योदय की

सत्ताओं के विषमांगी जगत के प्रति अपने तकाजे पर अटल होने का कवि का यह दृष्टिकोण हालाँकि यह भी है :

सोच के पड़ोस में, अनसोचे के बग़ल में,
चाहे के चौगान में,
अनचाहे के नज़दीक
कहीं भी
नहीं

वहीं "चाहे के चौगान में" पद की व्यापक अर्थ छवियाँ हैं। कवि के लिए बाह्य जगत की समूची वास्तविकता एक आँगन की तरह है[१४२], या "भूगोल और इतिहास से परे की दलान" ('भाषा एकमात्र अनन्त है', अगर इतने से) की तरह। वहीं स्वयं शब्द "अनन्त पर एक खिड़की" ('शब्द', अगर इतने से) है। अस्तित्व के एक नाटक की तरह देखी गयी दुनिया इस कविता के प्रमुख पारम्परिक अभिप्रायों (topoi) में से है। कवि अपने को दालान में बैठ लम्बी कविता पढ़ते बूढ़ों ('भाषा एकमात्र अनन्त है', अगर इतने से) से तदात्म नहीं करता, लेकिन वह उनके और अपने अस्तित्व की समकालिकता को चित्रित करता है, समय में एक सममिति को। यह एक विशेष उदाहरण है इस अभिधारणा का कि "समय से बाहर क़दम रखना भाषा से भी बाहर जाना है" ('बहुरि अकेला-२'), क्योंकि इस उम्मीद का और क्या मतलब हो सकता है कि "अन्तरिक्ष में भटकता हुआ किसी लुप्त भाषा का एक जर्जर शब्द" ('बहुरि अकेला-३') है? हो सकता है यह "जिज्ञासा के बाहर" ('बहुरि अकेला-३') बना रहता हो? क्योंकि, जैसा कि लेविनास का कहना है "हमने अतिक्रामिता की बुनियाद रखती सत्ता को चेतना और शक्ति के बाहर खोजा है"[१४३], और "अनियत रूपेण - infinition - होने का मतलब सीमाहीन होकर होना, और इस तरह एक उद्गम, आरम्भ, यानी एक अस्तित्व के रूप में होना है। वहाँ का सम्पूर्ण अनिर्धारण, हुए बग़ैर होना है, वह अनन्त स्तर का एक अनवरत निषेध है, और परिणामतः एक अनन्त सीमा है।[१४४] ये दोनों कथन इस दार्शनिक निष्कर्ष का समर्थन करते हैं कि "अस्तित्व के प्रति सम्मान के रूप में सत्य आधिभौतिक सत्य का सारभूत रूप है[१४५]। अस्तित्व का संज्ञान और उसके प्रति सम्मान अशोक वाजपेयी की कविता में "शून्य के पड़ोस में" ('बहुरि

अकेला-१४) हैं। इस कविता की तात्त्विक स्थिति इसकी प्राचीनतम ऐतिहासिक परम्परा के निकट है। "युगों का जीवन (...) मुख्यतः प्राचीन भारत की कला में प्रतिबिम्बित हुआ, पहले प्रत्यक्ष ढंग से, जैसे कि भारहुत, साँची और अमरावती में, और फिर एक सौम्य आदर्शवाद के साथ मध्य युग के अनेक मन्दिरों में उत्कीर्ण हुआ। इन तमाम दौरों में एक horror vacui (यानी 'ख़ालीपन का भय' - क्योंकि इस लैटिन पद का ठीक यही अर्थ है) और सघन प्राणशक्ति है जो हमें अगली दुनिया की उतनी नहीं जितना इसी दुनिया की याद दिलाती है, और भारतीय नगरों की गरमाहट से भरी हलचल की तथा भारतीय जंगलों की अशान्त आबादी की ओर संकेत करती है।"[१४६] 'पूर्वजों की अस्थियों में' *(अगर इतने से)* में अशोक वाजपेयी कहते हैं :

हम वनस्पतियों की अभेद्य छाँह में रहते हैं
कीड़ों की तरह

और 'चिड़ियाँ आएँगी' *(तत्पुरुष)* में वे जोड़ते हैं :

चिड़ियाँ आएँगी
किसी प्राचीन शताब्दी के
अँधेरे सघन वन से
उड़कर चिड़ियाँ आएँगी,
और साये की तरह
हम पर पड़े अजब वक़्त के तिनके
बीनकर बनायेंगी घोंसले।
(...)
और सब कुछ
हमारे बरामदे में छोड़कर
उड़ जाएँगी।
(...)
चिड़ियाँ अनन्त हैं।

इस तरह चिड़ियाँ भाषा के तुल्यरूप हो जाती हैं : "चिड़ियाँ अनन्त हैं" और "भाषा (...) अनन्त है" ('भाषा एकमात्र अनन्त है', *अगर इतने से*), शब्दों की खिड़की भी अनन्त में खुलती है ("अनन्त पर एक खिड़की"-

'शब्द', *अगर इतने से*) अनन्त को एक प्रतीक के सिवा और किसी माध्यम से व्यक्त नहीं किया जा सकता। अनन्त में समय का भी उद्गम है और रहस्यमय अस्तित्वनुमा छवि का भी :

शब्द को
सुघड़ विन्यास को
छन्द-प्रास को
प्रणति की तरह
अनन्त के सामने अर्पित करने का
समय।

– 'बहुरि अकेला-२१'

अवबोध की प्रक्रिया आध्यात्मिक स्पेस में आरम्भ होती है जिसके बारे में कवि इन उद्धरणों में कहता है :

(...) मेरी आत्मा के अँधेरे में
(...)
कविता के प्रथम शब्द के समय
सुनसान की शुरुआत के पहले

– 'उसने कहा' *(आविन्यों)*

अपनी कविता के लिए (...)
मुझे शब्द चाहिए
यह उम्मीद कि मेरे बाद भी रह पाएँगे
(...)
मुझे ऐश्वर्य नहीं शब्द चाहिए।

– 'मुझे शब्द चाहिए' *(आविन्यों)*

भाषा के माध्यम से संज्ञान का प्रश्न ("भाषा ज्ञान का उद्गम है") उदाहरण के लिए इस तरह के स्वतः-चिन्तन को जन्म देता है :

कविता कहती है
कि जीवन में कुछ भी बेतरतीब नहीं
भाषा में सबके लिए जगह है –

फिर भी यह जो सिर्फ़ होने की

ठीक इस समय इस जगह
उसकी अवसन्न-सी आभा
क्यों बाहर ही रह जाती है
शब्द-विन्यास से?

– 'विन्यास से बाहर' *(आविन्यों)*

बाह्य अस्तित्व के रहस्य संज्ञान की सीमाओं को उजागर करते हैं, और तब भी, इसी के साथ-साथ वे संज्ञान की प्रक्रिया के सत्व का संघटन भी करते हैं और इन सीमाओं को अतिक्रान्त करने की आकांक्षा को भी मुक्त करते हैं। इस तरह की आकांक्षा अशोक वाजपेयी 'आख़िरी शाम की प्रार्थना' (आविन्यों) में व्यक्त करते हैं :

शब्दों को अँधेरे में वाक्य-च्युत रहने दो थोड़ी देर और।

यह कवि-प्रार्थना सीधे-सीधे किसी के लिए सम्बोधित नहीं है। केवल यही अनुमान लगाया जा सकता है कि यह अनाम ईश्वर के लिए सम्बोधित होगी। कवि कविता में कोई सुराग़ नहीं देता। लेकिन, एक अर्थ में, एक सुराग़ हो सकता है – वह सन्दर्भ जिसमें कवि शब्द के अर्थ को समझता है, शब्द के अर्थमीमांसात्मक फलन का सन्दर्भ। क्योंकि "जो अभिव्यक्त है अवबोध उसे संकेतों में बसा देता है, किसी पूर्व रीति के माध्यम से नहीं बल्कि उनकी तरतीब और विन्यास के माध्यम से। यह अर्थ को उस चीज़ में आरोपित कर देता है जिसमें अर्थ नहीं होता (...)[१४७]। ऐसा ही दृष्टिकोण जनरेटिव्ह ग्रामर थियरी के प्रणेता नॉम चॉम्स्की का है, जिनका कहना है कि वाक्यों के सारे रूपान्तरण, उनके सारे संयोजन "इस अर्थ में निरपवाद रूप से संरचना-आधारित होते हैं कि वे पदों में शब्दों के व्यवस्थापन के सहारे शब्दों के धागे में पिरोये होते हैं।"[१४८] अशोक वाजपेयी के प्रकरण में, पदों में शब्दों के व्यवस्थापन की प्रक्रिया विचार की स्वतन्त्र स्पेस में आकार लेती है :

गलियारों,
इतिहास के अरण्य-रोदन,
आशा-निराशा के स्थापत्य के पार

– 'जिस पर आकाश नहीं टिकता' *(अभी कुछ और)*

इस स्पेस में शब्दों को जीवित सत्ताओं की तरह बरता गया है, क्योंकि वे

अनुभव की स्पेस में "जीवन का छोटा-सा विन्यास" ('उसके लिए शब्द', *उम्मीद का दूसरा नाम*) हैं, स्वतन्त्र, स्वायत्त, अद्वितीय, बोध के उस क्षण की कौंध की तरह चेतना में, मस्तिष्क के किसी कोने में, यथार्थ से परे, थोड़ी देर के लिए जागती है, जैसे कि 'ऊपर' *(उम्मीद का दूसरा नाम)* कविता में[१४६]। प्रत्यक्ष विरोधाभास ("धूप के ऊपर हवा"), और दो सामान्य बोलचाल की अभिव्यक्तियाँ ("हवा के ऊपर आकाश" और "आकाश के ऊपर ईश्वर"), ये सब अशोक वाजपेयी की तकनीक से ताल्लुक रखती हैं, जो अपने ही, कल्पना के स्वायत्त व्याकरण पर आधारित है। इस व्याकरण के काव्यशास्त्र में कवि देखता है :

> (...) मकड़जाल में फँसे हुए
> तिलमिलाते शब्द
> हताश
> फिर भी उज्ज्वल-निर्मल बने रहने की आकांक्षा लिये हुए।
>
> – 'पानी के अँधेरे में' *(इबारत से गिरी मात्राएँ)*

विशुद्ध शब्द के अस्तित्व का इलाक़ा न सिर्फ़ शब्द के ज्ञानात्मक अभिप्राय की बल्कि काव्यात्मक बोध के उपकरण के रूप में उसकी सार्वभौमिकता की सीमारेखा है।

।। चार : ४ ।। अस्तित्व का विमर्श और शब्दों का आर्थी क्षेत्र

अशोक वाजपेयी के रूपकात्मक बिम्ब-विधान में खिड़की एक प्रेक्षण-स्थल है। इससे अन्तर नहीं पड़ता कि यह किसी मकान की, किसी मन्दिर की, किसी बुर्ज की वास्तविक-नुमा खिड़की है, या वह एक मानवीय आँख, या खिड़की-शब्द है। हर स्थिति में, इस खिड़की से देखा गया दृश्य एक स्थल का सारतत्त्व बन जाता है। १९८९ में लिखी गयी कविता 'खिड़की से सब कुछ नहीं' *(कहीं नहीं वहीं)* में कवि कहता है :

> खिड़की से सब कुछ नहीं दिखेगा
> दिखेंगे पेड़ और उनपर फुदकती चिड़ियाँ

पर ठूँठ में दुबके पड़े कीड़े नहीं दिखेंगे
न ही अँधेरे में विकल जड़ें;
दिखेंगे सड़क पर इधर-उधर जाते लोग
उनके रंगबिरंगे कपड़े और कभी-कभार उनके चेहरे-मेहरे भी
पर नहीं दिखेगा उनका रोष और .प्रेम और ललक;
उदासी और अकुलाहट दिखेगी,
नहीं दिखेगा धीरे-धीरे अपने को
निरी चीज़ों में बदल जाने का उनका प्रतिरोध।

खिड़की के पार नहीं दिखेंगे
अन्तरिक्ष पर खड़े ईर्ष्यालु देवता
और दिव्यता की तलाश में भटकते शब्द।

कविता के समन्वयात्मक भूदृश्य में अस्तित्व का विमर्श अपने आपको विविध रूपाकारों में व्यक्त करता है : पेड़ों पर फुदकती चिड़ियाँ, ठूँठ, रंगबिरंगे कपड़े पहने लोग, सड़क। ये अस्तित्व की सतह का विमर्श है। इस सतह के नीचे जो भी कुछ है उसे आख्याता के विचारों और कल्पना के स्तर पर व्यक्त किया गया है। निश्चय ही, प्रकृति की वास्तविकता और लोगों की मानसिक वास्तविकता मूक और पेचीदा हैं। अन्तरिक्ष में कहीं ईर्ष्यालु देवता हैं। और शब्द - दिव्यता की तलाश में भटकते शब्द - संसार के पर्यवेक्षक के दिमाग़ में हैं। क्या ये शब्द ईर्ष्यालु देवताओं की दिव्यता की तलाश में हैं? क्या वे अपनी ही दिव्यता की तलाश में हैं? कदाचित ऐसा ही है। भले ही कवि ऐसा कहता नहीं है, यह उसकी कविता के समूचे परिप्रेक्ष्य से प्रगट होता है, जिसमें देवताओं को कटाक्षपूर्ण सन्देह के साथ बरता गया है। इसलिए कविता में शब्दों और अस्तित्व के बीच मजबूत सम्बन्ध नहीं है, सिवा शब्दों के विभिन्न सत्ताओं की सतह को चित्रित करते अर्थों के, जो दरअसल एक प्रतीकात्मक सम्बन्ध है।

लेकिन 'बहुरि अकेला' शृंखला में, विशेष रूप से उसकी पाँचवीं कविता[१५०] में, अशोक वाजपेयी अस्तित्व और शब्द के बीच एक अलग तरह के सम्बन्ध को चित्रित करते हैं, अस्तित्व जैसे वह एक विचार-स्मृति में मूर्तिमान हो। शब्द इस कविता में अतीत के अस्तित्व को प्रकाशित करने की भूमिका निभाते हैं, अस्तित्व जिसे उस आख्यान के शब्दों के माध्यम से देखा गया है जो बूढ़ों के विचारों में मौजूद अस्तित्व को, ऐतिहासिक,

आनुभविक समय के परे काव्य-भाषा के आर्थी क्षेत्र में स्थापित करते हुए, जीवन्त बना देता है, क्योंकि "सोद्देश्यता के रूप में सारा का सारा जानना पहले से अनन्त की धारणा को पूर्वमान्य करके चलता है"[१५१]। कला का स्रोत अगर विचारों की सोद्देश्यता नहीं है तो फिर और क्या होगी? अस्तित्व के इलाक़े में विचार और खिड़की का प्रतीक प्रमुख भूमिका निभाते हैं, जैसे कि इन दो उदाहरणों में:

खिड़की के पन्द्रह में से दरक गया एक काँच
उसने कहा कि बारिश तेज़ है बाहर
(...)
समय के अँधेरे पर खिंच गयी विद्युल्लता
नींद में गला सूखने पर
(...)
मृत्यु आराधना का संगीत सुनसान
नयी पुस्तक का बिसर गया समर्पण
विदेशी सिक्कों की चमकती धातु का निष्करुण प्रलोभन
सुबह से ही एक निराश दिन की लाचार छाया।

– 'विन्यास से बाहर' *(आविन्यों)*

चौदहवीं शताब्दी के अपने इस कमरे की खिड़की से
जब मैं सामने की ओर झाँकता हूँ
तो सामने के चैपल की एक हमेशा खुली खिड़की से
लगता है दो आँखें एकटक घूर रही हैं।
(...)
रात देर गये
जब आवाज़ें, अँधेरा और समय सब सो जाते हैं
जब मृतात्माएँ भी ऊबकर चली जाती हैं
जब नींद और मौत में फ़र्क करना मुश्किल होता है।

– 'अनुपस्थिति' *(आविन्यों)*

इन चिन्तनात्मक कविताओं में निहित आर्थी क्षेत्र पारस्परिक सन्दर्भों और परिप्रेक्ष्यों के एक सघन नेटवर्क को अतिव्याप्त करता, आड़ा-तिरछा काटता और रचता है, जैसे वे कविता के अर्थ को तीन कालिक वास्तविकताओं में तान रहे हों : आख्याता के पर्यवेक्षण का समय, चैपल के अस्तित्व और

आवाज़ों और अँधेरे के क़रीब दो आँखों (जो किसी देखी गये या कल्पित चित्र का हवाला भी हो सकता है) का समय, और मृत्यु की चरम निद्रा के तुल्यरूप शाश्वत या अनन्त की तरह देखा गया समय। आख्याता के मानस तथा पर्यवेक्षक और पर्यवेक्षित में मौजूद समय की तिकड़ी अनूठे ढंग से तात्त्विक है। इस तरह के सम्बन्ध को अशोक वाजपेयी १९९८ की एक कविता में और भी प्रभावी ढंग से प्रस्तुत करते हैं, जिसमें खिड़की एक प्रतीकात्मक उद्देश्य को पूरा करती है :

मैं एक खिड़की खोलता हूँ :
पत्थर में फूटी हैं
जड़ें एक वृक्ष की –
जड़ों में लिपटा है प्राक्-अन्धकार
अन्धकार में धीरे-धीरे सरकता है काल।

नदी में बह रहा है ख़ून, आँसू,
सपने और आशाएँ,
नावें, शव और फूल –
(...)

चकाचौंध और चौक के हाशिए पर
इतिहास के चिकने-चुपड़े भवन से बाहर
वे जो कुछ लोग खड़े हैं
मुझ कवि के साथ
अपनी-अपनी जगह पर
मैं उन पर सिर्फ़ एक खिड़की खोलता हूँ।

– 'कवि' *(समय के पास समय)*

अन्त में खिड़की का प्रतीकात्मक उद्देश्य कविता के अन्त में चौक के प्रतीकात्मक उद्देश्य के साथ अपनी जगहें बदल लेता है, क्योंकि यह कविता वाजपेयी की साहित्यिक रीतियों के मूल काव्यशास्त्र में लिखी गयी है। साथ ही अनाम नदी भी इस कविता में एक प्रतीक है। संक्रान्तिकता का प्रतीक, न सिर्फ़ अँधेरे से होकर बहते समय के चित्रण के रूप में बल्कि उन बहती हुई नावों, शवों और फूलों के चित्रण के रूप में भी, जो सब धार्मिक या अन्त्येष्टि-संस्कार से जुड़े अनुभवों की ओर संकेत करते हैं। कविता की

मानसिक संरचना सटीक है। सबसे पहले पत्थर प्रगट होते हैं (एक और प्रतीक – इस बार वस्तुओं के टिकाऊपन का), लेकिन वे एक जैविक सत्ता द्वारा, अँधेरे से गुँथी एक वृक्ष की जड़ों द्वारा, क्षत-विक्षत हैं, और इस अँधेरे से होकर समय बह रहा है (जो एकबार फिर से एक और प्रतीक, पानी, की ओर संकेत है)। बावजूद इसके कि यह ज़ाहिरा तौर पर एक स्थिर भूदृश्य है, इसकी गतिहीनता में भी एक गति है। इसमें चार सत्ताओं की तहें हैं : पत्थर, जड़ें, अँधेरा और समय – जिनमें दो सक्रिय प्रतीत होते हैं। फिर नदी आती है। लेकिन यह किस तरह की नदी हो सकती है, जिसमें सपने, ख़ून, आँसू और आशाएँ बह रहे हैं? मानसिक वास्तविकता से सिर्फ़ ख़ून का ही सम्बन्ध हो सकता है। (क्योंकि, मसलन, आँसुओं का नदी में उड़ेला जाना एक बेहूदा बिम्ब होगा, प्रतीकों के बीच एक बेसुरापन होगा।) इस तरह नदी, जिस पर मानसिक बिम्ब तैरते हैं (आशाएँ, स्वप्न), शायद काल की नदी है, इसीलिए उसमें गतिनुमा गतिहीनता है, क्योंकि समय क्षणों की अटूट शृंखला है, वह चिरस्थायित्व है, अस्तित्व के पदार्थ का बुनियादी रूप (स्पेस उसका दूसरा रूप है)। जब गतिहीन ढंग से बहती इस नदी पर नावें, शव और फूल – इस तरह भौतिक सत्ताएँ – प्रगट होते हैं, तो पाठक को लगता है कि वे भी स्थिर हैं, मानों वे बह रहे हों (जैसे एक वास्तविक नदी में फूलों से घिरे किसी शव के साथ कोई नाव तैरती है), लेकिन अपनी मौजूदगी से वे असल में पाठक को किसी ऐसी चीज़ के बारे में बताते हैं जो अब नहीं रही, शायद वह गतिहीन है, पत्थर में बदल चुकी है, अतीत काल में, स्मृति में बदल चुकी है (खिड़की के बाहर देखी गयी पहली सत्ता पत्थर हैं)। कविता की शुरुआती आठ पंक्तियाँ अर्थों का एक सघन तानाबाना रचती हैं, जिनमें भौतिक वस्तुओं को चित्रित करते शब्दों की सतह उन शब्दों की सतह से ढँकी हुई है जो वक्ता 'मैं' के विचारों को व्यक्त करते हैं। वाचिक संरचनाओं, जिनके आर्थी क्षेत्र एक ख़ास क़िस्म के अधि-क्षेत्र को, कविता में प्रयुक्त शब्दों के सारे अर्थों की संरचना को, गढ़ते और उसका अन्तर्वेधन करते हैं, के भीतर अस्तित्व के इस तरह के विमर्श का नाटकीय दृश्य स्वयं कविता को ''समय-असमय''[१५२] में (यह विरोध एक ख़ास रूप है जिसका प्रयोग अशोक वाजपेयी द्वारा अभिव्यक्ति के साधन के रूप में, उनकी कविता में अक्सर उपयोग में लाये गये दूसरे प्रश्नों के मामलों में भी, प्रायः किया गया है), कविता की समयावधि में, हालाँकि शब्दों से परे – मसलन पाठक के मानस में, लेकिन एक सम्भाव्य

समय (जिसे काव्य-शब्द के उत्सव की तरह भी बरता जा सकता है) में भी, स्थानान्तरित कर देता है।

केवल इस तरह के एक संरचनापरक आर्थी क्षेत्र के परिप्रेक्ष्य में यह बात साफ़ ज़ाहिर हो पाती है कि क्यों खिड़की चौक में खुलती है, क्यों वहाँ "इतिहास के चिकने-चुपड़े भवन" प्रगट होते हैं, और वे लोग प्रगट होते हैं जो अभी भी जीवित हैं - और जो अभी फूलों के साथ नाव में नहीं रखे गये हैं, बल्कि जो स्वयं अस्तित्व में, काया में, चेतना में, स्वप्न में निमग्न हैं, समाज में निमग्न हैं - ये लोग कवि के सन्देश के सम्बोधी बन जाते हैं; वे और वह "चकाचौंध" में संसार के चौक में रहते हैं। और यह कथन कि हर कोई "अपनी-अपनी जगह पर" है, कविता की चरम पंक्ति को, गतिहीनता की धारणा और व्यवस्था की धारणा के बीच स्थित, एक अघोषित प्रतिध्वनि, अभिप्राय की एक ध्वन्यात्मक स्पेस, प्रदान करता है। यह अशोक वाजपेयी की अपनी काव्यात्मक भाषा को चरम तक विस्तार देने की - या कम से कम विस्तार देने की कोशिश करने की - पद्धति है।

।। चार : ५ ।। अर्थमीमांसात्मक अभिप्राय के रूप में शब्द

सृजनात्मक वाचिक कर्म की संरचना द्वैतवादी होती है। ये भाषा में अपनी उपस्थिति को व्यक्त करते गहन 'मैं' के संकल्प का कर्म है, और इसी के साथ-साथ यह उस अर्थ को भी व्यक्त करने का कर्म है जो वचनातिरिक्त सत्ताओं में हस्तक्षेप करता है। एक बोला गया शब्द, एक लिखित शब्द, अपने ही अस्तित्व के माध्यम से आर्थी और आर्थी-अतिरिक्त को वचनातिरिक्त में एकीकृत करता है, उस वचनातिरिक्त में जो 'मैं' की गहराइयों में, 'मैं' को अन्य 'मैं' से, यानी 'तुम' की प्रत्येक सम्भावना से, जोड़ते अवबोध के कर्म में, आविर्भूत होता है। एक लिखा गया शब्द, और इस तरह एक अर्थ में अक्षरों में अवतार लेता या ध्वनियों में ढला अक्षर, टिकाऊ होता है, समय के परे टिका रहता प्रतीत होता है। इसीलिए अशोक वाजपेयी कहते हैं :

शब्द हमारे बीच
सुलगते, जलते, राख होते हैं।

– 'शब्द हमारे बीच' *(दुख चिट्ठीरसा है)*

एक लिखा गया शब्द, और इस तरह अक्षरों में अवतार लेता शब्द गहनतम 'मैं' से भी ज्यादा समय तक टिका रहता है, उसमें कालहीनता का गुण होता है। क्योंकि – माग़ीस मे़ग्लोपोंती के अनुसार – "जिस पल में पहला "मानवीय" अभिप्राय व्यक्त हो चुकता है, उसी पल में एक उद्यम की शुरुआत हो चुकी होती है जिस पर से हमारा सर्वनिष्ठ प्रागैतिहास, अपने क्षण को विस्तीर्ण करता हुआ भी, आगे निकल जाता है। यही वह विजय प्राप्त करती वाणी है जो हमें रुचती है, क्योंकि यह संस्थापित वाणी या भाषा को सम्भव बनाती है। वाणी को अपना ही अर्थ वक्ता और श्रोता दोनों को सिखाना होता है। वाणी के लिए इतना पर्याप्त नहीं है कि वह दोनों में किसी भी पक्ष के लिए पूर्वप्रदत्त अर्थ को सम्प्रेषित कर दे। वाणी के लिए अर्थ को अस्तित्व में लाना अनियार्य है। इस तरह वाणी के लिए एक भंगिमा के रूप में स्वयं से ऊपर उठना ज़रूरी है (...) क्योंकि [इन] भंगिमाओं की आन्तरिक बनावट मेरे अपने आचरण जैसी ही है और वह मुझे संसार के साथ मेरे अपने सम्बन्ध के बारे में बताती है – उसी तरह जैसे जब मैं दूसरे व्यक्ति से बात करता हूँ और उसको सुनता हूँ, तो जो मैं समझता हूँ वह मेरे द्वारा कही गयी बातों के अन्तरालों में खुद को सन्निविष्ट करने लगता है, मेरी वाणी शब्दशः अन्य की वाणी के द्वारा प्रतिच्छेदित होने लगती है, और उस व्यक्ति में मैं खुद को सुनने लगता हूँ, वहीं वह मुझमें बोलने लगता है। यहाँ *बोलना* और *वह जिससे बोला गया है*, दोनों एक ही हैं। ये सरलीकरण से परे एक ऐसा तथ्य है जिसे समूची आक्रामक वाणी आश्रय देती है और जिसे साहित्यिक अभिव्यक्ति हमारे सामने लाती है (...)[१५३]। ऋग्वेद की एक ऋचा (X.७१) में भाषा की इस तरह की समझ का चित्रण करने वाली चार पंक्तियाँ हैं :

यज्ञ के साथ उन्होंने वाणी के मार्ग का अनुसरण किया
और उसे वहाँ ऋषियों के बीच स्थापित किया;
उन्होंने उसे अनेक स्थलों पर बिखरा दिया :
सात गायकों ने उसे समवेत गाया। [१५४]

भाषा के फलन के बारे में ऐसे ज्ञान के परिणामस्वरूप अशोक वाजपेयी

यह सूत्र गढ़ते हैं :

शब्द गिरने से बचाते हैं –
वे भारहीन गिरते हैं
अन्तःकरण पर।

– 'शब्द गिरने से बचाते हैं' *(कुछ रफ़ू कुछ थिगड़े)*

अन्तःकरण पर गिरते शब्दों के बारे में यह कथन सीधे-सीधे मूल्यों की समस्या को सामने लाता है। निश्चय ही इस टिप्पणी को कि शब्द ''भारहीन'' होते हैं, अभिधार्थ में नहीं लिया जाना चाहिए, क्योंकि रूपकात्मक ढंग से यह ध्वनि की भौतिक भारहीनता की ओर संकेत करती है। अन्तःकरण पर गिरते शब्दों का भार कविता के नैतिक आयाम को समृद्ध करता है। ख़ासतौर से इसलिए कि शब्द स्वयं जीवन में हस्तक्षेप कर सकते हैं :

कभी-कभी जब हम ग़लत रास्ते पर होते हैं
शब्द जूतों के अन्दर अचानक उभर आयी
कील की तरह गड़ते हैं :
वे हमें रोक न सकें
पर इतना जतला ज़रूर देते हैं
कि हम किसी और रास्ते भी जा सकते हैं।

– 'शब्द गिरने से बचाते हैं *(कुछ रफ़ू कुछ थिगड़े)*

यह तथ्य कि शब्द जीवित प्राणियों की तरह आचरण करते हैं (भले ही कभी-कभी वे कठोर धातु से निर्मित कील की तरह बेजान होते हैं), उपर्युक्त उद्धरण की रोशनी में ज़ाहिर-सा लगता है। शब्द हमारे अस्तित्व में, हमारी प्रतीकात्मक जीवन-यात्रा में, या हमारे जीवन की राह में, भागीदारी करते हैं। कविता का अगला हिस्सा प्रतीक के रूप में देखे गये रास्ते की ओर भी संकेत करता है :

कंकर-पत्थर की तरह भारी शब्द
अपने को पीसकर रेत बना
और बिछा लेते हैं
ताकि हम उन पर जब गिरें
तो चोट न लगे।

शब्दों की कठोरता उनके अर्थों से आती है (यानी 'नहीं' शब्द या 'ग़लत' शब्द की कठोरता), जबकि रेत की नरमी में हमारी यात्रा, हमारी नियति के साथ चलती हताशा और सन्ताप को कम करने की शब्द की अधीनस्थ भूमिका का संकेत है। विशेष रूप से इस दृष्टि से कि "गिरना" क्रिया को यहाँ कम से कम तीन अलग-अलग तरह से समझा जा सकता है : भौतिक अर्थ में, नैतिक अर्थ में, और जीवन से मृत्यु में गिरने के रूपकात्मक, अन्तिम स्खलन के अर्थ में। शब्दों का काम निरन्तर और अन्तहीन है (क्योंकि "भाषा एकमात्र अनन्त है"), यहाँ तक कि वह मनुष्य और जगत दोनों के नियतिपरक क्षितिज से भी परे है :

वे सब चले गये
सब कुछ को रौंदकर, ध्वस्त कर
आश्वस्त कि उन्होंने कुछ भी अक्षत नहीं छोड़ा।
तब सूखी पत्तियों के ढेर में गुम हुए कीड़े की तरह
एक शब्द आया
और उसने अपने मुँह में थोड़ी-सी मिट्टी
और तिनका उठाकर रचने की सूरत की।

– 'सूरत' *(कुछ रफ़ू कुछ थिगड़े)*

किसके सामने उजागर करता है शब्द खुद को? कवि के सामने, अन्य 'मैं' के सामने, मनुष्य और मनुष्य के बीच के रिश्ते के रूप में देखी गयी दुनिया के सामने, मनुष्य और पृथ्वी, प्रकृति, आकाश के बीच के रिश्ते के रूप में देखी गयी दुनिया के सामने? कवि का इरादा जो भी हो, वह शब्द को सबसे निचले स्तर के प्राणी (कीड़े) के रूप में देखता है जिसे जीवन की रचना के लिए (कदाचित पानी और कुछ रसायनों का इस्तेमाल करते हुए) अपने मुँह में थोड़ी-सी मिट्टी घोलना और घास का एक तिनका (जो स्वयं भी एक साधारण-सी हैसियत रखने वाली वनस्पति है) उठाना भर पर्याप्त है। इस कविता में अशोक वाजपेयी जीवन के उद्गम के प्रश्न को और जीवन के अन्त से परे जीवन के अस्तित्व के प्रश्न को छूते हैं। जिनमें से बाद वाला प्रश्न भारतीय परम्परा का महत्त्वपूर्ण प्रश्न है। उन्होंने इन प्रश्नों को ऊपरी तौर पर रिक्त प्रतीत होते काव्य-रूप और तब भी शब्दों के चुनाव के चलते सर्वथा संघनित विषय-वस्तु के साथ छुआ है।

इसलिए, यहाँ यह उचित प्रतीत होता है कि वाजपेयी के पद्धतिगत बुनियादी

सिद्धान्त के बारे में, उनकी उस काव्यात्मक और दार्शनिक रणनीति के बारे में प्रश्न उठाया जाए जो उन विधेयात्मक मूल्यों की कोटियों पर आधारित है जिसमें शब्द – कल्पना की बराबरी से – इन मूल्यों का वाहक होने की भूमिका निभाता है, जिनमें वह अर्थ और अर्थ में निहित सन्देश दोनों का एक ही स्थल होने की भूमिका निभाता है। इसके अतिरिक्त, अशोक वाजपेयी की काव्य-भाषा का अन्तिम लक्ष्य क्या है? क्या है इन लगभग एक हज़ार कविताओं का लक्ष्य जो उन्होंने लिखी हैं और पन्द्रह संग्रहों में प्रकाशित की हैं – जिन सभी में उन्होंने शब्दों, वाक्यों, पदों, कविताओं, विषयपरक संरचनाओं और अर्थों की समूची संरचना से उद्‌बुद्ध एक ख़ास तरह की आध्यात्मिक स्पेस की रचना की है? इस स्पेस के सर्वाधिक महत्त्वपूर्ण लक्षणों में से एक लक्षण इसमें मौजूद विषयों और स्वरों की बहुध्वनिकता है, जो मुखर और श्रव्य भी है लेकिन जो भाषा की, वाक्य-विन्यास की, एक स्थगित रूपक की, इकाइयों में छिपी हुई भी है (एक कविता, एक विषय और कृतियों की समूची संरचना के स्तर की बहुध्वनिकता पर मैंने पहले अध्याय में चर्चा की है)। यह बहुध्वनिकता क्या साबित करती है? यह विषयों के भीतर कवि के विचार के स्थायित्व को और उस सुस्थिर पद्धति को साबित करती है जिसमें कवि खुद को अनुभव करता है। या, एक व्यापकतर अर्थ में, यह बीसवीं सदी के उत्तरार्द्ध और इक्कीसवीं सदी के आरम्भिक दशकों में भारतीय सभ्यता के बीच समकालीन मनुष्य का चित्रण करती है। जबकि समूचा काव्यात्मक अवकाश, उसका कल्पित क्षेत्र – जो गहन 'मैं' की आन्तरिक सोद्देश्यता पर, भाषा के व्याकरण पर, और शब्दों के अर्थों पर आधारित है, फिर भी जो कल्पना के व्याकरण के नियमों के अधीन मौजूद इलाक़ों को समेटता है – संरचनात्मक, नृतात्त्विक और वैश्विक चिन्तनों का आकार लेते विचार के क्षेत्र की रचना करता है। अन्तर्विरोधी नहीं, चरम भी नहीं, बल्कि जो एक साथ विचार और भाषा में, सहजीविता में, कवि की कल्पना में मौजूद है।

भारतीय उपमहाद्वीप की महान सांस्कृतिक परम्परा नृतत्त्वशास्त्र से लेकर रहस्यवाद तक, वैश्विकी तक, वैश्विक सत्ता के साथ एकत्व तक के मार्ग को चित्रित करती है, तपश्चर्या से होते हुए चरम आत्मबोध तक जाते मार्ग या नसैनी के रूप में। अशोक वाजपेयी ऐसी ही एक नसैनी अलग ढंग से तैयार करते हैं, शब्दों से :

मैं शब्द को
शब्द से फँसाकर
बनाता हूँ नसैनी
अनन्त में।

– 'अनन्त में' *(अगर इतने से)*

इसी संग्रह की एक अन्य कविता में कवि कहता है कि "भाषा एकमात्र अनन्त है"। जबकि १९८६ की ही कविता 'पूर्वजों की अस्थियों में' *(अगर इतने से)* उसका पर्यवेक्षण यह है :

हम उठाते हैं एक शब्द
और किसी पिछली शताब्दी का वाक्य-विन्यास
विचलित होता है।

इसके तुरन्त बाद के १९८६ के ही संग्रह की एक अन्य कविता 'क्योंकि तुम हो' में कवि घोषणा करता है :

शब्द छू पाते हैं अर्थ

१९८६ में प्रकाशित इन चारों कविताओं की निकटता निश्चय ही विचार की एक ख़ास निरन्तरता की ओर भी संकेत करती है। इससे भी ज़्यादा यह कि ऊपर उद्धरित अंश एक ऐसे तात्पर्य की ओर संकेत करते हैं जो इस कविता में सर्वाधिक महत्त्वाकांक्षी प्रतीत होता है, जिसमें मानव नियति की बनावट पर, उस नियति पर जिसका ऐतिहासिक समय में सामना किया गया है, सतत काव्यात्मक चिन्तन आत्मानुशासन (यानी योग) की पुरानी तकनीकों का विकल्प बन जाता है। इस कविता में अस्तित्व-चिन्तन और अस्तित्व का उत्सव, रहस्यवाद का स्पर्श करती साहित्यिक तपश्चर्या की एक विधि है। साहित्यिक व्यवहार का यह रूप उन व्यवहारों से भिन्न है जिनका परामर्श चिन्तन के प्राचीन सम्प्रदायों द्वारा दिया गया है क्योंकि इसका अन्तिम लक्ष्य – योगावस्था के तुल्यरूप एकाग्रता की अवस्था को हासिल करना – कवि को सृजन-प्रक्रिया के कर्म में प्रदत्त है, कल्पना की उस कौंध में जो उद्देश्यों को शब्द और अर्थ से एकीकृत करती है; जो उसको अस्तित्व के सारतत्त्व के प्रति, स्वत्व के सारतत्त्व के प्रति और शब्द के सारतत्त्व के प्रति सम्मोहन में प्रदत्त है। उस अर्थ में कवि न केवल प्राचीन अभ्यासों की दिशा को उलट रहा है बल्कि कलात्मक सृजन के क्षण में वह उनको

अतिक्रान्त भी करता है। और शब्दों में तथा शब्दों के परे एक संसार को रचने का ठीक यह क्षण इस कविता की दार्शनिक योजना का लक्ष्य है। इस योजना के नतीजे के तौर पर शब्द का सतत उत्सव है, उस शब्द का जिसे उसके द्वारा व्यक्त अर्थ की तरह देखा गया है। क्या यह उत्सव एक ठहरे हुए चिन्तन का आकार लेता है, या फिर यह गतिहीनता में निहित एक गति है, या फिर यह एक केन्द्राभिमुखी गति है? हम इस प्रश्न को कवि की चेतना पर पड़ने वाले इसके प्रभावों का विश्लेषण करते हुए समझने की कोशिश करते हैं, उस कवि की चेतना पर जो अपने बाद के वर्षों में इस बात से सहमत है कि :

> अपने-अपने शब्दों की कगार पर ठिठके हम खड़े हैं।
>
> – 'विपर्यय' *(नक्षत्रहीन समय में)*

इस चेतना का अध्ययन कविताओं की विषय-वस्तुओं के सहारे किया जा सकता है, इसलिए हम एक कविता के भीतर देखते हैं, जिसमें कवि न केवल चेतना की अवस्था को उजागर करता है बल्कि सृजन के लक्ष्यों को भी उजागर करता है – क्योंकि इस कविता की बनावट कवि की चेतना की बनावट को प्रतिबिम्बित करती है।

विचारों को व्यक्त करने के साधन के तौर पर इस्तेमाल की गयी उसकी अपनी भाषा का आत्मबोध कवि के इस विश्वास का कारण प्रतीत होता है कि शब्दों में अज्ञात सत्ताओं के अस्तित्व के लिए नये रूप गढ़ने की सामर्थ्य होती है। चेतना की ऐसी अवस्था का एक उदाहरण उम्मीद का दूसरा नाम संग्रह की 'कुछ है'[१५५] शीर्षक कविता है। कविता पर अलग से कोई तारीख़ नहीं है, जबकि कवि ने अपनी कविताओं के वर्ष, दिन, यहाँ तक कि कभी-कभी समय तक का उल्लेख किया है (जैसा कि *आविन्यों* संग्रह के मामले में किया गया है)। तब भी यह कविता किसी दीर्घ या संक्षिप्त चिन्तन में किसी क्षण की स्मृति में या उसका उत्सव मनाने के लिए नहीं लिखी गयी है, बल्कि यह चेतना की एक स्थायी, अन्तर्भूत अवस्था को परिवेष्टित करती है, जो भाषा के, उसके उद्देश्य के बरताव को निर्धारित करती है। यह कविता कवि की कलात्मक तकनीक के सन्दर्भ में भाषा की भूमिका के प्रति उसके बुनियादी रवैये से ताल्लुक रखती है। इसलिए, इस प्रकरण में, तिथि परिस्थितियों की अपर्याप्त अभिव्यक्ति होगी। चेतना की ऐसी अवस्था का टिकाऊपन, जोकि कवि की मनोवैज्ञानिक प्राथमिकताओं

का एक बौद्धिक स्थानान्तरण है, कवि के काव्यदर्शन का आत्यन्तिक आधार प्रतीत होता है। अगर इस दार्शनिक अभिवृत्ति में भारतीय चिन्तन की ऐतिहासिक अनुगूँजें सुनी जा सकें तो बहुत मुमकिन है कि उनका उत्स प्राचीन भाषा-दर्शन में मिलेगा। इससे भी इंकार नहीं किया जा सकता कि इस कृतित्व में ये अनुगूँजें काव्य-शब्द की भूमिका और उद्देश्य के बारे में कवि की अपनी धारणा का संघटक अंग हैं। इस सन्दर्भ में इस कविता 'मेरी आवाज़' में एक गहन 'मैं' की अभिव्यक्ति के उदाहरण की ओर भी इशारा किया जा सकता है। ''मेरी'' का मतलब निजी है, जिसका ताल्लुक किसी परिपाटी से, किसी ऐतिहासिक शैली से, अतीत के किसी युग से नहीं है। 'मेरी आवाज़', 'मेरी' कविता है, 'मेरा' निजी विचार है, जिसका सम्बन्ध सिर्फ़ मुझसे है, 'मेरी' गहनतम भावनाओं से, 'मेरे' मानस से, 'मेरी' कल्पना से है। व्यक्तिवाद की यह अभिव्यक्ति पाठक को बीसवीं सदी की, आधुनिक हिन्दी कविता के इतिहास की ओर भी ले जाती है और बीसवीं सदी की योरोपीय कविता के इतिहास की ओर भी ले जाती है। व्याख्या इन दोनों ही दिशाओं में की जा सकती है।

छायावाद में सूर्यकान्त त्रिपाठी 'निराला', सुमित्रानन्दन पन्त, महादेवी वर्मा और जयशंकर प्रसाद जैसे कवियों ने संहत काव्यरूढ़ियों की कट्टरता का विरोध किया। उन्होंने वैयक्तिक अभिव्यक्ति की कविता को रचना शुरू किया, जो निजी अहं के अँधेरे इलाक़ों पर (और अँधेरा, जैसा कि हम जानते हैं, अशोक वाजपेयी की कविता में बार-बार आता है), आत्मीय संवेदनशीलता पर और उस कल्पना पर आधारित अभिव्यक्ति थी जिसके माध्यम से इन कवियों ने बाह्य जगत को अनुभव किया। योरोप में बॉद्लेयर और रिम्बाँ से लेकर पाउण्ड और टी. एस. ईलियट तक सृजनात्मक निजतावाद कविता का प्रभावी लक्षण रहा है। लेकिन इसका यह अर्थ नहीं है कि अशोक वाजपेयी की कविता में इन दोनों परम्पराओं की संहति भर है। इस तरह की व्याख्या अज्ञात वस्तुओं की खोज (अशोक वाजपेयी की कविता में नामहीन वस्तुएँ [''जिसका कोई नाम नहीं'']) की समानता द्वारा भी पूरी तरह से संगत नहीं होगी, या नृत्य के साथ विचारों की गतियों की तुलना से भी संगत नहीं होगी, जैसे कि (*इल्यूमिनेशन्स* में) रिम्बाँ के इन वाक्यांशों में है : ''मैंने मीनार से मीनार तक रस्सियाँ तानी हैं; खिड़की से खिड़की तक पुष्पहार; नक्षत्र से नक्षत्र तक शृंखलाएँ, और मैं नाचता हूँ।'' अशोक

वाजपेयी के शब्द में इससे मिलते-जुलते बिम्बों की कमी नहीं है : ''दिगन्तहीन करुणा के आगे / नृत्यलीन पत्थर'' ('चट्टान का एक चित्रित आकाश', *एक पतंग अनन्त में*), ''वह अपने कानों में पहनती है / सूर्य और चन्द्र के कुण्डल / अपने कुन्तलों में भरती है निशीथ का अन्धकार / वह नक्षत्रों से गूँथती है अपने लिए एक पुष्पहार / (...) / वह आकाश को बाँधती है दुपट्टे की तरह'' ('वासकसज्जा', *आविन्यों*)। या वैसे ही विचार : ''प्यास का अपना व्याकरण है / सारे अर्द्धविरामों विस्मयादिबोधकों को रौंदती'' ('बेतरतीब', *समय के पास समय*), ''मैं कविता से कुछ मोहलत तो चाह लेता / अगर मुझे याद रहता कि / दुस्स्वप्न भी आते हैं अपनी मातृभाषा में ही'' ('समय नहीं है', *इबारत से गिरी मात्राएँ*)। इन वजहों से यह बात बहुत स्पष्ट प्रतीत होती है कि कवि एक साथ दोनों परम्पराओं की गवेषणा करता है। इस तरह वह अपनी कविता को अस्तित्वपरक और भाषिक दोनों ही तरह के अनुभव की कल्पना के एक स्वायत्त संसार में बदल देता है।

'कुछ है' कविता को पढ़ते हुए ''जैसे'' शब्द की ओर ध्यान आकर्षित करना भी उचित होगा, जोकि एक सादृश्य सूचक समुच्चयबोधक है। एक आधुनिक कवि अपने को **शब्द (word)** के सिवा और किसी दूसरी विधि से **दुनिया (world)** से तदात्म नहीं कर सकता। वह बाह्य जगत का चित्रण नहीं करता, सिर्फ़ उसके लक्षणों (रंग, रूपाकार) का चित्रण करता है। अपने स्पर्श से वह उसको अपना स्वर प्रदान करता है (शब्द की जादुई शक्ति से अभिहित करते हुए) और इस तरह वह उसको एक नाम देता है। ये भाषा की चरम सम्भावनाएँ हैं और इन्हीं सीमान्तों पर कविता की जादुई शक्ति आकार लेती है। उस सब कुछ को कविता में चित्रित करना जो दृश्यमान, सुन्दर, वास्तविक या आदर्श है, पुरानी साहित्यिक परिपाटियों का लक्ष्य हुआ करता था और वह बोधात्मक नहीं बल्कि शिक्षात्मक उद्देश्य को पूरा करता था। आधुनिक कवि विवरणों से बचता है, तार्किक कारणता से बचता है, खण्ड के काव्यशास्त्र का अनुप्रयोग करता है। उद्देश्य किसी नयी चीज़ को खोजना उतना नहीं जितना अदृश्य, अज्ञात को खोजना है, ऐसी चीज़ को खोजना ''जिसका कोई नाम नहीं''। ह्यूगो फ्रेड्रिक कहते हैं कि ''आधुनिक कवि काव्यात्मक वाक्य-विन्यास को उपयोगितावादी भाषा से ऊपर उठाने के लिए मानवीय वाणी के अन्तर्निहित द्वैध पर बल देते हैं।

और ऐसा वे पहले के कवियों के मुक़ाबले कहीं ज़्यादा करते हैं।[१५६] अशोक वाजपेयी उन कवियों में से हैं जो, एक बार फिर फ्रेड्रिक को उद्धरित करें तो, "वाणी की एक तरह की अतिक्रामिता की तलाश कर रहे हैं"[१५७]। वहीं "जिसे किसी ने नहीं देखा", "जिसे कोई छू नहीं सकता" उसका आह्वान करते हुए और इस "उसको" एक साझा अस्तित्व के उद्देश्य से अपना स्वर देते हुए अशोक वाजपेयी मनुष्य की प्राचीनतम आकांक्षा की तक पहुँचते हैं : अतिक्रामिता की आकांक्षा, एक सत्ता के दूसरी दूसरी सत्ता के साथ एकत्व की आकांक्षा।

इस काव्यात्मक लक्ष्य की पुष्टि 'बहुरि अकेला' शृंखला की दूसरी कविता में भी होती है जिसमें सत्ता के एक अन्य रूप का सामना करने की आकांक्षा इन विचारों की शक्ल लेती है :

झरती हुई पत्ती जानती है कि वह मरने जा रही है?
सरलीकृत समय में कठिन शब्द जानता है कि
एक दुर्बोध कविता में उसका जाना उसका अन्त है?
राग के खण्डहर में भटक गया सुर पहचान पाता है कि यह
उसका लोप है?
जो नहीं है उसके कई नाम हैं
लोप अनुपस्थिति अन्त समापन मृत्यु अवसान
पर सभी उसके होने को याद करते हुए
कोई भी नहीं जो उसके न होने को व्यक्त करे।
न होना भाषा या कविता में सम्भव ही नहीं है।
समय से बाहर क़दम रखना भाषा से भी बाहर जाना है।

– 'बहुरि अकेला-२'

शब्द हैं,
वाक्य-विन्यास है
बिम्ब और उनके बीच का मौन भी –
(...)
कौन जानता है कि
हम होने और न होने के भँवरजाल से
कब मुक्त करेंगे –

होंगे, न होंगे, न न होंगे।

– 'है, नहीं है' *(नक्षत्रहीन समय में)*

कवि शब्द की सार्वभौम भूमिका के बारे में अर्थमीमांसात्मक सचाई को १९८९ की कविता में और भी स्वप्नदर्शी ढंग से कहता है :

उसकी देह की द्युति-सा
उसके चेहरे की आभा-सा
उसके नेत्रों के चकित आश्चर्य-सा
अन्तरिक्ष में
सुगबुगाता रहेगा शब्द
स्थिगित नहीं होगा।

– 'स्थगित नहीं होगा शब्द' *(कहीं नहीं वहीं)*

इन कविताओं का प्रस्तावित अध्ययन इस परिकल्पना को प्रमाणित करता लगता है कि कवि के शब्द का अन्तिम लक्ष्य मनुष्य है, मनुष्य का अपनी ही चेतना में उत्कर्ष, **उसकी अपनी दुनिया में** जो मानवीय अनुभव के दो प्राणभूत उपदानों को एकीकृत और उनकी रक्षा करती है। आन्तरिक, मानसिक और बौद्धिक दुनिया तथा बाहरी दुनिया – जिसे एक सत्ता के रूप में और सत्ता के अनुभव के रूप में देखा जा रहा है – सिर्फ़ **कवि के शब्द** में ही मिलती हैं और इस शब्द में वे एकत्व और निर्वाण तक पहुँचती हैं।

।। चार : ६ ।। रज़ा का एकीकरण करने वाला समय

'रज़ा का समय'[१५८] कविता *(इबारत से गिरी मात्राएँ)* एक सौ अस्सी पंक्तियों से रची गयी, सात खण्डों में विभाजित कविता है जो २००१ में लिखी गयी थी। यह कविता कवि के सृजनात्मक विकास, उत्प्रेरणा की स्मृति, वास्तविक ऐतिहासिक समय में उसकी उपस्थिति का संक्षेप में बयान करती हुई उसकी कलात्मक (आध्यात्मिक) जीवनी का सारांश प्रस्तुत करती है। बावजूद इसके कि यह एक प्रगीतात्मक रचना है जिसमें वक्ता 'मैं' एक अन्य व्यक्ति की,

और प्रस्तुत प्रकरण में एक जीवित व्यक्ति की, शक्ल अख़्तियार कर लेता है, यह कविता के प्रस्तावित अर्थ में रद्दोबदल नहीं करती। अशोक वाजपेयी के कृतित्व में इस कविता की जगह कई वजहों से महत्त्वपूर्ण है। पहली, क्योंकि इसकी बहुध्वनिक विषय-वस्तु चार स्वतन्त्र देशकालिक क्षेत्रों में 'घटित' है (स्मृतियों का समय, रज़ा का समय, ''तुलसी-कबीर-रहीम'' का सुदूर ऐतिहासिक समय, कविता का समय), लेकिन इसलिए भी कि यह पेरिस (व्यापक अर्थ में योरोप) और भारत को और साथ ही कविता और चित्रकला को जोड़ने वाले पुल की रचना करती है। कविता का पाठ ''पेरिस का उच्छल समय'' (जो आंशिक संकेतों के माध्यम से ही चित्रित है), भारतीय सभ्यता से गुँथी निजी जीवनी के भार, और आधुनिक कला की सार्वभौम धारणा (यानी, अन्य चीज़ों के साथ-साथ सृजन की चरम स्वतन्त्रता) के बीच खिंचा हुआ है। यह सोद्देश्य ढंग से भारत की सामाजिक-सांस्कृतिक वास्तविकता की ओर भी उन्मुख है। इस घुमावदार एकालाप के सबसे आगे ''वरदान'' का प्रश्न है, ''दिव्य शक्ति'' का प्रश्न, यानी - कला-कौशल की प्रतिभा और शक्ति।

औपचारिक तौर पर, कविता की संरचना द्वैतपरक है, जो दो भिन्न सभ्यताओं की राजधानियों में रह रहे दो भारतीय कलाकारों के पारस्परिक सम्बन्ध को सूचित करती है, यद्यपि उनका, अगर लगभग एक जैसा नहीं तो, मिलता-जुलता कलानुभव तत्काल कविता से हो सकता है। इस अर्थ में, यह पाठ एक डिस्कोर्स[१५६] है और एक कलाकार-मित्र के प्रति व्यक्त किये गये सम्मान की बुनियादी भूमिका निभाता है। ये हालाँकि सतह पर है, पाठक के लिए सबसे आसान सूचना के स्तर पर। जबकि कविता का आन्तरिक अर्थ दरसल उसके रचयिता की, उसके काव्यशास्त्र और शैली के समूचे शस्त्रागार के साथ, काव्यात्मक योजना है (हालाँकि शायद हल्की-सी कूटबद्ध)। इसकी शुरुआत एक निजी आत्मस्वीकृति के साथ होती है, लेकिन जैसे-जैसे एकालाप आगे बढ़ता है, जीवनीपरक समय मिलने लगते हैं (अशोक वाजपेयी का समय रज़ा के समय में कूटबद्ध हो जाता है), और कविता दोनों कलाकारों के जीवन तथा उनकी कला की नियति को आकार देते जीवनीपरक निर्धारकों के लिए समर्पित एक तरह के निबन्ध (डिसर्टेशन) में रूपान्तरित हो जाती है। अशोक वाजपेयी के काव्य-जगत के सारे विशिष्ट और प्रतीकात्मक लक्षण इस कविता में एकत्र हैं, जैसे कि ''वर्णमाला के

अक्षर", "आदिम आत्मा", "आत्मा के ताप", "पानी की आवाज़", "फूल", "पत्थर", "जड़ें", "कामना के जल", "प्रेम के रंग", "एक रंग (...) दस्तक देता है", "एक रंग शब्द की तरह अपने विन्यास के लिए विकल होता है", "रंगों का बियाबान", "बीज", "गायक", "अँधेरा", और इन्हीं के साथ-साथ इस तरह के चित्रण : "नर्मदा का अजस्र समय", "समय (...) खिड़की नहीं है", "समय (...) पत्थर का मकान नहीं है", समय (...) चुप्पी है", "समय (...) नन्दी की मूर्ति है" – अशोक वाजपेयी के काव्यशास्त्र को आकार देने वाला सत्ताओं का समूचा लेखा और अभिव्यक्ति के साधन इस कविता में बारबार एकत्रित दिखायी देते हैं। कविता में कवि की शैली के प्रमुख उपादान भी मौजूद हैं : लम्बी और छोटी पंक्तियों में वाक्यों का विभाजन, किसी पद को उभारने के लिए एक-शब्दीय पंक्ति, समय का विलयन, प्रतिवर्तन, प्रतीकों और प्रतीकात्मक स्पेसों के आकस्मिक हवाले, और वाक्यों की महाकाव्यात्मक और विमर्शात्मक लय। आत्मस्वीकृतिपरक प्रगीत और वह प्रगीत जिसमें वक्ता 'मैं' किसी अन्य वास्तविक व्यक्ति का रूप ले लेता है, के बीच की धुँधली सीमारेखा के बावजूद रज़ा के प्रति किये गये "तुम्हारी आत्मा", "तुम जा रहे हो", "तुम सुनते हो", "तुम्हें रचने का (...) वरदान मिले", "जो तुम हो" जैसे सारे सम्बोधन उसकी ओर भी संकेत करते हैं जो कविता में बोलता है, जो कविता का अनुभूत रचयिता है। छठवें खण्ड के समापन के क़रीब चार पंक्तियाँ हैं जो एक ही वाक्य में आती हैं : "क्योंकि यह सारा संसार तुम्हारे लिए / एक असमाप्य प्रार्थना है, / जिसमें तुम बहुत हिचक के साथ / कुछ नये शब्द भर जोड़ रहे हो"। ये "नये शब्द" पाठक का ध्यान अशोक वाजपेयी की सबसे महत् आकांक्षा की ओर आकर्षित करते हैं (जिसकी चर्चा चार.१ में की गयी है) – उनकी कविता में आने वाले नये शब्द के लिए, "ऐसा शब्द आएगा / जो पहले कभी नहीं था"। और यह "सन्त और भोले शब्द" ('नाम की खोज में', *एक पतंग अनन्त में*) नहीं है, या "असमाप्य पवित्रता" ('मुझे शब्द चाहिए', *आविन्यों*) का शब्द भी नहीं है, बल्कि यह एक अज्ञात शब्द के बारे में है, एक अज्ञात अर्थ के बारे में – वह शब्द जिससे एक अन्वेषण होता है, एक नये सत्य का आविर्भाव होता है। इस कविता में पहचान के साहस से भरे दो वाक्य भी हैं : "चित्रों में ख़र्च होने के बाद भी बचे रहते हैं शब्द" और "जो समय के पार बचा रहेगा / काल के प्रतिघात के बावजूद, / उसका अभिषेक करते हैं"। ये

कलात्मक कर्तव्य के बोध कम्यूनियन की ओर संकेत करते हैं। सर्वनाम 'हम' का बहुवचनात्मक रूप ("अभिषेक करते हैं") इस प्रस्तावित व्याख्या को उचित ठहराता है कि जो रज़ा के बारे में बात कर रहा है, वह खुद के बारे में भी बात कर रहा है।

पहली पंक्ति के शब्द, कविता के सर्वाधिक विशिष्ट शब्द, "मैं उठाता हूँ नाम", कविता की द्वैतवादी संरचना के निर्धारक हैं : "मैं उठाता हूँ नाम", लेकिन ये नाम काहे के लिए हैं? शायद अन्य 'मैं' के लिए, लेकिन कविता के लिए भी। इन शब्दों के बीच का तनाव आर्थी विन्यास में गहरे मौजूद है – "मैं" जो चुनता है, क्योंकि "मैं" के पास ऐसा करने का संकल्प और शक्ति है, और "नाम" जो "मैं" के परे थे या हैं, जो इस विमर्श के सम्बोधव्य के भी परे हैं, कहीं, किसी अतीत में, सांख्यकीय सम्भावना के रूप में मौजूद। जब कवि उनको उठाता है और उनको भाषा के अस्तित्व में लाता है, तो वह घोषणा करता है कि "वे तुम्हारे आकाश में / ओस-भीगी वनस्पतियों से झिलमिलाते-जगमगाते हैं" और इस बिम्ब के साथ वह अपने प्रिय उपकरण – रूपकीकरण (ओस-भीगी वनस्पतियों की तरह आकाश में झिलमिलाते नाम – इस तरह का पद अशोक वाजपेयी की हर कविता में आ सकता है) के सहारे रज़ा को उनके अपने सौन्दर्यशास्त्र से आबद्ध कर देते हैं। वहीं इस कथन कि "जैसे तुम्हारी आदिम आत्मा की वर्णमाला के कुछ आलोकित अक्षर हों" में "जैसे" के साथ लेखक पिछले रूपक को शिथिल कर उस कवि की ओर मोड़ देता है जो वर्णमाला का कोशागार भी है और उसका अन्वेषक भी।

कविता का पहला खण्ड काव्यात्मक प्रशस्ति की मुख्य विषय-वस्तु को घेरता है। उसके बाद के हिस्से, निजी और सांस्कृतिक सन्दर्भों में, भौतिक वास्तविकता और या तो शब्दों से रचे गये बिम्ब या रंगों से रचे गये दृश्य में स्थानान्तरित इस वास्तविकता के रूपाकारों के साथ काव्य-कला और चित्रकला के रिश्तों के बारे में विविध रूप ले लेते हैं। यह सन्दर्भों की एक मिश्रित कोटि है, जो उदाहरण के लिए स्कूली वर्षों की अपेक्षित पढ़ाई की स्मृतियों से, रज़ा के पेरिस के स्टुडियो में संग्रहीत भारतीय संस्कृति के स्मरण-चिह्नों (जैसे कि "प्रागैतिहासिक पत्थर" या "काठ की स्त्री-मूर्ति") से ताल्लुक रखती है। इन वैविध्यों में अशोक वाजपेयी की कविता के कुछ ख़ास पद भी देखे जा सकते हैं। उदाहरण के लिए, "राग में कोई स्वर

तभी दमकता है / जब उसे गायक रँग देता है अपने निजी दुख में", बचपन का भूला हुआ रंग क्या लौटता है बुढ़ापे में?", "एक रंग अपनी जगह बिना रोशन हुए बुझ जाता है", "खोजते रहते हो / बीज, अंकुरण, प्रस्फुटन, वृक्ष, / पत्तियाँ, त्रिभुज, बिन्दु[१६०], विकीरण", "तुम्हारे वह होने का रहस्य / जो तुम हो / अपनी आयु, अपने रंगों, अपने समय से परे", "लेकिन तुम रह नहीं पाते उसमें / क्योंकि तुम बसे हो अपने अमिट रंगों में", "समय तुम्हारी आँखों में रहस्य की प्रतीक्षा है, / समय त्वचा का कम्पन है", "जैसे तुम एक अमिट बिन्दु हो"।

समय[१६१] और अमरता कलाकार की आकांक्षा के दो ध्रुव हैं : सृजनात्मक कर्म का अन्तराल और कलाकृति का अन्तराल। इस विश्लेषण की शुरुआत में मैंने इस कविता में मौजूद चार देशकालिक क्षेत्रों का उल्लेख किया था। अनुस्मरण के समय का आरम्भ स्थानों के नामों के साथ होता है : ककैया, बाबरिया, बचई, मण्डला, दमोह, नरसिंहपुर - ये, अशोक वाजपेयी की ख़ास आलंकारिक अभिव्यक्ति का इस्तेमाल कर कहें तो, बचपन की अनभूली धुन जैसे प्रतीत होते हैं, या - कवि को उद्धरित करें तो - "साँप की सरसराहट" की तरह, "बरामदे में सरकता बिच्छू" (जिसे कवि ने सुना नहीं है, बल्कि उसकी कल्पना भर की है) की तरह, हिन्दी की पाठ्यपुस्तक में पढ़े गये तुलसी, कबीर और रहीम की तरह ("एक दुबली-सी हिन्दी पाठ्यपुस्तक से दुहराये जा रहे तुलसी-कबीर-रहीम के भक्ति-पद्य") की तरह। मण्डला में महात्मा गाँधी, हनुमान मन्दिर, गाँव वालों को भयाक्रान्त करते तेंदुओं की हुंकार, वह सब जो मिलकर एक प्रार्थना की रचना करता है। रज़ा के इस जीवनीपरक समय का पाठ में (अपने पाठ में) हवाला देते हुए अशोक वाजपेयी उस समय के साथ अपने को एकात्म करते हैं। इसलिए यह एक तरह का दोहरा समय है - एक ओर वह उसका समय है जो इस समय में रहा है और दूसरी ओर उसका जो इसे शब्दों में थामता है।

रज़ा का समय - यहाँ तादात्म्य उसी तरह घटित है, लेकिन यह प्रकृति के लिए, भौतिक रूपाकारों (यथा पत्थर, पानी, आकाश या अँधेरा) की मानसिक अनुभव-प्रक्रिया के लिए, मानसिक रूपाकारों (यथा अकेलापन या आकांक्षा) के लिए समर्पित विचारों के माध्यम से कल्पित है, और इस प्रश्न के माध्यम से भी कि "युवा रंग फिर जगमगाते हैं किसी दुस्स्वप्न में?" और रज़ा के स्टुडियो के उस एक विवरण के माध्यम से जो इस कलाकार

की स्मृति में दर्ज़ है, जो "घुटनों के बल बैठ रंग" लगाता है और जो "उनकी परतों के बीच स्पन्दित अँधेरों में" चित्रण करता है।

ऐतिहासिक समय - वर्तमान में लौटने का समय है, जब रज़ा बुदबुदाते हैं "रिल्के की कविता की पंक्तियाँ" (जो योरोपीय रिश्ते की ओर भी संकेत है), और जब उसके स्टुडियों में, कवि गणेश की प्रतिमा को, एक प्रागैतिहासिक पत्थर को, जैन पाण्डुलिपि के प्राचीन पृष्ठ को ("गणेश और शालिग्राम की बटैया / एक आरती, एक जैन पाण्डुलिपि का प्राचीन पृष्ठ") देखता है। ये बिन्दु को छूने का भी बारबार घटित होता क्षण है ("तुम उसी दूर के बिन्दु को बारबार छूते हो")। इसलिए यह दरसल वर्तमान में शामिल अतीत है, "सुन्दरता की कगार पर"।

कविता का समय[१६२] - अशोक वाजपेयी के अपने शब्दों की रोशनी में देखा गया समय है ("मैं अपने शब्दों के उजाले में देख रहा हूँ"), या, दूसरे शब्दों में, इस कविता में चारों देशकालिक क्षेत्र मौजूद हैं, भाषा की एक शृंखला - एक पाठ - में शब्दों से गुँथे हुए।

ये चारों क्षेत्र उन चार बहुध्वनिक देशकालिक संरचनाओं के तुल्यरूप हैं जिनको इस पुस्तक में चार अध्यायों (भूगोल, पहचान, प्रेम और शब्द के लिए समर्पित) के रूप में, या अशोक वाजपेयी के समग्र कृतित्व की चार थीमेटिक संरचनाओं के रूप में प्रस्तुत किया गया है। और इस तरह 'रज़ा का समय' इस समूची कविता और उसके कवि के सन्दर्भ में एक प्रतीकात्मक पाठ है।

।। चार : ७ ।। शब्दों की लयों में विश्व

अशोक वाजपेयी की कविता को रूपाकार देने वाली अभिव्यक्ति के ढंगों में से एक ढंग इसका दैशिक आयाम है, एक वास्तविक स्पेस के अर्थ में नहीं बल्कि कविताओं में प्रस्तुत इसके कल्पित मानसिक विकल्पों के रूप में। ये निकट और दूरवर्ती के, कभी-कभी अत्यन्त दूरवर्ती, पारस्परिक सम्बन्धों के इलाक़ों की रचना करते हैं, और इस तरह ये दैशिकता की एक बहुस्तरीय

और अनेकार्थी संरचना को गढ़ते हैं जो अभिधात्मक है और तब भी जो शब्देतर संसार के टुकड़ों से निर्मित है, जिनको नामों के सहारे या रूपकों के सहारे व्यक्त किया गया है। इस स्पेस का पदार्थ अचल है, जबकि इस पदार्थ के मानसिक विकल्प गतिशील हैं, हालँकि उनको शब्दों में पकड़ा गया है। इन अनेक दैशिक सम्बन्धों में से मैं तीन को चुन रही हूँ : अ/ 'मैं' और अस्तित्व, ब/ 'वह' [स्त्रीलिंग 'वह'], और स/ 'मैं', 'वह' [स्त्रीलिंग 'वह'], और शब्द।

अ/ 'मैं' और अस्तित्व

१९८९ में लिखी गयी कविता 'हाथ-२' में अशोक वाजपेयी ने अपनी स्थिति को इस रूप में परिभाषित किया है : ''मैं अपने संसार में''। जबकि तीन साल पहले लिखी गयी कविता 'प्रतीक्षा में प्रेम में' में वे ''अपने संसार'' को इस तरह बयान करते हैं :

> पृथ्वी
> आकाश
> मैं
> प्रतीक्षा के ही नाम हैं

इसलिए, विषयी के रूप में 'मैं' न सिर्फ़ पृथ्वी और आकाश से एकात्म हूँ बल्कि अपने लेखन से भी एकात्म हूँ, क्योंकि सतह पर हम महज़ नाम हैं। शायद यही कारण है कि नाम - ''पृथ्वी'', ''आकाश'', ''मैं'' - चाक्षुष स्तर पर अलगाये गये हैं, जब भी वे ''हैं'' की पहचान में आपस में जुड़े हुए हैं। यह भी ध्यान देने की बात है कि ''आकाश'' को कविता में पृथ्वी और ''मैं'' के बीच रखा गया है, जो कि सामान्य अनुभव के नियमों के अनुरूप नहीं है, जिनके मुताबिक़ उसको हमेशा पृथ्वी से ऊपर होना चाहिए। यह बात महत्त्वपूर्ण है क्योंकि यह एक सचेत विन्यासपरक प्रक्रिया प्रतीत होती है, क्योंकि अशोक वाजपेयी वे कवि हैं जो कविता-पंक्तियों में अपनी दुनिया खड़ी करते हुए सुसंगत और सटीक हैं। ऐसी सटीकता के प्रमाण अनेक कविताओं के अंशों के माध्यम से उपलब्ध कराये जा सकते हैं, जिनमें यह ''मैं'' पृथ्वी पर है, और कहीं ज़्यादा विस्तृत स्वतः-परिभाषाएँ

प्रस्तुत करता है :

बस एक हरा पेड़ हूँ

– हरी पत्तियों की एक दीप्त रचना

– 'एक युवा जंगल' *(शहर अब भी सम्भावना है)*

मैं उड़ती हुई ओस।

– 'थोड़ी-सी' *(अगर इतने से)*

बहुत पहले का सच हूँ,
सच का उद्गम हूँ :
बहुत बाद का सपना हूँ,
अन्त का सपना हूँ।

– 'जल के सपने' *(दुख चिट्ठीरसा है)*

मैं जहाँ हूँ
वहाँ से शुरू हो रही है वसुन्धरा
वहाँ से उद्गम है नदी का
वहाँ उग रही है गिरिमाला
वहाँ झुक रहा है आकाश
वहाँ हो रहा है सूर्योदय!

– 'उसने कहा-२' *(दुख चिट्ठीरसा है)*

"अपनी कविता के सुनसान में भटकते अधेड़ कवि" ('मेरी ओर से सब', *दुख चिट्ठीरसा है*) की ये आत्म-परिभाषाएँ एक सर्वनिष्ठ लक्ष्य में साझा करती हैं : विश्व के साथ तादात्म्य। सुदूर अतीत का स्वप्न, अन्त के बारे में, शाश्वत सत्य के बारे में, स्वप्न – ये एक दूरस्थ अवधारणात्मक स्पेस के रूपकात्मक समकक्ष हैं। "अवधारणाएँ, भले ही वे पारदर्शी संकेत होती हैं, लेकिन संकेतों के रूप में वे चीज़ों की पहचान को सक्षम बनाती हैं (...)। अवधारणा मनुष्य द्वारा रचा गया एक बुनियादी और प्राथमिक नैसर्गिक संकेत हैं – पारम्परिक संकेत नहीं।"[१६३] भिन्न, अगम्य वस्तुओं के शब्द-अवधारणा के माध्यम से इस तरह के अनुभव की अपनी सीमाएँ हैं, और केवल कवि ही उनके प्रति सजग होता है। 'सूर्यास्त' कविता *(शहर अब भी सम्भावना है)* में वे इसे खुलकर स्वीकार करते हैं :

न टहनी-सा, न कुसुम-सा, न कलरव-सा
फिर भी मैं काँप गया।

होने के सौन्दर्य के रहस्य के समक्ष, अपने को सूक्ष्मतम ब्यौरों में व्यक्त करता यह आन्तरिक कम्पन, एक उचित प्रतिक्रिया है। एक टहनी, एक कुसुम, कलरव – ये विश्व के सिर्फ़ प्रतीक हैं, जैसे कि पृथ्वी और आकाश हैं।

ब/ 'मैं' और 'वह'

इस कविता में बारबार प्रगट होने वाली प्रतीकात्मक 'वह' और "फूल की तरह खिलती" ('रहस्य', *अगर इतने से*) "उसकी आवाज़ / अलसायी हुई आम्रमंजरियों" ('उसकी आवाज़', *तत्पुरुष*) जैसी है, "उसकी आवाज़ में / आगे आने वाले फूलों की / कसमसाहट है" (वही), "प्रतीक्षा के अनन्त के वृन्त पर / खिली वह कली सोचती है" ('विरहोत्कण्ठिता', *आविन्यों*), उसकी दिगम्बरता एक आकाश है" ('ईर्ष्या कविताएँ', *अगर इतने से*)। इस तरह आकाश पृथ्वी पर है, एक स्त्री में। "वह निष्कलंक चन्द्रमा है" ('दिगम्बरा-४', *अभी कुछ और*), लेकिन "वह आकांक्षा की एक नाभि" भी है, "आकाश की काया में ओझल" ('वह है', *दुख चिट्ठीरसा है*)। *उम्मीद का दूसरा नाम* संग्रह की इसी शीर्षक ('वह है') आह्लादमय कविता में ये उपमाएँ अपने चरमोत्कर्ष पर पहुँच जाती हैं। सबसे पहले, यह एक सुन्दर शृंगारपरक कविता है। लेकिन मेरा यह विश्लेषण – जो इसकी कलात्मक गुणवत्ता पर उतना केन्द्रित नहीं – इस तथ्य पर केन्द्रित होगा कि यह अनाम 'वह' विश्व के उस अंश के साथ तदात्म है जो इन्द्रियगम्य है। वृक्ष का अभिप्राय वक्ता 'मैं' ("बस एक हरा पेड़ हूँ" – 'युवा जंगल', *शहर अब भी सम्भावना है*) को उस विषय से जोड़ता है जिसका वह वर्णन करता है ("वह डोलता वृक्ष है")। रात के समय "वह चन्द्रमा है", हालाँकि "उसकी दिगम्बरता एक आकाश है" ('ईर्ष्या कविताएँ', *अगर इतने से*), और आकांक्षा आकाश की काया में छिपी है। एक मनुष्य को आकाश से अलगाने वाली विशाल दूरी घट जाती है और आकाश एक स्त्री की काया में रख दिया जाता है। यह उस पिछले सवाल की भी एक कैफ़ियत है कि (ऊपर उद्धरित एक कविता में) आकाश को पृथ्वी और 'मैं' के बीच क्यों रखा गया, 'मैं' की अपनी उस दुनिया में जिसमें आकाश प्रेम के सन्तुष्ट

कर्म में अभिगम्य है। यह एक बार फिर एक संकेत है कि अशोक वाजपेयी की कविताओं को उनकी समग्रता में पढ़ा जाना चाहिए, क्योंकि ''हमारी भाषा और हमारे विचार इस तरह आपस में जुड़े हुए हैं कि वे परस्पर एक दूसरे को प्रभावित करते हैं।''[१६४] तीन पंक्तियों की कविता 'अपना विलोम भी' *(उम्मीद का दूसरा नाम)* में 'उसका' एक और सीधा हवाला आता है। जबकि 'जल के सपने' *(दुख चिट्ठीरसा है)* में पानी दावा करता है : मैं ''बहुत पहले से हूँ'' - हालाँकि यह मुखौटा प्रगीत का रूप लेते वक्ता 'मैं' की आत्मस्वीकृति है।

चर्चा के इस बिन्दु पर ''वह है'' पद में विधेयात्मक ''है'' की भूमिका की ओर ध्यान देना उचित होगा, क्योंकि '' 'है' शब्द का, अपने आप में, उसके अपने प्राथमिक मूल रूप में, क्या अर्थ है, जब तक कि उसे किसी वाक्य में इस्तेमाल नहीं किया जाता और उसको एक व्याकरणपरक भूमिका नहीं सौंपी जाती? भारोपीय भाषाओं में 'is' शब्द को 'es' से द्योतित किया जाता है (...) 'es' का अर्थ होगा 'अस्तित्व' यथार्थ (...) संस्कृत में 'सन्त' ('sant') का अर्थ है विद्यमान, शुभ, सत्य...।''[१६५] जब अशोक वाजपेयी कहते हैं कि ''वह है'', तो वे इस बात के प्रति सजग रहे हो सकते हैं कि ''भाषा के परे न तो अवधारणाओं की संरचना का सत्यापन सम्भव है न ही हमारी चिन्तन-प्रक्रिया का''[१६६]।

स/ 'मैं', 'वह', और 'शब्द'

अशोक वाजपेयी के काव्य-चिन्तन की बनावट एक साथ ऐतिहासिक और समकालिक है। 'अकस्मात' शीर्षक कविता *(अगर इतने से)* में वे कहते हैं : ''मैं एक पुराना मकान हूँ'', और 'यूँ तो' *(कहीं नहीं वहीं)* में : ''मैं (...) जैसे सदियों से भटकती / ठौर पर पहुँचती / एक पुकार''। गन्तव्य परिभाषित नहीं है, इसका केवल अनुमान लगाया जा सकता है। लेकिन ज़्यादा महत्त्वपूर्ण सवाल यह है कि मकान और पुकार के बीच तुलना कैसे मुमकिन है? मकान की गतिहीन आकृति और सदियों से भटकती पुकार के बीच? क्या यह ''एक क्लासिक तुलना नही हैं जो वस्तुओं के युग्मों के बीच की जाती है?''[१६७], अगर दोनों के बीच कुछ मुमकिन है, तो हम शायद मकान की गतिहीनता के साथ पुकार की दैशिकता की तुलना पा सकते हैं। लेकिन

हम अगर यह मान लें कि चित्रित मकान वीरान है तो यह तुलना - जो ऊपरी तौर पर असंगत लगती है - तार्किक ढंग से उचित हो जाती है। काव्य-भाषा की स्पेस में यह वीरान मकान "भाषा का घर" ('क्या चाहिए', *कुछ रफू कुछ थिगड़े*) हो सकता है, प्राचीन, ऐतिहासिक, विस्मृत। इस तरह की तुलना के परिप्रेक्ष्य में, नीचे अंकित चित्रण भी स्पष्ट हो जाते हैं :

कविता से बहुत दूर
(...)
वह
एक युवा शब्द है।

- 'कविता से दूर' *(एक पतंग अनन्त में)*

वह एक शब्द है
अपने विन्यास में सम्पूर्ण -
(...)
वह एक शब्द है
दिगम्बर
निश्चय
मौन के विन्यास में
स्पन्दित...

- 'दिगम्बरा-५' *(अभी कुछ और)*

वह
लौटती है
(...)
समय की ओर
पृथ्वी की ओर
कविता की ओर।

- 'सूर्यग्रहण' *(अभी कुछ और)*

उसकी सुन्दरता ने बनाया है घर।

- 'उसकी खिड़की खुली है' *(अभी कुछ और)*

इन उद्धरणों के बाद अब शायद ये एक प्रश्नवाचक परिकल्पना रखने का समय है : यह रहस्यमय 'वह' कौन है? क्या 'वह' स्वयं भाषा ही नहीं

है? जैसे कि ॐ ("ॐ! - इस अक्षर में समस्त जगत समाहित है। (...) भूत, वर्तमान और भविष्य - सब कुछ एक ही शब्द ॐ है। / और जो कुछ भी त्रिआयामी काल का अतिक्रमण करता है - वह भी केवल ॐ शब्द ही है।[१६८]) अपने में समय के संक्रमण में अस्तित्व के सारे तत्त्वों को समेटे हुए है, उसी तरह 'वह' सभी कुछ है : आकाश, समुद्र, दर्पण, जीवन ("प्रतीक्षा करो मृत्यु में भी उसकी / क्योंकि वह जीवन है" - 'प्रतीक्षा करो-२', *उम्मीद का दूसरा नाम*)। यह परिकल्पना इस बात से भी सिद्ध है कि 'भाषा' शब्द स्त्रीलिंग है।[१६९] क्योंकि, अतीत की सत्ताओं के ऐसे प्रवाह को, अतीत की सत्ता को किसी एक स्त्री तक (चाहे वह पूजी ही क्यों न जा रही हो) सीमित करना सम्भव होगा, जैसा कि 'उसने कहा-२' कविता (*दुख चिट्ठीरसा है*) में होता है? क्या ये कविता किसी विस्मृत भाषा की कवि द्वारा याद की गयी किसी प्राचीन वाणी का उल्लेख करती है? इन पंक्तियों की लय में, अभिप्रायों के संयोजन में, एक अव्यक्त दैशिक प्रेम है जो किसी एक स्त्री की बजाय संसार को अपने में समेटता है। अगर हम यह भी मान लें कि वह संसार का सत्व है, तब भी शब्दों में छिपा हुआ और शब्दों से परे कुछ अतिरिक्त अर्थ बचा रहता है, विचलनकारी, अतिक्रामिता के कगार पर :

> वह अचानक कहीं से आ गयी चिट्ठी थी
> वह अकस्मात खिड़की के पार खुल गया एक दृश्य थी
> वह कविता की द्रुतलय में विलम्बित एक शब्द थी
> वह शाम के अँधेरे पर उजाले की एक हल्की-सी दस्तक थी
> वह एक हरहराते जलप्रपात से उड़कर गोरे चेहरे पर जम गयी एक बूँद थी
> वह थोड़ी देर थी
> वह थोड़ी देर नहीं थी
> उसने कहा कि वह प्रतीक्षा करेगी
> और फिर आएगी
> हवा की तरह
> आग की तरह
> आकाश की तरह।

इस परिकल्पना के पक्ष में कि वह भाषा के तुल्यरूप है, कि वह सचमुच

ही भाषा है, एक और तर्क २००६ में लिखी गयी 'ग्यारह प्रेम कविताएँ' शृंखला (जिसकी चर्चा पहले की जा चुकी है) की कविता 'उसी में'[१७०] *(दुख चिट्ठीरसा है)* में उपलब्ध है। इस तरह, क्या यह "वह जो उसे खोजता है / भाषा में" ('असम्भव संस्कृत में', *कुछ रफ़ू कुछ थिगड़े*) है, और इस तरह असम्भव संस्कृत है, जैसा कि इस कविता का शीर्षक है?

।। चार : ८ ।। शब्दों की उपकरणात्मकता

कलात्मक सृजन के उपकरणों के रूप में शब्दों का प्रयोग[१७१] अशोक वाजपेयी के काव्यशास्त्र का, उनकी काव्य-तकनीक का, एक घटक है। संरचना, वाक्य-विन्यास, और ज़्यादातर ध्वनि पैटर्न और लयों जैसे तकनीकी प्रश्न हर कविता के रूपाकार को गढ़ते हैं। भारतीय साहित्य के इतिहास में सुदीर्घ मौखिक परम्परा के चलते ध्वनि और लय[१७२] प्रमुख महत्त्व के रहे हैं और हैं। वाजपेयी इस परम्परा को, ज़्यादातर अलग ढंग से[१७३], जारी रखते प्रतीत होते हैं। इसके लिए वे दो पद्धतियों के उपयोग से रची गयी ध्वन्यात्मकता का उपयोग करते हैं। इनमें से पहली पद्धति उस तरह के शब्दों के इस्तेमाल पर आधारित है जिनका शाब्दिक बोध - अर्थ को दर्शाती ध्वनि - लेखक के प्रयोजन के समरूप है। इस्तेमाल किये गये शब्द - शब्दों का उन ध्वनियों में रूपान्तरित बोध जो अर्थ और लेखक के प्रयोजन को व्यक्त करती हैं - तभी प्रभावशाली होते हैं जब वे उस भाषाशास्त्रीय और साभ्यतिक संहिता के भीतर कार्यरत होते हैं जो कवि और पाठक दोनों में उभयनिष्ठ हैं। जब इस ध्वनि को किसी भिन्न संहिता में रखा जाता है तो वह अपरिहार्य रूप से विकृत होकर नदारद हो जाती है (उसको शाब्दिक समतुल्यों में बमुश्किल ही पुनर्सृजित किया जा सकता है)। अपेक्षित ध्वन्यात्मक प्रभाव को हासिल करने की दूसरी पद्धति आख्यानपरक संरचना में निर्धारित लक्ष्य के अनुरूप शब्दों का क्रम है। पुराने पाठों में यह ध्वन्यात्मक भूमिका छन्द के माध्यम से निभायी जाती थी, लेकिन अशोक वाजपेयी आधुनिक कविताएँ लिखते हैं, जो छान्दिक नियमों का पालन नहीं करतीं। इसलिए ध्वन्यात्मक प्रभाव को हासिल करने के लिए वे, उदाहरण के लिए, वाक्यों को पंक्तियों में तोड़ते

हुए तनाव में धीरे-धीरे वृद्धि करते हैं, जैसे कि इस अंश में :

स्थगित नहीं होगा शब्द
घुप्प अँधेरे में
चकाचौंध में
बेतहाशा बारिश में

– 'स्थगित नहीं होगा शब्द' *(कहीं नहीं वहीं)*

कविता को पढ़ते हुए भी और सुनते हुए भी बलाघात ''घुप्प'' विशेषण पर, ''भाववाचक संज्ञा ''चकाचौंध'' पर, और ''बारिश'' संज्ञा द्वारा विस्तारित विशेषण ''बेतहाशा'' पर पड़ता है। एक रूपक को स्वतन्त्र पंक्ति में तोड़कर कवि वाक्यों की लय को और भी प्रभावशाली ढंग से गतिशील कर देता है[१७४] :

घास
धूप की तरह
आकाश की तरह
तुम पर मुझ पर
छाती है।

इस 'घास' कविता का अन्तिम हिस्सा अपने आप में असाधारण रूप से व्यंजक मिनिएचर है, जहाँ 'जैसे' के तीन प्रयोग – जो पाठ की अग्रभूमि पर तीन बार ताल उत्पन्न करते हैं – पाठ के हर्षोन्माद में अभिवृद्धि करते हैं। इस लगभग अकाव्यात्मक अंश का विशुद्ध सूचनात्मक अर्थ दरअसल गद्यात्मक है : घास तुम पर मुझ पर छाती है। लेकिन, यही सूचना इन पंक्तियों में विभाजित होकर –

घास
तुम पर मुझ पर
छाती है

– एक बिम्ब का आयाम हासिल कर लेती है और कुछ अतिरिक्त व्यंजकता भी हासिल कर लेती है, बावजूद इसके कि वह धूप, शब्द और आकाश से वंचित होती है। इस तरह अशोक वाजपेयी बलाघात को 'संकेतक' से 'संकेतित' पर, या जिस ढंग से वह 'संकेतित है' उस ढंग पर भी,

प्रतीयमान स्थानान्तरण का प्रभाव हासिल करते हैं। बलाघात का इस तरह का स्थानान्तरण प्राथमिक तौर पर अ-मानवीय सत्ताओं के सन्दर्भ में घटित होता है, लेकिन वह पाठक या श्रोता के सन्दर्भ में भी घटित होता है। चाक्षुष स्तर पर रखा गया प्रत्येक शब्द अपने आप में समूची पंक्ति बन जाता है, वह संकेतित पर प्रभावी हो जाता है। हम इसे शब्द-क्रीड़ा कह लें या शब्दों के अर्थेतर गुणों का अनुप्रयोग कह लें, या उत्तर-अवाँगार्द तौर-तरीक़ा कह लें - शब्दों को इस तरह बरतने का ढंग पाठ के गृहीता के अवबोध को गहरे प्रभावित करता है। क्योंकि चाक्षुष प्रभाव पाठक को स्वतन्त्र शब्द पर ध्यान केन्द्रित करने को बाध्य करता है। तीन पंक्तियों के प्रस्तावित उदाहरण में वास्तविक सूचना का दायरा दो शब्दों तक सिमट जाता है : 'घास' संज्ञा और 'छाती है' क्रिया तक। पाठ से अलगाये गये शब्द अपने लिखित रूप में गतिहीन हैं, लेकिन क्रिया की मौजूदगी के चलते, पाठक के अपने सांसारिक अनुभव से गढ़ी गयी उसकी कल्पना में, इस कविता के शब्द अर्थ - घास छाती है - की आरेखीय, दैशिक और गतिशील छवि में रूपान्तरित हो जाते हैं। इसके बड़े नतीजे निकलते हैं, और सिर्फ़ संवादपरक और विमर्शात्मक नहीं बल्कि ज्ञानात्मक भी। ''जिस चीज़ को मैं काग़ज़ पर उतारता हूँ वह अनुभूत वस्तुओं और मेरी दृष्टि के भीतर उनकी प्रतिद्वन्द्विता का सहअस्त्वि नहीं है। मैं उनके झगड़े में मध्यस्थता के साधन तलाशता हूँ, और यही चीज़ गहराई की रचना करती है[१७५]'', एक भाषा-दार्शनिक कहता है। सम्भ्वतः यह 'मम' और 'ममेतर' के बीच के सम्बन्ध की गहराई होगी। ''ज्यामितीय परिप्रेक्ष्य ही इन्द्रियगम्य जगत को देखने का एकमात्र ढंग नहीं है[१७६], और एक दार्शनिक इस सत्य को उद्धरणों की एक लम्बी फ़ेहरिस्त के माध्यम से व्याख्यायित किया जा सकता है, क्योंकि अशोक वाजपेयी की कविता, जैसा कि दर्शाया जा चुका है, न केवल बहुआयामी है बल्कि बहुदैशिक भी है। गहराई वहाँ उत्पन्न होती है, कविता के इस हिस्से में, जिसमें कालान्तरण है, स्थान का स्थगन है, 'मीनिंग' का 'फ़ीलिंग' के साथ तथा लेखक के अभिप्राय का पाठ के अर्थबोध और पाठक के अनुभव के साथ समीकरण है। तब पाठ से व्यक्त गहराई पाठक की 'प्रॉपर्टी' भी बन जाती है और दोनों - लेखक और पाठक - मिलकर इस गहराई को अनुभव करते हैं। इस रिश्ते में 'मीनिंग' और 'फ़ीलिंग' (...) को क्रियाओं की तरह समझा जाना चाहिए, न कि संज्ञाओं की तरह।[१७७]

दूसरा उदाहरण 'पत्थर से कलि करता है पत्थर' *(अभी कुछ और)* से है (जिसका उपशीर्षक 'खजुराहो में' अतीत की या परम्परा की स्मृति जगाता है) :

पत्थर करता है
पवित्र
पत्थर को।

इस अंश का लघु आयाम आरेखीय और भाषिक दोनों है, लेकिन, यह लाघव सत्व से आविष्ट है, जो किसी क़दर रहस्यमय भी है। क्योंकि, हम नहीं जानते कि पत्थर किसी अन्य पत्थर को पवित्र करता है या ख़ुद को (समय के कृत्य को)। क्रियापद ''पवित्र करता है'' वर्तमान की ओर संकेत करता है, और क्योंकि पत्थर अचलता का, लम्बी कालावधि का पर्याय है, इसलिए यह 'पवित्रीकरण' अतीत में हुआ होना चाहिए और भविष्य में जारी रहेगा। इन तीन शब्दों को खड़े क्रम में रखने और पवित्रीकरण के कृत्य से संकेतित 'पत्थर' शब्द की गतियुक्त दोहरी आवृत्ति की वजह से उत्पन्न इन तीन शब्दों की लाघवपूर्ण जटिलता भाषा की एक नयी गति को रचती है, जिसे साधारण शब्दों के इस्तेमाल से अर्जित किया गया है। अगर इस विधेयात्मक वाक्य को आड़े ढंग से लिखा गया होता, तो ये गति के अहसास से वंचित एक निरी सूचना बनकर रह जाता, एक पंक्ति की तरह स्थिर। जबकि अपने खड़े विन्यास में - एक के ऊपर एक शब्द की वजह से - वे उस भाषा के इस्तेमाल से मोड़ दी गयी एक ठोस आकृति का प्रभाव देते हैं जो अनुप्रस्थ समय को संचित करती है और पत्थर के आन्तरिक कर्म को बाहर से चित्रित करती है।

एक और उदाहरण 'वापसी' कविता के एक अंश से, जिसमें चित्रित काव्यात्मक स्थिति के अर्थ के नाटकीय पक्ष को दर्शाने के लिए दोहरे बलाघात का प्रयोग है :

हमारी पहचान हमेशा के लिए गड्डमड्ड कर जायेगा
वह अन्त
जिसके बाद हम वापस आएँगे।

''वह'' और ''अन्त'' पर बलाघात, मानो कवि की चेतना में आशंका की एक के बाद एक दोहरी धड़कन, पाठक का ध्यान अस्तित्व और अनस्तित्व,

मृत्यु, के बीच के चरम बिन्दु की ओर आकर्षित करता है, और इसी के साथ वह इस मृत्यु के तत्काल बाद के और भविष्य के समय में इस मृत्यु के बोध पर भी प्रभाव डालता है। ''हमारी'' शब्द से ''हम वापस आएँगे''[१७८] तक पुनर्जन्म का प्रश्न पहचान की एक मुश्किल के रूप में चित्रित है। जबकि ''कविता की अद्वितीयता अस्तित्व में आती है, या कहें *घटित* होती है उस पाठक (जिसमें पाठक के रूप में लेखक शामिल है) के अनुभव में जिसे एक मनोवैज्ञानिक विषयी के रूप में नहीं बल्कि उस सांस्कृतिक समष्टि के वैयक्तिक संस्करण के कोष के रूप में देखा गया है जिसके माध्यम से वह पूर्वधारणाओं, प्रवृत्तियों और अपेक्षाओं में ढाला गया होता है।''[१७९] इस कविता को पढ़ते हुए हम पाते हैं कि लेखक और पाठक द्वारा साझा की गयी गहराई की उस एक विशिष्ट स्पेस की रचना भाषिक प्रक्रियाओं द्वारा हुई है, जो सेमेण्टिक अर्थों द्वारा गहरायी हुई है और और जिसका औचित्य भारतीय ''निजसंस्कृति'' (''ईडियोकल्चर''[१८०]) के अस्तित्वपरक और धार्मिक अनुभवों से सिद्ध है।

इस तरह की शाब्दी प्रक्रिया का परिमाण अशोक वाजपेयी की कविता में, मात्रा और अर्थ दोनों ही दृष्टियों से विपुल है। यह एकदम शुरुआत से ही उनके काव्यशास्त्र का स्थायी प्रभाव रहा है। लेकिन समय के साथ, भाषा का अनुभव बढ़ने के साथ-साथ, कलानुभव में बढ़ोत्तरी के साथ-साथ, उनके काव्य-शब्द की उपकरणात्मकता का प्रश्न, भाषा की गहरे दबी सीमाओं को उजागर करता हुआ, उत्तरोत्तर पेचीदा होता गया है। इसकी शुरुआत अर्थों के साधारण विखण्डन के साथ हुई थी : ''लोगों में / चेहरा वह'' ('सुबह', *शहर अब भी सम्भावना है*)। जबकि सृजनात्मकता के बाद के दौर में भाषिक अभिव्यंजकता की सीमाओं के विस्तार ऊपर वर्णित स्तरों तक जा पहुँचता है।

।। चार : ९ ।। मेटाथीसिस

अशोक वाजपेयी की कविता में शब्द की प्रतिरक्षात्मक तर्कपद्धति (अपोलोजेटिक्स) का ताल्लुक मुख्यतः उसके गुणवाची लक्षणों से है, सूक्ष्म और स्थूल दोनों

ही स्तरों पर। इसका दायरा उत्प्रेरणा के आद्य कारण और शब्द के महिमामण्डन के महत्त्व के बौद्धिक और आध्यात्मिक आयाम से सम्बन्धित प्रश्नों को अपनी ज़द में समेटता है। अशोक वाजपेयी की कवि-दृष्टि में (भाषा के पर्याय के रूप में देखे गये) शब्द की धारणा भारतीय उपमहाद्वीप की समय की दृष्टि से अत्यन्त सुदूर साहित्यिक परम्परा के भीतर से जन्म लेती है, और साथ ही उसकी जड़ें मुख्यतः आर्थी और आर्थी-इतर सूचना के वाहक के रूप में बरते गये शब्द के आधुनिक बोध में फैली हुई हैं। इस उत्प्रेरणात्मक परम्परा को *ऋग्वेद* (X.१२५) के नीचे अंकित अंश से संकेतित किया जा सकता है :

मैं महारानी हूँ, निधियों का संग्रह करने वाली। [१८१]

अशोक वाजपेयी की कविता की भाषा एक ख़ास आधिभौतिक विषय-वस्तु की ओर सकेत करती है, जो कवि के उस मुख्य आग्रह के परिणामस्वरूप सामने आती है जिसका विश्लेषण इस कविता की थीमेटिक संरचनाओं के रूप में किया पहले ही किया जा चुका है। यह विश्लेषण इसके अनेक पक्षों में और उन स्थलों पर विशेष ध्यान केन्द्रित करते हुए किया गया है जिनमें समय और अस्तित्व एक दूसरे को प्रतिच्छेदित करते हैं, जिनमें बोले गये शब्द कल्पना के माध्यम से, और लिखित शब्दों के अर्थों के माध्यम से, समय और अस्तित्व में लय होते हैं। इन स्थलों पर अस्तित्व का उत्सव और शब्दों का उत्सव अधिक स्पष्ट है। इस द्वैत के परिणामस्वरूप शब्द (भाषा) को अस्तित्व के और स्वयं के उत्सव में भागीदारी करने वाले तथ्य की तरह देखा जाना चाहिए। आधिभौतिक परिकल्पनाएँ अपने को, परस्पर विषय-वस्तु को रचते, दो समानान्तर क्षेत्रों में विन्यस्त करती हैं।

पहला क्षेत्र स्वयं भाषा का होगा, और उसके भीतर सारे स्वतन्त्र शब्द होंगे, जिसमें कवि रहता है, जैसा कि वह आत्मविडम्बनात्मक ढंग से कहता है : "एक विन्यास में बदल गया"[१८२]। "भाषा एकमात्र अनन्त है", इसलिए कवि अनन्त में रहता है। कविता वर्णमाला में लय है[१८३], भाषा से तदात्म है। यही कारण है कि, शब्द की सारी भूमिकाएँ, अस्तित्व को प्रस्तुत करने और उसका मूल्यांकन करने, समस्त दर्ज़ अस्तित्वों को, अक्षरों, शब्दों और वाक्यों की समस्त शृंखलाओं को घेरने की भूमिकाएँ अनन्त का हिस्सा बन जाती हैं। इस परिप्रेक्ष्य में कविता निजी जीवन के समय पर विजय प्राप्त कर लेती है। एक क्षण पर चिन्तन करने[१८४] का कर्म समय और विचार

के प्रतिच्छेद-बिन्दु बन जाता है। शब्द का उत्सव मनाने का कर्म, समय से परे, भाषा में ठहरी हुई, कवि की आध्यात्मिक दुनिया की सृष्टि का कर्म बन जाता है।

दूसरा क्षेत्र कवि की प्रमुख आसक्ति का होगा : वह सब जो था, वह सब जो है, वह सब जो होगा, और इस क्षेत्र को सिवा स्मृति, सहज बोध और कल्पना के दूसरी तरह से अनुभव नहीं किया जा सकता। इस आसक्ति को अनुभव करने का चरम क्षण मृत्यु का क्षण है। वह भी यहाँ कल्पित है, लेकिन है अपरिहार्य। कवि के चिन्तन में सांसारिक अस्तित्व के अन्त का यह प्रक्षिप्त क्षण एक पुल है, दो दुनियाओं – यहाँ होने और 'वहाँ' होने – के बीच का पुल, जिसे अनेक रचनाओं में व्यक्त किया गया है। इस आवर्ती थीम की वजह से यह कविता समय-समय पर अतिक्रामिता के क़रीब भी पहुँच जाती है और अस्तित्व के रहस्य के क़रीब भी।[१८५] लेकिन अतिक्रामिता को छूने की यह क्षमता कवि की उस मानसिक पीड़ा का कारण बनती है जो तकलीफ़ के किसी भी दूसरे रूप से तुलनीय नहीं है।

शब्दों के माध्यम से अभिव्यक्त उपर्युक्त दो क्षेत्रों का एकत्व इस बात को उजागर करता है कि किस तरह अशोक वाजपेयी जीवन को अनुभव करने की प्रक्रिया में शब्द को ग्रहण करते हैं। उनकी कविता सृष्टि के भौतिक तत्त्वों की ओर उन्मुख है, जैसे कि कोई वस्तु, किसी वस्तु की अवस्था, किसी वस्तु का कोई लक्षण, एक वस्तु और दूसरी वस्तु के बीच सम्बन्ध, घटना। इन तात्त्विक कोटियों को अनेक एकलविषयात्मक (मोनोथीमेटिक) कविताओं में व्यक्त किया गया है, यथा एक वस्तु – 'पत्थर' *(तत्पुरुष)*, 'वृक्ष' *(एक पतंग अनन्त में)*; वस्तु की अवस्था – 'जल', 'घास' (दोनों तत्पुरुष); वस्तु का लक्षण – 'हमारी बनायी दुनिया' *(अभी कुछ और)* 'जल के स्वप्न' *(दुख चिट्ठीरसा है)*; एक वस्तु और दूसरी वस्तु के बीच सम्बन्ध – 'एक हरी बिल्ली' *(अभी कुछ और)*, 'कुछ है' *(उम्मीद का दूसरा नाम)*; घटना – 'मछुआरा' *(समय के पास समय)*।

इस तथ्य के मद्देनज़र कि एकविषयात्मक कविताओं – जिनमें कवि अमानवीय सत्ताओं के कल्पित अन्तरंगों को सामने लाता है – की संख्या एक सौ के क़रीब है, यह निष्कर्ष निकाला जा सकता है कि इन वस्तुओं पर किया गया काव्यात्मक चिन्तन अपने में एक बहुत बड़े दार्शनिक प्रश्न को समेटे हुए है : संसार असल में किस चीज़ से निर्मित है? यह प्रश्न उन लम्बी

कविता-शृंखलाओं में भी मौजूद है जिनमें वस्तुओं, घटनाओं और अस्तित्व के इन रूपों के बीच घटित प्रक्रियाओं के सम्बन्धों पर चिन्तन किया गया है। इन कविताओं में चिन्तन का सबसे उल्लेखनीय - सबसे उच्च - रूप समय के एक बिन्दु पर मनाया गया क्षण का उत्सव है, एक ऐसे बिन्दु पर जिसे मैं समय का प्रतिच्छेद-बिन्दु कह रही हूँ, समय अस्तित्व और विचार के बीच के अन्तराल में किसी धारणा (आइडिया) का निमग्न होना। अशोक वाजपेयी की कविताई में ये एकविषयात्मक पाठ स्वयं को अस्तित्व और भाषा के स्थायी संरचनात्मक घटकों की तलाश के ख़ास पैटर्नों में विन्यस्त करते हैं (जहाँ यह उदाहरण के लिए पानी, आकाश, रोशनी जैसे शब्दों में ज़ाहिर है)।[१८६]

भौतिक संसार के यथार्थ के प्रति यह आलंकारिक रुझान स्वयं को बाह्य सत्ताओं, जैसे कि सूर्य, या समूचे ब्रह्माण्ड, और आन्तरिक सत्ताओं और प्रेम या एकाकीपन जैसी मानसिक अवस्थाओं को जज़्ब करने की प्रक्रिया में भी रूपायित करता है। सत्ताओं और मानसिक अवस्थाओं को एकीकृत करने में सक्षम होने की सम्भावना उस चरम दुख का कारण बनती है जो इस कविता की इतर-आर्थी संरचना की रचना करती है, जो अलिखित होने के बावजूद गोचर होती है। इस सन्दर्भ में शब्द की उन्मोचनकारी भूमिका सार्वभौम सृजनात्मकता की हैसियत प्राप्त कर लेती है, जैसे 'शुरुआत' कविता *(कुछ रफ़ू कुछ थिगड़े)* में जब सृष्टि के समूचे विनाश के बाद, अतीत में :

> (...) सूखी पत्तियों के ढेर में गुम हुए कीड़े की तरह
> एक शब्द आया
> और उसने अपने मुँह में थोड़ी-सी मिट्टी
> और तिनका उठाकर रचने की शुरुआत की।

और ये शब्द की उपस्थिति और उसकी भूमिका का प्रस्तावित पाठ है जिसे 'मैटाथीसिस' शीर्षक के अन्तर्गत प्रस्तुत किया गया है।

सन्दर्भ

१३५. इस विषय पर चर्चा करते हुए मॉग़ीस मेग़्लो-पोंती लिखते हैं : "अनुभूत जगत और कदाचित विचारों का जगत भी इस तरह निर्मित हैं कि हम उनमें जो कुछ भी रखते हैं वह उस भाषा के सन्दर्भ में तत्काल अर्थ हासिल कर लेता है जिसके हम वक्ता हो जाते हैं लेकिन जो जितना एक उद्यम है उतनी ही एक विरासत है।" देखें : *प्रोज़ ऑफ़ द वर्ल्ड*, अनु. जॉन ओ'नील, इनेंस्टॅन : नॉर्थवेस्टर्न यूनिवर्सिटी प्रेस, १९७३, पृ. ६०.

१३६. ऑर्थर ए. मैक्डॉनेल, *हिम्स फ्राम द ऋग्वेद*, लन्दन : ऑक्सफ़ोर्ड यूनिवर्सिटी प्रेस, १९२२, पृ. ६१.

१३७. *हिम्स फ्राम द ऋग्वेद*, अनु. : राल्फ़ टी.एच. ग्रिफ़िथ, IV, बनारस : ई. जे. लेज़ारॅस एण्ड कं., १८९२.

१३८. *हिम्स फ्राम द ऋग्वेद*, अनु. : राल्फ़ टी.एच. ग्रिफ़िथ, IV, बनारस : ई. जे. लेज़ारॅस एण्ड कं., १८९२.

१३९. *हिम्स फ्राम द ऋग्वेद*, अनु. : राल्फ़ टी.एच. ग्रिफ़िथ, IV, बनारस : ई. जे. लेज़ारॅस एण्ड कं., १८९२.

१४०. नॉम चॉम्स्की के वर्गीकरण का अनुसरण करते हुए।

१४१. मॉग़ीस मेग़्लो-पोंती : *प्रोज़ ऑफ़ द वर्ल्ड*, अनु. जॉन ओ'नील, इनेंस्टॅन : नॉर्थवेस्टर्न यूनिवर्सिटी प्रेस, १९७३, पृ. ४५.

१४२. "नाट्यपरक अनुभव एक बीज से उभरता है - एक पद (...) जिसे नाटक की योजना में भी इस्तेमाल किया गया है। (...) *नाट्यशास्त्र* में यह वृक्ष, उसकी शाखाओं, पत्तियों, फूलों और फलों के अनेक रूपाकार लेता है। यह रूपक, जिसे शाब्दिक अर्थों में विस्तार नहीं दिया जाना चाहिए, पाठ की एक अदृश्य किन्तु वास्तविक बुनियाद है। 'नाट्य' एक जैव संघटन है, वैसे ही जैसे कि जीवन है।" देखें : कपिला वात्स्यायन, *भरत : द नाट्यशास्त्र*, नयी दिल्ली : साहित्य अकादेमी, १९९६, पृ. ५०.

१४३. इमेन्युअल लेविनास, *टोटलिटी एण्ड इन्फिनिटी : एन एस्से ऑन एक्टीरियॉरिटी*, अनु. अल्फ़ांसो लिंगिस, डोरड्रेख़्त : क्लुवर ऐकेडेमिक पब्लिशर्स, १९९१, पृ. २७६.

१४४. इमेन्युअल लेविनास, *टोटलिटी एण्ड इन्फिनिटी : एन एस्से ऑन एक्टीरियॉरिटी*, अनु. अल्फ़ांसो लिंगिस, डोरड्रेख़्त : क्लुवर ऐकेडेमिक पब्लिशर्स, १९९१, पृ. २८१.

१४५. इमेन्युअल लेविनास, *टोटलिटी एण्ड इन्फिनिटी : एन एस्से ऑन एक्टीरियॉरिटी*, अनु. अल्फ़ांसो लिंगिस, डोरड्रेख़्त : क्लुवर ऐकेडेमिक पब्लिशर्स, १६६१, पृ. ३०७.

१४६. ऑर्थर एल. बाशम, द *वण्डर दैट वाज़ इण्डिया : अ सर्वे ऑफ़ द कल्चर ऑफ़ द इण्डियन सबकॉण्टिनेण्ट बिफ़ोर द कमिंग ऑफ़ द मुस्लिम्स*, १६५४, लन्दन : सिज्विक एण्ड जैक्शॅन, १६५४ पृ. ३४६.

१४७. मॉग़ीस मेग़्लो-पोंती : *प्रोज़ ऑफ़ द वर्ल्ड*, अनु. जॉन ओ'नील, इनेंस्टॅन : नॉर्थवेस्टर्न यूनिवर्सिटी प्रेस, १६७३, पृ. ७८.

१४८. नॉम चॉम्स्की, *लैंग्युएज एण्ड माइण्ड*, न्यू यॉर्क : कैम्ब्रिज यूनिवर्सिटी प्रेस, २००६, पृ. ५४.

१४६. पूरी कविता के लिए देखें : अध्याय एक : ३.

१५०. *थककर नहीं बैठते पूर्वज / उनके पास समय ही समय है / कहीं नहीं जाना है / सिर्फ़ प्रतीक्षा करते हैं पूर्वज / थोड़ा-सा सिमटकर बैठ जाते हैं पूर्वज / जब एक और आकर बैठता है पंक्ति में। / दुख के शिल्प और सुख की विडम्बना से अछूते / वे बैठे रहते हैं बतियाते / स्मृतिजीवी / जिनके पास होने का अर्थ सिर्फ़ याद है, / कुछ और नहीं। // याद में कोई चूक नहीं होती / भूल नहीं पाते वे / जीवन जो बीत चुका / उनकी स्मृति में फिर-फिर एकत्र होता / बीतता है।*

१५१. इमेन्युअल लेविनास, *टोटलिटी एण्ड इन्फिनिटी : एन एस्से ऑन एक्टीरियॉरिटी*, अनु. अल्फ़ांसो लिंगिस, डोरड्रेख़्त : क्लुवर ऐकेडेमिक पब्लिशर्स, १६६१, पृ. २७.

१५२. 'सब कुछ छोड़कर नहीं' (*कहीं नहीं वहीं*)

१५३. मॉग़ीस मेग़्लो-पोंती : *प्रोज़ ऑफ़ द वर्ल्ड*, अनु. जॉन ओ'नील, इनेंस्टॅन : नॉर्थवेस्टर्न यूनिवर्सिटी प्रेस, १६७३, पृ. १४१-१४२.

१५४. ऑर्थर ए. मैक्डॉनेल, *हिम फ्रॉम द ऋग्वेद*, लन्दन : ऑक्सफ़ोर्ड यूनिवर्सिटी प्रेस, १६२२, पृ. ६१.

१५५. पूरी कविता के लिए देखें अध्याय दो : २.

१५६. ह्यूगो फ्रेड्रिक, द *स्ट्रक्चर्स ऑफ़ मॉडर्न पोएट्री*, इवेन्स्टॅन, II: नॉर्थवेस्टर्न यूनिवर्सिटी प्रेस, १६७४, पृ. १२२.

१५७. ह्यूगो फ्रेड्रिक, द *स्ट्रक्चर्स ऑफ़ मॉडर्न पोएट्री*, इवेन्स्टॅन, II: नॉर्थवेस्टर्न यूनिवर्सिटी प्रेस, १६७४, पृ. ११६.

१५८. पचास से ज़्यादा वर्षों तक पेरिस में रचनारत रहे सैयद हैदर रज़ा (१६२२-२०१६) बाबरिया, मध्यप्रदेश में जन्मे थे। वे विश्व के एक लब्धप्रतिष्ठ भारतीय (चूँकि उन्होंने फ्रांसीसी नागरिकता कभी स्वीकार नहीं की) चित्रकार थे। 'रज़ा का समय' कविता का पहला सार्वजनिक पाठ नयी दिल्ली में २२ फ़रवरी २००२ को रज़ा की अस्सीवीं वर्षगाँठ पर किया गया था।

१५६. "मैं समझता हूँ, वह है : मैं अपने साथ संवादरत हूँ। इसलिए समूचा चिन्तन 'मैं' के 'मैं' की अन्य कोटि - 'मैं नहीं' - में विखण्डन की शक्ल अख़्तियार कर लेता है।" अलेक्सेन्दर वात, *Poezje zebrine* (संकलित कविताएँ), क्रैकोव : ज़्नेक, १६६२, पृ. ४७२. (कवि की पाद टिप्पणी : पेरिस, १६५६)।

१६०. "बिन्दु को भारतीय स्त्रियों द्वारा माथे पर लगायी जाने वाली बिन्दी की तरह भी देखा जा सकता है; इस कविता में *बिन्दु* शब्द अपने प्रतीकात्मक अर्थ में भी प्रगट होता है, देश और काल से परे एक आध्यात्मिक बिन्दु के रूप में, बिन्दु या शून्य के रूप में चित्रित विश्व के पवित्र प्रतीक के रूप में। बिन्दु रज़ा के चित्रों का एक स्थायी हिस्सा है। अपनी कृतियों में इसके महत्त्व की कैफ़ियत देते हुए उन्होंने कहा है : "मैंने बिन्दु के महत्त्व को चाक्षुष कला के सर्वाधिक महत्त्वपूर्ण प्रतीक के रूप में अनुभव किया। मैंने बिन्दु और उसकी असंख्य सम्भावनाओं की थीम पर काम करना शुरू किया। और रंगों की एक पूरी दुनिया अपने सारे वैविध्य और महिमा के साथ मेरे सामने खुल गयी (...) ये १६८० और '८१ था जब काले बिन्दु से रंग अपनी जीवन्तता और अर्थवत्ता में प्रगट होने लगे। रंग मेरे काम का प्रमुख तत्त्व बन गया। रंग महज़ वह नहीं रह गया जो दर्शक द्वारा देखा जाता है, बल्कि वह जिसकी कल्पना चित्रों की रचना के लिए की जाती है (...)।" देखें : सैयद हैदर रज़ा, अशोक वाजपेयी, *पैशन : लाइफ़ एण्ड आर्ट ऑफ़ रज़ा*, नयी दिल्ली : राजकमल बुक्स, २००५, पृ. ७४-७५.

१६१. कविता में तीन तरह के समय एक साथ 'कार्यरत' हैं : संसार का भौतिक समय, चिरस्थायी समय (एमील वेन्वेनिस्त का पद), और भाषा का समय। पहला एक "विशिष्ट एकरूप, अन्तहीन, रैखिक नैरन्तर्य है, ऐच्छिक ढंग से खण्डों में विभाजित, और जिसका प्रत्येक मनुष्य के भीतर आन्तरिक जीवन की निजी लय पर निर्भर परिवर्तनीय अन्तराल द्वारा विरोध किया जा रहा होता है।" देखें : मीज़ेस्लाफ़ अल्बर्त क्राम्पिएत्स, *Jêzyki swiat realny* (भाषा और यथार्थ जगत), ल्यूबिन : आर.डब्ल्यू. के.यू.एल, १६८५, पृ. १५४. दूसरे को इस तथ्य के द्वारा समझाया जा सकता है कि "भाषा विचार में घिरी हुई घटनाओं की निरन्तरता है" देखें : वही। जबकि तीसरा, "वाणी के कर्म में रत वक्ता विषयी" का समय है", ये "अभिप्राय की समझ के परिप्रेक्ष्य में सम्प्रेषण का आधार है, और इसी

के साथ-साथ (भाषाविज्ञानियों के दृष्टिकोण से) यह भाषा के वर्तमान व्यक्तिनिष्ठीकरण और आभ्यन्तरीकरण की अभिव्यक्ति है।'' देखें : वही पृ. १५५.

१६२. यहाँ कुछ असामान्य घटित होता है जो बहुत साधारण भी है और अत्यन्त महत्त्वपूर्ण भी है, ऐसा कुछ जो एक तार्किक असम्भवता प्रतीत होती है : यहाँ कालिकता, जो मेरी है, जब मेरी वाणी को व्यवस्था प्रदान करती है तो वह मेरे संवादी द्वारा तत्काल उसकी अपनी मानकर स्वीकार कर ली जाती है। मेरा 'आज' उसके 'आज में रूपान्तरित हो जाता है, भले ही वह स्वयं इस 'आज' को अपने शब्दों में प्रस्तुत नहीं करेगा, और मेरा 'बीता हुआ कल' उसके 'बीते हुए कल' में रूपान्तरित हो जाता है। देखें : मीज़ेस्लाफ़ अल्बर्त क्राम्पिएत्स, *Jêzyki swiat realny* (भाषा और यथार्थ जगत), ल्यूबिन : आर.डब्ल्यू. के.यू.एल, १९८५, पृ. १५७-१५८.

१६३. मीज़ेस्लाफ़ अल्बर्त क्राम्पिएत्स, *Jezyki swiat realny* (भाषा और यथार्थ जगत), ल्यूबिन : आर डब्ल्यू के यू एल, १९८५, पृ. ८९.

१६४. मीज़ेस्लाफ़ अल्बर्त क्राम्पिएत्स, *Jezyki swiat realny* (भाषा और यथार्थ जगत), ल्यूबिन : आर डब्ल्यू के यू एल, १९८५, पृ. ८८.

१६५. एमील वेन्वेनिस्त का दृष्टिकोण (मूलतः उनकी पुस्तक *Problèms de Linquistique gènèrale* में प्रस्तुत) यहाँ मीज़ेस्लाफ़ अल्बर्त क्राम्पिएत्स द्वारा उस पर आगे विचार किया गया है। देखें : *Jezyki swiat realny* (भाषा और यथार्थ जगत), ल्यूबिन : आर डब्ल्यू के यू एल, १९८५, पृ. ११६.

१६६. मीज़ेस्लाफ़ अल्बर्त क्राम्पिएत्स, *Jezyki swiat realny* (भाषा और यथार्थ जगत), ल्यूबिन : आर डब्ल्यू के यू एल, १९८५, पृ. ११६.

१६७. इज़िडोरा डाम्बिस्का, *Dwa studia z teorii naukowego poznania* (वैज्ञानिक अधिगम के दो अध्ययन), Ldz : पी डब्ल्यू एन, १९६२, पृ. १३.

१६८. देखें : *माण्डूक्य उपनिषद* (द *थर्टीन प्रिंसिपल उपनिषदाज़*, संस्कृत से अनु. : रॉबर्ट अर्न्स्ट ह्यूम, लन्दन : ऑक्सफ़ोर्ड यूनिवर्सिटी प्रेस, १९२१, पृ. ३९१.)

१६९. 'वह' की उपस्थिति के इस तरह के व्याख्यात्मक परिप्रेक्ष्य की सम्भावना अलेक्ज़ेण्डर वॉट की प्रेम की इस व्याख्या से भी पुष्ट होती है : ''प्रेम : वह आनन्द जिसे शब्दों का विशुद्ध पदार्थ पहले इन्द्रियों में, फिर बुद्धि में उत्पन्न करता है। उसके सदृश जिसे रंग चित्रकारों में उत्पन्न करते हैं।'' देखें : अलेक्ज़ेण्डर वॉट, *Dziennik bez samoglosek* (एक स्वर-रहित डायरी) : *Poezje zebrine* (संकलित कविताएँ), क्रैकोव : ज़्नाक, १९९२, पृ. ८९.

१७०. पूरी कविता के लिए देखें : अध्याय तीन : 7.

१७१. ''भाषा के साथ सृजनात्मक संघर्ष के क्षणों में भाषा की उपकरणात्मकता तब सामने आती है जब हम सही शब्दों और वाक्यों की खोज कर रहे होते हैं (...) स्वयं भाषा की सांकेतिक प्रकृति का विश्लेषण करते हुए हम लक्ष्य करते हैं कि भाषिक संकेत या तो अवबोध में शामिल चीज़ों के तत्त्वों को 'व्यक्त' करने के लिए चुने गये होते हैं या फिर वे अन्तरमानवीय सम्प्रेषण के एक 'साधन' या 'उपकरण' की भूमिका निभाते हैं।'' मीज़ेस्लाफ़ अल्बर्त क्राम्पिएत्स, *Jezyki swiat realny* (भाषा और यथार्थ जगत), ल्यूबिन : आर डब्ल्यू के यू एल, १९८५, पृ. १५४.

१७२. उदाहरण के लिए आग़ी मेसोनिच के मुताबिक़, कविता में लय विषय को रूप देने वाली होती है जिस पर लेखक का कोई वश नहीं होता। देखें : आग़ी मेसोनिच, *Critique du rhythm. Anthropologie historique du Language*, लियों : Éditions Verdier, २००९.

१७३. अशोक वाजपेयी द्वारा कभी-कभार किये जाने वाली टेकों के इस्तेमाल को इस परम्परा को जारी रखने के किंचित् कम प्रथक ढंग के रूप में समझा जा सकता है।

१७४. ''अगर कोई पंक्ति बलाघातों के अपने विन्यासों से या अपने अर्थबोध से विशेष रूप से धीमे या विशेष रूप से क्षिप्र पठन को आमन्त्रित करती प्रतीत होती है, तो यह उसके अर्थ का हिस्सा बन जाता है; (...) समय कविता की भाषा से नियन्त्रित और नियोजित होता है - सबसे ऊपर उसकी लय के विधान से...'' देखें : डेरेक एट्रिज, द *सिंग्यूलेरिटी ऑफ़ लिटरेचर*, लन्दन : रुटलेज, २००४, पृ. ७१-७२.

१७५. मॉग़ीस मेग़्लो-पौंती : *प्रोज़ ऑफ़ द वर्ल्ड*, अनु. जॉन ओ'नील, इनेंस्टॅन : नॉर्थवेस्टर्न यूनिवर्सिटी प्रेस, १९७३, पृ. ५२.१७६ मॉग़ीस मेग़्लो-पौंती : *प्रोज़ ऑफ़ द वर्ल्ड*, अनु. जॉन ओ'नील, इनेंस्टॅन : नॉर्थवेस्टर्न यूनिवर्सिटी प्रेस, १९७३, पृ. ६४.

१७७. डेरेक एट्रिज, द *सिंग्यूलेरिटी ऑफ़ लिटरेचर*, लन्दन : रुटलेज, २००४, पृ. ६४.

१७८. ''हमारी'' और ''हम वापस आएँगे'' आदि बहुवचनात्मक रूप हैं, लेकिन हिन्दी में मध्यम पुरुष बहुवचन पारम्परिक तौर पर उत्तम पुरुष एक वचन के लिए इस्तेमाल किया जाता था (और किया जाता है)। अशोक वाजपेयी की कविता में

इस बात का फैसला अक्सर मुश्किल में डालता है कि वक्ता 'मैं' एकवचन है या बहुवचन। इस कविता के सन्दर्भ में उत्तम पुरुष एकवचन का प्रयोग स्पष्ट है। कविता में सर्वनामों की भूमिका के बारे में स्तानीस्लाव योवेर्स्की ने लिखा है : "व्यक्तिवाचक सर्वनाम प्रासंगिक शब्दों की कोटि से ताल्लुक रखते हैं जिनका संकेत सिर्फ़ पाठ के सन्दर्भ से परिभाषित होता है। देखें : स्तानीस्लाव योवेर्स्की, *Miedzy awangard a nadrealizmem. glowne kierunki przemian poezji polskiej w Latach trzydziestych na tle europejskim* (अवाँगार्द और सुर्रियलिज़्म के बीच : १६३० के दशक की पोलिश कविता के बदलावों की मुख्य दिशाएँ : योरोपीय सन्दर्भ में), क्रेकोव : Wydawnictwo Literackie, १६७६, पृ. १७.

१७६. देखें : डेरेक एट्रिज, द *सिंग्यूलेरिटी ऑफ़ लिटरेचर*, लन्दन : रुटलेज, २००४, पृ. ६७.

१८०. "ईडियोकल्चर" पद डेरिक एट्रिज का है जिसका अर्थ है "सांस्कृतिक समष्टि के वह निजी संस्करण जिसके द्वारा व्यक्ति एक विषयी के रूप में पूर्वधारणाओं, प्रवृत्तियों और अपेक्षाओं के साथ ढला होता है।" देखें : डेरेक एट्रिज, द *सिंग्यूलेरिटी ऑफ़ लिटरेचर*, लन्दन : रुटलेज, २००४, पृ. ६७.

१८१. द *हिम्स ऑफ़ ऋग्वेद*, अनु. रॉल्फ़ टी. एच. ग्रिफ़िथ, IV, बनारस : ई. जे. लैज़ारॅस एण्ड कम्पनी, १६८२.

१८२. "(...) मैं एक अधेड़ कवि, / बिना थके-हारे और बिना किसी कायर **उल्लास में शामिल हुए**" ('अपने साढ़े छः महीने के पोते के लिए एक युद्धगीत', *समय के पास समय*)

१८३. "मैं शब्द को / शब्द से फँसाकर / बनाता हूँ" ('अनन्त में', *अगर इतने से*)

१८४. यहाँ चिन्तन (कॅण्टेम्प्लेशन) को अत्यन्त महत्त्वपूर्ण मानवीय क्षमता के रूप में देखा गया है। अपने निबन्ध 'नीड्स ऑफ़ द सोल' में सिमोन वेल कहती हैं : "जगत के सौन्दर्य पर, और (...) उस असिद्ध सौन्दर्य पर चिन्तन जिसकी हम आकांक्षा करते हैं, हमें उस मानवीय व्यवस्था पर निरन्तर सोचने के कर्म के हमारे उद्यम में लगाये रख सकता है जो हमारे दिमाग़ों में सर्वोपरि विषय होना चाहिए।" देखें : *सिमान वेल : एन एन्थॉलॉजी*, सम्पादन और भूमिका : सियान मिल्स, न्यू यॉर्क : ग्रोव प्रेस, २०००, पृ. ६४. वे अपनी पुस्तक *लैक्चर्स ऑन फ़िलॉसॅफ़ी* में भी इस विषय पर चर्चा करते हुए कहती हैं : "...सामान्य विश्वास के विपरीत विशिष्ट वस्तुओं पर चिन्तन वह चीज़ है जो मनुष्य को ऊँचा उठाती है..." देखें : *सिमोन वेल, लैक्चर्स ऑन फ़िलॉसॅफ़ी*, अनु. : ह्यू प्राईस, भूमिका : पीटर विंच,

मेलबॅर्न : कैम्ब्रिज यूनिवर्सिटी प्रेस, १९९५, पृ. ५९.

१८५. यह बात ज़ाहिर-सी लगती है कि कवि भाषा को, माग्ले-पौंती के शब्दों में, "एक ऐसे भव्य उपस्कर" की तरह देखता है, "जो हमें उन सीमित संकेतों के सहारे अन्तहीन विचारों और वस्तुओं को अभिव्यक्त करने में सक्षम बनाता है, जो हर चीज़ को उस एकदम नवीन ढंग से पुनर्सृजित करने के इरादे से चुने गये होते हैं जिस ढंग से हम उसे कहना चाहते हैं और उसे वस्तुओं के प्राथमिक अभिधान जैसा ही साक्ष्य प्रदान करना चाहते हैं।" मागीस माग्ले-पौंती, *प्रोज़ ऑफ़ द वर्ल्ड*, अनु. : जॉन ओ'नील, इवेन्स्टॅन : नॉर्थवेस्टर्न यूनिवर्सिटी - प्रेस, १९७३, पृ. ४.

१८६. यह तलाश अशोक वाजपेयी के काव्यशास्त्र को लुड्विग विट्गिंस्टाइन द्वारा *Tractatus Logico-Philosophicus* (बर्ट्रेण्ड रसल की भूमिका के साथ इसका केगन पॉल कृत अँग्रेज़ी अनुवाद ट्रेंच, ट्रूबनर एण्ड कम्पनी, लन्दन द्वारा प्रकाशित है) में प्रस्तावित इस रुख़ के क़रीब ले जाती है : "मेरी भाषा की सीमाओं का अर्थ है मेरे संसार की सीमाएँ" (५.६ पृ. ७४); "भाषा में किसी भी ऐसी चीज़ को प्रस्तुत करना जो 'तर्क को खण्डित करती हो' उसी तरह असम्भव है जिस तरह ज्यामिती में उसके को-ऑर्डिनेट्स के माध्यम से किसी ऐसी आकृति (फ़िगॅर) को पेश करना जो स्पेस के नियमों का खण्डन करती हो; या को-ऑर्डिनेट्स को एक ऐसा बिन्दु देने की कोशिश करना जिसका अस्तित्व ही न हो।" (३.०३२)।

उपसंहार

शब्दों का मण्डल

अशोक वाजपेयी के समूचे काव्य-कृतित्व का संक्षिप्त विश्लेषण इस निष्कर्ष की ओर ले जाता है कि सारी कविताएँ मुक्त छन्द (verse libre) की शक्ल में हैं, जिनके भीतर स्वतन्त्र शब्दों के तमाम अभिप्रायों को सतह और अन्दरूनी गहन संरचना दोनों के स्तरों पर पढ़ा जा सकता है। इसके अतिरिक्त, इस विश्लेषण का मुख्य उद्देश्य उनकी अन्तर्वस्तु को निर्धारित करना तथा उसकी विशेषताओं को दर्शाना, थीमेटिक संरचनाओं के सारतत्त्व और उनकी सीमाओं के प्रति, और इसी के साथ-साथ काव्यात्मक उद्देश्यों से हिन्दी भाषा के अनुप्रयोग की चरम सम्भावनाओं के प्रति सजगता पैदा करना रहा है। सजगता न सिर्फ़ कविताओं के पाठों के भीतर के और समूची संरचनाओं के भीतर के ब्यौरों की, बल्कि सामान्य प्रकृति के ब्यौरों की भी : शब्द की कला के अन्तिम लक्ष्य के प्रति अशोक वाजपेयी के प्रयोजनपरक और बौद्धिक रवैये के बारे में।

अशोक वाजपेयी का काव्य-व्यवहार, आधुनिक छन्द के भीतर शब्द को बरतने का उनका ढंग, उस बिन्दु तक ले जाता है जहाँ तीन लक्ष्य लेखक की आत्मसजगता और विश्व के एकत्व के रूप में मिलते हैं। ये तीन लक्ष्य हैं : 'स्वत्व' की अभिव्यक्ति; विश्व की अपनी आत्यन्तिक निजी कल्पना की अभिव्यक्ति; कविता में चेतना के उच्चतम सम्भव स्तर तक पहुँचना। इसलिए, एक तरह से, जो कुछ भी इस कविता में घटित होता है उसको एक ऐसी अवस्था के रूप में भी चित्रित किया जा सकता है जिसमें "ईश्वर और जगत के बीच, परम तत्त्व (Absolute) और जीवन, चेतन सत्ता (Being), चित् (psyche) के बीच, प्रकृति की एक असन्दिग्ध पहचान है; कोई विरोध नहीं बल्कि, मानो, तहों का एक के ऊपर एक जमाव।"[१८७] इस

कृतित्व में ऐसे अनेक उदाहरण मिले हैं जो इस विचार की पुष्टि करते हैं कि परम तत्त्व और जीवन (इस कवि की अपनी भाषा में - होना) के बीच के रिश्ते की कवि की व्याख्या इस कवि के कृतित्व की एक थीमेटिक धुरी की, केन्द्रीय मूल्यों के एक तानेबाने की, रचना करती है। रूप की दृष्टि से, अशोक वाजपेयी अपनी कविताओं को सामान्य वाक्यों से रचते हैं जिनके भीतर स्वतन्त्र शब्दों के सारे विशिष्ट अभिप्रायों को पढ़ा जा सकता है। उनके काव्य-कर्म को ध्यान में रखते हुए थीमों, बिम्बों और शब्दों की विश्लेषित भूमिकाओं को दो स्तरों में विन्यस्त किया जा सकता है : पहला, सतहपरक संरचना, और दूसरा, अन्दरूनी गहन संरचना। इन संरचनात्मक स्तरों के बीच के स्थल को अशोक वाजपेयी जिन अर्थों के निकाय से भरते हैं, वे इस अध्ययन का विषय नहीं हैं, लेकिन उनको सिर्फ़ इसलिए पहचाना और विश्लेषित किया गया है कि वे कवि के शब्द-दर्शन का एक महत्त्वपूर्ण घटक हैं। सतहपरक संरचना के स्तर पर इस विश्लेषण में इस प्रश्न को भी शामिल किया गया है कि क्या अशोक वाजपेयी की भाषा अन्तर्विरोधों से मुक्त है। गहन संरचना के स्तर पर, भाषिक कथनों के संकेतवैज्ञानिक लक्षणों का अध्ययन किया गया है।

अशोक वाजपेयी ने अपनी शब्द-कला के लक्ष्य को स्पष्ट तौर पर सूत्रबद्ध किया है - जैसा कि दो संक्षिप्त उद्धरणों में देखा जा सकता है। पहला उद्धरण, ''नश्वरता से बचा सकते हैं शब्द'' ('ईश्वर', *अगर इतने से*) अस्तित्वपरक और नियतिपरक आयाम को चित्रित करता है, जबकि दूसरा उद्धरण, भाषा की भूमिका के मूल्य और अन्तिमता की ओर इशारा करता है, जिसे ''किसी सन्त और भोले शब्द की ओर'' ('नाम की खोज', एक पतंग अनन्त में) जाते मार्ग की तरह देखा गया है। पहला कथन बोलचाल के अन्दाज़ में लिखे गये एक वाक्य में स्पष्ट लक्ष्य को परिभाषित करता है, तब भी समूचा वाक्यांश अपने में इतना पर्याप्त आलंकारिक है कि उसे अशोक वाजपेयी की उस ख़ास पदावली का हिस्सा कहा जा सकता है जिसे उनके द्वारा उन अधिकांश कविताओं में इस्तेमाल किया गया है जो अस्तित्व और शब्द की भूमिका की ओर संकेत करती हैं, जबकि बाद वाला उद्धरण योजनापरक (प्रोगेमेटिक) प्रकृति का है।

सतहपरक संरचना के स्तर पर शब्दों की भूमिका के बारे में किये गये इन कथनों को उन कथनों के रूप में भी पहचानना ज़रूरी है जो तत्त्वतः

रेह्टॉरिकल हैं। उदाहरण के लिए, ''भाषा में लौटते हैं / सदियों से गुम हो गये / प्राचीन शब्द'' ('देवता लौटते हैं गोधूलि में', *कहीं नहीं वहीं*), या ''हम उठाते हैं एक शब्द / और किसी पिछली शताब्दी का वाक्य-विन्यास / विचलित होता है'' ('पूर्वजों की अस्थियों में', *अगर इतने से*), या ''कविता कहती है / कि जीवन में कुछ भी बेतरतीब नहीं / भाषा में सबके लिए जगह है'' (विन्यास से बाहर', *आविन्यों*)। ऐसे उदाहरण बहुत से हैं। इनकी सर्वनिष्ठ विशेषता है मानवीकरण (''कविता कहती है'') जो या तो मुखर है या वाक्य के अर्थ में छिपी हुई है। ''कविता कहती है'' एक साथ एक मुहावरेनुमा वाक्य भी है (क्योंकि कविता शाब्दिक अर्थ के सम्प्रेषण के माध्यम से वाक़ई कुछ 'कह' नहीं सकती), और कविता का मानवीकरण भी है। शब्द पर इस तरह का नियन्त्रण वाजपेयी की कविता में प्रायः देखने को मिलता है, और यह उनके काव्यशास्त्र का एक अन्तर्निहित लक्षण है। हालाँकि शाब्दिक सामग्री को इस्तेमाल करने का उनका ढंग, साथ ही उदाहरण के लिए अँग्रेज़ी कवियों (जैसे कि पाउण्ड, टी.एस. ईलियट) के लिए प्रयुक्त तरीक़ों की ओर उनके रुझान को भी ध्यान में रखना ज़रूरी है, साथ ही भारतीय परम्परा के प्रति उनके रुख को भी ध्यान में रखना ज़रूरी है। क्योंकि यही वह रुख है - देवताओं के उनके बारबार के स्मरण में, (एक चिरपरिचित परिपाटी, हालाँकि ख़ास ''नैगेटिव थियोलॉजी'') और इन सन्दर्भों का लगभग निरपवाद रूप से यकसाँ निषेधात्मकता में होना - जहाँ एक ओर भारत की धार्मिक और दार्शनिक परम्पराओं के एक एकत्व के प्रति कवि की स्वीकृति के और दूसरी ओर उसकी रूढ़ियों का अतिक्रमण करने की उसकी आकांक्षा के स्पष्ट साक्ष्य पाये जा सकते हैं (अशोक वाजपेयी की कविता में रूढ़ियों के इस अतिक्रमण की पॉलिमिक्स के अनेक दृष्टान्त हैं, और तब भी - और यह एक विरोधाभास है - इस पॉलिमिक्स का इस्तेमाल लेखक आधुनिक कही जाने वाली कविताओं द्वारा अनुपूरित या विस्तारित की गयी परम्परा से विरासत में मिले प्रतीक-विधान और सौन्दर्यशास्त्र के अनुप्रयोग के लिए करता है), जिसका कवि ने ''भाषा से बाहर'' ('बहुरि अकेला-२') जाने की एक लगभग भविष्यवादी और अतियथार्थवादी दृष्टि के साथ निरूपण किया है। परम्परा से ऊपर उठने, भाषा की हदों से पार जाने, और ''समय से बाहर क़दम'' ('बहुरि अकेला'-२) रखने की आकांक्षा, रूढ़ पारम्परिक व्यवस्थाओं को संकेतित करते देवताओं की लगभग ख़ब्त के स्तर की उपस्थिति, और प्राचीन

भारतीय कविता के, और इन युगों के सृजनात्मक रूपों के निरन्तर हवाले – ये तमाम वे चीज़ें हैं जिनके आधार पर हम इस कविता को कैरिग्मा (kerygma[१८८]) जैसे पद से अभिहित कर सकते हैं। कला का कैरिग्मा जो भाषा में दोनों स्पेसों, यानी परम्परा और आधुनिकता, को भाषा की सतह और गहन संरचना के दोनों स्तरों पर जोड़ता है।

सतह की संरचना के स्तर पर शब्द की भूमिका "सन्त और भोले शब्द" की ओर निर्देशित है। और इस भूमिका की कगार पर – मानो उसे गहन संरचना द्वारा अधिग्रहीत कर लिया गया हो – "उजाला एक मन्दिर बनाता है" (प्रतीकात्मक शीर्षक से युक्त कविता 'रचना', *अगर इतने से*)। जोज़ेपे तुच्ची कहते हैं, "हर मन्दिर एक मण्डल है"[१८६]। जबकि *बृहदारण्यक उपनिषद* में एक वाक्य आता है : "मुझे असत् से सत् की ओर ले चलो / अन्धकार से प्रकाश की ओर ले चलो / मृत्यु से अमरत्व की ओर ले चलो।"[१६०] तुच्ची इस अवधारणा पर इन शब्दों में टिप्पणीं करते हैं : "भारतीयों ने जीवन को शुभ और अशुभ के बीच, सदाचार और पाप के बीच, संघर्ष की तरह नहीं देखा, बल्कि उस प्रकाशमान चेतना और उसके विपरीत, साइके और अवचेतना जिसे वे माया कहते हैं के बीच विरोध के रूप में देखा (...) इस परम चैतन्य को, सारे सम्भवनों के इस साँचे को, इस चैतन्य सत्ता को, समस्त चिन्तन के इस आधार को, अक्सर प्रकाश के रूप में कल्पित किया गया। हम इसे एक आन्तरिक दीप्ति के रूप में अनुभव करते हैं जो उस वक़्त हमारी आँखों के सामने कौंधती है जब ध्यान ने हमें बाह्य प्रतीतियों के उन प्रलोभनकारी आकर्षणों से दूर कर दिया होता है जिनके प्रति हमारी इन्द्रियाँ समर्पित होती हैं, और हमें अपने भीतर देखने के लिए प्रवृत्त कर दिया होता है। यह एक रंगहीन, चौंधिया देने वाला प्रकाश होता है।"[१६१] यह आन्तरिक दीप्ति काव्यात्मक आत्मबोध है, कल्पना की एक कौंध, उस शब्द की आकांक्षा से युक्त जो आत्मबोध की इस कौंध को अभिव्यक्त करेगा, इसे थामेगा, समय के परे इसे शब्द में परिरक्षित करेगा। अशोक वाजपेयी के सन्दर्भ में कला को समझने का यह ढंग बाह्य जगत के साथ कलाकार के सम्बन्ध के बारे में चिन्तन की बुनियाद है। 'मल्लिकार्जुन मंसूर' शीर्षक विवरणात्मक कविता में, जो हिन्दुस्तानी ख़याल शैली के गायक की महान प्रतिभा और मृत्यु की गाथा है, समय दो बार प्रगट होता है, एक बार संगीत सभा के एक स्थल ("काल का खुरदुरा आँगन") के

रूप में, और फिर उस क्षण में जब मंसूर ''रखते हैं काल के कन्धे पर अपना हाथ''। बाह्य यथार्थ के सिर्फ़ इन दो प्राथमिक प्रतीकों में यह वक्तव्य घटित होता है कि मंसूर ''राग की भूलभुलैया में'' खो गये हैं।

ऐसी ही काव्यात्मक स्थिति से हमारा सामना 'अली अकबर खाँ का सरोद-वादन-२' *(शहर अब भी सम्भावना है)* में होता है। इसका आरम्भ इस वाक्य से होता है : ''सीढ़ियों पर सहमकर चिपटा रह गया / एक हाथ''। बाद में आता है ''वसन्त का उजाला'' जिसका क्रम कलाकार भंग करता है : ''उँगलियों से फूट-फूटकर बहता रहा / उजाले का एक नरम बहाव''। प्रकाश के जिस वृत्त में कवि प्रवेश करता है और जिसकी वह शब्द से पड़ताल करता है, वह चेतना का वृत्त है जिसके भीतर कवि का शब्द इस चेतना की अभिव्यक्ति की भूमिका निभाता है। अब हम गहन संरचना के स्तर पर आते हैं जिसमें कवि का शब्द और मानस एक होकर काम करते हैं। इस स्पेस में :

शब्द छूता है शब्द को
शब्द को शब्द चूमता है
दो शब्दों के बीच
सिर धरता है
एक शब्द।

– 'शब्द' *(अगर इतने से)*

एक शब्द का दूसरे शब्द पर 'सिर धरना' इस आत्मस्वीकृति से जोड़कर देखा जा सकता है : ''मेरी भाषा अब भी मेरे पास है'' ('उसके बाद', शहर अब भी सम्भावना है), और एक अन्य आत्मस्वीकृति के साथ : ''मैं प्रार्थना में / प्रेम में झुका'' ('प्रार्थना में नहीं, प्रेम में', इबारत से गिरी मात्राएँ), साथ ही शब्द में आस्था की इस स्वीकृति से :

शब्द सब-कुछ छू चुका होगा
घास किसलय ओस
पतझर की दिगम्बरता
रति के बाद का अवसाद

– 'शब्द सब-कुछ छू चुका होगा' *(अभी कुछ और)*

काव्य-भाषा की इकाइयों के बीच सम्बन्ध की गहन संरचना इन पंक्तियों में

भी व्यंजक ढंग से चित्रित है :

शब्द को बेधता है शब्द
शब्द को भरता है शब्द
शब्द को मथता है शब्द।

शब्द नाचता है
मौन को
संक्षिप्त अनन्त में ढालते हुए।

मौन में
शब्द बोलते हैं
शान्त होते हैं।

– 'शब्द' *(अगर इतने से)*

"संक्षिप्त अनन्त" शायद एक मन्दिर की पवित्र स्पेस है जिसमें चेतना की रोशनी विचारों के मौन के साथ बोलती है। और इस तरह हम इस नतीजे पर पहुँच सकते हैं कि अशोक वाजपेयी शब्द के लिए अर्पित एक मन्दिर बनाते हैं। शब्द जिसे *ऋग्वेद* की एक ऋचा (X. १२५) में इस तरह देखा गया है :

> मैं लेता हूँ एक भीषण श्वास पवन और आँधी की तरह, उस अवधि में संगठित रखता हूँ समूचे अस्तित्व को।
> इस विराट पृथ्वी और विपुल आकाशों के परे मैं अपनी महिमा में इतना बलशाली हो गया हूँ। [१६२]

सृष्टि के अनुनादी तत्त्वों से निर्मित कवि की विचारणाओं के मन्दिर[१६३] का रूपाकार एक मण्डल का है। इसकी चौहद्दियाँ मुहावरेदार क्वार्टरों से बनी हैं : खिड़की, बरामदा, आँगन, पक्षी – सतहपरक संरचना के स्तर पर। जबकि गहन संरचना के स्तर पर इसकी चौहद्दियाँ घर, पिता, माँ, पूर्वज, अस्तित्व, शब्द, मृत्यु, पुनर्जन्म जैसी चिन्तनपरक थीमों से निर्धारित हैं। "मण्डल अपने सत्त्व में एक ब्रह्माण्डाकृति (कॉस्मोग्राम) है। अपनी मूलभूत योजना में, अपने निस्सरण और पुनरावशोषण की प्रक्रिया में, वह समूचा विश्व है। विश्व केवल अपने जड़ दैशिक विस्तार में नहीं बल्कि कालिक परिक्रमण के रूप में (...)।"[१६४] लेकिन अशोक वाजपेयी के चिन्तन के मण्डल-नुमा, संरचनात्मक ढंग के स्रोत के अनौपचारिक निर्धारक पाठों के परे बने रहते हैं, भारतीय ऐतिहासिक परम्परा में। तुच्ची मण्डल की समस्या

पर विचार करते हुए संकेत करते हैं कि भारत के विभिन्न धार्मिक और दार्शनिक सम्प्रदायों (जैसे कि शैव या वेदान्ती सम्प्रदाय) में मण्डल का हवाला देने वाले सिद्धान्त – रेखांकनों के रूपाकारों के चित्रण में कुछ भेदों के बावजूद – एक समान हैं। हमेशा 'आध्यात्मिक पृष्ठभूमि एक जैसी है'। वेदान्त के अनुसार अहंकार को 'प्रतीतियों के आवरणों' से मुक्त करने की, उसको उन 'पाँच कोशों से मुक्त करने की जिनमें बन्द होकर अहंकार प्रगट होता है', पाँच अवस्थाएँ हैं : पहली है काया, यानी अन्नमयकोश (...), दूसरा है प्राणमयकोश, जो पंचगुणात्मक है, वे पाँच श्वासें जो जीवन के साथ चलती हैं और मृत्यु के साथ चली जाती हैं। तीसरा है मनोमयकोश, यानी मानस – अपने समस्त संकल्पों और धारणाओं से युक्त, अहंकार और निरहंकार का भेद, आवेगों का सैलाब। चौथा है विज्ञानमयकोश और पाँचवाँ है आनन्दमयकोश।'' अशोक वाजपेयी की कविताओं में इन पाँच अवस्थाओं के संकेत बारबार आते हैं, जो रूपकों की भाषा में हैं। उदाहरण के लिए:

पहली अवस्था –

शरीर, शरीर का स्वप्न है।

– 'उसने कहा', *(अभी कुछ और)*

दूसरी अवस्था –

आत्मा शरीर का अनन्त स्वप्न देखती है।

– 'आत्मा शरीर का अनन्त स्वप्न' *(एक पतंग अनन्त में)*

क्या मैं छोड़ सकता हूँ
तुम्हारे ओंठों पर एक प्रार्थना निश्शब्द
तुम्हारे हृदय में आनन्द से गरजता शून्य-शिखर?

– 'रख सकता हूँ?' *(इबारत से गिरी मात्राएँ)*

इतना-सा वरदान तो दिया होता
कि बिना लज्जित अनुभव किये
प्रार्थना में अपना सिर झुका नहीं
ऊपर उठा सकता।

– 'प्रार्थना-४' *(इबारत से गिरी मात्राएँ)*

तीसरी अवस्था –

> हम अपना देवता अन्ततः स्वयं ही गढ़ते हैं। वह हमारा अपना है। कविता हमें अपनी पवित्रता और अपना रहस्य साथ लाने-रखने की याद दिलाती रहती है।
>
> – 'असबाब में देवता' *(आविन्यों)*

चौथी अवस्था –

> इनके पास सपने हैं, उन्हीं के पास सच भी आएगा।
>
> – 'एक पंक्ति की तीस कविताएँ' *(इबारत से गिरी मात्राएँ)*

> फुनगी के ऊपर धूप
> धूप के ऊपर हवा
> हवा के ऊपर आकाश
> आकाश के ऊपर ईश्वर
> सब कुछ को हथेली के ऊपर थामे हुए
> एक उजला क्षण।
>
> – 'ऊपर' *(उम्मीद का दूसरा नाम)*

पाँचवीं अवस्था –

> अपने एकान्त में क्या बुनती है?
>
> – 'एक लम्बी-अधूरी प्रेम कविता' *(अभी कुछ और)*

> मैं वहाँ भी हूँ
> जहाँ कोई नहीं है
> और जहाँ किसी के न होने की
> किसी को ख़बर या परवाह नहीं है।
>
> – 'जल ने कहा' *(कुछ रफ़ू कुछ थिगड़े)*

इन विभिन्न निरूपणों में मण्डल को आकार देने की आनुष्ठानिक प्रक्रियाओं की कुछ ख़ास आन्तरिक उपमाओं को लक्ष्य किया जा सकता है (अनुष्ठान के अधिपति की भूमिका गहरे स्वयं अस्तित्व में, शब्द के सृजनात्मक अस्तित्व में छिपी हुई है)। अगर भारतीय चिन्तन-परम्परा का अनुसरण करते हुए यह कल्पना की जा सके कि वैयक्तिक मानसिक जीवन वैश्विक

जीवन को प्रतिबिम्बित करता है, तो अशोक वाजपेयी द्वारा रचे गये शब्दों की बहुस्तरीय शृंखलाओं के मन्दिर को कवि के शब्दों की स्पेस में व्यक्त पवित्रता के रूप में देखा जा सकता है। लेखक की चिन्तन-प्रक्रिया का अनुसरण करते हुए यह कल्पना भी की जा सकती है कि अन्दर से यह मन्दिर इन चीज़ों से भरा हुआ है -

रोशनी
उज्ज्वल राग
धड़कता हुआ समय।

– 'एक से पाँच : पाँच से एक' *(आविन्यों)*

अशोक वाजपेयी का सृजनात्मक कृतित्व पूरा नहीं हुआ है, वह "अनन्त के किसी गलियारे में"[१६५] जारी है, जबकि "वक्ता 'मैं' उसकी काया में डेरा डाले हुए है।" बजाय उसको क़ैद करने के "भाषा 'मैं' को अन्य व्यक्ति के परिप्रेक्ष्य में ले जाने वाली जादुई मशीन है"[१६६]। इस भाषा के भीतर एक स्वतन्त्र रूप से पहचानी जा सकने वाली मण्डल-नुमा आकृति है - शब्दों में दृश्यमान कवि की आत्मा, उसका वास्तविक सत्व।

सन्दर्भ

१८७. जोज़ेपे तुच्ची, द *थ्योरी एण्ड प्रैक्टिस ऑफ़ मण्डलः विद स्पेशल रेफ़रेंस टु द मॉडर्न साइकोलॉजी ऑफ़ अनकांशस*, अनु. : एलेन ह्यूटन ब्रॉड्रिक, मिनेओला न्यू यॉर्कः डोवर पब्लिकेशंस, २००१, पृ. ६.

१८८. अनुवादक की टिप्पणी : शब्दकोश के मुताबिक इसका अर्थ है "धार्मिक सत्यों की घोषणा, विशेष रूप से उन धार्मिक सत्यों की जिनकी शिक्षा न्यू *टेस्टामेंट* में दी गयी है"।

१८९. जोज़ेपे तुच्ची, द *थ्योरी एण्ड प्रैक्टिस ऑफ़ मण्डलः विद स्पेशल रेफ़रेंस टु द मॉडर्न साइकोलॉजी ऑफ़ अनकांशस*, अनु. : एलेन ह्यूटन ब्रॉड्रिक, मिनेओला न्यू यॉर्कः डोवर पब्लिकेशंस, २००१, पृ. ३७.

१९०. *बृहदारण्यक उपनिषद* (१.३.२८)

१९१. जोज़ेपे तुच्ची, द *थ्योरी एण्ड प्रैक्टिस ऑफ़ मण्डलः विद स्पेशल रेफ़रेंस टु द मॉडर्न साइकोलॉजी ऑफ़ अनकांशस*, अनु. : एलेन ह्यूटन ब्रॉड्रिक, मिनेओला

न्यू यॉर्कः डोवर पब्लिकेशंस, २००१, पृ. ८ और ५.

१६२. द *हिम्स ऑफ़ ऋग्वेद*, अनु. : टी.एच. ग्रिफ़िथ, IV, बनारस : ई.जे. लैज़ारॅस एण्ड कम्पनी, १६८२.

१६३. अशोक वाजपेयी : "उजाला एक मन्दिर बनाता है" ('रचना', *अभी कुछ और*)

१६४. जोज़ेपे तुच्ची, द *थ्योरी एण्ड प्रैक्टिस ऑफ़ मण्डलः विद स्पेशल रेफ़रेंस टु द मॉडर्न साइकोलॉजी ऑफ़ अनकांशस*, अनु. : एलेन ह्यूटन ब्रॉड्रिक, मिनेओला न्यू यॉर्कः डोवर पब्लिकेशंस, २००१, पृ. २३.

१६५. 'विलम्ब' (*आविन्यों*)

१६६ मार्गीस माग्ले-पोंती, *प्रोज़ ऑफ़ द वर्ल्ड*, अनु. : जॉन ओ'नील, इवेन्स्टॅन : नॉर्थवेस्टर्न यूनिवर्सिटी प्रेस, १६७३, पृ. १६